Handbuch der Filmmontage

W0016254

Film · Funk · Fernsehen – praktisch

Herausgegeben von der Hochschule für Fernsehen und Film München
– Abteilung Kommunikationswissenschaft und Ergänzungsstudium –
durch
Prof. Dr. Karl Friedrich Reimers und Prof. Dr. Rüdiger Steinmetz

Band 5
herausgegeben von
Prof. Hans Beller

In der Reihe Film · Funk · Fernsehen – praktisch
erschienen bisher
Band 1: Eugene Vale
Die Technik des Drehbuchschreibens für Film und Fernsehen
Band 2: Alexandra Raumer-Mandel
Medienlebensläufe von Hausfrauen
Band 3: Anneliese Nowak
Die amerikanische Filmfarce
Band 4: Aaron Koenig
Globos bunte Kleider

Handbuch der Filmmontage

Praxis und Prinzipien des Filmschnitts

Herausgegeben von

Hans Beller

TR-Verlagsunion

Die Deutsche Bibliothek – CIP-Einheitsaufnahme

Handbuch der Filmmontage : Praxis und Prinzipien des
Filmschnitts / hrsg. von Hans Beller. [Mit Beitr. von Stefan
Arnsten ...]. – München : TR-Verlagsunion, 1993
  (Film, Funk, Fernsehen – praktisch ; Bd. 5)
  ISBN 3-8058-2357-6
NE: Beller, Hans [Hrsg.]; Arnsten, Stefan; GT

Bildnachweis

Hans Beller, Weil der Stadt: S. 158 und S. 190 (Erstellung der Videoprints)
Jo Fröhlich, Greiling: S. 14 unten
Hartmuth Huber, Beuerberg: S. 88–92; S. 95
Die Lupe, Filmverleih, Göttingen: S. 28 und Umschlag (Copyright)
Joachim Paech, Allensbach: S. 207–213; S. 243; S. 246–250
  (Erstellung der Videoprints)
Gerhard Schumm, Berlin: S. 232–234; S. 236 und S. 237
Gerhard Ullmann, München: S. 10 und S. 28 bzw. Umschlag
  (Erstellung der Videoprints bzw. Fotos)
Marc Wanamaker, Bison Archives, Hollywood: S. 14 oben
Werbeatelier Punktum, Augsburg: S. 16; S. 173–175; S. 183

2. durchgesehene Auflage 1995
© 1993 by TR-Verlagsunion GmbH, München
Alle Rechte vorbehalten
Umschlaggestaltung: PANTOS Werbeagentur, München
Gesamtherstellung: Ludwig Auer GmbH, Donauwörth
ISBN 3-8058-2357-6

Inhalt

Vorwort und Dank 7

Aspekte der Filmmontage – Eine Art Einführung 9
(*Hans Beller*)

Zur Geschichte:

Theorie und Praxis der Filmmontage von Griffith bis heute 33
(*Jan Marie Peters*)

Montagebilder bei Sergej Eisenstein 49
(*Oksana Bulgakowa*)

Zur Praxis:

Filmediting / Filmmontage / Filmschnitt –
Berufsbild: Cutter / Schnittmeister 78
(*Hans Beller*)

Praktische Grundlagen des Filmschnitts oder
Dem Chaos keine Chance 84
(*Rudi Reinbold*)

Filmediting in den USA 104
(*Stefan Arnsten*)

Werkstatt-Notizen aus dem Schneideraum 114
(*Ursula Höf*)

Pflicht und Kür der Dokumentarfilm-Montage 123
(*Thomas Balkenhol*)

Musik im Schneideraum 144
(*Andreas Köbner*)

Experimente:

Montage-Experimente an der HFF München 155
(*Hans Beller*)

Der Plan macht's – Wahrnehmungspsychologische Experimente
zur Filmmontage 178
(*Hans J. Wulff*)

Analysen:

Die Montage bei CITIZEN KANE – Makroanalyse eines Klassikers   190
(*Jo Heim*)

Busby Berkeleys Montageprinzipien 204
(*Christine N. Brinckmann*)

Feinschnitt – die verborgene Arbeit an der Blickregie 221
(*Gerhard Schumm*)

Wiping – Godards Videomontage 242
(*Joachim Paech*)

Über die Autoren 252

Bibliographie 255

Register 264

Vorwort und Dank

Der große „Hausheilige" der Filmmontage, der sowjetische Filmregisseur und Filmtheoretiker Sergej Michailowitsch Eisenstein (1898–1948), schrieb in seinem Disput zur Filmmontage:

„Es gab in unserer Filmkunst eine Periode, in der die Montage ‚alles' galt. Jetzt geht eine Periode ihrem Ende zu, in der die Montage ‚nichts' gilt. Wir hängen keinem der beiden Extreme an und halten für erforderlich, jetzt daran zu erinnern, daß die Montage ein ebenso notwendiger Bestandteil eines Filmwerkes ist wie alle anderen Elemente der filmischen Einwirkung. Nach dem Feldzug ‚für die Montage' und dem Sturm ‚gegen die Montage' ist es an der Zeit, ganz von neuem und unvoreingenommen an die Probleme der Montage heranzugehen."

Das war 1939. Doch das Zitat soll auch als Motto für dieses Buch gelten. In dem Standardwerk von Karel Reisz und Gavin Millar *Geschichte und Technik der Filmmontage* wird eingangs bedauert, daß die Tradition der expressiven Montage mit dem Aufkommen des Tonfilms vernachlässigt wurde: „Es ist eines der Hauptziele dieses Buches nachzuweisen, daß dies einen großen Verlust für das Kino mit sich gebracht hat." Das war 1954.

Im Zeitalter von Video-Editing könnte der Begriff „Filmmontage" Nostalgie nach der Zelluloidära hervorrufen, wäre mit der Montage nicht eine generelle Gestaltungsmöglichkeit des Films bis heute gemeint. Darauf will dieser Band aufmerksam machen, indem er die Praxis und die Prinzipien der Filmmontage durch verschiedene Autoren und unter verschiedenen Ansätzen behandelt. Die praktische Anschauung und konkrete Erfahrung im Schneideraum kann ein Buch jedoch nicht ersetzen.

Die klassischen Texte zur Filmmontage liegen mehrfach in den verschiedensten Publikationen vor und werden daher hier nicht noch einmal vorgestellt. Dieser Band beinhaltet dagegen Überblicks- und Schwerpunktartikel, die dem Praxisorientierten von der Theorie und dem Theoretiker von der Praxis erzählen. Dabei soll weder eine normative Ästhetik der Filmmontage „verordnet", noch sollen Regeln des Filmschnitts im Sinne von „*how to cut...*" aufgestellt werden. Ziel des Handbuchs ist es vielmehr, Metier, Standards, Konventionen und Möglichkeiten der Filmmontage zu reflektieren und im geschichtlichen Zusammenhang zu zeigen.

Die einzelnen Autoren haben ihre Sprache und ihr Verständnis von der Materie, daher werden in Theorie und Praxis oft auch unterschiedliche Termini verwendet. Da sich die internationale Filmsprache an den angelsächsischen Fachbegriffen orientiert, werden sie in diesem Band ebenfalls dort erwähnt, wo sie präzisieren und zur Klarheit beitragen.

Allen an diesem Band beteiligten Autorinnen und Autoren gebührt an dieser Stelle besonderer Dank für ihre produktive Mitarbeit. Danken will der Herausgeber auch der Hochschule für Fernsehen und Film, die dieses Buch durch den Forschungsschwerpunkt Filmmontage ermöglichte und besonders den Studenten dieser Hochschule für ihre lebendige Mitarbeit bei den Experimenten. Anregungen erhielt ich durch Gespräche mit Helga Borsche und Peter Przygodda. Die Diskussionen mit Mitgliedern des Bundesverbandes Filmschnitt · Cutter e.V. – Raimund Barthelmes, Anette Dorn, Gisela Grischow, Barbara Hennings, Dagmar Hirtz, Karin Nowarra – führten zum Beitrag über das Berufsbild Cutter/Schnittmeister. Ganz herzlich möchte ich mich bei der Lektorin dieses Bandes bedanken, bei Gabriele Rieth, die nicht nur den Text, sondern auch die Autoren und Leser berücksichtigte.

Hans Beller

HANS BELLER

Aspekte der Filmmontage
Eine Art Einführung

Jeder Film muß geschnitten, montiert werden. Daher haben sich immer schon Theorie und Praxis des Films mit diesem Bereich auseinandergesetzt. Der Begriff „Filmmontage" wird in Deutschland, trotz seiner urspünglichen Herkunft aus der Praxis, eher in Analyse und Reflexion über Film angewandt als im filmischen Arbeitsprozeß selbst. Die Praktiker sprechen hierzulande meist von Filmschnitt. Da Filmmontage jedoch als Sammelbegriff für vieles aus Theorie *und* Praxis aufgefaßt werden kann, soll dieser Terminus hier Verwendung finden. Wenn er im folgenden also nicht mit einer präzisen Trennschärfe definiert wird, dann liegt das daran, daß Filmmontage für einen komplexen Vorgang steht, der einen Film in seinem Ablauf strukturiert. Zum Beispiel ist mit Filmmontage ganz abstrakt die Auswahl, Begrenzung und Anordnung der visuellen und akustischen Elemente eines Films gemeint. Eisenstein vertrat die Überzeugung, daß der „eigentliche Zweck der Montage... – wie für jedes Erzeugnis der Kunst – in der *Erkenntnisvermittlung* liegt: *die Aufgabe, das Thema, das Sujet, Handlungen, Taten, die Dynamik* innerhalb der Episode wie auch innerhalb des Films insgesamt *zusammenhängend und folgerichtig darzulegen.*"[1]

Einheiten der Montage

Die kleinste Einheit der Filmmontage ist das filmische Einzelbild auf dem belichteten Filmstreifen. Mit dem von Eastman 1888 auf den Markt gebrachten Rollfilm für die photographische Kodakkamera wurde der kinematographische Film, von seiner Trägersubstanz her gesehen, erst möglich (engl. *film*: „Schicht, Schleier, Membrane, Häutchen...""). Denn auch auf dem kinematographischen Film wurden und werden die Filmbilder einzeln von der Kamera belichtet und erst bei der Vorführung zum „Laufen" gebracht. Dieser Bewegungseindruck, der durch die sukzessive Darbietung ruhender Einzelbilder erzielt wird, wurde in der Wahrnehmungspsychologie als *Phi-Phänomen* untersucht und stellt gleichsam die Urform der Montage dar: Aneinandergereihte Einzelbilder verschmelzen zu einem Gesamteindruck, der mehr ist als die Summe seiner Teile. Eisenstein hat diesem Phänomen in seinem PANZERKREUZER POTEMKIN (1925) am Schluß der berühmten Treppensequenz ein Denkmal gesetzt (vgl. nachfolgende Abb.).

Der schlafende Löwe...   wacht auf...   und erhebt sich brüllend.

Auch das wahrnehmungspsychologische Phänomen des *Nachbildes*, wonach durch die „Trägheit" des Sehvorganges eine vorausgehende Reizung auf der Netzhaut eine Nachwirkung hat, wurde von Eisenstein in seinem Film OKTOBER (1927/28) demonstriert: Das Gesicht des Maschinengewehrschützen, der auf die Streikenden schießt, „verschmilzt" mit seiner Waffe, weil Eisenstein je zwei Einzelbilder von Gesicht und MG abwechselnd montiert (vgl. nachfolgende Abb.).

Phi-Phänomen und Nachbild-Effekt ermöglichen es, daß die auf dem Filmstreifen zeitlich hintereinander angeordneten Einzelbilder bei der räumlich aufeinanderfolgenden Projektion zum kinematographischen Gesamteindruck von Bewegung verschmelzen. Werner Nekes entwickelte in dem Film ÜBER DIE TRÄGHEIT DER WAHRNEHMUNG (BRD 1981, Regie/Buch: Helmuth Herbst und Klaus Feddermann) für diese kleinste Einheit der Montage das nachfolgende Schema:

↦	E_1			↤↦	E_2			↤↦	E_3			↤↦ ...
A_1	A_2	A_3	... A_n	B_1	B_2	B_3	... B_n	C_1	C_2	C_3	... C_n	...

Dabei bedeuten A_1 bis A_n die Einzelbilder der Einstellung E_1; B_1 bis B_n die der daran montierten Einstellung E_2 und so fort. Der Timecode beim Video-Editing ist nichts anderes als die Zuordnung einer Ziffer zu den entsprechenden Einzelbildinformationen auf dem Videoband.

Die Einzelbilder setzen sich dann also zur nächstgrößeren Filmeinheit, der *Einstellung,* zusammen. Wobei man allgemein unter Einstellung die von der Filmkamera ohne Unterbrechung gefilmte Aufnahme versteht. Dabei ist normalerweise die Filmzeit mit der Realzeit identisch. Zeitlupe, Zeitraffer und

Einheiten der Montage

andere Trickverfahren gelten als Ausnahmen. Der Begriff „Einstellung" im deutschen Sprachgebrauch stammt vom apparativen Einstellen der Kamera her, auch wenn als Bedeutung die „Einstellung" der Kamera und der Regie zu den gefilmten Dingen und Menschen mitschwingt.

Eisenstein selbst polemisiert gegen eine zu technisch-mechanistische Einstellung zur Einstellung, wozu der von den Russen aus der industriellen Fertigung übertragene Begriff „Montage" verführt: „Die Einstellung. Ein kleines Rechteck mit einem irgendwie darin gestalteten Ereignisausschnitt. Aneinandergeklebt, ergeben die Einstellungen eine Montage (...) So etwa lehrt es die alte Schule des Films. Schräubchen für Schräubchen, Ziegelstein um Ziegelstein..."[2]

Eisenstein setzt in seiner Polemik gegen Kuleschow der mit Montage assoziierten Starre der Einstellung den vitalen Begriff „Zelle" entgegen: „Eine Einstellung ist keineswegs ein *Element* der Montage. Eine Einstellung ist die Zelle der *Montage*."[3]

Der angelsächsische aggressivere Begriff „*shot*" für Einstellung setzte sich erst zu Beginn der 50er Jahre durch. Am Anfang sprach man bei der Einstellung von der „*scene*" als kleinster Erzähleinheit auf dem Filmstreifen, später dann auch vom „*take*".

Schwerer tun sich die Theoretiker mit der Bezeichnung für die nächstgrößere Filmeinheit, die aus den montierten Einstellungen besteht. Hierfür gibt es die unterschiedlichsten Termini, die Szene, die Sequenz, das Syntagma oder das Segment, aus dem sich dann das Filmganze zusammensetzt.

In der Praxis ging man von der zu filmenden *Szene* aus, die anfangs aus einer Einstellung bestand, wie wir auch im folgenden sehen werden. Aus der Theatertradition ist die Szene durch die Einheit von Ort und Zeit definiert. Beim Film kann diese Einheit der Szene durch die Auflösung von Einstellungen innerhalb einer Sequenz aufgehoben werden. Beim Drehen ist man dabei nicht an die raum-zeitliche Kontinuität gebunden, da man die einzelnen Einstellungen achronologisch und mit Unterbrechungen aufnehmen kann. Später muß die Szene eines Filmes innerhalb der montierten Sequenz wieder eine organische, formal und gedanklich sinnvolle Einheit ergeben. Daher ist die durch Montage zusammengesetzte Szene filmterminologisch eine *Sequenz*, wie auch der Begriff „*séquence*" im Französischen bzw. „*sequence*" im Angelsächsischen mit „Folge" (von Einstellungen) assoziiert ist.

Die wissenschaftliche Spezialdisziplin Filmsemiotik ersetzte den Begriff „Sequenz" durch „Syntagma" (Lotman, Metz etc.). Dies brachte Kritik aus den eigenen Reihen hervor: „Die Substitution des Begriffs „Sequenz" durch „Syntagma" suggeriert, daß ein vorwissenschaftlicher und unpräziser Begriff durch einen wissenschaftlichen und präzisen ersetzt wurde. Dieser Eindruck ist falsch. Der *Gegenstand* bleibt die *Sequenz*, und er bleibt problematisch, wie immer er genannt wird. Die neue Bezeichnung bringt eher neue Konfusion; denn der Begriff „Syntagma", dessen Gebrauch in der Linguistik und Semiotik noch uneinheitlich ist, kann zu jeder Art syntaktischer Konstruktion verwendet werden und ist daher viel abstrakter und semantisch leerer als der Begriff „Sequenz"... Es ist nichts dagegen einzuwenden, die Sequenz *als* Syntagma aufzufassen; den deskriptiven Begriff „Sequenz" durch „Syntagma" zu ersetzen ist dagegen verfehlt..."[4]

Daß gelegentlich „Segment" anstelle von Sequenz verwendet wird, sei zwar der Vollständigkeit halber erwähnt, aber im folgenden steht Sequenz für die Vielzahl von Einstellungen (mindestens zwei), die einen gedanklichen und/oder formalen Kontext bilden. Damit ist die zentrale Kategorie Sequenz die größte filmspezifische Einheit der Montage-Konstruktion. Der Umgang mit den damit verbundenen logischen und praktischen Aufnahme-Problemen und schnitt-technischen Schwierigkeiten mußte von den Filmemachern aber erst gemeistert werden.

Die Evolution der Montage im Zeitraffer

Ähnlich der natürlichen Evolution, der Entwicklung von einfachen zu komplexeren Organismen, kann man in der Kinematographie kleine Schritte und größere Sprünge in der Entwicklung von einfachen zu komplexeren Montageformen vorfinden. Obwohl der Film gerade erst hundert Jahre alt wird, gewinnt man auch hier durch Beobachtung der Anfänge Auskunft darüber, warum Filme heute so aussehen, wie wir es gewohnt sind. Und wie in der Evolution, bleiben auch die Aussagen über das Urkino vorläufig, bis man wieder ein *missing link,* eine Büchse mit einem Filmstreifen entdeckt, der Aussagen über: „Wie alles anfing" in neuem Licht erscheinen läßt. Daher werden hier hauptsächlich die Etappen geschildert, in denen sich eine Entwicklung etablierte, und es wird nicht versucht, die allerersten Vorkommnisse dieser oder jener Montageweise auf das Jahr genau festzulegen.

1893 ließ sich Edison den handgetriebenen *Kinetoscope,* einen Münzfilmkasten, patentieren. Die Filmschleifen (Rollfilm von Eastman) waren bis zu einer Minute lang (25–50 *feet*) und wurden ab 1894 am Broadway und in allen großen amerikanischen Städten in sogenannten *parlours* oder *peep shows* gezeigt. Die Vorführräume, in denen jeder einzeln an seinem Guckkasten kurbelte, wurden auch *penny arcades* genannt. Zu Beginn des Films und seines Schnitts wurden nur Anfang und Ende der Einstellung beschnitten, damit der Filmstreifen besser als Schleife zusammengeklebt konnte oder besser in ein Vorführgerät paßte. Damals war jede Einstellung eine in sich ungeschnittene Szene, die Filme waren sogenannte *single-shot scenes.* Die ersten Filmvorführungen im Jahr 1895, von den Gebrüdern Skladanowsky mit dem *Bioscope* in Berlin und den Gebrüdern Lumière mit dem *Cinématographe* in Paris, zeigten verschiedene solcher Szenen, die aus jeweils einer Einstellung bestanden, projiziert auf eine Leinwand. Das Filmprogramm seinerseits war damals wiederum Teil eines Varieté- oder Vaudeville-Programmes und wurde daher von einem größeren zahlenden Publikum wahrgenommen, als es beim Kineto-scope möglich war. Edison zog daher 1896 mit dem Projektionspatent *Vita-scope* für die öffentliche Filmvorführung vor größerem Publikum nach.

Daß ein Filmstreifen mehr als eine Einstellung enthalten konnte, „erfuhr" der französische Illusionist und Filmkünstler George Méliès 1896 durch einen Zufall. Bei einer Aufnahme verfing sich der Film in der Kamera, und Méliès konnte am Place de l' Opéra erst mit einminütiger Verzögerung weiterkurbeln: „Während dieser Minute hatten sich natürlich die Passanten, Omnibusse, Wagen von der Stelle bewegt. Als ich den Streifen, den ich dort, wo er gerissen war, wieder zusammengefügt hatte, projizierte, sah ich plötzlich, daß aus dem Omnibus Madeleine–Bastille ein Leichenwagen und aus Männern Frauen ge-worden waren."[5]

Damit wurde erstmals das Prinzip sichtbar, Einstellungen, die Verschiedenes zeigen, zeitlich nahtlos hintereinander und räumlich identisch aufeinander zu projizieren. Der erste Filmstreifen von Méliès, der zwei verschiedene Einstel-lungen hintereinander zeigte, verdankte dies also nicht einem Schnitt, sondern zufällig dem, was man später einen „Stopptrick" nannte und von Méliès dann auch häufig verwendet wurde. Mit diesem ältesten Kameratrick konnte man durch Anhalten der Kamera Gegenstände und Menschen verschwinden lassen oder austauschen. Méliès frühe Filme standen ansonsten in der Theatertradi-tion, waren genaugenommen eigentlich *multiple-scene films,* Filme, bestehend aus *single-shot scenes,* die Reihungen von in sich ungeschnittenen Szenen zeigten. Die Übergänge in den französischen und amerikanischen Filmen die-ser Art waren oft schon Überblendungen oder Irisblenden, um „harte" Schnitte zu vermeiden.

Ein anderer Impuls für Montage und Schnitt kam von den Kameramännern, die Aktualitäten aufnahmen, deren Abläufe meist nicht so genau voraussehbar waren wie beim Theaterspiel. Sie „schnitten" sozusagen in der Kamera, indem sie die Kamera immer wieder neu aufbauten, um einem Ereignis logisch zu folgen, oder sie kurbelten erst weiter, nachdem sie einen näheren oder interes-santeren Kamerastandpunkt gefunden hatten. Damit kamen, immer noch ohne Schnitt, die ersten verschiedenen Einstellungen auf einen Filmstreifen. Das geschah zwischen 1897 und 1900 bei Ereignissen wie QUEEN VICTORIA'S DIAMOND JUBILEE (GB 1897) und DEWSBURY FIRE BRIGADE (GB ca. 1900). Mit dieser Art von Aufmerksamkeitsverteilung und -fokussierung folgte man erst später auf dem *set* oder im Studio dem Spiel der Schauspieler.[6]

So entwickelte sich der Film, der eine Kunst in der Zeit ist, wie z.B. Theater und Tanz, zu einer neuen, über die Zeit hinweg manipulierbaren Kunst: Da die Filmzeit über zwei aneinandermontierte Einstellungen hinweg nicht mehr mit der Realzeit der beiden Einzeleinstellungen identisch sein mußte, eröffneten sich neue gestalterische Möglichkeiten: Man konnte nun ein Ereignis aus seiner Dauer und Chronologie lösen. Der Schnitt und die Montage begannen nach

Filmschnitt in den
20er Jahren...

...in den 90er Jahren

und nach Einstellungen zu unterbrechen, abzuwechseln, gegenüberzustellen und neu anzuordnen.

Die Fortschritte in der Montagetechnik standen jedoch nicht für sich, sondern hingen eng mit den anderen Entwicklungsschritten und qualitativen Sprüngen der ästhetischen, technischen und ökonomischen Entwicklung des Films zusammen. Die Entwicklung ging von einfachen Bewegungsabbildungen, *living pictures*, über zu abwechslungsreichen Geschichten und Ereignissen, weil das Publikum nach immer neueren Sehweisen und Geschichten verlangte. Hatte um 1900 der Anteil der zuvor erwähnten dokumentarischen Filme noch 87% betragen, war er 1904 bereits halbiert, und um 1908 standen nur noch 4% dokumentarischen Filmen 96% fiktionale Filme gegenüber.[7]

In der sogenannten primitiven Periode (1894–1908) entwickelte sich der Film vom anfänglich eingliedrigen, ca. einminütigen Filmstreifen weiter zum mehrgliedrig montierten Streifen von 4–6 Minuten Länge um die Jahrhundertwende und wurde ab 1905 zum ca. 13–16minütigen Einakter oder „*one-reeler*" (dt. „Einspuler").

Ab 1905 bekam der Film in Amerika auch sein eigenes Haus, das Nickelodeon, wie dort die Vorläufer der heutigen Kinos hießen. Ab 1906 wurde die Filmproduktion arbeitsteiliger, und Kameramänner, die bis dahin hauptsächlich auch die Regie geführt hatten, gaben diese ab an Regisseure, die oft aus dem Theater kamen. Einer davon war David Wark Griffith, der in Amerika die Filmmontage vorantrieb wie kein anderer.

Die „Erfindung" des Starsystems passierte 1910. Ab da wurden die Filmschauspieler in Amerika mit Namen genannt. Das Starsystem mit seinem Identifikationsangebot brachte die Kamera dazu, sich mit den Augen der Helden im Raum zu bewegen und sich in die Handlung „einzumischen". Die Einstellungen zeigten nicht mehr ausschließlich die Beobachterposition eines Theaterzuschauers, sondern auch die der Filmhelden. Dadurch veränderten sich Einstellungsgrößen, Kamerapositionen und -winkel, die Filme wurden dementsprechend komplexer montiert.

Zwischen 1909 und 1914 etablierten sich dann die Traumfabriken, in denen von der manufakturellen Arbeit zur industriellen Fertigung der Ware „Film" übergegangen wurde. Normen, Standards, Arbeitsteilung, Hierarchie und Zentralisierung setzten sich damit auch in der Filmbranche durch. Nach 1911 wurden aus den „Einspulern", die zwischen 15 und 30 Einstellungen hatten, „Mehrspuler", weil die Geschichten oft nicht mehr auf eine Spule paßten, und das Publikum sich über das bisweilen abrupte Ende vieler Filme beklagte. Zu dieser Zeit bildete sich der Beruf des *filmeditors* heraus. Das Aufkommen des über einstündigen, „abendfüllenden" Spielfilms ab 1913 setzte dann eine Film- und Erzähllänge von 5 und mehr Rollen als Norm.

Ab 1914 gewann daher auch, neben der Regie, der Produzent an Bedeutung. Sein Interesse führte zum *breakdown,* der Gliederung des Drehbuches nach ökonomischen Gesichtspunkten: Zum Beispiel wurden alle Innendrehs oder Außendrehs, die zu einem *set* gehören, aus der Chronologie der späteren Filmerzählung herausgenommen und hintereinander abgedreht. Ort, Zeit und Handlung wurden zusätzlich von Kamera und Regie auch nach ästhetischen Gesichtspunkten durch die *Auflösung* in *takes* am *set* fragmentiert und mußten nun am Schneidetisch wieder zusammengesetzt werden.

Um nun bei der Fragmentierung der Einzeleinstellungen die Handlungskontinuität der filmischen Erzählung und die Orientierung in Raum und Zeit beizubehalten, setzte sich ab 1917 durch, was später als das 180-Grad-Prinzip bezeichnet wurde.

Das 180-Grad-Prinzip

Verfolgt man die Entwicklung von Aufnahme und Schnitt bis heute, so zeigt sich, daß sich die unterschiedlichsten Kamerapositionen und Schnittkonventionen nach diesem Prinzip richten. Das 180-Grad-Prinzip – auch (Handlungs-) Achsenschema genannt – besagt, daß der Zuschauer auf einer Seite der Handlung bleibt, ähnlich wie beim Proszenium im Theater. Die Handlungsachse, *center line,* wird zum imaginären Vektor der Handlungsbewegung, der Anordnung der Darsteller und der Blickrichtung der Szene. Das folgende Schema verdeutlicht mögliche Zuordnungen.[8]

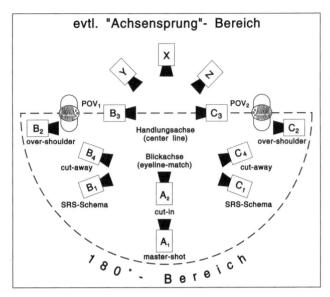

Alles, was im ABC-Bereich liegt, dient zur Orientierung im Handlungsgeschehen, alles im XYZ-Bereich schafft einen „Achsensprung" und damit Desorientierung beim Zuschauer. Es sei denn, daß zwischen dem Umschnitt von dem einen zum anderen Bereich die Kamera selbst auf der Handlungsachse positioniert war (B_3 oder C_3) und so den Übergang vom ABC- zum XYZ-Bereich motiviert. Der Schnitt hat nun innerhalb der verschieden aufgelösten Einstellungen der aufgenommenen Szene zu vermitteln, um eine Sequenz sinnvoll zu montieren. Diese Art der aus Mehrfacheinstellungen montierten Sequenz wird als *multiple-shot scene* bezeichnet und ist nicht mit den frühen *multiple-scene films* zu verwechseln, in denen jede Szene einer Einstellung entsprach.

Die Einstellung A_1 entspricht der Aufnahme eines szenischen Tableaus, gewöhnlich von der Kamera mit einem Normalobjektiv gedreht, ca. 4½ Meter (15 *feet*) zentralperspektivisch von der Aktion entfernt. Zum Teil wird so eine Aufnahme *master-shot* genannt, auch *cover-shot*, wenn sie das Handlungsgeschehen visuell abdeckt, eine Totale, wenn sie dieser Einstellungsgröße entspricht und schließlich auch *establishing-shot*, wenn diese Aufnahmeart am Anfang einer Sequenz steht. A_1 war die gängigste Form in der „primitiven Periode" der Kinematographie, der Zeit der *single-shot films* und *multiple-scene films*.

Bei A_2 nähert sich die Kamera der Handlung. Der Schnitt von Kamera A_1 auf A_2 entspricht einem *cut-in*, zum Beispiel vom *establishing-shot* hinein in das Geschehen, von einer Totalen auf eine Amerikanische Einstellung oder von einer Halbnahen auf eine Nahe oder Großaufnahme. Von dem *cut-in* kann nun auch wiederum zurückgeschnitten werden: *cut-back* von A_2 auf A_1.

Das 180-Grad-Prinzip 17

Auch dies mußte erst einmal gemeistert werden. Selbst das Genie Griffith drehte noch 1916, bei seiner Großproduktion INTOLERANCE, die *cut-ins* auf dem *set* nicht gleich mit, sondern teilweise erst, nachdem er sich die *cover*- oder *master-shots* angesehen hatte.

Das Schuß/Gegenschuß-Prinzip, *shot/reverse-shot* (SRS), bezieht sich auf den Wechsel zwischen Kamera B_1 und C_1, wobei sich typischerweise die Protagonisten ansehen. Das SRS-Prinzip begann sich zwischen 1911 und 1914 auszudifferenzieren. 1915 wurde diese Schnitt- und Sehgewohnheit schon parodiert: In YE GODS! WHAT A CAST! spielt der Hauptdarsteller sechs verschiedene Rollen, wobei er sich mit SRS selbst anschaut und mit sich Konversation treibt. Insgesamt gibt es dabei 103 Schnitte, die auf dieser Art von Kontinuität und Blickanschluß aufbauen. Diese bipolare Wahrnehmungsorganisation des SRS-Musters verlangt, neben der Berücksichtigung der Handlungsachse, auch präzise Einhaltung der Blickachse, *eyeline-match*, andernfalls schauen die Protagonisten aneinander vorbei. Man muß daher beim „Achsensprung" den Sprung über die Handlungsachse vom Sprung über die Blickachse unterscheiden. Beim Sprung über die Blickachse stimmen zwar die Kamerapositionen im ABC-Bereich, nur geht der Blick der Protagonisten aneinander vorbei. Cutter haben das oft durch einen Zwischenschnitt auf etwas anderes oder gar durch seitenverkehrtes Umkopieren des falschen Gegenschusses „repariert". Mit diesen *cheat-cuts* werden bis heute noch nachträgliche Lösungen versucht.

Dem SRS-Schema kann auch das Verhältnis *shot/reaction-shot* zugeordnet werden, wobei z. B. von Kamera B_1 auf C_1 und wieder zurück auf B_1 geschnitten wird. So werden, ähnlich wie beim Ping-Pong, Aktion und Reaktion deutlich gemacht. Der Schußwechsel im *showdown*, dem Höhepunkt im Western-Genre, wird meistens nach dem Schuß/Gegenschuß-Verfahren geschnitten.

Nimmt die Kamera genau die Position eines der Protagonisten ein und zeigt uns einen Ausschnitt des Geschehens aus dessen Blick, wie bei Kameraposition B_3 undC_3, spricht man vom *point of view-shot*, abgekürzt POV, der wiederum in das SRS-Schema paßt.

Der *over shoulder-shot* B_2 und C_2 innerhalb des SRS etablierte sich erst mit dem Tonfilm ab 1930, da man als *reaction-shot* nun auch denjenigen zeigen konnte, der nicht sprach, weil man denjenigen hören konnte, über dessen Schulter man dabei schaute. Der Film TOTE TRAGEN KEINE KAROS (USA 1981) von Carl Reiner zeigt viele SRS-Sequenzen, in denen Steve Martin als Detektiv in *over-shoulder-shots* mit schon verblichenen Stars aus alten Filmen dialogisiert. Der Film „zitiert" Dialogsequenzen aus etwa 25 alten Hollywoodfilmen, in die nachgedrehtes Material geschickt einmontiert wurde, so daß der Eindruck entsteht, Martin hätte direkten Kontakt mit den Verblichenen. Ähnlich wie beim zuvor erwähnten YE GODS! WHAT A CAST! werden also auch hier Dialoge mittels SRS „simuliert".

Ist der *reverse-cut* durch einen Blick eingeleitet, der nach außerhalb des Aktionsradius des 180-Grad-Schemas verweist, wie bei den Kamerapositionen B_4 und C_4, liegt ein sogenannter *cut-away* vor, der nicht die „Tabulinie" der Handlungsachse verletzt, weil er durch den Blick motiviert ist. Einer der Protagonisten hört zum Beispiel, während er im Dialog mit dem Partner ist, ein Geräusch. Sein Blick geht dann am Partner vorbei, und wir sehen im Gegenschuß die Ursache des Geräuschs, die außerhalb des bisherigen szenisch gezeigten Aktionsradius liegt und mit dem *cut-away* einen neuen Raum eröffnet.

Das Schema macht deutlich, wie analytisch gedacht, gedreht und geschnitten werden muß, um keine Konfusion beim Filmbetrachter zu provozieren. Deshalb spricht man beim Schnitt innerhalb des 180-Grad-Schemas auch vom *analytical editing*, das im Keim mit der Schnittfolge *establishing-shot, cut-in* und *re-establishing-shot (cut-back)* um 1910 entstand. Das 180-Grad-Prinzip sorgt bis heute für Kontinuität der Handlung innerhalb des szenischen Raumes, innerhalb der *multiple-shot scene*. *Multiple-space scenes* verlangen nach einer anderen Art von Kontinuität, die bei der Montage berücksichtigt werden muß.

Das Konzept „Kontinuität"

Der Begriff *„continuity"*, mit der Bedeutung einer visuell ungebrochenen, filmisch kohärenten Erzählweise, tauchte in der Sprache der angelsächsischen Filmemacher etwa ab 1910 auf. Die Kontinuität bezog sich dabei sowohl auf die innersequentielle Kontinuität einer aufgelösten Szene im gleichen Raum, zum Beispiel nach dem 180-Grad-Prinzip, als auch auf die transsequentielle Kontinuität einer Handlung über mehrere verschiedene Räume und Orte hinweg. Auch wenn kausal-lineare Handlungsverläufe klar waren, mußte man erst einmal lernen, die Aufmerksamkeit und raum-zeitliche Orientierung des Zuschauers über die verschiedenen Räumlichkeiten und Zeitabschnitte der Handlung hinweg zielgerichtet zu lenken. Das Problem bestand darin, eine Bewegung der Einstellung von Ort A zur Einstellung an Ort B weiterzuführen. Das war der Beginn des *continuity systems*.[9]

Die Kontinuität einer Bewegungsrichtung über mehrere Sequenzen hinweg lief nach einem einfachen Prinzip: Wenn einer in der einen Einstellung in der Richtung links-rechts läuft, muß er diese Bewegungsrichtung in der nächsten Einstellung fortsetzen. Läuft er rechts aus der Einstellung A hinaus, muß er nach dem Schnitt bei Einstellung B links wieder hereinkommen, sofern es nicht ein Motiv für einen Richtungswechsel gibt.

Auf die Kontinuität mußte man aber nicht nur wegen der Orientierung der Zuschauer achten, sondern auch aus praktischen und ökonomischen Gründen, denn die Kontinuität mußte ab 1910 vom Skript her für die Produktion planbar gemacht werden, da diese ab ca. 1910 wiederum Richtlinien für die Dreharbei-

Das Konzept „Kontinuität"

ten festlegte. Zum Beispiel, wie schon zuvor als *breakdown* erwähnt, alle Innendrehs und Außendrehs in einer für die Produktion effizienten und ökonomischen Reihenfolge, die nicht dem späteren Handlungsverlauf im Film entsprechen mußte. Auch das Drehen mit verschiedenen Kameras, etwa bei einer Actionszene, hatte die Achsenproblematik und das Kontinuitätskonzept zu berücksichtigen. Es ging vor allem darum, „flüssig" zu erzählen und ohne abrupte Sprünge filmische Raumanordnungen und Zeitverläufe zu konstruieren. Doch bis die Schnitte richtig „weich", *„smooth"*, und zu einem Markenzeichen des „classical Hollywood" wurden, dauerte es noch zwei, drei Jahrzehnte, weil die Schnitt-Technologien (Moviola, Schneidetische...) erst entwickelt werden mußten. Das *continuity-script* entstand parallel zum Cutterberuf um 1911. Das *script-girl* und der *continuity-clerk*, die Kontinuität und Anschluß notierten und überprüften, bildeten sich zwischen 1917 und 1920 als Beruf heraus. Um diese Zeit begann man auch die Szenen mit verschiedenen Kamerawinkeln aufzunehmen, und das SRS-Schema wurde zur Konvention.[10]

Die Kontinuität im Schnitt bedarf der Überlappung beim Drehen. Klassisches Beispiel für einen Schnitt in der Bewegung: Ein Mann richtet sich von seinem Sessel in einer Halbtotalen (E$_1$) auf und kommt in einer Nahen (E$_2$) zum Stehen. In der halbtotalen Einstellung E$_1$ wird die ganze Bewegung aufgenommen, und bei der Wiederholung in der nahen Einstellung E$_2$, mit anderer Brennweite und/oder anderem Kamerawinkel, wird das ganze Aufstehen noch einmal gedreht, um anschaulich umschneiden zu können.

Auch dies mußte von Filmemachern und Zuschauern erst gelernt werden. Edwin S. Porter zeigte 1903 in dem Film THE LIFE OF AN AMERICAN FIREMAN einen Teil der Handlung zweimal: Ein Feuerwehrwagen rückt aus, um eine Mutter mit Kind aus einem brennenden Haus zu retten. Dabei wird die Rettung in letzter Minute, einmal von innen, aus der Sicht der gefährdeten Mutter, und einmal von außen, aus der Sicht der Feuerwehrleute gezeigt. „Also wird die Kontinuität einer gleichzeitig ablaufenden Handlung in zwei nichtkontinuierliche Blöcke oder Sequenzen aufgeteilt, die aber durchaus Gleichzeitigkeit meinen!"[11] Der Film wurde übrigens 1910 entsprechend den geänderten Sehgewohnheiten umgeschnitten, d. h. es wurde innerhalb der Kontinuität zwischen Innen und Außen hin- und hergeschnitten (*cross-cutting*).

Bei der Kontinuität von Bewegungsabläufen über verschiedene Sequenzen und Orte hinweg werden daher gerne am Ende einer Sequenz Aktionen gestartet, die sich in der nächsten Sequenz fortsetzen. Das reicht vom Türen Auf- und Zumachen über Autofahrten bis hin zu Verfolgungsjagden und Actionsequenzen. Die eine Sequenz gibt sozusagen die „Stafette" an die nächste weiter oder „echot" in sie hinein, so daß Anschlüsse wie beim Dominospiel logisch aneinanderpassen. Die Zuschauer sollen dabei in das Geschehen gleichsam eintauchen und nicht durch harte Schnitte herausgerissen werden. Der amerikanische Trend hatte ein harmonisches Ganzes der Filmerzählung als Ziel, das man durch den sanft geführten Blick des Zuschauers über Schnitte hinweg erreichen wollte. Ganz anders als beispielsweise das „Russenkino" des frühen Eisenstein, der erklärtermaßen auf Konflikt, Kollision aus war (s. Oksana Bulgakowa: *Montagebilder bei Sergej Eisenstein,* in diesem Buch S. 49 ff.).

Kuleschows Experimente

Lew Kuleschow war der erste, der systematisch filmische Experimente zur Montage versuchte. Sie sollen hier erwähnt werden, weil im experimentellen Teil dieses Bandes darauf aufgebaut wird (s. Hans Beller: *Montage-Experimente...* und Hans J. Wulff: *Der Plan macht's,* in diesem Buch S. 157 ff. bzw. 178 ff.).

Zur Person: Lew Wladimirowitsch Kuleschow wurde 1899 in Tambow, südöstlich von Moskau geboren, zog mit zehn Jahren nach Moskau, wo er auch 1970 71jährig verstarb. Er begann als Kunstmaler und arbeitete dann als Filmbildner und Assistent bei Jewgenij Bauer. Ab 1917 führte er Regie und arbeitete zwischen 1918 und 1919 als Kameramann bei der Roten Armee. 1920 begann Kuleschow an der 1919 gegründeten Filmhochschule in Moskau, der ersten der Welt, mit einer eigenen Klasse in workshops zu lehren. Zum inneren Kreis der Klasse gehörte z. B. Pudowkin, zum äußeren Kreis der fakultativen Zuhörer aus Bereichen wie Theater und Literatur zählte u. a. Eisenstein. Kuleschow glaubte, daß man mit wissenschaftlichem Kalkül auch die künstlerische Kreativität des Filmemachens lenken könne.[12]

Zwei Grundannahmen Kuleschows führten zu seinen Experimenten. Einmal sah Kuleschow im Filmdarsteller keinen Schauspieler, sondern ein organisches „Filmmodell", das durch spezielles Training von Emotion und Motorik als „vollkommen technisches Werk" funktioniert. Der zweite Grundgedanke bezog sich direkt auf die Montage: „Das Wesen des Films muß nicht innerhalb der Grenzen des gefilmten Fragments gesucht werden, sondern in der Verkettung dieser Fragmente."[13] Kuleschow ging 1928 sogar so weit zu sagen, daß „... es nicht so wichtig war, wie die Einstellungen *aufgenommen* wurden, sondern wie die Einstellungen *geschnitten* wurden."[14]

Die Montage-Experimente auf dem leicht entzündlichen Nitrofilm sind der historischen Forschung nicht mehr zugänglich, weil sie wahrscheinlich während des Zweiten Weltkrieges verbrannten, jedenfalls sind sie verschollen. Die mündliche Überlieferung der Experimente führte zu den unterschiedlichsten Vorstellungen davon, so daß der Meister selbst daran fast irre wurde: „Filmhistoriker und Memoirenschreiber haben die Daten so vermischt, daß es manchmal schlichtweg unvorstellbar ist, daraus schlau zu werden. Manchmal kommen mir Zweifel, wer ich wirklich war oder bin, dieser Lew Kuleshov..." schrieb er 1966 in einem Brief.[15]

Um bei den Schwierigkeiten der Quellenforschung zum experimentellen Programm Kuleschows nicht zu sehr ins Spekulieren zu verfallen, halten sich die folgenden Angaben an Kuleschows eigene Aussagen.

Zum Experiment „Schöpferische Geographie"

„Khoklova und Obolensky haben mitgespielt, und sie wurden auf folgende Weise gefilmt: Khoklova geht an der Petrowka in der Nähe des Warenhauses Mostorg; Obolensky geht, drei Werst entfernt, auf dem Deich der Moskwa. Sie entdecken sich, lächeln und setzen sich in rasche Bewegung, um sich zu treffen. Ihre Begegnung wird auf dem Boulevard Prechetensky aufgenommen, der sich in einem ganz anderen Stadtteil Moskaus befindet. Sie geben sich dann die Hand vor dem Denkmal Gogols (4. Ort). Dabei richten sie ihre Blicke auf etwas, das sich außerhalb der Leinwand befindet. Und hier wird im Schnitt eine Aufnahme aus einem amerikanischen Film eingefügt – das Weiße Haus in Washington... Hierbei haben wir keinen Trick angewandt, keine doppelte Belichtungszeit; diese Wirkung wurde lediglich durch die Zusammenstellung des Rohmaterials und durch kinematographische Methoden erzielt... In dem ersten Experiment hatten wir willkürlich eine eigene Geographie geschaffen, die Schauplatz einer einzigen fortlaufenden Handlung war."[16]

Zum Experiment „Die ideale Frau"

„Im ersten Experiment hatten wir willkürlich unsere eigene Geographie geschaffen, in der sich ein einzelner Handlungsverlauf abspielte. Im zweiten Experiment hielten wir sowohl einen einzigen Hintergrund, als auch eine einzige Handlung aufrecht, aber nun, indem wir die Personen selbst neu zusammensetzten. Ich filmte ein Mädchen, das vor seinem Spiegel sitzt, Augen und Wimpern anmalt, sich die Lippen schminkt und die Schuhe zubindet. Allein durch das Mittel der Montage zeigten wir ein lebendiges Mädchen, das es aber in Wirklichkeit gar nicht gibt, weil wir die Lippen der einen Frau, die Beine einer anderen, den Rücken einer dritten und die Augen einer vierten gefilmt hatten. Wir verbanden diese Einstellungen, indem wir ein bestimmtes Verhältnis zwischen ihnen festhielten, und wir verschafften uns eine völlig neue Person, indem wir nichts anderes taten, als völlig authentisches Material zu benutzen. Dieses Beispiel verdeutlichte, daß die ganze Kraft der kinematographischen Wirkung in der Montage liegt. Nirgendwo anders kann man mit dem bloßen Rohmaterial solche völlig unerwarteten und scheinbar unglaublichen Dinge erreichen. Das ist in jeder anderen Form des Schauspiels als der des Kinos unmöglich, wobei das Ergebnis nicht durch Tricks, sondern allein durch die Organisation des Filmmaterials gewonnen wird..."[17]

Zum „Kuleschow-Effekt"

„Dieses Experiment sah folgendermaßen aus: Aus alten Filmen nahm ich
Einstellungen mit dem Schauspieler Mosschuchin und fügte sie mit verschiedenen anderen Einstellungen zusammen. Zuerst ließ ich Mosschuchin scheinbar
im Gefängnis sitzen, dann erfreute er sich an der Sonne, der Landschaft und der
wiedergewonnenen Freiheit. In einer anderen Kombination ließ ich Mosschuchin in der gleichen Haltung dasitzen, mit dem gleichen Gesichtsausdruck, und
eine halbnackte Frau ansehen. In einer anderen Kombination sah er einen
Kindersarg an – oh, ich weiß nicht mehr – es gab viele verschiedene Kombinationen... Und das ist das Experiment, das als ‚Kuleschow-Effekt' bekannt
geworden ist."[18]

Schließlich noch Kuleschow zu einem *vierten Experiment*:

„Wir hatten eine Meinungsverschiedenheit darüber, wie eng die psychologische Darstellungsweise eines Schauspielers mit der Montage verknüpft ist.
Einige sagten, daß diese (die Darstellungsweise, HB) nicht durch die Montage
zu ändern sei. Zu einem bedeutenden Filmschauspieler, der diese Ansicht hatte,
sagten wir: ‚Stellen Sie sich diese Szene vor: einem Mann, der im Gefängnis am
Verhungern ist, wird eine Schüssel Suppe gebracht; er ist überglücklich und
verschlingt die Suppe gierig. Eine andere Szene: der Gefangene ist nun satt,
aber er sehnt sich nach der Freiheit, nach den Vögeln, der Sonne, nach Häusern
und Wolken; die Tür wird geöffnet; in der Freiheit sieht er nun all das, wovon
er geträumt hatte.' Wir fragten den Schauspieler: ‚Wird im Film das Gesicht,
das auf die Suppe reagiert und jenes beim Anblick der Sonne, dasselbe sein oder
nicht?'
Er antwortete beleidigt: ‚Sie werden natürlich verschieden sein, denn niemand
wird bei Suppe und Freiheit auf die gleiche Weise reagieren.' Dann filmten wir
diese beiden Einstellungen und – gleichgültig wie oft ich sie umstellte oder wie
viele Leute sie betrachteten – niemand konnte irgendeinen Unterschied im
Gesicht des Schauspielers entdecken, obwohl er die beiden Reaktionen völlig
verschieden gespielt hatte. Die Darstellung des Schauspielers erreicht den Betrachter so, wie der, der den Film montiert, es verlangt, weil der Betrachter
selbst die aufeinanderfolgenden Einstellungen ergänzt und in ihnen das sieht,
was ihm durch die Montage suggeriert worden ist."[19]

An Kuleschows Versuche knüpfen die verschiedensten Experimente an, die
hier in späteren Kapiteln vorgestellt werden.

Montagemuster und Klassifikationsversuche

Einige Montagemuster wurden zuvor schon bei der Evolution der Montage erwähnt: *cut-in, cut-back, cut-away, shot/reverse-shot*... (vgl. S. 16 ff.) Diese Begriffe sind nicht abstrakt, sondern der konkreten angelsächsischen Berufssprache aus dem Schneideraum entlehnt und beziehen sich meist auf die überschaubare Folge von ein bis zwei Schnitten innerhalb der Sequenz. Nun gibt es auch transsequentielle Muster, wie das *cross-cutting*, das eine bestimmte strukturelle Anordnung von Sequenzen meint.

Cross-cutting

Durch das *cross-cutting* wird dem Bedürfnis nach Abwechslung und Wiederholung gleichermaßen entsprochen. Die abstrahierte Grundstruktur dieses „kreuzweisen" Hin- und Herschneidens kann mit der Folge $A_1/B_1/A_2/B_2/A_3/B_3...A_n/B_n$ beschrieben werden. Im zuvor erwähnten Beispiel von Eisensteins Oktober (vgl. S. 10) ist das Grundmuster auf Einzelbildebene aufgeführt: A der Schütze, B das Maschinengewehr...

Doch das eigentliche *cross-cutting*, zum Beispiel bei einer „Rettung in letzter Minute" oder einer Verfolgungsjagd, wurde insbesondere von D. W. Griffith weiterentwickelt und vervollkommnet. Die bekanntesten, überlieferten frühen Filme von Griffith mit diesem Montagemuster sind The Lonely Villa (1909) und The Londale Operator (1911). In beiden gibt es einen Überfall durch Banditen, Frauen, die dadurch in Bedrängnis geraten, Hilfe, die von außen naht und ein Happy-End. Hin- und hergeschnitten wird jeweils zwischen den Frauen in Bedrängnis bzw. den Banditen an Ort A und den Männern, die zu Hilfe eilen von Ort B. Die Er-Lösung passiert dann in letzter Minute durch die Männer, die Ort A erreichen und die Banditen überwältigen.

Doch mit dieser chronologischen und simultanen Erzählweise ist das *cross-cutting*-Muster nicht erschöpft. *Parallelmontage* wird das alternierende Schneiden zwischen vergleichbaren Ereignissen genannt, die nicht simultan und nicht chronologisch sein müssen. Technisch gesehen liegt zwar auch hier *cross-cutting* vor, aufgrund ihrer Bedeutung wird die Parallelmontage jedoch oft nicht als Untergattung des *cross-cutting*, sondern als eigenes Montagemuster gesehen.[20] Bei Griffith' Film A Corner in Wheat (1909) rückt er als Ursache für die Armut der Leute in einem Bäckerladen, den Luxus des reichen Weizenkönigs durch *cross-cutting* ins Bild. Dabei stehen der Kontrast und die Symbolik im Vordergrund, Simultaneität und Chronologie dagegen sind nicht zwingend durch die Handlung miteinander verbunden. Oder noch einmal Eisenstein, der in Streik auf Griffith rekurriert: Bei der Niederschlagung des Streiks der Arbeiter durch zaristische Kavallerie unterschneidet er parallel das Abschlachten eines Rindes im Schlachthof.[21] Auch hier findet keine chronologische, simultane Verknüpfung statt, die direkte Verbindung der beiden Handlungsstränge muß im Kopf des Zuschauers durch Ähnlichkeit und Symbolik hergestellt werden, gemäß Eisensteins These: Einstellung A und Einstellung B ergeben als Superposition C.

Francis Ford Coppola, der sich schon als 18jähriger für Eisenstein interessierte und ihn später filmisch immer wieder zitierte, unterschneidet in APOCALYPSE NOW (1976–79) der brutalen Ermordung des Colonel Kurtz (Marlon Brando) durch Captain Willard (Martin Sheen) die rituelle Schlachtung eines Wasserbüffels durch Eingeborene. Während nun bei A CORNER... und STREIK Kontrast und Vergleich dominieren und die Simultaneität nebensächlich ist, wenn nicht sogar ganz fehlen könnte, sind bei Coppola beide Elemente vorhanden: ein mit der Ermordungsszene symbolisch vergleichbares Ereignis, das simultan zu dieser Szene abläuft und durch *cross-cutting* mit ihr verknüpft ist.

Wie sonst nur in der Literatur, ermöglicht das *cross-cutting* „Sprünge" durch Raum und Zeit. Griffith bekannte sich zu dieser literarischen Tradition: „Ich habe die Idee (des *cross-cutting* von einer Szene zu einer anderen, um die Spannung zu erhöhen) eingeführt (...), aber es war keineswegs meine eigene Idee. Ich habe sie in den Werken von Dickens gefunden. Er war immer mein Lieblingsautor gewesen, und indem ich seine Werke gelesen habe, wurde ich von der Wirksamkeit dieses Verfahrens des *switching-off* überzeugt." [22]

Griffith übernahm das *cross-cutting* jedoch nicht nur, wie in seinen frühen Filmen, zur Dramatisierung der Handlung von Einstellungen und Sequenzen, sondern wandte das Prinzip sogar bei verschiedenen Filmen innerhalb eines Filmes an. Bei INTOLERANCE (1916) werden auf diese Weise vier Episoden ineinander verschachtelt, die verschieden lange Filme mit einer jeweils in sich geschlossenen Handlung zeigen. Die „moderne" Version spielt 1914 und war als eigenständiger Film mit dem Titel THE MOTHER AND THE LAW geplant, die mittelalterliche Version handelt von der Bartholomäusnacht 1572, die jüdisch-christliche Epoche spielt 27 nach Christi Geburt und zeigt Jesus und die Pharisäer, und im Jahre 539 vor Christi spielt schließlich die kolossale babylonische Episode. Diese Episoden werden nun nicht en bloc gezeigt, sondern alternierend in „kleinen Portionen". Dieses hyper *cross-cutting*-Verfahren für ganze Filmhandlungen hat sich nicht durchgesetzt. Laut Bordwell enthielten jedoch 1912 fast die Hälfte aller amerikanischen Filme *cross-cutting*. [23]

In den 20er Jahren wurde dieses Verfahren in Amerika seltener eingesetzt, während Eisenstein in Rußland wieder häufiger davon Gebrauch machte. Auch er verweist auf das Stimulierende der literarischen Erzähltechniken, und zwar in seinem berühmten Essay *Dickens, Griffith und wir*, wobei er begeistert auf die „Montagetechnik" von *Oliver Twist* eingeht.

Modernere Beispiele für die omnipräsente Erzählweise des *cross-cutting*: In JACK THE RIPPER – DAS UNGEHEUER VON LONDON (GB 1988, Regie: David Wickes) werden gegen Ende des Films, als sich die Aufklärung der Morde zuspitzt, fünf Kutschenfahrten mit fünf der Verdächtigen zu einem der Orte des Verbrechens unterschnitten, d. h. auf $A_1/B_1/C_1/D_1/E_1$ folgt $A_2/B_2/C_2$... In dem kanadischen Film Drei Äpfel am Rande des Traumes (1989), von Jacques Leduc, erinnert sich der von der Midlife-crisis geplagte Hauptdarsteller in der Rahmenhandlung eines Hallenbad-Besuches an sein bisher chaotisches Liebesleben. Seine *flash-backs* beim Auskleiden, Duschen, Schwimmen und Ankleiden sind nach dem *cross-cutting*-Prinzip assoziativ mit Formen, Geräuschen und anderen Reizen verknüpft.

Auffällig ist, daß *cross-cutting* oft in Sequenzen mit Sex und Gewalt stattfindet, wobei die darzustellenden starken Reize und Gewalttätigkeiten durch die Schnitte des Films methodisch verstärkt werden.

Ellipsen

Auf die literarische „Montageform" wurde zuvor schon eingegangen. Der Begriff „Ellipse" stammt aus der Sprache der Rhetorik, bezieht sich auf die nicht ganz vollkommene Figur des Kreises und meint Auslassungen, die für das Verständnis einer Aussage nicht unbedingt nötig sind. Pragmatisch dramaturgisch ausgedrückt: alles Langweilige, Redundante kann weggelassen werden. Für die Montagepraxis heißt das: alles, was nicht „nötig" ist, kann herausgeschnitten werden. Auch das *cross-cutting* ermöglicht die Montage von Teilereignissen, wenn beispielsweise jeweils nur die informativsten und spannendsten Momente einer Verfolgungsjagd gezeigt werden, indem man zwischen Verfolgtem und Verfolgern hin- und herschneidet.

Der andere große russische Film- und Montagetheoretiker, neben Kuleschow und Eisenstein, Wsewolod I. Pudowkin, sah sogar das Wesentliche der Montage im Zusammenfügen von Teilereignissen und Teilstücken: „Überall Trennungen, Lücken verschiedenster Art, mitunter gemessen nach Minuten und Metern, mitunter nach Tausenden von Kilometern und Dutzenden von Jahren. Trennungen und Lücken dringen sehr tief ein. Die scheinbar einfachste Handlung oder Bewegung eines Schauspielers kann sich als in Teile getrennt herausstellen. (...) Die Kunst, einzelne aufgenommene Teilstücke so zu vereinigen, daß der Zuschauer im Resultat den Eindruck einer ganzen, kontinuierlichen, fortlaufenden Bewegung bekommt, sind wir gewohnt, Montage zu nennen."[24]

Bob Fosses All That Jazz (Hinter dem Rampenlicht, USA 1979) zeigt eine elliptische Eingangssequenz. Um den Hauptdarsteller (Roy Scheider) in der Exposition als workaholic zu charakterisieren, zeigt Fosse dessen Tagesbeginn, zusammengeschnitten auf die wesentlichsten Aktionen am Morgen, ohne dabei auf *smoothness* zu achten. Was die Teilstücke der Einstellungen nicht auseinanderbrechen läßt, ist jedoch ein Musikstück, das ganzheitlich die Fragmente untermalt und zusammenhält. Ähnliches passiert in Michel Devilles Gefahr in Verzug (F 1984) bei der Charakterisierung des Hauptdarstellers im ersten Teil des Films durch seine Art zu essen. Reduziert auf ein paar Küchenhandgriffe und karges Essen, wird die unbehauste Einsamkeit des jungen Musiklehrers deutlich. Auch hier hält ein Musikstück die Teilstücke zusammen.

Wurde bei *cross-cutting* und Montage-Ellipsen das Strukturelle behandelt, darf dabei nicht vergessen werden, daß an den Übergängen zwischen den Einzelein-stellungen innerhalb der Sequenz (innersequentiell) und an den Übergängen zwischen den Sequenzen (transsequentiell) die Feinarbeit des Schnitts stattfin-det. Beim *continuity-cut* wird „gematcht", ohne daraus ein besonderes Aufhe-ben zu machen. Zur Professionalität im Schneideraum gehört es, Schnitte *smooth*, weich, unsichtbar zu machen. Schnitte, „die ins Auge gehen", gehören nicht zum erklärten Konzept der Cutter, deren Kunst oft gar nicht auffallen will. Doch es gibt ein augenzwinkerndes Spiel mit der Schnittkonvention des *matchens*, den sogenannten *match-cut*.

Match-cut

Match-cuts sind eine Sonderform der kontinuierlichen Bewegungsmontage. Meistens bewegt sich dabei eine Figur kontinuierlich durch mehrere Einstel-lungen hindurch bzw. über mehrere Schnitte hinweg, während hinsichtlich der Räume und damit auch der Zeit große „Sprünge" stattfinden. *Match-cuts* sind Sonderfälle, bei denen die innersequentielle Schnittkonvention des *continuity-cutting* oder des *match-on-action-cutting* als transsequentieller Übergang ge-nommen wird.

Bekannt ist der *match-cut* von 2001: SPACE ODYSSEY (USA 1968), wo der von dem Primaten in die Luft geworfene Schenkelknochen, nach seinem Umkehr-punkt, in der Abwärtsbewegung mit dem formgleichen Raumschiff gematcht wird. Hier wird die Figur ausgetauscht, auch der Hintergrund ändert sich von Himmelblau zu Nachtblau, aber die Bewegung bleibt kontinuierlich. Mit Hilfe eines Schnitts wird ein evolutionärer Sprung über zig Jahrtausende hinweg möglich und dennoch die Kontinuität menschlicher Entwicklungsschritte ge-zeigt.

Auch in den folgenden Beispielen wird die Kontinuität der Bewegung durch den Schnitt gematcht, wobei die Figur jeweils gleichbleibt. In Maja Derens Film AT LAND (USA 1944) kriecht die Regisseurin als Darstellerin mit konti-nuierlicher Bewegung – nur durch einen Schnitt getrennt – vom Ufer des Meeres direkt über eine volle Tafel, mit ungestört Konversation treibenden Leuten. Ein anderes Beispiel stammt von dem Montagetheoretiker und Regis-seur Karel Reisz: In seinem Film DIE GELIEBTE DES FRANZÖSISCHEN LEUT-NANTS (GB 1981) gibt es zwei Erzählebenen, die öfters durch einen *match-cut* verknüpft werden. Die eine Ebene, eigentlich eine Metaebene, zeigt im Film, wie der Film DIE GELIEBTE DES FRANZÖSISCHEN LEUTNANTS gedreht wird. Die Geschichte selbst spielt in der viktorianischen Zeit. Wir sehen nun im Film, wie die Hauptdarstellerin (Merryl Streep) mit ihrem Partner (Jeremy Irons) das Drehbuch durchgeht und eine bestimmte Szene probt. Laut Drehbuch treffen sie sich an einem Abhang, wo sie fällt (gefallenes Mädchen!), und er sie auffängt. Das proben nun die beiden auf der Wintergartenterrasse ihrer Unterkunft. Der Film verknüpft nun die beiden Zeitebenen: Drehzeit – viktorianische Zeit durch einen Schnitt in der Fallbewegung, die auf der Terrasse beim Proben beginnt und nahtlos in der Bewegung auf die Szene am Abhang umgeschnitten wird. Die Figuren bleiben identisch, nur die Kostüme haben sich geändert, aus dem bräutlich-weißen Kleid der Probe wird ein erdfarben dunkler Kapuzenmantel. Auch die Einstellungsgrößen variieren: Aus der Halbtotalen (Kamera in Hüfthöhe) der Probe wird nach dem Schnitt ein halbnaher *overshoulder-shot* (Blick über die Schulter des Darstellers hinab auf die Fallende). Das Entscheidende ist die durch Schnitt gematchte Kontinuität der Bewegung über zwei Einstellungen hinweg. Mit dieser Art der Wiederholung und Verdoppelung endet auch Hitchcocks DER UNSICHTBARE DRITTE (NORTH BY NORTHWEST, USA 1959), wenn Cary Grant am Mount Rushmore die dort über dem Abgrund baumelnde Eva-Maria Saint aus einer lebensgefährlichen Situation (Schnitt) in den oberen Teil des Schlafwagen-Coupés (den „Schauplatz" ihrer Hochzeitsreise) zieht...

Der *jump-cut* ist das Gegenteil des *match-cuts*, ein *mis-match*. War das holperige „Hüpfen" im Anschluß innersequentiell geschnittener Einstellungen in den Anfangszeiten des Films das Resultat ungenügender Erfahrung, wurde dies später als Zäsur zwischen zwei Sequenzen gewollt gesucht. Godard setzte dieses Verfahren, für damalige Zuschauer verwirrend, in AUSSER ATEM (A BOUT DE SOUFFLE, F 1959) in einem innersequentiellen Dialog wieder ein. (Vgl. Joachim Paech, *Wiping – Godards Videomontage*, in diesem Buch S. 242 f.).

Zwischenschnitt

Hinter diesem scheinbar einfachen „Schnitt-Muster" verbirgt sich eine ganze Reihe von Möglichkeiten. Schon die Übersetzung ins Englische listet dazu *cut-away, insert, continuity-shot* auf. *Cut-away* wurde schon erwähnt. Unter einer insertiven Montage versteht man das „Dazwischen- oder Unterschneiden" von Inserts wie Zeitungsüberschriften, Briefen, Landkarten, Dokumenten, manchmal auch das Einfügen von Zwischentiteln. Meist hat der Zwischenschnitt jedoch die Funktion, ein Geschehen „als-ob-kontinuierlich" zu zeigen, wobei in Wirklichkeit bei den Dreharbeiten Pausen, Auslassungen oder Veränderungen passierten. Beim Spielfilm ein übliches Verfahren, dies zu kaschieren. Schneidet man jedoch bei dem Interview eines Politikers die sich ringenden Hände zwischen sein beredtes Gesicht, während das Statement (scheinbar) kontinuierlich „abläuft", kommen heute Zweifel an der dokumentarischen Authentizität dieser Gesprächskontinuität. Wurden nicht Teile des Gesprächs entfernt, und der Zwischenschnitt auf die Hände simuliert nur einen ganzheitlich ungeschnittenen Verlauf?

Der bisher größte avantgardistische Schock in der Kinematographie verdankt dies einem Zwischenschnitt. Luis Buñuels UN CHIEN ANDALOU (F 1928) attackiert unsere Augen auf eine besondere Art:

„Schon der erste Teil des Films ‚Es war einmal...' ist eine Kriegserklärung. Ein Mann steht am Fenster (Buñuel selbst), ein Rasiermesser schleifend, eine Zigarette im Mundwinkel. Er schaut aus dem Fenster, eine Wolke nähert sich dem Mond. Ein Frauengesicht taucht auf, mit offenen Augen. Das Rasiermesser schneidet in das Auge und zerteilt es. Die Wolke ist an dem Mond vorbeigezogen. – ‚Es war einmal...' – Damit hat alles ein Ende, was ein intellektuelles, ‚sophisticated' Publikum bisher goutiert hatte. In einer drastischen Attacke wurde das Auge, das sich etwas Schönes, etwas Interessantes erwartet hatte, zerschnitten. Was jetzt in Aktion gesetzt wurde, ist das zentrale Nervensystem."[25]

Ein repräsentatives Einzelbild (Abb. 1 – Abb. 6) aus den jeweiligen Einstellungen der oben geschilderten Sequenz soll den funktionalen Zwischenschnitt auf den Mond verdeutlichen.

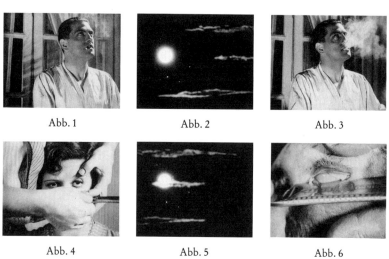

Abb. 1　　　　　　　Abb. 2　　　　　　　Abb. 3

Abb. 4　　　　　　　Abb. 5　　　　　　　Abb. 6

Der formalen Entsprechung und der „gematchten continuity" zwischen der Einstellung mit dem den Mond durchziehenden Wolkenstreifen und dem das Auge durchziehenden Rasiermesser lag übrigens ein Traum Buñuels zugrunde: „Dalí hatte mich eingeladen, ein paar Tage bei ihm in Figueras zu verbringen, und als ich dort ankam, erzählte ich ihm, daß ich kurz vorher geträumt hätte, wie eine langgezogene Wolke den Mond durchschnitt und wie eine Rasierklinge ein Auge aufschlitzte."[26]

Hier ist die Einstellung mit der Mondwolke ein funktionaler Zwischenschnitt, gleichzeitig aber auch ein *cut-back* in ein schon gezeigtes Motiv, das als *cut-away* eingeführt wurde und seinerseits innerhalb der Schuß/Gegenschuß-Konvention plaziert war. Das macht auch die Raffinesse und den Schock dieser Sequenz aus, daß innerhalb einer harmlosen Schnitt-Konvention diese avantgardistische Attacke auf die Augen passiert.

Dieses Beispiel mag noch einmal verdeutlichen, wie schwierig es ist, begriffliche Zuordnungen und systematische Klassifikationsversuche trennscharf festzuschreiben. Zum Schluß sei hier noch die „Negation" des Schnitts innerhalb der „Plansequenz" erwähnt:

Plansequenz

Unter Plansequenz versteht man die ungeschnittene Sequenz eines Films. Gemeint ist eine „autonome" Einstellung, eine Handlungseinheit, die den „Status" einer Sequenz besitzt: „Der Name dieses Sequenztyps leitet sich vom französischen ,plan-séquence' (,Einstellungssequenz') her."[27]
Meistens versucht der Begriff „Plansequenz", einen *long-shot* zu beschreiben, wobei Bewegung in der ununterbrochenen Einstellung und Dynamik nicht durch die Montage erzeugt werden. Diese Ästhetik ist eng mit der *deep-focus*-Kameratechnik verbunden und teilweise von ihr abhängig. Denn erst die Schärfentiefe erlaubt die bewegte Aktion *(mise en scène)* in die Tiefe des Raumes, ohne daß etwas im Hintergrund oder Vordergrund in einem anderen Schärfenbereich liegt und damit unscharf auf der Leinwand erscheint.
Das, was ursprünglich die *single-shot scene* im Urkino ausmachte, kann man auch im weitesten Sinne als Plansequenz bezeichnen. Später sind Plansequenzen zum Beispiel in Lubitschs AUSTERNPRINZESSIN (D 1919) zu finden.
Jean Renoir arbeitete mit Plansequenzen in DIE SPIELREGEL (F 1939) und Orson Welles in CITIZEN KANE (1941) zu einer Zeit, als man in den gängigen Filmen Einstellungen mit unscharfen Hintergründen und Weichzeichneroptiken bevorzugte, die geradezu nach Montage verlangten, da sie eine *mise en scène* in die Raumtiefe nicht erlaubten. Dazu der französische Filmtheoretiker André Bazin: „Die ganze Revolution des Orson Welles geht aus von der systematischen Anwendung der bisher unüblichen Tiefenschärfe. Während das Objektiv der klassischen Kamera nacheinander auf die verschiedenen Orte der Szene gerichtet wird, umschließt die Kamera bei Orson Welles mit gleichbleibender Schärfe das gesamte Blickfeld des dramatischen Schauplatzes. Nicht mehr der Schnitt wählt für uns den Gegenstand aus, den wir sehen sollen und der damit eine ‚Bedeutung' a priori erhält, sondern es ist das Bewußtsein des Zuschauers, das nun gezwungen ist, in dieser Parallelität zwischen Realität und Abbild, da wo sie sich überschneiden, den eigentlichen dramatischen Bereich der Szene zu bestimmen."[20]
Plansequenzen als ästhetisches Montageprinzip tauchen kontinuierlich in den verschiedensten Filmen auf: STRANGER THAN PARADISE (USA/BRD 1984), von Jim Jarmusch, besteht beispielsweise aus der Reihung von Plansequenzen. Jede dieser Sequenzen, durch zwischengeschnittenen Schwarzfilm voneinander unterschieden, enthält eine in sich abgeschlossene Szene. Auch Andrej Tarkowskij arbeitete mit Plansequenzen. Zum Beispiel in NOSTALGHIA (I 1982/3), als

der russische Schriftsteller Andrej Gortschakow (Oleg Jankowskij) darangeht, sein Versprechen gegenüber dem verrückten Domenico (Erland Josephson) zu erfüllen: Mit einer brennenden Kerze versucht er, das abgelassene Becken des der Heiligen Katharina geweihten Thermalbades Bagno Vignoni zu durchqueren. Zweimal erlöscht die Kerze durch einen Luftzug, erst beim dritten Mal gelingt es Andrej, die Flamme am Leben zu erhalten, erschöpft erreicht er den Beckenrand, wo er tot zu Boden sinkt. Diese siebenminütige Plansequenz, als Parallelfahrt zum Hauptdarsteller durchgeführt, erzeugt Mitgefühl und Mitbangen und Aufatmen am Schluß, wenn das Versprechen vollbracht ist. Tarkowskij sah seine Filmarbeit antithetisch zu seinen russischen Vorläufern: „Schwerlich kann auch der Ansicht zugestimmt werden, daß die Montage das wichtigste formbildende Element eines Filmes sei. Daß der Film gleichsam am Montagetisch entstehe, wie in den zwanziger Jahren die Anhänger des sogenannten ‚Montage'-Kinos Kuleschows und Eisensteins behaupteten." [...] „Montage ist letztlich nur eine ideale Variante zusammengeklebter Einstellungsgrößen, eine Variante, die bereits a priori in dem auf dem Filmstreifen fixierten Material angelegt ist. Einen Film richtig montieren heißt, dabei nicht die organische Verbindung der einzelnen Szenen und Einstellungen stören, die sich ja gleichsam schon selbst vormontiert haben, da in ihnen ein Gesetz lebendig ist, nach dem sie sich zusammenfügen, das man beim Schnitt und Zusammenkleben der einzelnen Teile eben herausspüren muß."[29]
Der Kreis schließt sich nun, wenn wir an Eisensteins Vorstellung von der Einstellung als Zelle erinnern. Da ist Tarkowskij näher an Eisenstein, als er glaubt.

Der kurze Blick auf die Evolution und Entwicklung der Filmmontage zeigt: Montagemuster sind ein sich ständig weiterentwickelndes, offenes System der Filmkunst. Das heute mögliche Nebeneinander verschiedenster Montagekonventionen und -Muster zeugt von deren Möglichkeiten zur Erzeugung filmischer Vielfalt. Die Kenntnis und Reflexion dieser Konventionen, Muster und Prinzipien wiederum erlaubt eine Anlehnung oder ein Außerkraftsetzen und damit eine freie und souveräne Handhabung der Filmmontage in der Praxis.

Anmerkungen

[1] Sergej Eisenstein: *Ausgewählte Aufsätze*. Berlin (Ost) 1960, S. 325.

[2] Sergej Eisenstein: *Das dynamische Quadrat. Schriften zum Film*. Leipzig 1988, S. 79.

[3] a. a. O., S. 80.

[4] Karl-Dietmar Möller-Naß: *Filmsprache. Eine kritische Theoriegeschichte*. Münster 1986, S. 174 f.

[5] Zit. nach Jürgen Ebert: *Montage Editing Schnitt*. In: *Filmkritik* Nr. 276, Dezember 1979, S. 558.

[6] Vgl. Stephen Bottomore: *Shots in the Dark. The Real Origins of Filmediting. Sight & Sound – International Film Quarterly*, British Filminstitute London, Summer 1988, Volume 57, No. 3.

[7] Vgl. Joachim Paech: *Literatur und Film*. Stuttgart 1988, S. 25.

[8] Vgl. dazu auch: David Bordwell, Janet Staiger and Kristin Thompson: *The Classical Hollywood Cinema. Film Style & Mode of Production to 1960*. London 1988 (1985), S. 56.

[9] Vgl. Bordwell et al. a. a. O., S. 194 f.

[10] Vgl. Bordwell et al. a. a. O., S. 194–209.

[11] Joachim Paech: *Literatur und Film*. Stuttgart 1988, S. 20 f.

[12] Vgl. Vance Kepley, Jr.: *The Kuleshov Workshop*. In: *Iris, A Journal of Theory on Image and Sound*. 'The Kuleshov Effect.' Vol. 4, Nr. 1, Sommaire 1986, s. 6 f.

[13] Vgl. Matthias Rüttimann: *Thema – Retrospektive Lew Kuleschow. Ein „Amerikaner" in Moskau*. In: *Zoom*. 42. Jahrgang, 18./19. September '90.

[14] Vgl. Ronald Levaco (Hrsg.): *Kuleshov on Film – Writings by Lew Kuleshov*. Berkeley, Los Angeles, London 1974, S. 48. (Übers. HB)

[15] Vgl. Steven P. Hill: *Kuleshov Prophet without honour?* In: *Filmculture* Nr. 44, Spring 67. An Hill war der Brief gerichtet. Hill hat diesen Brief in *Filmculture* zusammen mit einem „Bio-Interview" veröffentlicht, das er mit Kuleschow am 25., 26. und 29. Juli 1965 in Moskau geführt hatte. (Übers. HB)

[16] Zit. nach Walter Dadek: *Das Filmmedium. Zur Begründung einer Allgemeinen Filmtheorie*. München, Basel 1968, S. 148. Diese Textstelle ist eine Übersetzung aus dem Buch von Jay Leyda: *Kino. A History of the Russian and Soviet Film*. London, Boston, Sydney 1983 (1960), S. 164.

[17] Zit. nach Jay Leyda: *Kino. A History of the Russian and Soviet Film*. London, Boston, Sydney 1983 (1960), S. 164 f. (Übers. HB)

[18] Zit. nach Steven P. Hill a. a. O., S. 8 (Übers. HB). Um dieses Experiment ranken sich bereits „literarische Legenden" (Dadek). Die Angaben von Kuleschow sind widersprüchlich. In dem Interview mit Hill datiert er das Experiment auf 1917/18. Aber Hill vermerkt dazu: „... das kann zu früh sei, denn Kuleschow datiert es (das Experiment, H. B.) auf das Frühjahr 1920." Bei Leyda dagegen steht (a. a. O., S. 165), daß Kuleschow die Experimente auf Januar 1923 datiert. Dem widerspricht, daß sie 1922 in der Zeitschrift *Kino-Phot* Nr. 3 von Kuleschow besprochen wurden. Die verwirrenden Daten haben vielleicht mit der Umstellung vom martianischen auf den julianischen Kalender nach der Russischen Revolution zu tun, der die Betroffenen die Jahre 1918–1923 retrospektiv schwer fixieren läßt.

[19] Zit. nach Leyda a. a. O., S. 165. (Übers. HB)

[20] Z. B. bei Bordwell et al. In: *The Classical Hollywood Cinema.* a. a. O., S. 210 f.

[21] Vgl. auch Karl-Dietmar Möller: *Auszüge aus einer Geschichte der Parallelmontage.* In: *Aspekte einer wirkungsbezogenen Filmdramaturgie. Die Oberhausener Filmgespräche 1980–1982.* Hrsg. von Thomas Kuchenbuch u. a., Oberhausen 1982, S. 90–103).

[22] Zit. nach Joachim Paech: *Literatur und Film.* Stuttgart 1988, S. 48.

[23] Vgl. Bordwell a. a. O., S. 210–212.

[24] Wsewolod I. Pudowkin: *Über die Montage.* (Anfang der vierziger Jahre.) In: *Texte zur Theorie des Films.* Hrsg. von Franz-Josef Albersmeier. Stuttgart 1979, S. 77 f.

[25] Peter Weiss: *Avantgardefilm.* Stockholm 1956. Zit. in: *Filmkritik,* Juni 1981, S. 273.

[26] Luis Buñuel: *Mein letzter Seufzer. Erinnerungen.* Königstein/Ts. 1983, S. 93. Erstausgabe Paris 1982

[27] Karl-Dietmar Möller-Naß: *Filmsprache. Eine kritische Theoriegeschichte.* a. a. O., S. 196.

[28] André Bazin: *Was ist Kino? Bausteine zur Theorie des Films.* Köln 1975, S. 143. (Paris, *Esprit,* Januar 1948)

[29] Andrej Tarkowskij: *Die versiegelte Zeit. Gedanken zur Kunst, zur Ästhetik und Poetik des Films.* Berlin, Frankfurt/M., Wien 1984, S. 132 f.

Zur Geschichte

Jan Marie Peters

Theorie und Praxis der Filmmontage von Griffith bis heute

Ziel dieses Beitrags ist es keineswegs, eine geschichtliche Übersicht über die Theorien der Filmmontage und die verschiedenen Formen, in denen sie sich im Laufe der Filmgeschichte manifestiert hat, zu geben. Dieser Beitrag will nur einen konzeptionellen Rahmen entwerfen, mit dessen Hilfe die Entwicklungen im Denken über Montageverfahren und in ihrer Anwendung systematisch studiert und eingeordnet werden können. Die Frage, die hier beantwortet werden soll, lautet: Was hat man seit Griffith alles unter Montage verstanden, und besonders: welche (ästhetischen) Funktionen hat man mit Montage realisieren wollen?

Definitionen und Charakteristik

Es lohnt sich, zuerst einmal einen Augenblick bei dem Begriff „Montage" sowie bei einigen weiteren Bezeichnungen, die dafür in anderen westlichen Sprachen üblich sind, zu verweilen. Seit Griffith lautet der im Angelsächsischen übliche Ausdruck für Montage *cutting*, womit buchstäblich das Schneiden der fertigen Aufnahmen auf die gewünschte Länge gemeint ist. Die Auflösung einer zu filmenden Szene in zwei oder mehr Teile, die jeweils von einem anderen Kamerastandpunkt aus oder mit einer anderen Brennweite aufgenommen werden, nennt man dagegen *breakdown*. Diese Bedeutung deckt sich auch mit der des französischen Wortes *découpage*. „Montage" wird im Französischen meist, aber keineswegs immer, reserviert für den Prozeß des Zusammenfügens der separaten Aufnahmen und Szenen zu einem Ganzen, einer Bilderreihe oder einer Sequenz, und bildet dann eigentlich das Gegenstück der *découpage* oder der Auflösung (Aufspaltung) eines Ganzen in Teile.

Der angelsächsische Ausdruck *editing*, der gleichfalls als Äquivalent zum Begriff „Montage" verwendet wird, enthält besonders den Prozeß der definitiven Formgebung des aufgenommenen und geordneten Materials. Karel Reisz definiert *editing* in seinem bekannten Buch beiläufig als „the selection, timing and arrangement of given shots into a film continuity".[1] Wenn man im Englischen den Begriff „Montage" verwendet, meint man damit meist den russischen Montagestil aus den zwanziger Jahren.

Für die sowjetrussischen Filmregisseure hatte der Begriff „Montage" einen ganz besonderen Sinn. „Geboren" im Schoß des Konstruktivismus – der formalistisch orientierten Kunstauffassung der Zeit nach der Oktoberrevolution, welche die Technologie der Maschine in den Dienst des Sozialismus stellen wollte –, brachte das Wort „Montage" für sie zum Ausdruck, daß das Prinzip der Filmkunst insbesondere in den Möglichkeiten, einzelne Teile zu einem dynamischen Ganzen zusammenzufügen, gesucht werden sollte. Die neue Kunst war eine Kunst der *assemblage*. Die einzelnen Teile waren die separaten Aufnahmen und deren Zusammenfügung (*assemblage*) sollte (in der Terminologie Pudowkins) eine konstruktive sein. Das Neue, d. h. die soziale Idee kam in dieser konstruktiven Ordnung zum Ausdruck.

Auch Griffith und seine amerikanischen Kollegen wußten sehr genau, daß Montage oder *editing* mehr ist als ein Handwerk, das darin besteht, daß man aus den fertigen Aufnahmen (den sogenannten *rushes*) Teile schneidet, welche dann in einer bestimmten Folge aneinandergeklebt werden. Montage im kreativen Sinn beginnt tatsächlich schon beim Skript, d. h. beim Entwurf einer verfilmbaren Geschichte. Montage kann aber auch die Art und Weise, in der man das Spiel der Schauspieler inszeniert, beeinflussen und sie bestimmt u. U. die Art der Aufnahme und Einstellungen. Pudowkin bezeichnete das Herstellen der Aufnahmen einmal als das Präparieren des Materials, aus dem der Filmkünstler seinen Film kreieren will.[2]

Auch wenn verschiedene Filmtheoretiker, und sogar Eisenstein in seinen späteren Veröffentlichungen[3], den Begriff der Montage weit faßten (indem sie z. B. auch die Inszenierung einer Szene vor der Kamera in den Begriff mit einbezogen), blieb die Verwendung des Wortes „Montage" in der Praxis während der ganzen Filmgeschichte derjenigen Phase im Filmproduktionsprozeß vorbehalten, in der das Schneiden und Kleben der fertigen Aufnahmen (später auch der entsprechenden Teile des Tonbandes) vorgenommen wurde. Natürlich hat man fast von Anfang an gewußt, daß die Streifen des Bild- und Tonbandes nur die Träger der optischen und akustischen Informationen sind, die die Menschen und Dinge vor der Kamera und dem Mikrophon abgeben; und daß diese optischen und akustischen Informationen schon vorgeformt sind, nicht nur von der räumlich-dynamischen Inszenierung dessen, was sich vor der Kamera befand, sondern auch von der Art des Aufnehmens durch die Kamera; und daß das alles schon im Filmmanuskript vorgesehen sein kann. In der Praxis jedoch hat man den Bedeutungsinhalt des Wortes „Montage" auf eine eigentlich bedauernswerte Weise eingeschränkt, was meiner Meinung nach das Nachdenken über die Rolle der Montage in der Filmkunst stets etwas behindert hat.

Halten wir uns jedoch an die gebräuchliche Bedeutung, nach welcher unter Montage die Ordnung der fertigen Aufnahmen verstanden wird, so müssen wir jedenfalls feststellen, daß diese Ordnung zwei Seiten hat. Der *Kombination* der fertigen Aufnahmen steht die *Fragmentation* des aufzunehmenden (vorfilmischen) Materials gegenüber. Es wird nicht nur das einmal aufgenommene

Definitionen und Charakteristik 35

Material geschnitten, auch was sich vor der Kamera befindet, wird von jeder Aufnahme aufgelöst, d. h. „*découpiert*". Die Begriffe *cutting*, Schnitt und *découpage* können genausogut angewendet werden für das Auf-Maß-Schneiden der *rushes* wie für das In-Stücke-Teilen der vorfilmischen Realität. In semiotischer Terminologie könnte man sogar von einem paradigmatischen und einem syntagmatischen Aspekt der Montageaktivität sprechen. Durch die Montage im weitesten Sinne, die hier auch Fragmentation, *découpage* oder Auflösung der vorfilmischen Realität in eine Anzahl von einzelnen Aufnahmen meint, erhält man die paradigmatischen Einheiten, die bei der Montage im engeren Sinne, also bei der Zusammenfügung von Aufnahmen, zu syntagmatischen Ganzheiten kombiniert werden.

Fragmentation und Kombination, einander gegenteilig oder auch komplementär, haben als psychologische Konsequenz, daß das Sehen eines Filmes ein Akt sui generis wird, ein ganz eigenartiges Sehen, das sich von dem Sehen der Dinge in unserer eigenen Umgebung sowie vom Betrachten eines Gemäldes oder einer Photographie unterscheidet. Dadurch, daß die vorfilmische Realität aufgelöst oder die schon fertiggestellten Aufnahmen fragmentiert werden, wird die Kombination der so entstandenen Einstellungen entweder eine Ordnung von *Kamerablicken* oder eine Ordnung von *Bild gewordenen Objekten* (*Bild-Objekten*). Natürlich ist jede Aufnahme ein Blick der Kamera auf ein Objekt vor der Kamera. Dieser Kamerablick hat jedoch die Eigenart, daß er zuweilen ganz oder teilweise in den Objekten aufgeht, die von der Kamera betrachtet werden, und so in ihnen verschwindet.[4] Das Bewußtsein des Zuschauers, daß die Dinge, die er auf der Leinwand sieht, in einer bestimmten Weise von der Kamera betrachtet wurden, geht verloren, wenn er keinen Halt mehr für seinen Blick hat, d. h. wenn er diese Dinge nicht mehr am Gesichtspunkt oder der Sehweise der Kamera festmachen kann. Dies ereignet sich u. a. bei einem sehr schnellen Bildwechsel, beim Anfang einer neuen Szene, bei einer Zeitraffung, einer Doppelbelichtung und sehr oft auch bei einer Aufnahme mit bewegter Kamera. Dann wird die Sehweise der Kamera eine Eigenschaft der Objekte. Was Pudowkin z. B. Kontrastmontage nannte (oder auch Eisensteins Ideen-Montage), ist eine Montage von Bild-Objekten, nicht von Kamerablicken. Wenn der Zuschauer die Objekte im Bild nicht mehr auf einen Betrachter beziehen kann oder auf einen Sehakt außerhalb des Bildes, wenn er sie nicht mehr erfahren kann als gesehen von einem bestimmten Kamerastandpunkt aus, dann werden es „absolute" Objekte, Dinge, die ohne irgendwelche Sehaktivität zu bestehen scheinen: sie sind dann gewissermaßen von der Art und Weise des Aufnehmens durchdrungen.

Griffith war einer der ersten, der verstärkt versuchte, nicht nur Bild-Objekte, sondern auch Kamerablicke zu montieren, obwohl es sich herausstellte, daß diese Blicke, z. B. in der Szene der Ermordung Lincolns in BIRTH OF A NATION (1915), nicht immer geschmeidig aneinander anschließen. Aber der Zuschauer kann sich doch ziemlich gut visuell in dem Raum orientieren, in dem sich die

Handlung abspielt: das Ford-Theater mit den Schauspielern auf der Bühne, den Zuschauern im Zuschauerraum und Lincoln in einer der Logen. Vergleicht man diese Szene mit einer der Anfangsszenen aus Pudowkins DIE MUTTER (1926), z. B. derjenigen, in der der gerade nach Hause gekommene betrunkene Vater die Uhr von der Wand reißt, ergibt sich im letzteren Fall, daß hier die Montage von Bild-Objekten dominiert. Wie sich der Vater im Raum gegenüber der Mutter verhält, die zu verhindern versucht, daß er die Uhr von der Wand wegreißt, und gegenüber dem Sohn, der seine Mutter gegen den Vater verteidigen will, geht aus den gezeigten bzw. montierten Bildern nicht hervor und kann nur aus dem Kontext erschlossen werden. Pudowkin verfolgte freilich mit seiner „konstruktiven Montage" ein anderes Ziel als die Förderung der optischen Beteiligung des Zuschauers. Diese ist nämlich die direkte Folge und meistens auch der beabsichtigte Effekt einer Montage von Kamerablicken. Eine derartige Montage macht den Zuschauer zum Partner der Kamera. Im Beispiel aus DIE MUTTER oder auch bei Eisensteins *Attraktionsmontage*[5] bleibt der Zuschauer außerhalb des Bildrahmens, in einem objektiven, um nicht zu sagen distanzierten Verhältnis zu den Objekten im Bild. (Später wird sich Pudowkin jedoch zur Montage von Kamerablicken „bekehren" und den menschlichen Wahrnehmungsprozeß in seinem Buch über Filmtechnik mit dem Prozeß der Montage von Kamerablicken vergleichen.[6] Und auch Eisenstein beschränkte sich keineswegs nur auf die Montage von Bild-Objekten.) Doch die häufige Verwendung von Zwischentiteln blieb natürlich ein Hindernis für den geschmeidigen Anschluß des einen Kamerablicks an den anderen. Eine „entfesselte", von Stativ befreite Kamera, wie sie von Murnau in DER LETZTE MANN (1925) oder von Dupont in VARIÉTÉ (1925) verwendet wird, zwang diese Filmregisseure zu äußerst sparsamem Umgang mit Zwischentiteln, wenigstens innerhalb einer Szene.

Will man einen guten Anschluß zwischen zwei aufeinanderfolgenden Kamerablicken erhalten (die Franzosen nennen dies einen *raccord*), muß man die sogenannte Montage*regel*, nach der es die Kontinuität über eine oder mehrere Einstellungen hinweg zu wahren gilt, im Auge behalten. Da es hier ausschließlich um die Montage von *Kamerablicken* geht, handelt es sich nicht um eine ästhetische, sondern um eine wahrnehmungspsychologische Regel. Sie besagt tatsächlich nur, unter welchen Bedingungen der Zuschauer imstande ist, die Kamerahandlung als Aktivität einer Erzählinstanz zu verfolgen, einer dritten Instanz, die ihn, den Zuschauer, sozusagen in der Welt des dargestellten Geschehens herumführt. In demselben Zusammenhang muß man auch die Rolle des Bildrahmens sehen. Dieser Rahmen spielt eine andere Rolle, je nachdem, ob wir es mit einer Montage von Kamerablicken oder einer Montage von Bild-Objekten zu tun haben. Im ersten Fall begrenzt der Bildrahmen von Einstellung zu Einstellung auf eine variable Weise das Blickfeld der genannten Erzählinstanz und damit das des Zuschauers; er gehört also zu diesem Seh-Akt. Im zweiten Fall gehört der Rahmen zu den Objekten im Bild, befinden sich diese Objekte in einer gewissen Distanz zum Bildrahmen; dann ist dieser Rahmen mitverantwortlich für den Eindruck, den diese Objekte auf uns machen.

Zusammenfassend kann man feststellen, daß das Spezifische des *filmischen Sehens* auf beiden skizzierten Wegen zustande kommt, die einander ergänzen; also einerseits, indem man den Zuschauer mit dem Blick der Kamera zuschauen läßt, andererseits, indem man ihn mit Objekten konfrontiert, die dem Kamerablick ihre besondere Erscheinungsweise verdanken. Mehr als andere filmische Mittel ist es die Montage, die dafür sorgt, daß das Sehen eines Filmes etwas Besonderes wird, etwas, das es außerhalb des Filmes überhaupt nicht gibt, und das vielleicht deshalb seine Faszination ausmacht.

Die verschiedenen Funktionen der Montage

Diese formale Definition und diese psychologische Charakteristik des Phänomens Montage vorausgesetzt, stellt sich jetzt natürlich die Frage, *warum* Filmschaffende diese kennzeichnenden Eigenschaften benutzen bzw. benutzt haben. Welche Möglichkeiten boten ihnen diese Eigenschaften, und welche Funktionen meinen sie bzw. meinten sie damit realisieren zu können? Auf diese Fragen lassen sich verschiedene Antworten geben, und diese wollen wir hier möglichst systematisch vorstellen.

Überwindung von physischen Beschränkungen der Aufnahme

Anfangs werden wohl das beschränkte „Wahrnehmungsvermögen" und „Gesichtsfeld" der Kamera der Grund dafür gewesen sein, einzelne Aufnahmen zu einer Bilderreihe zu montieren. Da die Filmemacher zudem ihre Kamera meist in einer Standardentfernung von 12 Fuß (= 3,65 Meter) zentralperspektivisch vor der zu filmenden Szene aufstellten, ergaben sich tableauartige Einstellungen, die sich in ihrer Größe (Kadrierung) kaum voneinander unterschieden und dem „idealen" Standpunkt eines Theaterzuschauers entsprachen. Um nun einen differenzierteren Teil der Welt vor der Kamera deutlich ins Bild zu bekommen, zerteilte man diese Welt in Fragmente und fügte sie anschließend wieder zusammen. Und schließlich kann auch die Tatsache, daß nur eine beschränkte Menge unbelichteten Films auf eine Spule paßte, der Anlaß dafür gewesen sein, mehrere Aufnahmen zu einem Ganzen zu verbinden, soweit man dazu nicht ohnehin schon wegen Fehlern während der Aufnahme gezwungen war.

Veranschaulichung von Zeitbezügen

Wichtiger als die Überwindung der physischen Beschränkungen scheint mir die Anwendung des Montageprinzips in der Funktion einer *temporalen Ordnung* des aufgenommenen Materials. Schon in Porters THE GREAT TRAIN ROBBERY (1903) finden wir sowohl das Nacheinander einer Anzahl von verschiedenen Ereignissen, als auch die Gleichzeitigkeit zweier Handlungen mittels Montage zum Ausdruck gebracht. In seinen zahllosen *Biograph*-Filmen experimentiert Griffith mit der Handlungschronologie durch Benutzung von Parallel- und Simultanmontage, von Rückblenden und Überblendungen, um eine Zeitellipse zustande zu bringen. Gleichzeitig entdeckt er die Möglichkeiten, mittels Montage das Tempo einer Handlung zu steigern oder zu verzögern. Es ist gewiß nicht abwegig anzunehmen, daß diese Versuche, mittels Montage verschiedene temporale Aspekte in den Griff zu bekommen, vor allem aus dem Bedürfnis heraus entstanden, filmische Äquivalente für die vielen verbal-literarischen Verfahren zu finden, durch die Zeitablauf, Zeitdauer, Zeitstufe und Zeitmodus ausgedrückt werden können. Wenn man in den genannten Mitteln, die Zeit filmisch zu manipulieren, den Anfang einer visuellen Sprache sehen darf, dann wohl gerade deshalb, weil die Montage sich fähig zeigte, nicht-anschauliche, nicht-physische Beziehungen – Reihenfolge, Gleichzeitigkeit, vergangene Zeit, subjektiv erlebte Zeit, unbestimmte Zeitdauer – zu bezeichnen, zu visualisieren. Die Montage wurde damit ein *Ausdrucksmittel*.

Ausdrucksmittel

Das Wort „Ausdrucksmittel" hat jedoch in der Filmästhetik allmählich so viele verschiedene Bedeutungen bekommen, daß es nötig ist, einige Unterscheidungen vorzunehmen. Auf jeden Fall heißt „Ausdrucksmittel" – bezogen auf die zuvor erläuterte Veranschaulichung von Zeitbezügen –, daß die Montage in dieser Funktion zu einer ganz anderen Kategorie oder Gattung gehört als die Aufnahme. Letztere ist an erster Stelle ein Mittel zur Darstellung desjenigen, was sich, visuell wahrnehmbar, vor der Kamera befindet. Was schon visuell gegeben ist, braucht nicht mehr visualisiert zu werden. Es muß nur noch in einer anderen Materie reproduziert werden. Nur was nicht sichtbar oder nicht gut genug sichtbar ist, muß visualisiert, muß „ausgedrückt" werden. Und das tut und tat die Montage. In der Terminologie des russischen Formalismus, und damit auch für Pudowkin und Eisenstein, ist die Montage das wichtigste „Verfremdungsmittel". Durch die Montage bekommt die Welt vor der Kamera ein anderes Gesicht, eine andere Bedeutung, wird das Abgebildete „expressiv". Nicht nur Zeitbezüge, sondern auch Beziehungen, Assoziationen gefühlsmäßiger oder intellektueller Art, die im aufgenommenen Material nicht vorhanden sind, können von der Montage visualisiert werden. Durch die Art und Weise,

Die verschiedenen Funktionen der Montage

wie man Teile einer Handlung fragmentiert (und damit sind gleichzeitig auch die relative Dauer einer Aufnahme, die relative Abbildungsgröße, der Ablauf einer Bewegung innerhalb einer Einstellung usw. gemeint), und die Art und Weise, wie man die einzelnen Aufnahmen miteinander verbindet, lassen sich Symbole oder Metaphern für geistige Prozesse, emotionale Verhältnisse, begriffliche Zusammenhänge bilden. Man erinnere sich an die klassischen Beispiele aus DAS ENDE VON ST. PETERSBURG (1927) oder OKTOBER (1927), wo oft schon jede einzelne Aufnahme für ein Konzept steht (z. B. das Geschütz, das in einer Fabrik getakelt wird, als Sinnbild der Kriegsindustrie), während die Verbindung dieser Aufnahmen mit einer anderen (z. B. mit der des jungen Soldaten im Schützengraben) ein Werturteil ausdrückt (daß z. B. die Rüstungsanstrengung der Kapitalisten Schuld trägt an der Fortsetzung des Krieges). Wir finden all das auch wieder in den Schriften Pudowkins und besonders bei Eisenstein und dessen Theorie des Ideogramms sowie bei Balázs, Arnheim und vielen späteren Filmtheoretikern.

Eine dritte Bedeutung des Wortes „Ausdrucks-" oder „Visualisierungsmittel" findet Anwendung bei den Formen der Montage, bei denen die körperliche Empfindung einer (objektiv oder subjektiv erlebten) Bewegung – z. B. eines Tanzes, einer schnellen Autofahrt, eines Arbeitsvorgangs – auf den Zuschauer übertragen wird. Beispiele dafür gibt es aus der gesamten Stummfilmzeit. Zum Beispiel ENTRE ACTE von René Clair, BALLET MÉCANIQUE von Fernand Léger (beide Frankreich 1924) und Walter Ruttmanns BERLIN, DIE SINFONIE DER GROSSSTADT (Deutschland 1927). Bei dem Film ZUIDERZEE von Joris Ivens (Niederlande 1931–1933), einem Dokumentarfilm ohne Ton, sehen wir als Höhepunkt, beim Abdichten des Abschlußdeiches, in einer schnellen Montage von jedesmal kürzer werdenden Einstellungen, wie immer mehr Sand und Steine von Hebekränen in das letzte Loch des Staudamms geschüttet werden, während das wirbelnde Wasser des Meeres sich immer ungestümer durch das Loch preßt, bis dieses sich dann endlich schließt. (Der Film wurde später von Hanns Eisler vertont.)

Der Zusatz der Tonkomponente steigerte die Wirkung dieses Ausdrucksmittels. In vielen modernen Filmen wird der Zuschauer fast bei jeder schnellen Autofahrt in einer Verfolgungsszene beinahe körperlich vom Quietschen der Autoreifen oder vom Heulen der Hupen „angegriffen". Hier handelt es sich jedoch nicht mehr um den *Ausdruck*, sondern um das *Hervorrufen (Stimulieren)* eines körperlichen Erlebnisses. Dem steht z. B. der Ausdruck des körperlichen Glücksgefühls gegenüber, wie er in einigen Szenen aus Zoltan Fabris Film KARUSSELL (Ungarn 1955) versinnbildlicht wird. Die Gefühle eines Liebespaares, ausgelöst von einer Fahrt mit dem Kettenkarussell auf einer Kirmes (wobei die Sessel des Karussells immer höher „fliegen"), werden gestisch und akustisch durch eine Montage umgesetzt, bei der die beiden Personen abwechselnd von ihren Sesseln aus (aus beider subjektiver Sicht) und dann wieder von außen, d. h. vom Kirmesgelände aus (also aus neutraler Sicht) zu sehen sind.

Mit einer vierten Bedeutung des Wortes „Ausdrucksmittel" haben wir es zu tun, wenn eine Handlung oder ein Ereignis mittels Montage *dramatisiert* werden soll. Das heißt, die Montage wirkt auf die Gefühle des Zuschauers, indem sie ihm z. B. einen starken emotionalen Schock versetzt, eine Entwicklung in Aussicht stellt, der er mit Spannung entgegensieht, oder ihn mit starken Kontrasten (z. B. reich – arm, zärtlich – brutal) konfrontiert.

Einbeziehung des Zuschauers

Montage kann aber auch dazu dienen, dem Zuschauer einen idealen *Wahrnehmungsstandpunkt* zu vermitteln. Das Umschneiden von einer Einstellung auf die andere geschieht dann in der Absicht, den Zuschauer die Fortsetzung der Handlung von einem besseren Standpunkt und Blickwinkel aus betrachten zu lassen. In vielen Fällen ist damit der Ransprung von der Totalen auf die Nahaufnahme ein und desselben Objekts (oder eines Teils dieses Objekts) gemeint. In der bereits erwähnten Szene der Ermordung Abraham Lincolns in BIRTH OF A NATION (1915) wendet Griffith dieses Prinzip schon in einer ziemlich komplexen Weise an. Die *découpage* dieser Szene hat zumindest zum Teil die Aufgabe, den Zuschauer zu einem idealen Betrachter zu machen. Daher bekommt er die Bühne mit den Schauspielern in einem bestimmten Moment aus einer größeren Nähe zu sehen, als das vorher der Fall war. Wenn Lincolns Leibwächter seinen Platz bei der Logentür verläßt, um ebenfalls etwas vom Stück auf der Bühne mitzubekommen, sehen wir ihn nicht nur aus der Nähe, sondern auch noch in einem kreisförmigen Ausschnitt des Bildes. Und auch Lincoln selbst wird uns in seiner Loge aus der Nähe gezeigt, nachdem wir ihn erst vom Zuschauerraum aus aus der Ferne haben sehen können. Es versteht sich, daß diese Verkleinerung des Wahrnehmungsabstands auch die Spannung steigert, die dadurch entstanden ist, daß uns zwischendurch gezeigt wurde, wie Lincolns Mörder seine Vorbereitungen für den tödlichen Schuß trifft.

Im zweiten Teil seines Buches über Filmtechnik[7] scheint Pudowkin gewissermaßen auf seine eigene Theorie der konstruktiven Montage zu verzichten, wenn er die Auffassung verkündet, die Montage solle den Wahrnehmungsprozeß des Zuschauers nachahmen. Pudowkin vergleicht dann die Wahrnehmung eines Geschehens aus der Ferne mit der Wahrnehmung derselben Handlung durch einen idealen Zuschauer, dessen Aufmerksamkeit durch den Handlungsablauf gelenkt wird. „Das Objektiv der Kamera vertritt das Auge des Betrachters", sagt er. Es handelt sich hierbei nicht um eine subjektive Kamera, dies geht deutlich aus Pudowkins umständlichem Beispiel hervor, einer Szene, in der zwei Männer miteinander in Streit geraten und ein dritter Mann, der diesen Kampf beobachtet, in einem bestimmten Augenblick Alarm schlägt. Zwischen einem Kamerastandpunkt oder einer Kamerabewegung in der Funktion eines idealen Zuschauers und einer subjektiven Kamera (einem sogenannten *point of view shot*) besteht ein Unterschied. Im letzteren Fall nimmt der Zuschauer das dargestellte Geschehen aus der Sicht bzw. mit den Augen einer der handelnden Personen wahr. In der von Pudowkin beschriebenen Szene hingegen imitiert die Kamera nicht den Wahrnehmungsakt einer der handelnden Personen, die *découpage* läuft vielmehr parallel mit dem wahrscheinlichen Sehakt eines Außenstehenden, d. h. einer vierten Person. Sogar das schnelle Hin-und-her-Blicken dieses Außenstehenden (um die Reaktion der einen Person auf das herausfordernde Benehmen der anderen aufzufangen) wird laut Pudowkin in der *découpage* nachgeahmt. Auch diese Nachahmung einer Wahrnehmungs-*modalität* bleibt jedoch eine objektive. *Subjektivieren*, d. h. als Erfahrung einer der *handelnden Personen* darstellen, läßt sich eine Geschichte nur, wenn die Kamera die Sehweise, den Blick und die Wahrnehmungsmodalität dieser Person übernimmt.

Artikulation des Erzählakts

Ein *point of view shot* darf folglich nicht verwechselt werden mit dem Standpunkt, von dem aus der Erzähler eine Geschichte erzählt. Der Erzählerstandpunkt (der oft mehr ein psychologischer oder mentaler Standpunkt ist als ein optischer) manifestiert sich im Stummfilm am deutlichsten in der Form der Zwischentitel. Hier spürt man den Eingriff des Erzählers in die Geschichte. So wird z. B. die Szene der Ermordung Lincolns bei Griffith eingeleitet mit dem Zwischentext: „And then, when the terrible days were over, a healing time of peace was at hand ... came the fated night of 14th April, 1865."
Manchmal wirkt auch die Kamerahandlung als Vermittler zwischen der Erzählinstanz und der erzählten Geschichte, z. B. bei einem Kameraschwenk oder einer nicht vom Blickakt der Personen im Bild motivierten Änderung des Kamerastandpunktes.
Der Eingriff eines Erzählers, in Form eines erklärenden oder interpretierenden Zwischentitels, einer Kamerahandlung oder auch eines gesprochenen Kommentars, verursacht eine Trennung zwischen dem Akt des Erzählens und der erzählten Geschichte. Die *point of view*-Aufnahme gehört zur Geschichte, der Übergang von einer objektiven zu einer *point of view*-Einstellung markiert jedoch das Auftreten einer Erzählinstanz. Anders gesagt: die subjektive Kamera bzw. der *point of view shot* bringt zum Ausdruck, wie die Menschen oder Dinge, die wir als Zuschauer zu sehen bekommen, von einer der handelnden Personen gesehen werden. Der Übergang von einer objektiven zu einer subjektiven Kamera-Einstellung bedeutet, daß die Erzählinstanz jetzt den Blick zeitweilig dieser Person überläßt.
Es ist schwer festzustellen, ab wann diese Form der Narrativierung von den Cineasten bewußt angestrebt wurde. Natürlich bedeutete jede Unterbrechung

musique des images
cinéma pour l'oreille

des normalen Zeitablaufs, nicht nur durch einen Zwischentitel, sondern auch durch eine Rückblende oder eine alternierende Montage, schon einen Eingriff des Erzählers, durch den der Zuschauer in seiner Sicht der dargestellten Welt beeinflußt werden sollte. Speziell die schon fast von Anfang an angewendeten Kontrast-, Parallel-, Simultan- und Leitmotiv-Montagen enthielten eine deutliche Interpretation der erzählten Geschichte. Filmregisseure, die einer solchen interpretierenden, erläuternden und bisweilen auch moralisierenden Erzähltechnik abgeneigt waren, lehnten solche Montageverfahren ab, und wenn sie einmal Zwischentitel benutzten, so verwendeten sie diese hauptsächlich zur Wiedergabe von Dialogen. Und dabei waren diese Zwischentitel doch eigentlich hinderlich, weil sie den Rhythmus der Bilderfolge leicht stören konnten.

Rhythmische Ordnung

So wenig (zumindest bis vor einigen Jahren)[8] über narrative Montage geschrieben wurde, so viel hat man über den rhythmischen Aspekt der Montage theoretisiert. In einem der wenigen theoretischen Artikel, die Griffith je publiziert hat,[9] verweist er bereits auf die Wichtigkeit der Montage für eine rhythmische Struktur der aufeinanderfolgenden Bilder. Daß sich Eisenstein sein Leben lang mit diesem Thema beschäftigt hat, ist allgemein bekannt. Man denke nur an sein „Montagemodell" aus dem Jahre 1929.[10] Pudowkin wiederum setzte sich mit den neuen rhythmischen Möglichkeiten des Tonfilms auseinander. Besonders wichtig sind jedoch die französischen Avantgardisten der zwanziger Jahre. Sie experimentierten mit rhythmischer Montage und schrieben darüber. Echte Filmkunst ist für sie die Kunst des Rhythmus. In LA ROUE (1922) von Abel Gance werden Aufnahmen von Eisenbahngleisen, der Lokomotive, des Dampfkessels, der Räder, des Manometers, des Rauchs, des Tunnels usw. zu einer „visuellen Symphonie"[11] geordnet. In seinem Film NAPOLÉON (1926) experimentierte Gance sogar mit den rhythmischen Möglichkeiten des *triple écran* (einer dreigeteilten Leinwand, angeordnet wie ein Triptychon). Die Schaffung von Bewegung mit rein filmischen (d.h. auch: nicht-literarischen und nicht-theatralischen) Mitteln, besonders mit der Montage, sollte die Filmkunst zu einer *musique des images* machen. In Deutschland experimentierten Ruttmann, Fischinger und Richter mit dem „absoluten" und „abstrakten" Film, wobei gleichfalls der Rhythmus eine wichtige Rolle spielte. Dennoch haben die meisten Filmemacher und -theoretiker den Begriff Rhythmus nicht definiert, obwohl man sich darüber einig war, daß der Rhythmus den „Lebensatem" des Films bedeutet. In Analogie zu Lebensprozessen wie der Atmung oder dem Herzschlag „haucht" eine rhythmische Anordnung den toten, nur mechanisch bewegten Bildern Leben ein. Dies könnte man die biologische Funktion des Rhythmus in der Kunst nennen. Rhythmus hat mit Bewegung zu tun, und Bewegung wird mit Leben assoziiert; mit ständig wechselnder Bewegung, und das setzt schon voraus, daß auf *découpage* und Montage dabei kaum zu verzichten ist. Aber Rhythmus ist mehr: Susanne Langer hat die rhythmische Ordnung der Elemente eines Kunstwerkes einmal sehr treffend umschrieben als das jedesmal aufs neue Ansetzen von Spannung durch das Auflösen der vorhergehenden Spannung. Jede neue Bewegung, von kurzer oder längerer Dauer, schafft beim Zuschauer eine gewisse Spannung, konfrontiert ihn sozusagen mit einer Frage, auf die er eine Antwort verlangt. Wenn diese Spannung ihren Höhepunkt erreicht hat, muß sie aufgelöst, muß die Frage beantwortet werden. Diese Antwort jedoch führt selbst wieder zu einer neuen Frage usw. Auch in dieser Hinsicht gleicht der Rhythmus eines Kunstwerkes einem Lebensprozeß wie der Atmung. Dieser rhythmische Verlauf des (Film-)Kunstwerkes verursacht beim Zuschauer eine affektive Resonanz: die Bewegungen der Filmbilder korrespondieren mit der Bewegtheit des Zuschauers.[12]

So definiert, muß rhythmische Montage nicht als eine separate Funktion der Montage neben den vorher schon erwähnten Funktionen betrachtet werden, sondern als zusätzliche Qualität aller bisher genannten. Dabei ist die rhythmische Montage in erster Linie eine zusätzliche Qualität der temporalen Ordnung des aufgenommenen Materials. Die Länge der einzelnen Einstellungen, die Art der Bewegungen innerhalb dieser Einstellungen, das Abstimmen der „Tonarten" (Licht, Farbe, Volumen) der einzelnen Aufnahmen aufeinander, das Anbringen eines harten oder sanften Schnitts, die Benutzung von Überblendungen usw. beeinflussen die subjektiv empfundene Dauer eines Geschehens, das Tempo einer Handlung, die Spannung zwischen zwei zeitlich voneinander getrennten Handlungen, den Eindruck der Vitalität oder Inaktivität. Ferner ist rhythmische Montage ein äußerst wichtiger Aspekt einer expressiven Bilderfolge, das wichtigste Mittel, den Zuschauer mitfühlen zu lassen, was emotional in den dargestellten Personen vorgeht. Der Rhythmus kann jedoch auch, und das ist etwas ganz anderes, subjektive Erfahrungen der Personen vom objektiven Verlauf der Ereignisse unterscheiden.[13] Also machen wir auch in diesem Fall einen Unterschied zwischen Ausdrucksmittel auf der Ebene der erzählten Geschichte und Ausdrucksmittel auf der Ebene des Erzählaktes. Einerseits sorgt eine rhythmische Ordnung für die Gliederung (das Maß), das Tempo, die Dauer, den Gefühlston und den Spannungsverlauf der dargestellten Ereignisse; andererseits übernimmt der Rhythmus die Funktion eines Erzählaktes, vertritt er die Aufmerksamkeit, die Abständlichkeit, die Partizipation, die Ruhe oder das Tempo, das Innehalten oder das Hingerissenwerden der erzählenden Instanz. Und schließlich, und das bildet eine selbständige Funktion des Rhythmus, bindet er die einzelnen Teile eines Kunstwerkes zusammen zu einer organischen Ganzheit, einer Einheit, in welcher alles mit allem in Verbindung tritt.

Einwände gegen die Montage

Der Tonfilm

Der Tonfilm bedeutete einen ernsthaften Bruch mit den bis dahin geltenden Vorstellungen von Montage. Andererseits erkannte man sehr rasch, daß der Zusatz der Tonkomponente auch eine Bereicherung der Montagemöglichkeiten enthielt. Dies geht u. a. aus dem Manifest von Eisenstein, Pudowkin und Alexandrow aus dem Jahre 1929 hervor.

Die ersten Tonfilme (besonders die *all talkies*) schienen manche Errungenschaften der Stummfilmkunst überflüssig zu machen. Jetzt, wo die Schauspieler sprechen und deshalb auch ihre Gefühle verbal zum Ausdruck bringen konnten, brauchte man dafür keine komplizierten und viel Filmzeit in Anspruch nehmenden *découpage*-Formen mehr zu benutzen, und die oft weit hergeholte und manchmal zum Klischee erstarrte Filmmetaphorik wurde schon bald zum Anachronismus.

Auf der anderen Seite bedeutete die Verbindung des Visuellen mit dem Auditiven im Prinzip bereits eine neue Form der Montage, und ganz gleich, ob diese Verbindung nun eine kontrapunktische, eine synchrone oder eine asynchrone war: die neue Montageform, oder besser, dieser neue Aspekt der Montage erwies sich nach einiger Zeit als Erweiterung der zuvor genannten Funktionen der Montage. In seinen verschiedenen Erscheinungsformen – als Begleitmusik oder gesprochener Kommentar, als Dialog oder innerer Monolog, als „Musik im Bild" oder Originalgeräusch – zeigte sich der Ton sehr brauchbar für die Erfüllung all dieser Funktionen. So konnte die Tonkomponente die Gegenwart der Handlung z. B. in einer viel weniger komplizierten Weise mit der Vergangenheit verbinden, als dies mit Hilfe einer Rückblende möglich ist. Und die verschiedenen Modalitäten der expressiven Funktion konnten jetzt auf die unterschiedlichste Weise erfüllt werden: durch die „Tondekoration", durch die Kontrast- bzw. Konfliktmontage, d. h. die Schaffung eines Spannungsverhältnisses zwischen Visuellem und Auditivem, oder durch die musikalische Umsetzung von Erfahrung bzw. subjektivem Empfinden. Als Erzähltechnik erwirbt sich die *voice over* einen festen Platz, namentlich weil sie den Unterschied zwischen dem Erzählakt und der erzählten Geschichte akzentuieren kann. Durch die *voice over* bestand die Möglichkeit, aus einer impersonalen Erzählung eine Ich-Erzählung zu machen, bei der auch von außerhalb des Filmbildes kommentiert werden konnte. Und auch der Filmrhythmus, der in der Stummfilmzeit ohne ein deutliches (Vers-)Maß auskommen mußte, bekommt durch den Ton ein sehr wichtiges Strukturprinzip.

Die Kritiker der ersten Stunde, wie z. B. Rudolf Arnheim (der u. a. meinte, der Ton würde die Bilder so räumlich, so dreidimensional machen, daß eine *découpage* kaum mehr möglich wäre[14]) oder die Vertreter einer „Theatralisierung" (wie z. B. Marcel Pagnol),[15] die den sprechenden Film als eine neue

Form des Theaters und deshalb die Montage als etwas Überholtes betrachteten, hatten also unrecht. Was von der Leinwand verschwand, war höchstens die „zuckende" Montage sehr kurzer Bilder, so wie sie insbesondere in den zwanziger Jahren (bei den Russen, aber auch bei Abel Gance) üblich war. Obwohl die Montage dadurch weniger auffallend wirkte, verfeinerte man ihre Funktionen gerade in den Jahren zwischen 1930 und 1960 zu einem bis dahin unbekannten Reichtum, ganz gleich wie klischeehaft manche Bild-Ton-Montagen uns heute auch bisweilen anmuten. Um nur einige Beispiele dieser „Verfeinerung" zu erwähnen: In Bressons UN CONDAMNÉ À MORT S'EST ÉCHAPPÉ (1956) erweitert sich die enge Welt der Zelle des zum Tode Verurteilten durch den „off"-Ton nicht nur, weil wir den Lärm der unmittelbaren Gefängnisumgebung mithören, sondern auch, weil das Leben auf der Straße und sogar das Pfeifen eines vorbeifahrenden Zuges in der Zelle vernehmbar werden. In HIROSHIMA MON AMOUR von Resnais (1959) bringen die Geräusche der realen Ereignisse der (Film-)Gegenwart die Hauptperson, die mit ihren Erinnerungen in der Vergangenheit verweilt, wieder in die Gegenwart zurück.

Die Breitwand und die „deep focus"-Objektive

In den fünfziger Jahren kam das Montageprinzip jedoch aufs neue in Bedrängnis. Cinemascope und andere Breitwandsysteme, ein erweiterter Bereich der Schärfentiefe, „deep focus"-Objektive und insbesondere die größere Mobilität der Kamera und des Tonaufnahmegerätes schienen immer mehr Gründe zu bieten, immer weniger an die Möglichkeiten der Montage zu appellieren. Weil die physische Beschränktheit des Sehfeldes der Kamera und der Tiefenschärfe durch diese neuen technischen Entwicklungen der Vergangenheit angehörten, begann der Schnitt, auch auf diesem Gebiet an Boden zu verlieren. Überdies mußten die Filmregisseure noch die Probleme bewältigen, die der Farbfilm für die Bildkontinuität schuf (Farbsprünge).

André Bazin, einer der größten Filmkritiker, machte sich zum Verfechter einer Art Anti-Montage-Tendenz, insbesondere, indem er für die sogenannte „Plansequenz" plädierte, d. h. für lange anhaltende Einstellungen, die dank der beweglichen Kamera und der „deep focus"-Objektive eine „Montage im Bild" ermöglichten.[16] Bazins Abneigung gegen die Montage war jedoch in erster Linie durch die allzu manipulative Verwendung von découpage- bzw. Montagemethoden begründet, welche den Zuschauer eigentlich jeder Möglichkeit beraubten, selbst Beziehungen zwischen den Inhalts- und Formelementen der einzelnen Einstellungen herzustellen. Er war auch der Meinung, daß die Montage nicht an erster Stelle dazu diene, die Dinge vor der Kamera von ihren normalen Erscheinungsformen zu befreien und zu „verfremden", um sie auf diese Weise expressiv zu machen. Im Gegenteil, Bazin wandte sich gegen diese formalistische Kunstauffassung, wie sie u. a. von Eisenstein formuliert worden war und von vielen Regisseuren in die Praxis umgesetzt wurde. Und er plädierte für eine realistischere Verfilmung der Wirklichkeit als dies in den Filmen von Murnau oder von Stroheim der Fall war. Anstatt die Wirklichkeit durch die Art des Aufnehmens und Montierens zu „verfremden" und dadurch in einer neuen Weise zum Sprechen zu bringen, gelte es gerade um eines größeren Realismus und einer stärkeren Authentizität willen, die Wirklichkeit intakt zu lassen, namentlich in ihrer zeitlichen Kontinuität. Der Filmkünstler solle nur sichtbar machen, was dem oberflächlich schauenden Auge des Zuschauers verborgen bleibt. Für diese Auffassungen fand Bazin bei den italienischen Neorealisten, bei amerikanischen Regisseuren wie Orson Welles und William Wyler und sicherlich auch bei seinem Landsmann Bresson Unterstützung.

Manipulation

Bazin nahm allerdings ausdrücklich gegen die manipulative Anwendung der Montage und natürlich nicht gegen die Montage als solche Stellung. Manipulation ist etwas anderes als Expression. Es gilt zu unterscheiden zwischen Effekthascherei bzw. dem bewußten Provozieren bestimmter emotionaler oder intellektueller Reaktionen beim Zuschauer auf der einen Seite und dem Sichtbarmachen von Gefühlen und Gedanken der handelnden Personen auf der anderen Seite. Und auch als Erzähltechnik und rhythmische Organisation behält die Montage ihren vollen Wert. Es ist jedoch Bazins großer Verdienst, daß er die Filmemacher und Kritiker dazu veranlaßt hat, sich wieder einmal auf das Wesen der Montage zu besinnen und auf die Wichtigkeit von alternativen Ausdrucksmöglichkeiten. Letztere findet man auch reichhaltig in den ersten Filmen der *Nouvelle Vague* ausprobiert. Es ist natürlich Unsinn zu behaupten, daß z. B. Godard die ganze Montage über Bord geworfen hat, nur weil er von Zeit zu Zeit stark elliptisch vorging, indem er Teile der Handlung wegließ, die ihm einfach nicht interessant genug erschienen, oder weil er die Kamera bisweilen minutenlang aus einer unveränderlichen Position auf an sich kaum interessante Objekte „blicken" ließ.

Schlußbemerkung

Ich habe mich bei meiner Übersicht über die Theorien und die Praxis der Filmmontage auf die europäische und die nordamerikanische Filmkunst beschränkt. Es wäre ohne Zweifel interessant, unseren Horizont durch den nichtwestlichen Film zu erweitern. In anderen Kulturen wie z. B. der japanischen, die sich bei weitem nicht alle westlichen Filmauffassungen ohne weiteres zu eigen gemacht hat, und in der einige Cineasten hinsichtlich der Narrativität

Schlußbemerkung

eine andere Tradition verfolgen,[17] hat das Montageprinzip vielleicht eine ganz andere Rolle gespielt. Auch innerhalb der europäischen und nord-amerikanischen Filmkunst könnte ein Vergleich bestimmter Montageauffassungen mehr Licht auf die jeweiligen ideologischen Hintergründe werfen. Dies gilt u. a. für den Gegensatz der Montage bei Griffith cum suis und der Montage bei den russischen Cineasten der Jahre 1920 und 1930, für Bazin und die italienischen Neorealisten, und sogar für einen Hitchcock. Derartige Untersuchungen gingen jedoch über den Rahmen dieser Darstellung hinaus.

Abschließend noch eine kurze Betrachtung der Rolle der Montage im heutigen Film: Montage war in den ersten vierzig bis fünfzig Jahren der Kinematographie ein *Programm*, ein Streben nach Anerkennung des Films als autonome Kunst, ein artistisches Credo. Sobald sich der Film nicht mehr als Kunst zu beweisen brauchte, war es nicht mehr nötig, den Formaspekt immer wieder in den Vordergrund zu stellen, und die Montage konnte in das Filmkunstwerk integriert werden, ohne für sich selbst Aufmerksamkeit zu fordern. Schon im Jahre 1937 mußte sogar Eisenstein erkennen, daß sich der Filmkünstler nicht nur um die Montage, sondern auch um andere Probleme zu kümmern hatte, um die formalen Qualitäten der einzelnen Einstellungen z. B. und sicher auch um inhaltliche Dinge[18]. Montage im Sinne eines schnellen Bildwechsels, der formale Konflikte schuf und löste, bildet heute sogar eher die Ausnahme als die Regel. Ein größerer Teil der klassischen Montageformen ist mittlerweile fester Bestandteil der Werbefilme und Videoclips; die seriöse Filmkunst bedarf dieser auffallenden formalen Mittel nicht mehr. Die vielen zuvor genannten Funktionen der Montage werden jedoch auch im heutigen Film noch immer erfüllt. Es mag sein, daß die Kamerabewegung hier und da einen kleineren Teil dieser Funktionen übernommen hat. Wo jedoch andere Mittel einfach nicht ausreichen, wendet jeder Filmregisseur noch immer die Möglichkeiten der Montage an. Diese ist also nicht mehr für sich selbst da; sie ist eines der vielen Mittel, mit denen der Filmkünstler auf filmische Weise sagen kann, was er zu sagen hat.

Anmerkungen

[1] Vgl. Reisz, Karel: *The technique of film editing.* 16. Auflage. London/New York 1969, S. 15.

[2] Vgl. Pudowkin, Wsewolod I.: *Filmtechnique and Filmacting.* 4. Auflage. London 1968, S. 84, 94 u. 97.

[3] Siehe dazu: Eisenstein, Sergej M.: *Word and Image,* in: Ders.: *The Film Sense.* 2. Auflage. London 1948.

[4] Vgl. dazu: Peters, Jan Marie: *Bild und Bedeutung,* in: Knilli, Friedrich (Hg.): *Semiotik des Films.* München 1971, S. 50–59.

[5] Siehe auch den Artikel von Oksana Bulgakowa in diesem Buch, S. 53 ff.

[6] Vgl. Pudowkin, Wsewolod (siehe Anm. 2), S. 184.

[7] Siehe dazu: Pudowkin, Wsewolod (siehe Anm. 2).

[8] Siehe z. B.: Branigan, Edward R.: *Point of view in the cinema: A theory of narration and subjectivity in classical film.* Doctoral dissertation, University of Ann Arbor, Michigan 1979; Kawin, Bruce F.: *Mindscreen. Bergman, Godard and first-person film.* Princeton 1978; Chatman, Seymour: *Story and discourse.* Ithaca/London 1978; Heath, Steven: *Questions of cinema.* London/Basingstoke 1981; Schneider, Irmela: *Der verwandelte Text.* Tübingen 1981.

[9] Griffith, David Wark: *Pace in the movies,* in: *Liberty* (10. April 1925).

[10] Eisenstein, Sergej M.: *The filmic fourth dimension,* in: Ders.: *Film Form.* New York 1949, S. 64–71.

[11] Der Ausdruck stammt von Germaine Dulac, die ihn in einem Artikel über Abel Gances LA ROUE verwandte. Siehe: Dulac, Germaine: *Le rouge et le noir.* (Juillet 1928).

[12] Vgl. Langer, Susanne K.: *Feeling and Form.* London 1953, S. 127.

[13] Siehe: Pudowkin, Wsewolod (siehe Anm. 2), S. 185 ff.

[14] Vgl. Arnheim, Rudolf: *Film als Kunst.* Berlin 1932, S. 268.

[15] Vgl. Pagnol, Marcel: *Cinématurgie de Paris,* in: *Les cahiers du film* (Déc. 1933).

[16] Vgl. Bazin, André: *William Wyler ou le janséniste de la mise en scène,* in: Ders.: *Qu'est-ce que le cinéma, Vol. I: Ontologie et Langage.* Paris 1958, S. 149–174. Darin auch andere Kapitel über „plan-séquence".

[17] Über Montage im japanischen Film z. B.: Burch, Noël: *To the Distant Observer. Form and Meaning in the Japanese Cinema.* Berkeley/Los Angeles 1979 und: Richie, Donald: *Yasujiro Ozu,* in: Roud, Richard (Ed.): *Cinema: A Critical Dictionary, Vol. II: From Kinoglaz to Zanussi.* London 1980, S. 743–752.

[18] Vgl.: Eisenstein, Sergej M. (siehe Anm. 3).

OKSANA BULGAKOWA

Montagebilder bei Sergej Eisenstein

Montage ist alles – Montage ist nichts, zwischen diesen Polen entwickelte sich unsere Filmkunst (und die Filmtheorie), konstatierte Sergej Eisenstein in *Montage 1938*. Die zweite Behauptung allerdings galt für ihn nie. In der stereotypisierten Vorstellung waren „Eisenstein" und „Montage" zwei Synonyme. Die Eisenstein-„Gegner", ob André Bazin, Siegfried Kracauer oder Andrej Tarkowski, stellten seine Montagekonzeption als *den* Sündenfall des Films dar. Montage zerstöre die physische Realität, die fotografische Natur des Films, sie widerspreche der wahren Filmpoetik – das war eine Meinung. Montage sei gefährlich und autokratisch – eine andere. Montage wurde als prädestiniertes Instrument zur Manipulation der Massenmeinung interpretiert, als eine Technik, die dem Zuschauer einen Sinn oktroyiert, welchen die Bilder selbst nicht innehaben. In dieser Mischung von ästhetischen, geschmäcklerischen und politischen Befürchtungen wurde das Kind (Montage) mitsamt dem Bade ausgeschüttet. Gleichzeitig übten gerade Eisensteins Montage (und Montagetheorie) eine magische Wirkung auf seine Verehrer aus. Die Auseinandersetzung mit den Filmen und Texten dieses Experimentators dauert an. Und ist in keinem Fall nur von retrospektivischem Interesse diktiert. Filmpraktiker und -theoretiker, Anthropologen, Kultursemiotiker und Psycholinguisten finden bei Eisenstein Anregungen für ihre heutige Arbeit.

Die Theorie war für Eisenstein unmittelbare Fortsetzung seiner experimentellen Praxis. Und beides entstand im breiten und verzwickten Kontext der Kunst- und Wissenschaftsentwicklung seiner Zeit. Eisenstein konzipierte Film als ein grandioses Experiment, das am perfektesten die Ideen und Versuche der neuesten Kunst- und Theorieentwicklung – von der kubistischen Aufgliederung des Raums, Joyces' innerem Monolog bis hin zur Gehirnforschung – verkörpern würde. Film entblöße die Struktur, die in anderen Künsten „verdeckt" sei, und deshalb könne die Analyse dort so produktiv ausfallen. Eisenstein träumte einst davon, ein glücklicher Salieri zu werden: Wie dieser wollte er den stets mystifizierten Akt der Schöpfung und die Rationalisierung des Schaffensprozesses gleichermaßen beherrschen. 1927 plante er ein psychoanalytisches Buch über sich selbst, genauer über das Laboratorium seiner Filmideen. In seinen unzähligen Texten, die problemlos eine 20bändige Ausgabe füllen könnten, analysierte er unentwegt die eigene und die fremde Kunst. Der Regieunterricht war für ihn eine weitere Form der angestrebten Rationalisierung des Schaffens. Eine Art „Veräußerung des Erfindungsprozesses" vor den Studenten. Gestaltungs- und Wirkungsforschung waren bei ihm nie getrennt. Montage bezeichnete Eisenstein ironisch als das Ausleben seines infantilen Sadismus: zergliedern (von Puppen, Insekten, Uhren), auseinandernehmen, differenzieren lernen. Das Neu-Zusammensetzen war für ihn gleichbedeutend mit einer Wieder-Erschaffung der Welt. Zwei Reihen bekannter Eisensteinscher Begriffe: Abschnitt – Bildausschnitt – Konflikt – Kontrapunkt und Attraktion – Stimulus – Ekstase – Pathos – Organik lassen sich immer mittels Montage zueinander in Beziehung setzen.

Eisenstein betrachtete Montage als das wichtigste Bauprinzip des Films und der Kunst schlechthin – und zudem als das intensivste Wirkungsmittel. Ein idealer komplexer Stimulus, der auf verschiedenen Ebenen wirkt und natürlich mit Rhythmus verbunden ist. Und verschiedene Rhythmusempfindungen vereinigt: den Rhythmus der dargestellten Bewegung; den visuellen Rhythmus, der sich aus dem Wechsel dunkler und heller, „runder" und „eckiger" etc. Einstellungen ergibt; den Rhythmus wechselnder Längen der Abschnitte; den Rhythmus der Musik und Geräusche usw. Montage wirkt physiologisch, doch dabei wird nicht nur das sinnliche Erleben aktiviert, sondern es werden auch Operationen der höheren Bewußtseinsschichten (Bedeutungsbildung) angeregt. Hinzu kommen Gedächtnis, Assoziationsvorrat, Kultur-, Kunst- und Alltagserfahrung. Dies ist für Eisenstein eine weitaus kompliziertere Operation, da es um die Strukturierung des Bildes und um das Herstellen immer neuer Sinnverbindungen geht; immer neue Brücken müssen gebaut werden, und das visuelle Gedächtnis wird ständig beansprucht.

Es gibt keine einheitliche Montagetheorie von Sergej Eisenstein, seine Montagevorstellungen waren im steten Wandel begriffen, bedingt durch konkrete Filmprojekte in einer konkreten Zeit.

Versuch einer Periodisierung

Eisenstein wirkte in einer Epoche des revolutionären Umbruchs: des Konstruktivismus in der Kunstpraxis und -theorie, der Reflexologie als psychologische Erklärung, der Dialektik als Schule des Denkens, der rationalen Organisation von Gesellschaftsformen. Der hoch rationalisierte Ansatz in der Theorie war zwar absolut utilitaristisch ausgerichtet, die Agitations- und Propagandafunktion dieser Kunst jedoch war keineswegs eng politisch aufgefaßt, sondern in größere Zusammenhänge gestellt: Wir können die Welt verändern, weil wir sie erklären können. Wenn wir dieses Wissen an die Unwissenden weitergeben, entsteht ein neuer, rational denkender Mensch, der die Veränderung der Welt perfekt vollendet. Deshalb war Eisensteins künstlerisches Schaffen, wie auch das vieler seiner Zeitgenossen, stets von einem Interesse für die wissenschaftliche Verhaltensforschung und die Psychologie, die beide Denkprozesse zu erklären versuchen, geprägt. Dies war auch ein Grund für seine Arbeit im psychologischen Laboratorium von Alexander Luria.

Die angestrebte Bewußtseinsformung begründet das primäre Ziel seines praktischen und theoretischen Wirkens: die Beeinflussung des Menschen, für die er

Versuch einer Periodisierung 51

den Begriff „Einwirkung" eingeführt hat. Der rationale Ansatz der linken Avantgarde in Sowjetrußland erwies sich jedoch als Utopie. Die Kunst blieb die eigentliche Sphäre, in der diese kühnen Visionen „real" werden konnten. Dieser Zusammenhang ist sehr wichtig für das Verständnis von Eisensteins Montagekonzept der ersten Periode, die etwa bis 1929 dauerte.

Die zweite Periode wurde durch mehrere Brüche eingeleitet. Durch den Tod der Avantgarde, der in der scharfen Polemik der 30er Jahre gegen die „Formalisten in der Kunst" oft wörtlich zu verstehen war. Durch den Abschied vom Stummfilm, von vielen nicht realisierten Projekten. Durch den Abschied von den rationalen Utopien und den Hoffnungen auf den *entmystifizierenden Verstand*. In den zwei revolutionärsten Ländern Europas, der Sowjetunion und Deutschland, siegte – laut Eisenstein – das *mythologische Denken*. An dieser Schwelle des Umbruchs beginnt Eisenstein ein neues Forschungsprojekt – zusammen mit den Psychologen Alexander Luria, Lew Wygotski und dem Sprachwissenschaftler und Ethymologen Nikolai Marr. Sie wollen Kunst und insbesondere Film als „Abdruck von Denkstrukturen" auf experimentelle Weise untersuchen. Zwei der Partner, Wygotski und Marr, starben zu früh, Eisenstein setzte die Arbeit allein fort. Der Kontext, in dem seine neue, psychologische Theorie der Kunst entsteht, hat sich in dieser zweiten Periode jäh gewandelt: Psychoanalyse, Wygotskis Konzept der inneren Rede und das des prälogischen, mythologischen Denkens (Levy-Brühl, Marcel Granet u. a.)[1], die Idee der Organik, die Begeisterung für das Gesamtkunstwerk. Bezeichnenderweise wollte Eisenstein zwei Mal in seinem Leben sein Montage-Konzept zu großen Büchern fassen: das erste Mal 1929 – als Bilanz des ersten Arbeitsjahrzehnts – im *Kugelförmigen Buch*. Von 1937–1941 arbeitete er dann an einem zweiten Buch, das drei große Untersuchungen miteinander verbinden sollte: *Montage* (1937), *Montage 1938* und *Vertikalmontage*. Beide Projekte wurden jedoch niemals abgeschlossen.

Die hier vorgenommene Periodisierung ist ein grobes Hilfsmittel, um den Bruch im Gesamtverständnis der Kunst bei Eisenstein herauszustellen[2]. Dazwischen liegen viele, feiner gegliederte Etappen. Die Entwicklung der Eisensteinschen Montage-Theorie begann noch zu seiner Zeit am Theater: Während der Arbeit an der ersten selbständigen Inszenierung, *Der Gescheiteste* (1923), schrieb Eisenstein sein erstes theoretisches Manifest, *Montage der Attraktionen*, eine Analyse der Erfahrungen des revolutionären Theaters. Als er seinen ersten Film (STREIK) montierte, entwickelte er in dieser neuen Kunstdimension die Idee der Attraktionsmontage zur *Montage der Filmattraktionen* (1925). Nach PANZERKREUZER POTEMKIN (1925), genauer: nach den Experimenten zur Erzeugung einer Bewegungsillusion (drei statische, steinerne Löwen – ein schlafender, ein aufwachender, ein brüllender – wurden nacheinander montiert, was nicht nur einen Bewegungseffekt produzierte, sondern auch ein Spiel der Bedeutungen einleitete), begann die Diskussion über „Metapher im Film" und die „Filmsprache". 1928 tauchte zum ersten Mal der Begriff „intellektuelle

Attraktion" auf, und zwar im Zusammenhang mit den Experimenten in OKTO-
BER (1927). Hier wurde die Erfahrung mit den „Löwen" als universales Prinzip
auf den ganzen Film ausgeweitet. Von dort aus war es nur noch ein Schritt zur
Theorie des „intellektuellen Films" – Synonym für „intellektuelle Montage".
Jacques Aumont bemerkte ganz treffend, daß Eisenstein von dieser Theorie
zunächst immer in der Zukunft spricht und später nur noch die Vergangen-
heitsform benutzt[3]. Die Theorie war an das Projekt „Kapital" gebunden, das
nicht realisiert werden konnte.

Nach der Erfahrung mit der GENERALLINIE (1929) bereichert Eisenstein seine
Montage-Theorie um zwei wichtige Gedankengänge: die Oberton-Dominan-
ten-Unterscheidung und die Überlegung darüber, wie die intellektuellen Ope-
rationen mit physiologischen Reizen zusammenwirken und inwieweit dieses
Zusammenwirken beeinflußt werden kann. Dies sind auch die wichtigsten
Ideen seines Aufsatzes *Die vierte Dimension im Film*, in dem Eisenstein eine
erste Klassifizierung der Montage liefert. Ein zweiter Versuch entsteht ein paar
Monate später: *Dramaturgie der Filmform* ist die radikalste Darstellung seines
Montage-Konzepts, in der das Urphänomen des Films, die Entstehung der
Bewegungsillusion, mit der Entstehung einer Filmmetapher, die durch Mon-
tage erzeugt wird, in Zusammenhang gebracht wird.

Die erste Erfahrung mit Ton wird noch vor der eigentlichen Arbeit mit
Tonfilm gesammelt – im Erleben des Kabuki-Theaters. Nach dessen rationalisierter Verarbeitung in *Unverhoffte Kopplung* (1928) schreibt Eisenstein mit
zwei Freunden, Grigori Alexandrow und Wsewolod Pudowkin, das berühmte
Tonmanifest (1928), eine erste Auseinandersetzung mit der Bild-Ton-Montage.
1931 arbeitet er in Hollywood an der Verfilmung des Romans EINE AMERIKA-
NISCHE TRAGÖDIE. Um der Ambivalenz dieses Werks von Dreiser gerecht zu
werden, muß das übliche Dramaturgie- und Montagekonzept völlig neu gefaßt
werden. Der Wandel ist radikal: der Begriff „innerer Monolog" taucht auf.

Mitte der 30er Jahre schält Eisenstein für sich das „Grundproblem" der Kunst
heraus, wonach das Kunstwerk als eine dem mehrschichtigen Bewußtsein
adäquate Struktur zu verstehen sei. Diese Konzeption korrigiert seine frühere
Vorstellung von Montage und führt zu einer neuen Interpretation der Montage
von PANZERKREUZER POTEMKIN (*Über den Bau der Dinge*, 1939), die Teil einer
umfangreichen Montage-Untersuchung ist. Montage wird als zentrales Prinzip
zur Schaffung einer Kunstform schlechthin verstanden. Jetzt geht es Eisenstein
nicht mehr – wie in der ersten Periode – um die Einwirkung, um die Beeinflussung des Bewußtseins seines Zuschauers, sondern um das Sinnbild, um einen
Symbolwert, den die Kunst vermittelt. Der Gegensatz Abbild-Sinnbild spielt
hier eine zentrale Rolle, wie auch das Problem der Überwindung der figurativen Konkretheit im Namen des Universellen. Die Einheit der physiologischen
und intellektuellen Reize wird betont. Der Mensch, sein Verhalten und seine
Denkweise werden nicht einer rationalen Organisation untergeordnet, sondern

als organische Struktur verstanden, die auch dem Bau eines Kunstwerks zugrunde liegt. Einen wichtigen Teil der Untersuchung nimmt die eigene Erfahrung mit dem Tonfilm ein, genauer mit der Ton-Bild-Kontrapunktik der BESHINWIESE (1935/37) und des ALEXANDER NEWSKI (1938).

Kurze Zeit später arbeitet Eisenstein an der *Walküre*-Inszenierung. Das neue Zauberwort ist Synästhesie. Die neuen Weggenossen sind die deutschen Romantiker und Wagner. Die Farbe ist eine neue Komponente der angestrebten Polyphonie, die Arbeit an IWAN DER SCHRECKLICHE läuft parallel zur theoretischen Überlegung in puncto „chromophone Montage" (ein von Eisenstein geprägter Begriff, der den Bild-Ton-Farb-Kontrapunkt beschreibt). Interessanterweise taucht in diesem Zusammenhang wieder der alte Begriff „Attraktion" auf, und er wird innerhalb der Farbfilm-Montage-Theorie neu definiert.

Raumfilm, eine umfangreiche Untersuchung aus dem Jahr 1947, greift Eisensteins Erfahrung mit der Bildauflösung in dem nicht beendeten Film QUE VIVA MEXICO! (1930) auf. Nun wird Montage in das Bild, in das Innere der Einstellung verlegt und die Opposition von Vorder- und Hintergrund herausgearbeitet, eigentlich das, was André Bazin ein paar Jahre später das Tiefenarrangement (*profondeur du champ*) nennt und Eisensteins Filmen abspricht.

Praxis, Analyse dieser Praxis und theoretische Verallgemeinerung sind die Grundsteine des Eisensteinschen Montage-Konzepts. In verschiedenen Perioden wurden verschiedene Momente aktualisiert, und das Montage-Verständnis entwickelte sich – mitunter sprunghaft – von der Attraktionsmontage (in der Übergangsphase vom Theater zum Film) zur intellektuellen Montage und dem inneren Monolog, und von dort aus zur audio-visuellen Farb-Kontrapunktik und dem Tiefenarrangement.

Diese Skizzierung ist natürlich ein Schema, das die reale Entwicklung vereinfachen soll, um sie beschreiben und strukturieren zu können. Innerhalb einer solch kurzen Darstellung ist es unmöglich, allen Etappen gerecht zu werden. Ich bin mir beider Sünden völlig bewußt und begebe mich trotzdem in das Abenteuer, Eisensteins Montage-Theorie zu umreißen.

Attraktionsmontage

Eisenstein kam zum Film – auch zum Montagefilm – aus dem „Theater-Laboratorium". Er hatte zwar im Schnellverfahren bei Lew Kuleschow, dem ersten sowjetischen Montageexperimentator und Filmtheoretiker, einen Montagekurs absolviert und saß eine Zeitlang im Schneideraum von Esfir Schub (diese berühmte Cutterin schnitt in den 20er Jahren etwa 200 westliche Filme um, mit der Absicht, diese „ideologisch zurechtzurücken"; außerdem schuf sie die ersten Kompilationsfilme aus Archivmaterialien), aber die wichtigsten Impulse kamen unmittelbar von Eisensteins Lehrer, dem radikalen Erneuerer des

Theaters, Wsewolod Meyerhold, von der Schule der Reflexologie, die fast alle Künstler der 20er Jahre beeinflußte, und von der Gruppe linker Künstler, der Eisenstein nahestand: Moskauer Konstruktivisten und „Lebenserbauer". Montage wurde zunächst auch von den konstruktivistischen Praktikern und Theoretikern gepriesen und als ein künstlerisches Verfahren verstanden, das dem der Montage auf dem Gebiet der Technik gleichzusetzen war (etwa: Zusammensetzen eines Autos aus Fertigteilen am Fließband = Zusammenkleben des Films). Der Regisseur müsse wissen, so ihre Überzeugung, wie der Film zu *organisieren* sei. In den 20er Jahren wurde deshalb im Rahmen des konstruktivistischen Programms oft der Begriff des Ingenieurs gebraucht und der Filmschnitt als eine technische Operation verstanden. Eisenstein, seiner Ausbildung nach Zivilingenieur, meinte, die Konstruktion eines Kunstwerks ließe sich genauso präzise errechnen wie die einer Brücke.

Im Meyerhold-Theater war eine Entwicklung in Gang gekommen, die „Kinofizierung" genannt wurde. Sie bedeutete den Zerfall des traditionellen Dramas in kleine, in sich geschlossene Episoden, die beliebig montierbar waren, weil keine Bindung mehr an die Chronologie der Handlung und die Einheit von Raum und Zeit bestand. Die Handlung konnte jederzeit unterbrochen werden, durch Revue-Passagen, Zirkus-Nummern, „Austritte" aus der Bühnenrealität in die Realität des Zuschauerraums, durch Diskussionen mit dem Publikum oder die Einbeziehung aktueller Nachrichtenmeldungen. In dieser Zeit, schrieb Eisenstein später, waren Zirkus und Music-hall die wichtigsten Quellen für die Herausbildung eines Montagedenkens. In den Grenzen dieses Theaters entstand sein erstes theoretisches Manifest, die Grundlage für das Eisensteinsche Montageverständnis.

Der von ihm dort eingeführte Begriff „Attraktion" wurde zur Maßeinheit einer Aufführung erklärt, zu ihrem Molekül (organischer Begriff innerhalb der konstruktivistischen Theorie!). Die Attraktion wurde zur Maßeinheit der Struktur (Konstruktion) und gleichzeitig zur Maßeinheit der Wirkung erklärt, also dem Stimulus gleichgesetzt. In der Praxis war mit „Attraktion" eine abgeschlossene „Nummer" der Aufführung (ein Monolog, ein Lied, eine körperliche Darbietung, eine Salve unter den Zuschauersitzen) gemeint. Zum „Grundstoff" des Theaters erklärte Eisenstein den Zuschauer, weil die Attraktionsmontage als eine programmierte „Folge" zum Auslösen von Erschütterungen und Emotionen zu verstehen war. Diese Folge wird vom Regisseur in ihrer Wirkung und ihrem ideologischen Endeffekt „mathematisch berechnet". Diese Form der Attraktionsmontage entblößte die Kunst als Mittel zur Steuerung des menschlichen Erlebens (und damit zur Manipulation des Zuschauers). Die Attraktion tritt in der Kunst als ein noch nicht vom Empfinden losgelöster Urbegriff auf, der „physiologisch wirkt, visuell artikuliert ist und in sich den neuen Inhalt trägt, der in alten Poetiken Sujet hieß und durch die Wechselbeziehungen einzelner Episoden transportiert wurde" (Viktor Schklowski).[4]
Die Montage der Attraktionen war eine Variante der „erschwerten Form", in

der nicht die einzelnen Elemente, sondern ihre Verknüpfung sich eine Form schufen und den Sinn artikulierten. Ihre Verbindung konnte durch Handlung motiviert sein, aber auch durch thematische und assoziative Kopplungen. Die Hierarchie der Einwirkungsmittel war in diesem System abgeschafft (ein Paukenschlag hatte denselben Stellenwert wie der Monolog Romeos oder die Farbe des Trikots der Primadonna), was die Gleichberechtigung aller Stimuli – akustischer, visueller, taktiler, olfaktorischer – bedeutete. Diese Stimuli waren als physiologisch wirkende Einheiten verstanden, ihre Verknüpfung und die dadurch freigesetzten Assoziationen sollten den Rezipienten aus der Ebene der Perzeption in die Ebene rationalisierter Verallgemeinerungen führen.

Wie dieses Konzept auf der Bühne verwirklicht wurde, kann man der Beschreibung der *Hochzeit*, eines kleinen Segments aus *Der Gescheiteste* entnehmen: „7. Entrée des Stars (der Tante) und dreier Offiziere (Hinhalten der abgewiesenen Bräutigame), durch Wortspiele und die Erwähnung des Pferdes Übergang zu einer dreifachen Voltage auf einem ungesattelten Pferd. 8. Im Chor gesungene Agit-Couplets: ‚Der Pope hatte einen Hund‘, dazu mimt der Pope als Kautschukmensch einen Hund (das Motiv der beginnenden kirchlichen Trauung). 9. Unterbrechung der Handlung. 10. Ein Stück Filmkomödie..."[5]

Die Trauung wird nach dem Film (GLUMOWS TAGEBUCH) mit drei Bräutigamen vorgenommen, der Pope wird deshalb gegen einen Mulla eingetauscht. Die „Attraktionen", die durch Wortspiel (vom Pferd zur Voltage), visuelle Ähnlichkeit (Hundenummer, Metamorphosenspiele im kurzen Film, wenn der Held sich in eine Kanone oder einen Esel verwandelt usw.), eine Schlußfolgerung (Trauung mit drei Partnern erfordert den Wechsel der Religion) ausgelöst und angehäuft wurden, sollten die absurde Zeremonie entblößen und einen „antireligiösen" Effekt produzieren: der Mulla trat letztendlich mit dem Plakat „Religion ist Opium fürs Volk" ab und beendete so die Szene.

Während der Endfertigung des Films STREIK versucht Eisenstein, seine Erfahrung mit der Attraktionsmontage im Film theoretisch zu durchdringen. So entsteht das zweite Manifest – *Montage der Filmattraktionen*: „Der Einsatz der Attraktionsmontage... ist im Film noch eher möglich als im Theater, denn diese Kunst... bedarf kraft ihrer Demonstration von bedingten fotografischen Abbildungen und nicht von Fakten (im Gegensatz zum ‚realen Machen‘ im Theater)... für die Darstellung selbst einfachster Erscheinungen der *Kopplung*... der Montage."[6]

Montage ist, so Eisenstein, die Konstituante des Films, begründet durch die Besonderheiten der Wahrnehmung, die sich über Assoziationen herstellt. Die fotografische Abbildung eines Objekts erhöht den Grad seiner Abstraktion, seine Zergliederung im Bildausschnitt noch mehr. In der Filmmontage koppelt man nicht Objekte, sondern Assoziationen, die im Zusammenhang damit entstehen. Die Montage der Filmattraktionen entfernt sich von der physiologischen Einwirkung und kann zu einer Abstraktion führen, meint Eisenstein und beweist das mit zwei einfachen Beispielen:

Er montiert das Niederschießen der Demonstration (fiktive Darstellung durch Statisten von der Schauspielerbörse, meist in Totalen) und die Dokumentaraufnahmen von der Abschlachtung eines Ochsen im Schlachthof (diese wird zergliedert, rückt immer mehr in die Großaufnahmen und endet mit dem weit geöffneten toten Ochsenauge). Das physiologisch empfundene Entsetzen angesichts des realen Tötens und Todes wird übertragen auf die Szene des Menschenmassakers, das, wie Eisenstein meinte, kein Schauspieler so schaurig und real darstellen kann. Nicht nur der logisch nachvollziehbare Vergleich (Schlachthof – Massaker) ist von Bedeutung, auch die Übertragung der emotionalen Erschütterung dient dem nötigen ideologischen Effekt, der mit dem Zwischentitel „Vergiß nicht, Proletarier!" dem Film einen Schlußpunkt aufsetzt.

Eisenstein gab später zu, er hätte die Attraktionen gleich Reflexe genannt, hätte er damals von Pawlows Theorie gewußt. Das anders gewählte Wort verbirgt jedoch nicht die gedankliche Nähe. Assoziationen, von denen Eisenstein fortwährend spricht, werden innerhalb der reflexologischen Deutung verstanden. Das Modell, nach dem die Verkettung funktionieren soll, setzt eine einfache Formel voraus: Reiz – Reaktion. Sein Traum von einer Verhaltenssteuerung mittels Attraktionsmontage ist gerade zwischen Behaviorismus und Reflexologie angesiedelt. Die Filme und bereits die frühe Theorie Eisensteins appellieren an den Rezipienten. Auf seine Wahrnehmung (ihre diskrete Natur und psychische Einheit bei der „Verarbeitung" von Reizen) wird gesetzt. Das macht die freiesten und kompliziertesten Montageverbindungen möglich. Der Zuschauer, der als „Müllschlucker" für die Anhäufungen von Assoziationen auslösenden Details begriffen wurde, fügt sie zum Gesamtbild eines Vorgangs, kombiniert, ist dem Schöpfer gleichgesetzt[7].

Das bezeugt das zweite Beispiel. Die Aufgliederung der „Demonstration" eines Vorgangs in eine Reihe einzelner Bilder und deren Verkettung ist viel wirksamer als die Demonstration desselben Vorgangs in der zeitlich-räumlichen Kontinuität einer Totalen, bemerkt Eisenstein. Eine Ermordung wird nicht gezeigt, sondern über eine Reihe von Details vermittelt: weit aufgerissene Augen des Opfers, eine Hand mit Messer, ein Blutfleck usw.[8] So löste auch Hitchcock den Mord unter der Dusche in PSYCHO, eine der schaurigsten Szenen in der Filmgeschichte. Man kann wohl davon ausgehen, daß keiner der Zuschauer eine derartige Szene je erlebt (geschweige denn, überlebt) hat, doch er versteht sie, obwohl der Regisseur den Vorgang nicht ausspielt, nur in Andeutungen über Details vermittelt, die an sich neutral sein könnten: eine entblößte Schulter, ein Hals, ein Bauch, ein Messer (das ja nicht unbedingt a priori ein Mordinstrument sein muß), dunkel gefärbte Fluten, die in den Ausguß fließen... Jedes Stück ist abstrakt in Beziehung zu der Handlung als Ganzem. Montage kann als ein sich selbst organisierendes System im Wahrnehmungsakt des Rezipienten gedeutet werden.

Eisenstein formulierte 1947 für dieses Phänomen im Rahmen seiner veränderten Wirkungshypothese eine Erklärung, die sich nicht mehr auf physiologisch wirkende Reize und rational nachvollzogene Schlußfolgerungen stützte. Er versteht nun Kunst als Ausdruck der prälogischen Denkstrukturen, die bei der Rezeption das sinnliche Erleben freisetzen würden. In Eisensteins Erläuterung bedeutete dies konkret: über den pars-pro-toto-Effekt. Der Zuschauer sollte folgende Information erhalten: der Arzt ist ertrunken. Eisenstein zeigt nicht die Leiche am Meeresufer, sondern einen Zwicker, der dem Arzt gehörte (PANZERKREUZER POTEMKIN). Ein metonymischer Hinweis. Ein Teil anstelle des Ganzen. Maximaler Effekt. Eisenstein führt die Wirkung darauf zurück, daß pars pro toto dem Denkmuster des prälogischen Denkens folgt, was das sinnliche Erleben beim Zuschauer aktivieren kann.[9] Natürlich bleibt bei beiden Annäherungen als Frage: Ob und wieweit die Assoziationsketten vorprogrammierbar sind? Wie sich die Verkettungsstereotypen herausbilden usw.?

Raum

Die Etablierung der grundlegenden „Montage-Entdeckungen" durch Griffith (Nahaufnahme und Parallelisierung zweier unabhängiger Handlungen) begann mit der Einführung eines Subjekts, an das die Seh- (und Erzähl)perspektive gebunden war. Dieses Subjekt, genauer sein Auge nähert sich dem Objekt. Der einheitliche Raum wird zergliedert, und mit dessen Aufteilung bilden sich Elemente des filmischen Erzählens aus, die zu festen Montagekanons erstarren. „The rule of threes" (Totale, Amerikanische, Großaufnahme) und der Wechsel vom Sehenden zum Gesehenen sind die klassischen Formen der Gliederung des Raums durch Montage. Nichts ist weiter von Eisensteins Raumauffassung entfernt. Es gibt in seinen Filmen kein Handlungssubjekt, das in nachvollziehbarer Logik seine Sehperspektive wechselt und sie dem Zuschauer als Identifikation anbietet. Die Sprünge des Kamera-Auges sind an diese Logik nicht gebunden. Der Raum wird zergliedert und wieder zusammengefügt, ohne Rücksicht darauf, wieso und mit welcher Berechtigung die Kamera sich nicht in der Achse dem Objekt nähert, warum plötzlich von links auf rechts verändert wird. Diese Sprünge von links nach rechts, die Verschiebung der Achse, das „Zusammenkleben" des Raums aus immer leicht nebeneinanderliegenden Aufnahmewinkeln – weit weg von klassischen Montageregeln und etablierten Diegese-Vorstellungen – sind einerseits von der Tradition kubistischer Malerei und ihrer Raumaufteilung gespeist, andererseits dadurch begründet, daß das einzig sehende Subjekt im Film der Regisseur selbst ist, geleitet vom Gedanken der Raum-Dynamisierung und der Erzeugung maximaler Wirkung.
Diese Montage ist nach der Logik eines Erzählkinos höchst „unökonomisch", die Fortbewegung der Handlung wird durch diese analytische Raumaufgliederung verzögert, die Zeit gedehnt, die Bewegung aus einem Bild in das andere

nicht fortgesetzt, da der Aufnahmewinkel geändert wird. Sogar noch in Eisensteins späten Filmen treffen sich mitunter die Blicke der Helden nicht. Die Choreographie dieser Blicke sorgt für einen sonderbaren Effekt: nach den Gesetzen der Handlungslogik müßten sich die Personen sehen und doch sehen sie einander nicht.[10] Die Einheit ist verletzt, dafür wird das Moment des Sprungs, des Intervalls zwischen den Einstellungen betont, die Gegensätze (Horizontale – Vertikale, Links – Rechts, Gerade – Ungerade) und Unterschiede (von Licht, Volumen, Bildebenen etc.) werden herausgearbeitet – all dies lädt den erschaffenen Filmraum mit einer kraftvollen Spannung.

Eisenstein begann mit der Erforschung der Montage im Rahmen seiner Wirkungstheorie und untersuchte die Beziehungen zwischen Filmbild (als „Reizauslöser" begriffen) und Zuschauern. Hier läßt sich eine bestimmte Nähe zur Theorie Lew Wygotskis (ein Kunstwerk als Code der den Rezipienten lenkenden Kulturzeichen) entdecken, die Eisenstein damals noch nicht kannte: *Montage der Attraktionen* entstand 1923, während Wygotskis *Psychologie der Kunst* 1925 geschrieben und erst 1965 veröffentlicht wurde. Eisenstein hatte *Psychologie der Kunst* Ende der 20er Jahre in einer Manuskriptfassung gelesen, die sich später in seinem Archiv fand. Damals aber interessierte er sich mehr für die Besonderheiten der Bedeutungsbildung im Film und für das Problem der „Filmsprache".

„Die zweite literarische Periode" und die intellektuelle Attraktion

Die Auseinandersetzung um Eisensteins Filmmetapher, sein Verständnis der Filmsprache und der intellektuellen Montage dauert bis zum heutigen Tag an, dabei begann alles mit einem nicht eingeplanten und keineswegs programmatischen „Scherz". Odessa war in Nebel gehüllt, der Stab konnte nicht drehen, Eisenstein, sein Kameramann und sein Assistent machten eine Bootsfahrt und drehten „einfach so" drei steinerne Löwen am Palast des ehemaligen Gouverneurs von Odessa. Diese drei Löwen waren an allem schuld. Nacheinander montiert, vermittelten die drei Statuen drei Phasen des Erwachens, die als ein Vorgang rezipiert wurden. Mehr noch, die ganze Welt war davon überzeugt, eine Metapher zu sehen. Die Deutung fiel verschieden aus. Die Passage kam nach der Salve des Panzerkreuzers gegen den Generalstab – als Antwort auf das Massaker an den friedlichen Demonstranten auf der Treppe in Odessa. War die „Löwen-Sequenz" Ausdruck des Zorns der Revolutionäre oder der Empörung der Reaktionäre? Ganz einfach, meinte Eisenstein 1945, die Realisierung des idiomatischen Ausdrucks „Die Steine brüllten".[11] Bedeutete es, daß für das „Funktionieren" bzw. Entschlüsseln einer Filmmetapher ein korrespondierendes sprachliches Paradigma notwendig war? Diesen Gedanken sprach damals

„Die zweite literarische Periode"... 59

Boris Eichenbaum aus[12], ein Theoretiker der Formalen Schule, durch deren Ideen auch Eisenstein stark beeinflußt wurde. OKTOBER mit seinen Wort-Bild-Spielen gab einigen Anlaß dazu, diesen Film als Analogie zu den Anfang des Jahrhunderts so populären Bildwörterbüchern (*dictionnaires en images*) auszulegen:
Die Skulptur der Mutter mit dem Kind trägt die französische Inschrift: „Les premiers pas" (die ersten Schritte). Danach folgen zwei Bilder: „Die Wache trainiert den Bajonettstoß" („pas d'arme") und „Zwei Stoßkämpferinnen tanzen" (ein „pas de deux"). Drei Bilder wie drei Illustrationen zu verschiedenen Wortbedeutungen.[13] Die „Materialisierung" bekannter Sprachmetaphern sorgte in OKTOBER für viele bildliche „Scherze". Nach dem Zwischentitel: „Die Kosaken haben Kerenski verraten" (im Russischen gleichbedeutend mit „sind fremdgegangen") wurde das Hirschgeweih in Kerenskis Zimmer gezeigt. Nach dem Mutterfluch im Zwischentitel war die Skulptur „Mutter und Kind" zu sehen. Die Begeisterung für solche Bildworträtsel (die übrigens Hans Richter in einigen *crossword*-Filmen zu realisieren versuchte) war jedoch eher eine „Begleiterscheinung" der begonnenen Suche nach einer „Film-Sprache".[14]
Gleich nach dem ersten Experiment mit den Löwen in PANZERKREUZER PO-TEMKIN schrieb Eisenstein zwei Aufsätze über die „zweite literarische Periode", in die der Film nun eingetreten sei, nachdem er die Etappe der Übertragung von literarischen Erzählstrukturen („die erste Periode") als Grundschule absolviert hätte. „Das Filmverständnis tritt jetzt in seine zweite literarische Periode, in die Phase der Annäherung des Films an die Symbolik der Sprache. Der Rede. Der Rede, die der ganz konkret materiellen Bezeichnung einen symbolischen Sinn... verleiht, und zwar durch eine der buchstäblichen Bedeutung wesensfremde Kontext-Zusammenstellung, das heißt also auch durch die Montage."[15]
Hier deutet sich die nächste Sichtweise der Attraktion an: die intellektuelle Montage. Eine Metamorphose – zunächst war es fast eine mechanische – der Attraktionstheorie. Eine unveröffentlichte Skizze *I. A.-28* macht das deutlich: „Das Spiel der Syllogismen löst das lebendige Spiel der Leidenschaften ab... Hier wird erstmalig entschieden eine prinzipielle Linie zwischen Theater und Film gezogen... Das Attraktionsprinzip ist unzerstörbar. 1928 wird die Attraktion korrigiert: Im Theater zielt sie auf das Gefühl, im Film auf das Bewußtsein."[16]
Eisenstein kehrt zu dem Beispiel „Mord" aus *Montage der Filmattraktionen* (1925) zurück und beschreibt es noch einmal in *Dramaturgie der Filmform* (1929). Wieder sind es Bruchstücke (1. Eine Hand hebt das Messer; 2. Die Augen des Opfers werden voller Entsetzen aufgerissen; 3. Seine Hände klammern sich an den Tisch...), die die Assoziationen hervorrufen, welche sich zu einem Gesamtkomplex des emotionellen Empfindens summieren. 1929, also fünf Jahre später, bezeichnet Eisenstein diese Auflösung bereits als „traditionell" und „kitschig". Könnte man dasselbe nicht produktiver erreichen, ohne

sklavenhaft an den Sujetstoff gebunden zu sein, den Eindruck *Mord* statt dessen in freier „Anhäufung" von Assoziationsstoff materialisieren? [17)]
Für den Film bedeutet das ganz pragmatisch eine neue Möglichkeit der Erzählführung, die Eisenstein in die Formel „De-anekdotisierung" faßt. Die Bindungen an die Handlung und an das Sujet werden eliminiert. OKTOBER versuchte nicht mehr, nur der allen bekannten Ereigniskette des Oktoberaufstandes zu folgen, sondern jedes Kettenglied, jede Episode zu interpretieren – über die sie umgebenden oder „dazu assoziierten" Gegenstände (Statuen, Orden, Requisiten des Winterpalais, Maschinen, Waffen, Uhren, Musikinstrumente, Kleidungsaccessoires usw.), die rasch eine Entwicklung von der Metonymie zur Metapher absolvierten. Die Demontage des Zarendenkmals stand stellvertretend für den Sturz der Macht, die Gegenüberstellung zweier kleiner Napoleon-Plastiken sollte die Konfrontation zweier Machtanwärter darstellen und zugleich interpretieren. Das nächste Projekt, „Kapital" (1928/29), mußte noch entschiedener die neue Erzähllogik außerhalb der „Geschichtchen" demonstrieren, und zwar „in verallgemeinernder, nicht milieubezogener Bildhaftigkeit": vom Pfeffer, mit dem die Suppe gewürzt wird, zu „Pfeffer, Cayenne, Teuflisch scharf. Dreyfus. Französischer Chauvinismus. Der ‚Figaro' in den Händen Krupps. Krieg. Im Hafen versenkte englische Schiffe." [18)] Statt Pfeffer kann es natürlich der Brennstoff für den Spirituskocher sein und von da aus – der Übergang zu Öl. „Dies wird die Sphäre der Begriffsdarlegung sein, die vom Sujet, vom Primitiven, befreit ist. Liebe – ‚wie ich liebe', Müdigkeit – ‚ein müder Mensch'." [19)] Die „Perspektiven" der Filmentwicklung aus der Sicht des Jahres 1929. Der berühmte Aufsatz deklariert die Richtung, deutet den angestrebten Umgang mit Makrostrukturen an – die Prinzipien der Verknüpfung der Filmbilder sind aber damit noch nicht beschrieben.
„Zwischen den in die Montage eintretenden intellektuellen Attraktionen liegt die ‚Ähnlichkeit' nicht im Sinnlichen. Also im Absoluten und Nicht-Äußerlichen... Ein Barock-Christus und ein Holzklotz sind einander absolut unähnlich, bedeuten jedoch dasselbe. Balalaika und Menschewik sind sich nicht physisch, sondern abstrakt ähnlich." [20)]

Abstrakte Ähnlichkeit

In der Montage-Verknüpfung sollten die Filmbilder wie Begriffe funktionieren – das ist der bekannte Extrakt von Eisensteins Theorie der intellektuellen Montage. Meist wird sie auf zwei, drei Beispiele reduziert. Kerenski und der Pfau, Kerenski und eine kleine Plastik Napoleons... Diese Parallelisierung war für Eisenstein nicht als Verwirklichung der einfachen und bereits gängigen Vergleichsstruktur wichtig. Er interessiert sich zunehmend, ausgehend von diesen Erfahrungen, für semantische und syntaktische Prozesse, die in der Filmmontage offensichtlich werden.

Abstrakte Ähnlichkeit 61

Die bekannte Götter-Sequenz in OKTOBER kann man als eine Abfolge von Statuen sehen, die in einem ethnologischen Museum von Leningrad aufgenommen wurden. Zwölf Abbildungen verschiedener Gottheiten sind nach dem Prinzip des „abnehmenden" Dekors hintereinandergeschnitten, eben vom Barock-Christus zum Holzidol. Sie folgen auf die monarchistische Losung „Im Namen Gottes".

Assoziiert aber diese Sammlung von Gegenständen den Sammelbegriff *Gottheit*, die durch die Gegenstände entblößt, entmystifiziert wird? „Bewegen sich" diese Statuen, verlieren sie ihre konkrete Eingebundenheit in Ort und Zeit (Museum, Filmaufnahmen), werden sie Metapher oder bleiben sie nur die mechanische Voraussetzung einer Vergleichsstruktur?

Die berühmten rational gebauten Vergleiche aus OKTOBER (Redner – Lyra, Menschewik – Balalaika, Kerenski – Pfau) wurden von der Filmkritik und -theorie nicht angenommen. Kracauer schrieb, Eisenstein habe die Lektion von Griffith' INTOLERANCE zu gut gelernt, Balázs sprach von einer Reproduktion gestellter Bilderrätsel.[21] Mitry meinte, die Film-Metapher sollte stets in die Handlung eingebunden sein, nur so ließen sich solche „nackten mechanischen Strukturen" wie Menschewik-Balalaika vermeiden. Folglich ist die Film-Metapher eigentlich nur als Metonymie möglich, wie zum Beispiel die Tinte im Polizeirevier in STREIK, die sich über die Karte der Arbeiterviertel ergießt und so den Beginn des Massakers ankündigt.

Die Annäherung zwischen Film und Sprache wurde zunächst in die Sphäre der elementaren Analogie abgeschoben: Mensch – Hase, Menschewik – Balalaika. Doch im Vergleich meinen wir nicht einen realen Hasen, bemerkte dazu Ossip Brik spitzfindig, sondern eine Summe der Merkmale. Das Bild aber präsentiert uns nicht Merkmale, sondern einen Hasen.[22]

Deshalb entwickelt sich der Verlust der Gegenständlichkeit einer Filmabbildung für Eisenstein zu einem wichtigen Problem der Filmsprache, und es ist kein Zufall, daß er später unter diesem Gesichtspunkt Ornamente studiert. Wie könnte man von der dem Film immanenten Verbindung zwischen Abbildung und Gegenstand wegkommen? Der intellektuelle Film versucht, das Problem der Beziehung reales Objekt – Sinnbild zu lösen. Die Frage des Bezugs, der Referenz des „Realen" zum „Abstrakten" wird im ersten Ausprobieren von „Film-Metaphern", „Film-Begriffen" betont.

Einen Weg zur Überwindung dieser störenden Konkretheit der Abbildung sieht Eisenstein in der *Montage*: die Kopplung zweier Bilder vermittelt etwas grafisch nicht Darstellbares – eine Bedeutung. Nach einem Prinzip für diese Kombinationen sucht er in den Ausdrucksformen „jenseits der Einstellung": in der Dichtung und Hieroglyphik. Die europäische Kunst leidet nach Eisensteins Ansicht an einer Hypertrophie des Abbildend-Darstellerischen, deshalb zieht ihn die Kunst Japans und Chinas so sehr an, in der die Bedeutung das Konkret-Gegenständliche zurückdrängt. In der japanischen Hieroglyphik entsteht ein Verb aus zwei Substantiven:

Hund + Mund = bellen; Auge + Wasser = weinen; Mund + Vogel = singen...[23]

Der Begriff im Film, die Metapher, wird analog dazu als ein sich zusammensetzendes Zeichen verstanden. Sie entwickelt sich beim Zusammenprall, bei der Explosion zweier *unabhängiger* Filmbilder. Die Film-Metapher ist in Eisensteins Verständnis keine Kopie einer rhetorischen Figur, sondern ein Modell zur Bedeutungsbildung im Film, ein *Prozeß*, der sowohl vom Regisseur, als auch vom Zuschauer (aufgrund seiner Aktivität und ideologisch-kulturellen Orientierung) bestimmt wird. Metapher ist nicht als Bildzeichen, sondern als Symbol im Werden zu verstehen[24]. Dabei sind die Prozesse ihrer Kreation und Rezeption einander isomorph. Wenn Eisenstein die Montage in Analogie zur Sprache interpretiert, geht es ihm nicht um die Äquivalenz zwischen Sprache und Film, sondern um die Analogie der semantischen Prozesse, die mit der Montage zu tun haben. Montage wird als Rekonstruktion der Denkmechanismen aufgefaßt, für die Eisenstein in dieser Periode seines Schaffens folgende Bezeichnungen findet: logisch, intellektuell, dialektisch.

In *Dickens, Griffith und wir* (1940–45) formuliert Eisenstein seine Erkenntnis schon sehr sicher: Die Funktion eines Filmbilds besteht nicht im Zeigen und Darstellen, sondern im Bedeuten, Bezeichnen, Hervortretenlassen.[25] Licht, Aufnahmewinkel, Bildkomposition, Substitution des Ganzen durch einen Teil (dank der Zergliederung im Bildausschnitt) zielen nicht darauf ab, einen Gegenstand abzubilden, sondern ihn unter einem emotionalen und konzeptionellen Aspekt aufzuschließen, d. h. in ihm eine Bedeutung zu aktualisieren, die endgültig in der Filmmontage „befestigt wird". Dabei helfen:

1. Eine Nahaufnahme, die die notwendige Abstraktion von alltags- und milieubezogener Abbildung sowie von Raum und Zeit liefert;
2. Parallelismus, Deduktion, Induktion – dem logischen Denken entlehnte Verfahren;
3. Wiederholung einzelner Einstellungen in der Montagereihe.

Der dialektische Zugang zur Filmform oder das Urphänomen des Films

„A dialectic Approach to the Film Form" nannte Jay Leyda einen unvollendeten Aufsatz Eisensteins aus dem Jahr 1929 – die in deutscher Sprache verfaßte, nicht beendete *Dramaturgie der Filmform*. Eigentlich geht es in diesem Aufsatz um die Entstehung der Bewegungsillusion im Film, was Eisenstein 1937 in seinem Montagebuch als das „Urphänomen des Films" bezeichnet, und was heute die Wahrnehmungspsychologen „Phi-Phänomen" nennen. (Vgl. dazu Einführungskapitel, S. 9 f.) Für Eisensteins Montageverständnis ist der Aufsatz

äußerst wichtig, da er in diesem Urphänomen und dem Montageprinzip grundlegende Analogien entdeckt.

„Das Bewegungs-Phänomen des Films liegt darin, daß zwei unbewegliche
Bilder eines bewegten Körpers in auf einander folgenden Position bei schnellem nacheinander Zeigen in Bewegung verschmelzen."[26]

„Der Bewegungs-Begriff (Empfindung) entsteht in der Superposition des be-
haltenen Eindruckes des ersten Position des Objektes und der sichtbar werdenden [zweiten] Position des Objektes."[27] Eisensteins Gedankengang entwickelt
sich so: aus der Superposition (Überlagerung) zweidimensionaler Größen entsteht das Phänomen der stereoskopen Dreidimensionalität, aus der Superposition zweier Bewegungsphasen auf Fotogrammen das Empfinden der Bewegung, aus der Superposition zweier (materieller) Bildzeichen ein transzenden-
taler Begriff: „Zwei unabhängige Bilder nebeneinandergestellt explodieren zu
einem Begriff."

Eine Begründung für diese dynamische Montage-Konzeption suchte Eisenstein nicht nur im konstruktivistischen Kunstkonzept, in der strukturalisti-
schen Literaturtheorie der Formalen Schule oder in der Reflexologie. Auch die
Dialektik stand Pate. Besonders die beiden ersten von Engels beschriebenen
Gesetze (die russische Übersetzung seines Buches *Dialektik der Natur* war
gerade 1926 erschienen). Im ersten Gesetz geht es um die sprunghafte Ver-
wandlung der Quantität in die Qualität, im zweiten um den Konflikt und die
Einheit der Widersprüche/Gegensätze. Die neue Qualität wird in der Montage
durch die Superposition von zwei Quantitäten erreicht. Der dialektische
Sprung ins Nicht-Materielle, Begriffliche erfolgt am Schnittpunkt zweier materieller Bilder. Der Konflikt-Begriff, der in *Dramaturgie der Filmform* auf
verschiedenen Film-Ebenen betrachtet wird, entspringt ebenfalls der Dialektik.
Der Konflikt bestimmt die Beziehung Kamera – Objekt, Objekt – Bildausschnitt, Einstellung – Einstellung etc. Meist wird das Gesetz von der Einheit
der Gegensätze bei Eisenstein in eine einfache binäre Opposition umgewandelt, doch mit Hilfe dieser binären Opposition kann er Kunstphänomene
strukturieren und beschreiben.

Eisenstein filtert mögliche Konflikte *innerhalb* der Einstellung heraus, die er
als visuellen Kontrapunkt definiert: Konflikt des Vorder- und Hintergrunds
(der Bildebenen), der Linien, Konturen, Volumina, Lichtflecken, Massen, Bewegungsrichtungen, Beleuchtungsarten, der Konflikt zwischen einem Vorgang
und seiner zeitlichen Darstellung (Zeitlupe oder Zeitraffer). Der Begriff des
Intervalls *zwischen* zwei Einstellungen wird betont: je größer der Unterschied,
desto intensiver die Spannung. In den 30er Jahren wird die Betonung des
Bruchs, des Gegensatzes durch die Idee der Einheit verdrängt und die Vorstellung von der Hegelschen Aufhebung der Widersprüche als Gesetz der Einheit
in Widersprüchen ausgelegt.[28]

Vom visuellen Kontrapunkt (innerhalb der Einstellung) bleibt nur ein Schritt
zum Versuch, eine Filmsyntax (Beziehungen zwischen den Einstellungen)

aufzustellen. Eisenstein bestimmt als Grundlage dafür die möglichen Varianten der Erzeugung eines Bewegungseindrucks. Dieser Eindruck (die Bewegungsillusion) entsteht durch die Kollision zweier Kontraste: Das „Durcheinanderschneiden" von hellen und dunklen Abbildungen eines Maschinengewehrs produziert den Eindruck des Schießens. Die Superposition zweier Bilder – eine Frau mit einem „intakten" Zwicker und gleich darauf dieselbe Frau mit zersprungenem Zwicker – sorgt für den Eindruck von einem Schuß. Dasselbe geschieht mit den drei Löwen. Die Bewegung im Film wird als Montage-Phänomen betrachtet.

Am Ende der Götter-Sequenz in OKTOBER erscheinen Bilder des japanischen eierförmigen Uzume und eines mehrarmigen „stacheligen" Schiwa, die, alternierend montiert, (vom Visuellen her) eine „geplatzte" Bombe assoziieren sollten. Eisenstein baute die Verkettung nach dem ästhetischen Effekt, wahrgenommen werden sollte sie nach psychologischen Gesetzen.

Kontexttheorem

Kuleschows Experiment aus dem Jahre 1921 hatte die „Bereitschaft" des Filmmaterials gezeigt, jegliche Verbindungen einzugehen. Eine Tatsache unserer Wahrnehmung ist, daß mehrere Bilder, nacheinander gezeigt, in eine Kausalverbindung gebracht werden und den Eindruck räumlich-zeitlicher Kontinuität hervorrufen (das heißt, die Gliederung des partialisierten Raumes wird aufgehoben).

Die Montagetheorie entwickelte sich in den 20er Jahren als Kontexttheorie. Dem Einfluß des Kontextes wurde in der Montage eine gewaltige Bedeutung zugeschrieben. Eine Einstellung erhält ihre endgültige Bedeutung erst in der Montage, die ihrerseits als syntaktische Konstruktion verstanden wird.

Die Variation der Bedeutung einer Einstellung durch den Kontext oder die Reihenfolge brachte Eisenstein zur radikalsten Schlußfolgerung, die später auch Christian Metz ungefähr so formulierte: Es kann prinzipiell keine sinnlosen Bilderfolgen geben, jede beliebige Kombination von Filmbildern ergibt eine Bedeutung. „Werden zwei beliebige Stücke aneinandergefügt, so vereinigen sie sich unweigerlich zu einer neuen Vorstellung, die uns aus der Gegenüberstellung als neue Qualität hervorgeht."[29] Sogar Zufallskombinationen werden dann einen Zusammenhang hervorbringen. Die Kontinuität eines filmischen Textes ist nicht zu brechen.[30] So erscheint der Film am Ende als Produkt der Phantasie des Zuschauers, in der stets eine Neukonstituierung des Verhältnisses zwischen Teil und System erfolgt. Die Vielfunktionalität des Gehaltes eines Bildes kann verstanden werden als Zusammensetzung der Teile, die zu verschiedenen Ganzen gehören können. Um eine mögliche Differenzierung vorzunehmen, führte Eisenstein zwei Begriffe ein:

Dominante und Oberton

Eisenstein verwies darauf, daß der Prozeß der Bedeutungsbildung im Film in der Montage eine dynamische, von der Rezeption nicht zu trennende Strukturierungsarbeit des Zuschauers ist. Die Arbeit des Regisseurs und des Kameramanns erleichterten diese Strukturierungsarbeit des Rezipienten. Die Forderung Kuleschows nach einer gut „lesbaren" Einstellung war eben als solche Erleichterung zu verstehen. Die Regisseure bemühen sich, die „Dominanten" in der Einstellung herauszuarbeiten und für den Rezipienten zu präparieren. Das heißt, die Zahl der Bildkomponenten, die bewußt rezipiert werden, zu steigern und alle unbewußt wirkenden Bildreize zu unterdrücken. Die Einstellung ist „nackt", flach, die Attribute sind reduziert, der Bildausschnitt, die Kamera-Perspektive und die Beleuchtung betonen die Signifikanz der „Dominante". Die Bilder werden transparent, die Montagekopplungen dagegen kompliziert. Die Sinnlosigkeit solcher Anstrengungen wird jedoch bald erkannt. (In *Die vierte Dimension im Film* wird „der Aristokratismus einer Dominante" von der „Methode der demokratischen Gleichberechtigung aller Reize abgelöst".[31]) Nichtsdestotrotz bleibt in der Filmgeschichte eine Anekdote von Schklowski: Er erzählte von Eisensteins Bemühungen, den Begriff „dünne Hand" mit Hilfe von zwei Einstellungen wiederzugeben – die erste soll als „dünn", die zweite als „Hand" verstanden werden.

Die Begriffe „Dominante" und „Oberton" entlieh Eisenstein der Musikwissenschaft, stattete sie jedoch mit einem anderen Sinn aus. Die Dominante kann als Grundlage für die Gegenüberstellung zweier Bilder eingeführt werden. Ihr Zusammenprall hebt die wichtigen semantischen Charakteristika hervor. Die obertonalen Charakteristika werden dann in den Hintergrund gerückt, doch sie verschwinden nicht. Die Teilung Dominante – Oberton ist sehr relativ (man merkt es bei der Verschiedenheit in den Beschreibungen ein und derselben Einstellung oder Montagesequenz durch die Kritiker).

Jedes Bild besitzt eine große Zahl von Daten, die potentiell signifikant werden könnten, und der Kontext bestimmt letztendlich, was signifikant wird, die eigentliche Bedeutung kann nur vom Zuschauer bestimmt werden. Die Montage transformiert, strukturiert das Material um, doch an ihm selbst ändert sie wenig: „Die Widerstandskraft des Materials ist schlimmer als die von Granit, doch gerade das macht den Reichtum des Montagezusammenpralls aus."[32] Die Bilder sind mit einer Bedeutungspotenz geladen. „Sie bewirken schon Bedeutung, bevor der konkrete Inhalt dieser Bedeutung bestimmt ist."[33]

Eisenstein brachte die beiden Begriffe Dominante und Oberton sofort in Verbindung mit dem Begriff Reiz (!) und definierte sie dann als optische, akustische, farbliche usw. Reize. Die physischen Parameter der Einstellung (Licht, Volumen, Konturen) werden verstanden als simultane physiologische Reize, die das Bild individualisieren. Die Einführung der Unterscheidung von Dominante – Oberton hing eng zusammen mit der Arbeit an GENERALLINIE, in der die physiologische Ausstrahlung des Stoffes Eisensteins Aufmerksamkeit zur Sinnlichkeit in der intellektuellen Montage lenkte. Physiologische, sinnliche, emotionale Wirkungen und kognitive Operationen sollten zusammenlaufen. Die Totalität der Antwort, der Reaktion des Nervensystems, wird erkannt und angefordert. Die unteren Reaktionen gehen in die höheren ein und werden dort neu strukturiert.

In Eisensteins Aufsätzen, die Ende der 20er Jahre entstanden, ist die intellektuelle Montage von folgenden Problemkomplexen begleitet:

1. Verlust der Gegenständlichkeit einer Filmabbildung auf dem Weg zur Film-Metaphorik, für die er ein anderes Wort bevorzugt: „Film-Begriff";
2. Entstehung der Bewegungsillusion im Film, die für Eisenstein eng mit der Begriffsbildung im Film zusammenhängt;
3. eigenes Verständnis von Kontextzusammenhängen in Weiterentwicklung und Divergenz mit den ersten Kontextexperimenten von Lew Kuleschow.

Eisensteins Interpretation der Montage ist zwischen linguistischen und psychologischen Modellen angesiedelt. Montage wird vornehmlich als eine syntaktische Konstruktion analysiert, die die Beziehung zwischen zwei Elementen innerhalb eines Textes herstellt.

Klassifikationsversuche

1929 entwirft Eisenstein zwei Klassifikationen von Montagetechniken, die nach einem anderen Prinzip als die üblichen Klassifikationen (Gebundenheit an Zeit, Ort oder Handlung) gebaut sind. Die Klassifikationsmerkmale, die sonst für die Beschreibung der Montagefiguren benutzt wurden, stammten aus Musik, Literatur (Lyrik), Rhetorik, Mathematik, Logik usw. Deshalb trifft man überall auf die Erwähnung von Alternation, periodischen Folgen, symmetrischen Folgen, progressiven und regressiven Modifizierungen, Refrains. Die Heterogenität der angewandten Differenzierungsmerkmale (einmal Bezug auf den Raum, dann wieder auf die Zeit) hat immer die strenge Typologie gestört. Eisenstein bot zwei Maßeinheiten als Systematisierungsgrundlage an: nach Art der Reize und nach Art der Bewegung. In *Die vierte Dimension im Film* sind verschiedene Reize ausschlaggebend (rhythmische, physiologische, optische, „intellektuelle"), die in die folgenden Montagekategorien gegliedert sind und als Grundlage der Verbindungen zwischen den Bildern dienen:

a) Die metrische Montage, die sich auf eine „primitive" Rhythmusempfindung gründet. Die einzelnen Abschnitte sind in jeder Beziehung voneinander unabhängig, zwischen ihnen gibt es keine Verbindungen, nur ihre Länge ist ausschlaggebend, da die Spannung durch gleichmäßige mechanische Kürzung dieser Längen erzeugt wird: doppelt, dreifach usw.

b) Die rhythmische Montage, der ein differenziertes Rhythmusempfinden zugrunde liegt. Die Relation zwischen der Länge des Abschnitts und der darin abgebildeten Bewegung dient als Grundlage der Verbindung. Intensivierung kann durch Rhythmuswechsel der Bewegungen erreicht werden: vom Soldatenschritt zum Kinderwagenholpern auf der Treppe in Odessa.

c) Die tonale Montage. Hier ist das physiologische Empfinden verschiedener physischer Parameter des Bildes und ihr „Vibrieren" (wie Eisenstein schreibt) von Einstellung zu Einstellung ausschlaggebend. Beleuchtung, Optik, Konturen, Oberflächenbeschaffenheit der Objekte werden zu physiologischen Individualisierungsmerkmalen einer Einstellung, zu Dominanten, die den „affektiven emotionellen Klang" bestimmen. Intensivierung wird erreicht durch die Bestimmung einer Dominanten, ihre Wiederholung und Verdichtung aus einer Einstellung in die andere. Als Beispiel führt Eisenstein die Lichtschwankungen (von Hellgrau zu Bleischwarz) in der Episode „Ernte" aus GENERALLINIE an oder (von Dunkelgrau zu Nebligweiß) in den Dämmerungen von PANZERKREUZER POTEMKIN.

d) Die obertonale Montage (alle Reize zählen).

e) Die intellektuelle Montage.

Jeder Typ ist auf eine bestimmte Reaktion reduzierbar: Metrische Montage entspricht der Kinesthesia; die rhythmischen, tonalen und obertonalen Montagetypen sind identisch mit verschiedenen Ebenen der Perzeption. Demzufolge korrespondiert die intellektuelle Montage mit der kognitiven Ebene, der Ebene der konzeptualen Erkenntnis.[34]
In *Dramaturgie der Filmform* erfolgt die Klassifizierung der einzelnen Montagetypen mittels der jeweils suggerierten Bewegungsillusion, von der untersten Stufe angefangen:

a) ein optisches Phänomen (24 Bilder pro Sekunde);

b) eine künstlich geschaffene Bewegung (Maschinengewehr-Salve über Lichtschlag hell – dunkel, ein Schuß als Superposition des ganzen und zerschlagenen Zwickers oder das Sich-Aufrichten der drei steinernen Löwen);

c) emotionale Bewegung (der Assoziationen): Schlachthof – das Massaker in STREIK;

d) intellektuelle Bewegung als Wechsel in die kognitive Ebene. Als Beispiel muß wieder die Götter-Sequenz herhalten. Die Bildfolge „läßt den Prozeß abrollen, der seiner Form nach mit einem logischen Deduktions-Prozeß identisch ist."[35]

Das Kugelförmige Buch

Ein Allgemeinplatz der Filmtheorie lautet: „In den 20er Jahren ist Eisenstein auf das Logische aus, dann kommt die kurze Periode der Begeisterung für das Sinnliche und später die Synthese der beiden Elemente." Der Begriff „intellektuelle Montage" wird nach deren Attribut qualitativ bewertet. Und das nicht ohne Grund. Eisenstein selbst hebt die Dominanz des Rationalen in den 20er Jahren mehrfach hervor. Doch seine Sprünge vom Rationalen zum Sinnlichen, vom Logischen zum Organischen sind nicht zu übersehen. Sein Projekt, alle Montageaufsätze zu einem Buch zu klammern, macht diese Sprünge besonders deutlich.

1929, nachdem die Formalisten sowie Kuleschow und Pudowkin ihre Bücher zur Filmtheorie veröffentlicht hatten[36], plante Eisenstein ein umfangreiches Buch zur Montage, das *Kugelförmige Buch*, in dem das Problem aus verschiedenen Perspektiven beleuchtet werden sollte, um „Mehrdimensionalität" zu erzeugen. „Das Bündel dieser Aufsätze soll auf gar keinen Fall nacheinander betrachtet und rezipiert werden. Ich wünschte mir, daß sie alle zugleich wahrgenommen werden können, weil sie eine Reihe von Sektoren darstellen, die, in verschiedene Gebiete ausgerichtet, um einen allgemeinen, sie bestimmenden Standpunkt – den der Methode – angeordnet sind." Die Beiträge ergänzen einander und existieren synchron, ja durchdringen sich, schreibt Eisenstein. „Solcher Synchronität und gegenseitigen Durchdringung kann nur ein Buch in Form einer Kugel Rechnung tragen!"[37] Einzelne Teile (*Perspektiven, Die vierte Dimension im Film, Dramaturgie der Filmform, Eine unverhoffte Kopplung, Tonmanifest, Jenseits der Einstellung*) waren ja geschrieben und veröffentlicht, doch nie zusammenhängend betrachtet worden. Montage wird in diesen Aufsätzen mit Hilfe der verschiedenen Systeme (Ideogramm, allgemeine semantische Gesetze, Musik, japanische Theaterkunst, Sprachwissenschaft, Psychologie usw.) „gesehen", geprüft, begriffen.

Interessant dabei ist die Reihenfolge der Modelle, auf die Montage projiziert wird. Gerade diese Reihenfolge veranschaulicht den steten Wechsel vom Logischen ins Sinnliche und wieder zurück. Als erstes entsteht im Juni 1928 die Urfassung der *Perspektiven*: *I. A.-28 (Intellektuelle Attraktion)*; im Juli folgt das *Tonmanifest*, im August *Die unverhoffte Kopplung*, im Februar 1929 *Jenseits der Einstellung*, am 2. März *Die Perspektiven*, im April *Die Dramaturgie der Filmform*, dazu im Juni die Ergänzungen und im September die längere Fassung, schließlich im Juli/August *Die vierte Dimension*.

Eisenstein beginnt mit der Beschreibung der Montage als Ausdruck des begrifflichen Denkens (dazu findet er die Definition „intellektuelle Montage"), wechselt jedoch sofort zum Synästhesie-Effekt, der durch die Ton-Bild-Montage im Film hervorgerufen werden kann, also in die „Tiefen" des sinnlichen Erlebens. Von da aus schaut er in Richtung Kabuki-Theater, das es seiner Meinung nach meisterhaft versteht, eine Gleichwertigkeit der verschiedenen Reize (Ton und Bild) herzustellen und perfekt mit beiden Denkweisen (der begrifflichen wie der sinnlichen) und Einwirkungsmöglichkeiten (intellektuelle und physiologische) umgeht (*Die unverhoffte Kopplung*). Um den Mechanismus der Verbindung von Einstellungen in der Montage (und schließlich ihrer Wirkung) zu verstehen, bediente sich Eisenstein der japanischen Hieroglyphen als Analogie und untersucht, wie durch das Bild ein Begriff vermittelt, wie von der perzeptiven Ebene auf eine höhere „gesprungen" wird (*Jenseits der Einstellung*). Hier taucht der für Eisenstein so wichtige Begriff „Konflikt" auf, den er ausbaut. Der Konflikt zwischen Bild und Begriff, zwischen den Einstellungen, innerhalb einer Einstellung usw. Erst dann wird die Konzeption der intellektuellen Montage in *Perspektiven* formuliert – also wieder ein Sprung vom „Sinnlichen", „Bildlichen" zum „Begrifflichen" gemacht. Die *Dramaturgie der Filmform* geht in Richtung gedanklicher Abstraktion noch weiter. Eisenstein versucht, zwei Momente zusammenzubringen: die Entstehung der Bewegungsillusion im Film aus zwei unbeweglichen Fotogrammen und die Entstehung eines vermittelten Begriffs (in der Vorstellung) durch den „Konflikt" zweier Abbildungen (Darstellungen). *Die vierte Dimension* krönt den Zyklus und verspricht eine Synthese: unbewußte Wirkungsmomente sind von bewußt rezipierten nicht zu trennen. Dominante und Oberton wechseln ständig ihre Position.

Trotz der gewünschten Synchronität wurden die Aufsätze immer noch diskursiv gelesen. In der neuen Etappe der Entwicklung von Eisensteins Kunstkonzept sollte das anders gelöst werden: polyphon und vertikal.

Ton-Bild-Vertikalmontage

Das berühmte *Tonmanifest* von Eisenstein, Alexandrow und Pudowkin beschwor die Trennung des Tons vom Bild im Namen ihrer neuen Zusammensetzung[38]. Doch nicht nur Asynchronität par excellence wurde da begrüßt. Eisenstein begreift Ton und Bild als gleichberechtigte Reize, deren kontrapunktischer Einsatz das Empfinden vertieft. Der Ton „verhilft" dem Sehen dazu, intensiver rezipiert zu werden, und umgekehrt. Diese neue Sinneserregung beeinflußt die anderen Sinnesempfindungen (Synästhesie). Nicht das Separate „ich sehe" oder „ich höre" wird gefordert, sondern „ich höre mit den Augen", „ich sehe mit den Ohren" – „ich empfinde". Um den Effekt der Synästhesie wird sich Eisenstein letztendlich bemühen.

Die Einführung des Tons (und später der Farbe) macht das Problem der Montageforschung noch komplexer, da Bild- und Ton-Verbindungen den Prozeß der Sinnbildung qualitativ neu beeinflußten. Hinzu kommt die Komplizierung der Verbindungen, ihre Bereicherung um neue Komponenten, die Vergrößerung der Rolle des Unbewußten im Prozeß der Verarbeitung einer größeren Zahl verschiedenartiger Reize (akustischer, farblicher etc.). Und so werden bei Eisenstein die partiellen Analogien (Montage – Bewußtsein oder Montage – physiologische Reize) durch das synthetische Modell ersetzt: innerer Monolog und dann innere Rede, „Vertikalmontage" (Bild-Ton-Kontrapunkt) und „chromophone" Montage (Bild-Ton-Farb-Kontrapunkt) als Ausdruck des mehrschichtigen Bewußtseins.

Innerer Monolog

In der Montagetheorie aus der Stummfilmzeit bestand Eisenstein darauf, daß die Beziehungen zwischen zwei Bildern in der Montagefolge durch einen Konflikt bestimmt werden, also in der diskursiven Abfolge. Bild und Ton dagegen bildeten eine dynamische Einheit von Gegensätzen in der Gleichzeitigkeit, wodurch nun eine abgewandelte Montagestruktur entstehen kann. Hugo Münsterberg verglich die Konventionen des Lichtspiels mit den Bewußtseinsfunktionen Aufmerksamkeit, Gedächtnis, Vorstellung, die er in filmischen Techniken objektiviert sah. Die Psychoanalytiker erblickten in Filmbildern die Realisierung des Unbewußten. Eisenstein versuchte im inneren Monolog[39], beides – Bewußtsein und Unbewußtes, Logisches und Sinnliches – in der Ton-Bild-Montagefolge zusammenzuführen und zu objektivieren.
Filmmontage tritt als linguistische Organisation des Unbewußten, realisiert durch Bilder und Töne, auf, und in den durch Montagekopplungen aufgedeckten Zusammenhängen erfolgt die Rationalisierung des Unbewußten. Die Einstellungen sind miteinander nach den Gesetzen der inneren Rede verknüpft. Auf diese Weise entstehen Parallelen zwischen dem hermeneutischen Verfahren der Psychoanalyse und der Montagestruktur.[40] Beim psychoanalytischen Verfahren werden mit Hilfe der Logik die Assoziationsverbindungen aufgeschlüsselt und analysiert, wird ihr Zusammenhang aufgedeckt. Bei der Strukturierung eines Films durch Montage stellt der Regisseur am Schneidetisch analytisch den Zusammenhang zwischen Bildern und Tönen her, die beim Zuschauer die Entstehung und den zielgerichteten Verlauf der Assoziationen „befördern" sollen. Der Idealfall tritt, so Eisenstein, dann ein, wenn der Regisseur es vermag, diese Entwicklung mit höchster Wahrscheinlichkeit zu programmieren.
Eisenstein beschrieb die Realisierung seiner Vorstellung vom inneren Monolog am Beispiel der Ermordungsszene in Eine amerikanische Tragödie:

„Allein der Tonfilm ist in der Lage, alle Phasen und die ganze Eigenart eines Gedankenganges zu rekonstruieren.
Was waren das für wunderliche Drehbuchskizzen!
Um Gedanken zu transportieren, wurden sie mal als Bilder, mal als Töne, synchrone und asynchrone, aufgeschrieben.

Mal als Klang, abstrakt oder gegenständlich-abbildend...
Dann plötzlich als ausgeprägt intellektuell formulierte Sätze – sie sollten ‚intellektuell' und gefühllos zur schwarzen Leinwand ausgesprochen werden, zur Abfolge des visuellen Nichts, keine Gestalt, kein Bild...
Mal sollte es eine leidenschaftliche, zusammenhanglos verworrene Rede sein – nur Substantive oder nur Verben; mal nur Ausrufeworte zum Zickzack abstrakter Figuren auf der Leinwand, die synchron damit einander rasch abwechseln würden.
Mal lösten die Bilderfolgen einander zur totalen Stille ab...
Mal treten polyphon Töne dazu...
Mal treten Bilder polyphon zum Ton.
Mal sind sie beide präsent.
Mal keilen sie sich in die Handlung ein, mal nehmen sie Bruchstücke der Handlung in sich auf.
Sie stellen den inneren Kampf, der gleichsam einen Kampf von Zweifel, Leidenschaft, Stimme, Verstand personifiziert, dar, mal in Zeitlupe, mal im Zeitraffer, in verschiedenen Rhythmen, im Kontrast zu einer fast ausfallenden äußeren Handlung: eine fiebernde innere Debatte zur Maske eines versteinerten Gesichts. Wie fesselnd es ist, seinen eigenen Gedankengang zu ‚belauschen', besonders im Affekt, um dabei festhalten zu können – was du siehst und wie, was du da hörst in deinem Inneren.
Wie du in der inneren Rede zu dir selbst sprichst – im Unterschied zum gesprochenen Wort. Wie dann der Satzbau ist. Ob das innere Wort, sein Zittern, ein Bild nach sich zieht. Wann das Bild zum Wort im Widerspruch steht. Wie ihr Zusammenspiel aussieht.
Lauschen und erforschen, um die Struktur zu verstehen und sie für den Bau des inneren Monologs von äußerster Spannung, vom Kampf tragischer Erlebnisse zu nutzen..."[41]

Der innere Monolog war der erste Schritt zum Verständnis der Montage als Entsprechung zum Ablauf der inneren Rede, welche hier natürlich als eine audiovisuelle Kontrapunktik interpretiert wird. Die tiefen Verbindungen zwischen Eisensteins Konzept und den psychologischen Vorstellungen von der inneren Rede (z. B. Lew Wygotskis), die Eisenstein stark beeinflußt hatten, können hier leider nicht ausgeführt werden. Dieses Konzept entsteht bereits in einem veränderten Kontext: Organik, Ekstase, Pathos, sinnliches Denken, Synästhesie stellen ein anderes Paradigma dar als der Komplex Konstruktivismus, Reflexologie, Dialektik in den 20er Jahren.[42]
Eisenstein korrigierte sein reflexologisches Modell der Wirkung von Kunst (Reiz – Reaktion). Das Kunstwerk, dessen Aufbau als Ausdruck des ihn hervorbringenden mehrschichtigen Bewußtseins verstanden wird, wirkt auf das Unbewußte wie auch auf das Bewußtsein und löst als ästhetische Reaktion ein auseinanderstrebendes Erlebnis aus, welches als ein dialektisches Modell

(Einheit der Gegensätze) verstanden und beschrieben werden kann. Eisenstein trägt das ausgereifte Konzept 1935 erstmals öffentlich vor, in seiner „Rede auf der Allunionskonferenz der sowjetischen Filmschaffenden".[43]

In dieser Zeit arbeitet er vornehmlich in seinem theoretischen Laboratorium: sein Film BESHINWIESE (1935/37) wurde abgebrochen und verboten, mehrere andere Projekte durften nicht realisiert werden. Die Vorstellung vom Ton-Bild-Kontrapunkt kann er erst 1938 bei der Arbeit an ALEXANDER NEWSKI realisieren. Er selbst aber bezeichnet den oft beschriebenen, von ihm in der *Vertikalmontage* sorgfältig analysierten Fall des Kontrapunkts in der Schlachtszene am Peipussee als die „primitivste" Übereinstimmung von Kontur (der Bildkompositionen) und Melodieentwicklung (im Ton), welche die Möglichkeit des wahren Kontrapunkts nur andeute.

Montage und Gesamtkunstwerk

In den späten 30er Jahren, zur Zeit einer erzwungenen Arbeitspause, schreibt Eisenstein wieder ein Montage-Buch, das aus drei größeren Untersuchungen besteht: *Montage* (1937), *Montage 1938* und *Vertikalmontage* (1940), die seine Überlegungen zu diesem Gegenstand abschließen sollen.

Das Buch birgt in sich ein schlecht verdecktes Paradox. Im Moment seiner Entstehung wird Eisenstein wegen früherer formalistischer „Montagesünden" scharf angegriffen.[44] Im Vorwort zum Buch erklärt Eisenstein, daß er die Bedeutung der Montage als *ein* Ausdrucksmittel des Films nicht mehr überbewerten möchte. Doch auf allen 600 Seiten der Abhandlung beweist er, daß Montage das globale Prinzip für alle Phänomene der Artikulation und Signifikation ist, daß sie das zentrale Prinzip zur Schaffung des künstlerischen Ausdrucks schlechthin, zur Schaffung eines Sinnbilds, das ein Kunstwerk ausmacht, darstellt. Dieses Sinnbildkonzept (das mit der Aktualisierung der Problematik Abbildung/Sinnbild zusammenhängt) und der beschworene Synästhesieeffekt verdrängen die Einwirkungs- und Montagetheorie der 20er Jahre total. Eine Schwierigkeit, das Buch, zu verstehen, besteht darin, daß Eisenstein fast alle seine Aufsätze zur Montage aus den 20er Jahren in den Text aufnimmt und – neu deutet. Nicht Konflikt, Sprung, Gegensätze, sondern ihre *Einheit* wird betont. Synthese, Ekstase, Organik, Gesamtkunstwerk sind die neuen Begriffe, die zur Klärung des Montagephänomens beitragen sollen. Seine Entdeckungen von damals erscheinen Eisenstein jetzt nur noch als Teillösungen. So wird Montage als Problem des Ausdrucks innerer Gesetzmäßigkeiten des künstlerischen Denkens aufgefaßt, die für alle Kunstgattungen gelten. Geleitet von diesem Gedanken, legt er das Buch *Montage* (1937)[45] als eine kulturologische Studie an, in der es um alle Kunstformen (Architektur und Malerei, Literatur und Musik, Theater, Zirkus, Music-hall und Film) geht.

Eisenstein schlägt eine Periodisierung der Montageentwicklung im Film vor (Filme aus einem Aufnahmewinkel photographiert, Montagefilm der 20er Jahre und Tonfilm) und arbeitet für alle drei Perioden die für ihn aktuelle Differenzierung heraus: Was diente der figurativen, darstellerischen Seite (dem Abbild) und was schuf das Metaphorische (das Sinnbild)? In der ersten Periode stand die Abbildung des Objekts für die Darstellung, seine Kontur oder die Ausleuchtung sorgten für den Gewinn der Bildhaftigkeit. In der zweiten Periode stand die Einstellung für das Figurative, die Montage – für das Metaphorische, Sinnbildliche. Und nun, in der dritten Periode, sind die Funktionen der Darstellung der Einstellung und der Montage übertragen; Ton, Musik, Wort, Farbe sind die Elemente des Sinnbildlichen.

Das Montage-Buch wird mit dem Aufsatz *Montage 1938* fortgesetzt. Wieder gestützt auf Erfahrungen aus Literatur, Malerei und Schauspielkunst, versucht Eisenstein, die unausweichliche Anwendung der Montage in allen Künsten zu ergründen und nachzuweisen, daß ein Künstler, der ein Sinnbild schaffen und sich nicht auf Abbildung beschränken will, zu Montagetechniken greifen muß. Wichtig dabei ist die dynamische Natur des Sinnbildes, die erst im Prozeß der Wahrnehmung entsteht. In *Vertikalmontage* (unmittelbar im Anschluß an *Montage 1938* verfaßt) analysiert Eisenstein Erscheinungen auditiver und visueller Natur und demonstriert dabei, wie dieses dynamische Wahrnehmungsgesetz funktioniert. Er sucht nach Methoden der Kommensurabilität von Bild und Musik, nach Methoden der Synchronität von Empfindungen. Der Lösung dieser Problematik nähert er sich von verschiedenen Seiten her: er analysiert die Kommensurabilität zwischen Musik und Farbe, Musik und Licht, Musik und grafischer Kontur. Die Abhandlung besteht aus drei Kapiteln. Im ersten wird die Problematik formuliert, im zweiten gibt Eisenstein einen Überblick über Versuche, Farbe symbolisch zu begründen, im dritten analysiert er eine Szene aus ALEXANDER NEWSKI. Die Abhandlung schließt mit dem Gedanken an die Harmonisierung der Reize verschiedener Art, dem Gedanken der Synästhesie, dem ein großer Teil der späteren Untersuchung *Eine nicht gleichmütige Natur* gewidmet ist.

So etablierte Eisenstein Ende der 30er Jahre die Montage als philosophischästhetischen Begriff, der der Komposition gleichgesetzt ist.

Eisensteins Theorie ist die Theorie eines Künstlers, er baute sie nicht als Wissenschaftler, sondern als Praktiker aus und wandte verschiedene Wissenschaftsdisziplinen sozusagen als „Montage-Elemente" an. Deshalb konnte er unerschrocken mit den Erkenntnissen der Reflexologie, der Psychoanalyse und der Ethnologie operieren, die jeweils sehr verschiedenen theoretischen Ursprungs sind und eigene, spezifische Forschungsmethoden haben. Ebenso unorthodox baute Eisenstein seinen Begriffsapparat aus, dem keine strenge Wissenschaftlichkeit – z.B. in der Abgrenzung von psychologischen und philosophischen Kategorien – abverlangt werden kann.

Diese Theorie ist *zwischen* den Disziplinen angesiedelt. Die Widerspiegelung hat Eisenstein immer im Zusammenhang mit Wirkung betrachtet; den systemologischen Ansatz koppelte er mit dem psychologischen Modell der Verhaltenssteuerung über Zeichen. Das Freudsche Modell konnte er im Rahmen der Verhaltensforschung, so wie sie von dem Gestaltpsychologen Kurt Lewin betrieben wurde, auslegen. Er überschritt die Grenzen der Disziplinen, doch gerade auf diesem Weg fand er zu seiner Theorie, die Montage nicht nur zum prädestinierten Analysegegenstand bestimmte, sondern im gedanklichen Ansatz auf „Montage" baut.

Anmerkungen

[1] Sergej Eisenstein benutzte lieber den Begriff „das sinnliche Denken", der in etwa dem des prälogischen Denkens bei Levy-Brühl entspricht. Interessanterweise bemerkte Otto Rank 1932, daß es zwischen dem Unbewußten von Freud, dem Prälogischen von Levy-Brühl und dem mythologischen Denken von Ernst Cassierer weitgehende Kohärenzen gäbe.

[2] Von diesem kardinalen Bruch in Eisensteins Denken spricht auch David Bordwell in seinem berühmten Aufsatz. Vgl. D. Bordwell. *Eisenstein's Epistemological Shift*, in: *Screen* (London) Winter 1974/75, Vol. 15, 4, pp. 32–46.

[3] J. Aumont. *Montage Eisenstein*, Paris 1979, p. 163.

[4] V. Schklowski. *Shili-byli/Es waren einmal*. Moskau 1969, S. 409–410.

[5] Vgl. S. Eisenstein. *Das dynamische Quadrat. Schriften zum Film*. Herausgegeben von Oksana Bulgakowa und Dietmar Hochmuth (im weiteren Text mit DQ abgekürzt). Leipzig, Köln 1988, S. 15.

[6] DQ, S. 44.

[7] Der Gedanke vom Isomorphismus zwischen Schaffensprozeß und Rezeptionsvorgang spielt bei Sergej Eisenstein auf allen Etappen eine wichtige Rolle.

[8] *Montage der Filmattraktionen*, in: DQ, S. 19.

[9] S. Eisenstein. *Psychologie der Kunst. Unveröffentlichte Konspekte*. In: *Kunst und Literatur*, Berlin/DDR 1982, September, Heft 9, S. 924–925.

[10] Vgl. die Analyse von IWAN DER SCHRECKLICHE bei Jacques Aumont (a. a. O., p. 119–149) und Kristin Thompson. *Ivan the Terrible. A Neoformalist Analysis*. Princeton 1981.

[11] S. Eisenstein. *Isbrannye proiswedenija w 6 tomach*, Moskau, 1964–1971 (im weiteren mit IP abgekürzt), Band 5, S. 178. Die Auslegungen dieser Metapher beschrieb Barthelemy Amengual in: *„Que viva Eisenstein"*, (Lausanne 1980, p. 400–401). Er begriff als erster die Löwen als eine Metonymie der Stadt (Löwen und Stadt sind aus demselben Stein).

[12] B. Eichenbaum. *Probleme der Filmstilistik*, in: *Poetik des Films*, München 1974, S. 29, 38.

[13] Diese Beobachtungen machte Juri Ziwjan, vgl. *K istorii intellektualnogo kino/Zur Geschichte des intellektuellen Films*, in: *Is tworttescheskogo nasledija S. M. Ejsenschtejna*, Moskau 1985, S. 109.

Anmerkungen

[14] Das Bewußtwerden der Montagetechniken führte in den frühen Jahren der Filmtheorie zu dem meist metaphorisch verstandenen Vergleich des Films mit der Sprache. Hans Richter nannte sie universell, Jean Epstein sprach von der goldenen, Sergej Eisenstein und Dziga Wertow von der absoluten Sprache. Einer allen verständlichen. Das Bild (die Einstellung) wurde mit dem Buchstaben (Lew Kuleschow) oder der Hieroglyphe (Vachel Lindsey, Eisenstein) verglichen. Natürlich war der Unterschied zur Sprache auch den ersten Theoretikern klar: Film operiert nicht mit Zeichen, sondern mit Gegenstandsabbildern, die sich selbst ähnlich sind (Realität ist im höheren Grad erhalten), diese visuellen (ikonischen) Zeichen sind nicht in kleinste Einheiten zu zerlegen, sie werden nicht akustisch, sondern optisch wahrgenommen usw. Aber die ersten Theoretiker haben sich weniger für die Definition des Filmzeichens interessiert, sondern für die Strukturierungsprinzipien, die sie als „Grammatik" begriffen, und für die Prozesse der Bedeutungsbildung im Film.
Der Film ist deshalb eine „sprachliche" Kunst, die die Rolle des Wortes nicht im „Gesprochenen" ansiedelt, sondern auf eine andere Ebene transportiert, auf die der „inneren Rede des Zuschauers", wie es Boris Eichenbaum formulierte.

[15] S. Eisenstein. *Béla vergißt die Schere* (1926), in: S. Eisenstein. *Schriften*, München 1973–1984 (im weiteren mit S abgekürzt), Band 2, S. 138–139.
Der Aufsatz war eine Polemik gegen die Auffassungen von Béla Balázs, der nach Eisensteins Meinung die Rolle der Montage unterschätzte. Das war der zweite Aufsatz zur „literarischen Periode", der erste, *Die Löwen, die aufbrüllten*, über die erste literarische Periode, blieb unvollendet und wurde nie veröffentlicht.

[16] Eisenstein-Archiv, ZGALI, f. 1923, op. 2, ed. chr. 984.

[17] S. Eisenstein. *Dramaturgie der Filmform*, in: *Herausforderung Eisenstein*, Arbeitsheft 41 der Akademie der Künste der DDR (im weiteren mit HE abgekürzt), Berlin 1989, S. 37.

[18] S, Bd. 3, S. 189 und 303 (aus *Notate zur Verfilmung des Marxschen „Kapitals"*).

[19] IP, Bd. 5, S. 34 (vgl. S, Bd. 3, S. 185).

[20] S, Bd. 3, S. 299.

[21] S. Kracauer. *Theorie des Films*, Frankfurt 1964, S. 277.
B. Balázs. *Der Geist des Films*, Halle 1930, S. 56.

[22] O. Brik. *„Oktjabr" Ejsenschtejna/Eisensteins „Oktober"*, in: *Nowy lef*, Moskau 1928, Nr. 4, S. 32.

[23] S. Eisenstein. *Jenseits der Einstellung*, in: DQ, S. 74. Die gleichen Beispiele werden auch in *Dramaturgie der Filmform* angeführt, in: HE, S. 30.

[24] Vgl. Gespräch mit Bruno Frey, in: S, Bd. 3, S. 260–261.

[25] S. Eisenstein. *Ausgewählte Aufsätze* (im weiteren mit AA abgekürzt), Berlin/DDR 1960, S. 210.

[26] Die Eigenart von Eisensteins Orthographie wird in den Zitaten bewußt beibehalten.

[27] HE, S. 30.

[28] Die Verschiedenheiten in der Auffassung zwischen der ersten und zweiten Periode am Beispiel der Erklärung von Bewegungsillusion im Film sind sehr gründlich in dem Aufsatz von François Albera analysiert worden. Vgl. F. Albera. *Das Urphänomen des Films*, in: HE, S. 48–55.

[29] *Montage 1938*, zitiert nach: AA, S. 230.
Der Metz-Kritiker Karl-Dietmar Möller-Naß dagegen verneinte das entschieden. Er schrieb diese Annahme den „Konfusionen der Filmtheorie" zu (K. D. Möller-Naß.

Die Filmsprache, Münster 1986, S. 46) und meinte, daß sie den Gesetzen der Informationstheorie widerspräche. Beliebig ausgewähltes und kombiniertes Material könne nicht zum Träger der Information werden. Meiner Ansicht nach, ließ er dabei außer acht, daß es sich dabei um ein „Kunstwerk" handelt, bei dem jeder Zuschauer, der die Operationen der Sinngewinnung vollführen muß, dieses „Kunstwerk" für bedeutungsträchtig hält und folglich einen Sinn induziert. Diese Einstellung ist für die Bedeutungsbildung entscheidend.

[30] Deshalb nimmt Metz an, daß es im Film keine Grammatik geben kann, weil jede Folge von Einstellungen grundsätzlich sinnvoll sei. „Wir können keinen nicht grammatikalischen Satz bauen wie auch keinen sinnlosen, er wird höchstens unkonventionell." Eine ähnliche Feststellung traf bereits Nikolai Gumiljow im Zusammenhang mit den russischen Futuristen. Ihre Versuche, völlig die Sinnverbindung zu eliminieren, scheiterten daran, daß die Rezipienten eben diese Verbindung sofort herstellten. Es werden ständig Klischees der Verbindungen erarbeitet und auch die ungewöhnlichsten Verbindungen sofort diesem Klischee angepaßt.

[31] So zum Beispiel wird „der sexuelle Reiz (sex appeal), der von einer amerikanischen Filmschönheit ausgeht, von mehreren Reizen begleitet: dem Reiz – vom Stoff ihres Kleides, dem Lichtflimmerreiz (vom Charakter ihrer Ausleuchtung), dem rassisch-nationalistischen..." – DQ, S. 92.

[32] S. Eisenstein. *Srednjaja is trjoch/Das Mittlere von dreien*, IP, Bd. 5, S. 57.

[33] Vgl. a. a. O., S. 47.

[34] Vgl. darüber D. Bordwell, a. a. O., S. 39.

[35] HE, S. 37.

[36] 1926 erschien Pudowkins *Filmregisseur und Filmmaterial*, 1927 der Band der Formalisten *Poetik des Films*, 1929 Kuleschows *Filmkunst. Meine Erfahrung*.

[37] DQ, S. 344.

[38] In: DQ, S. 154–156.

[39] Man spürt hier deutlich den Einfluß von Nikolai Jewreïnow und dessen Konzept eines Monodramas (1911), in dem die Welt aus der subjektiven Sicht einer einzigen handelnden Person (Ich) und ihr Innenleben als Kampf personifizierter Leidenschaften dargestellt werden sollten, sowie den Einfluß von James Joyce, dem Eisenstein die „formale Seite" seines „Kapitals" gewidmet hat und über dessen Bedeutung für das Reifen seines Kunstkonzepts er oft geschrieben hat (Vgl. S. Eisenstein, *Yo – Ich selbst. Memoiren*, hrsg. von Naum Kleiman und Walentina Korschunowa, Berlin/DDR, Henschel-Verlag 1984, S. 834–842).

[40] Ende der zwanziger Jahre beschäftigt sich Eisenstein wieder intensiv mit der Psychoanalyse. Über seine Verbindungen zu dieser Lehre vgl.: O. Bulgakowa. *Sergej Eisenstein und die deutschen Psychologen*, in: HE, S. 80–90.

[41] IP, Bd. 2, S. 78.
Es würde sich lohnen, noch einmal die Frage des Monologischen und Dialogischen in Eisensteins Verständnis zu beleuchten und zu deuten. Eisenstein nennt seine „innere Rede" eine monologische Struktur, dabei weist sie eine dialogische Struktur auf. Die vergleichende Analyse des inneren Monologs bei Eisenstein und der Bachtin-Theorie der dialogischen Struktur stehen noch aus.

[42] Vgl. O. Bulgakowa. *Nachahmung und Beherrschung*. In: HE, S. 55–63.

[43] DQ, S. 131 ff.
Dieses Modell läßt sich mit dem von Lew Wygotski in *Psychologie der Kunst* angebotenen Katharsis-Verständnis vergleichen. Danach ist Katharsis „ein Affekt,

Anmerkungen

der sich in zwei entgegengesetzte Richtungen entwickelt und der auf dem Gipfel-
punkt gleichsam in einem Kurzschluß vernichtet wird". (In: L. Wygotski. *Psychologie der Kunst*, Dresden 1976, S. 250).

[44] Der erste Angriff kam von seinen Regiekollegen Michail Kalatosow und Sergej
Bartenew, die 1933 in der Zeitung „Kino" (Nr. 10) einen längeren Aufsatz veröffentlichten und darin Eisensteins Montage-Theorie als ein Hindernis für das Entstehen
eines realistischen Kunstwerks verdammten. Die zweite Attacke folgte auf der Allunionskonferenz der Filmschaffenden 1935 (vgl. die Rede von Sergej Jutkewitsch in
dem veröffentlichten Stenogramm-Band *Sa bolschoje kinoiskusstwo/Für die große
Filmkunst*, Moskau 1935). Jutkewitsch griff die Theorie des intellektuellen Films als
eine mechanische, formalistische Erfindung an. Doch die Situation wurde viel kom-
plizierter, als die BESHINWIESE verboten wurde, was eine Lawine der scharfen Kritik
ausgelöst hatte. Einige Aufsätze wurden sogar im Band *Oschibki ,Beshina luga'/Die
Fehler der ,Beshinwiese'* (Moskau 1937) gesammelt, in dem ein Kritiker, Jewgeni
Weisman, alle Sünden Eisensteins auf die formalistische Konzeption des Bild-Ton-
Kontrapunkts zurückführte.

[45] Die Abhandlung erschien zunächst nur im Russischen (IP, Bd. 2, S. 329–484) und
dazu unvollständig. 1987 brachte ein italienischer Verlag die Gesamtfassung heraus.
Einzelne Kapitel erschienen auf französisch. Eine deutsche Übersetzung liegt nicht
vor.

Zur Praxis

HANS BELLER

Filmediting / Filmmontage / Filmschnitt
Berufsbild: Cutter / Schnittmeister

Zum Begriff Filmmontage

Filmmontage ist eine Sammelbezeichnung für einen komplexen Vorgang, der den Film in seinem Ablauf strukturiert, seine visuellen und akustischen Elemente auswählt, anordnet und sie organisiert, indem sie durch Schnitt gegenübergestellt, aneinandergereiht und/oder in ihrer Dauer begrenzt werden. Der Begriff Filmmontage wird, trotz seiner Herkunft aus der Praxis, in Deutschland eher in der Filmtheorie, der Analyse oder der Reflexion über Film angewandt, als von den Praktikern im Arbeitsprozeß selbst. Diese sprechen eher von *Filmschnitt*, weniger von Filmmontage. Wobei der Filmschnitt in einer Abfolge von Arbeitsschritten gesehen wird, wie sie die arbeitsteilige Filmherstellung gewöhnlich mit sich bringt.
Im ersten Schritt, der dem Schnitt vorausgeht, wird das Drehbuch in Handlungseinheiten untergliedert. Der zweite Schritt erfolgt beim Drehen, wo die Auflösung in Einstellungen von der Kamera in Zusammenarbeit mit der Regie vorgenommen wird. Die Gesamtheit dieser Einstellungen ergibt die *Muster,* mit denen die eigentliche Filmmontage, das *Filmediting*, der Filmschnitt beginnt.

Tätigkeitsbeschreibung

Keiner, mit Ausnahme des Regisseurs, beschäftigt sich zeitlich so lange und so intensiv mit der Herstellung und kreativen Gestaltung eines Films wie der Cutter. Den gesamten Prozeß, von den Dreharbeiten bis zur Postproduction, von den ersten Mustern bis zur fertigen Kino- oder Sendekopie, begleitet und steuert der Cutter verantwortlich. Egal, ob es um Blenden, Trick, Titel, Nachsynchronisation, Vertonung, Tonmischung etc. geht, der Cutter ist als Supervisor dabei, während die Regie oft schon an einem neuen Projekt arbeitet.
Der Cutter ist der erste objektive und repräsentative Zuschauer, dessen Anschauung nicht an die Ereignisse, Stimmungen und Vorgänge bei den Dreharbeiten gebunden ist. Die Regie- und Kamerakonzeptionen werden erst am

Tätigkeitsbeschreibung 79

Schneidetisch überprüfbar. Der Cutter ist deshalb auch die erste kritische Instanz und hat damit Fachautorität. Denn ein Cutter muß die Wirkung von Szenen beurteilen können, um ihren Ablauf, ihre Dramaturgie und ihren Rhythmus herauszuarbeiten. Deshalb lautet diese Berufsbezeichnung im Angelsächsischen auch *editor* – unserem „Herausgeber" entsprechend – und nicht Cutter.

Arbeitsschritte

– Ab dem ersten Drehtag werden im Schneideraum Bild und Ton (die *Muster*) synchron angelegt. Jeweils am Ende eines Drehtages schauen sich Regie und Team die Muster an, um ihre Arbeit zu begutachten.

– Der Cutter beginnt so bald wie möglich mit dem *Rohschnitt* der Sequenzen. Der Austausch mit der Regie bei der Mustervorführung gibt dem Cutter Anhaltspunkte für den Schnitt. Dabei sind die Arbeitsstile der Regie verschieden. Die Cutterin Dorothy Spencer, die den berühmten Western STAGECOACH schnitt, bekam von Regisseur John Ford keinerlei Anweisungen, weder Drehbuch, noch Drehbericht und mußte sich aus den Mustern die Geschichte selbst erarbeiten. Andere Regisseure kommen früh am Morgen in den Schneideraum, z. B. Elia Kazan um 7:00 Uhr, um nur auf den Schnitt konzentriert, die Einstellungsfolgen zu besprechen. In dieser Phase besteht für den Cutter die Möglichkeit, noch Vorschläge für Übersehenes oder für zusätzliche Einstellungen zu machen. Im Schneideraum wird auch über Nachdrehs (erklärende Inserts, nachträgliche Einstellungen, ergänzende Szenen, die Klarheit schaffen …) gesprochen und entschieden. Zum Beispiel wurde der immer wieder unterschnittene, vorrückende Uhrzeiger bei HIGH NOON vom Cutter Elmo Williams während der Dreharbeiten vorgeschlagen.

– Bei der Erarbeitung der ersten Schnittfassung (*Rohschnitt*) trifft der Cutter selbständige Entscheidungen, die auch die Erzählform des Films festlegen. Ist zum Beispiel eine Szene in einer Totalen in ihrer Gesamtheit durchgedreht und außerdem in Einzeleinstellungen aufgelöst, muß der Cutter jetzt entscheiden, wie er das Material verwendet, ob er die ganze Szene in einer Einstellung stehenläßt oder sie in Einzelschnitte auflöst. Dabei bestimmt er den rhythmischen und dramaturgischen Aufbau einer Szene: durch Gegenüberschneiden verschiedener Einstellungsgrößen, Dialogbeschleunigung und/oder bewußten Einsatz von Stille sowie durch Auswahl der besten schauspielerischen Momente.

– Bald nach Drehende hat der Cutter die erste Schnittfassung fertig. Die einzelnen Szenen und der Gesamtablauf des Films richten sich meist noch nach dem Drehbuch oder den Vorstellungen der Regie. In diesem Stadium werden auch mögliche Schwächen des Films ersichtlich. In diesem Fall kann der Schnitt noch vieles bewirken, indem der Cutter einen Film „umbaut", bis die Inhalte und Aussagen der betreffenden Szenen dramaturgisch funktionieren. Ganze Schnittfolgen werden oft neu angeordnet und durch Umschneiden, Weglassen und strukturelle Änderungen im Handlungsverlauf verbessert. Aufeinanderfolgende Szenen können beispielsweise alternierend geschnitten werden, so daß nicht einer langen Szene A ein langer Szenenblock B folgt. Statt dessen wird in kürzerer Folge ein Teil des Blocks A mit einem Teil des Blocks B im Verlauf A_1 / B_1 / A_2 / B_2 / A_3 / B_3... unterschnitten. Dadurch entsteht Abwechslung, und die Aufmerksamkeit wird erhöht (s. a. das Beispiel Parallelmontage weiter unten). Es kann aber auch gerade umgekehrt sein, daß die Regie diese Art des *cross-cutting* schon im Drehbuch geplant hat, beim Schnitt aber festgestellt wird, daß die Teilszenen in einer ganzheitlichen Szene ausdrucksvoller sind. Und manchmal werden sogar der Anfang des Films oder sein Ende vom Schnitt anders plaziert, als ursprünglich von Drehbuch und Regie vorgesehen.

– In der letzten Phase des Schnitts (*Feinschnitt*) erhält der Film durch abschließende, oft nur scheinbar marginale Änderungen (z. B. Verlängerung/Kürzung einer Sequenz um wenige Bildfelder oder kleinere Umstellungen) seine endgültige Form. Das heißt, beim Feinschnitt werden *pace, timing* und Rhythmus der Geschichte herausgearbeitet.

Gestalterische Kompetenz

Auswahlverfahren und Schnittweise des Cutters hängen ab vom Angebot des gedrehten Materials, vom Stil des Regisseurs, dem Genre des Films, der Filmepoche, in der gerade geschnitten wird, und nicht zuletzt vom Produktionsetat. Der Cutter hat in diesem vorgegebenen Rahmen einen kreativen Kompetenzbereich, der sich vom konkret Handwerklichen bis zum absolut Künstlerischen erstreckt. Die Stimmigkeit eines Films hängt von der visionären Intuition, dem analytischen Denken und dem Einfühlungsvermögen des Cutters ab. Einige typische Beispiele sollen auf den Bereich verweisen, der nach individueller, schöpferischer Gestaltung durch den Cutter verlangt:

Dialogszenen

In Dialogszenen geht es um Bruchteile von Sekunden, um Rede und Antwort in der adäquaten Psychodynamik zu dramatisieren. Der Schnitt entscheidet, ob die Darsteller im *Off* („off the screen", außerhalb des Bildes) oder *On* (... im Bild sichtbar) sprechen. Der Schnitt kann Schwerpunkte im Textverlauf setzen und zum Beispiel den Schlüsselsatz eines Dialogs in einem Blick („*reaction shot*") „nachhallen" lassen, um damit den gesprochenen Text nicht auf seinen bloßen Informationswert zu reduzieren. Die nonverbalen Informationen müssen beachtet werden, d. h. der Schnitt darf sich nicht ausschließlich vom Textinhalt leiten lassen. Durch den Schnitt kann der Dialog beschleunigt oder

Gestalterische Kompetenz 81

verlangsamt werden, darstellerische Schwachstellen können korrigiert und sogar Fehler der Dialogregie ungeschehen gemacht werden. Die rhythmische und dramaturgische Wirkung des Dialogs wird erst durch den Schnitt erlebbar.

Musik- und Tanzszenen

In Musik- und Tanzszenen setzt der vorgegebene Takt rhythmisches und choreographisches Können beim Cutter voraus. Schließlich geht es auch hier um den szenischen Aufbau einer in Einstellungen zerlegten Inszenierung, muß aus der Reihung abstrakter Details wieder ein Handlungsablauf veranschaulicht werden. Bei Szenen dieser Art wird nicht nur im visuellen, sondern auch verstärkt im auditiven Bereich gearbeitet, denn Musiken, Geräusche hinzuzufügen oder zu arrangieren, gehört ebenso zum Schnitt wie die Arbeit am Bildmaterial. Der gesamte audiovisuelle Bereich verlangt intuitives Raum-, Zeit- und Taktgefühl.

Actionszenen

Die Actionszene, oft auch ein filmischer Topos, erhöht den Schau-Wert eines Films und verschafft ihm damit seine Popularität. Denn nur der Film kann diese Szenen voller Rasanz, Kampf und Spannung so einzigartig darstellen. Ein entscheidender Boxkampf (RAGING BULL...), eine Verfolgungsjagd mit dem Auto (BULLITT...), ein Wagenrennen (BEN HUR...), Kampfgetümmel (LAWRENCE OF ARABIA...) und Kriegsattacken (IM WESTEN NICHTS NEUES...) oder Massenszenen (große Politdemos, Massaker, Massenkarambolagen...) werden meist mit vielen Kameras gedreht und haben somit das höchste Drehverhältnis aufzuweisen, was eine Fülle von Auswahlmöglichkeiten ergibt. Das erfordert vom Cutter eine ungeheure visuelle Gedächtnisleistung und Überblicksarbeit, um aus der Menge des Materials die intendierte Action herauszuarbeiten. Diese Szenen sind nicht nur für die Dramaturgie der Filme wichtig, sondern auch unter dem Aspekt des internationalen Verkaufs. Außerdem sind sie in der Herstellung kostspielig und aufwendig. Der ganze Aufwand, oft mit Stuntmen, Special Effects, Verschleiß von Fahrzeugen etc., ist unsinnig, wenn der Schnitt nicht die Dynamik der Action wirkungsvoll umsetzt. Die Montage von Actionszenen ist jedoch nicht nur durch Komplexität bestimmt, sondern weist auch einen beachtenswerten quantitativen Aspekt auf. Dazu einige berühmte Beispiele:

- PANZERKREUZER POTEMKIN (von Sergej M. Eisenstein): Die legendäre Treppensequenz enthält in etwa 7 Minuten 166 Einstellungen.
- IM WESTEN NICHTS NEUES (von Lewis Milestone). Auch hier eine eindringliche Szene: Die Schlachtsequenz mit den MG-Massakern im Schützengraben enthält bei 6½ Minuten Laufzeit 169 Einstellungen.

– THE WILD BUNCH (von Sam Peckinpah): Hier wurden bei der MG-Massaker-Sequenz in 6 Minuten 350 Einstellungen gezeigt.

Aber: Tarkowskijs NOSTALGHIA enthält eine atemberaubende Szene von ca. 7 Minuten Dauer, in der überhaupt nicht geschnitten wurde. (Die Szene, in der der Hauptdarsteller versucht, eine brennende Kerze durch ein leeres Bassin zu tragen und ihm dies erst beim dritten Mal gelingt...). D. h. der Cutter muß genau wissen, wann *nicht* geschnitten werden darf.

Parallelmontagen

Die Parallelmontage, bekannt aus alten Rettung-in-letzter-Minute-Filmen, in denen die Heldin in gefährlichster Situation ihrer Retter harrt, die immer wieder aufgehalten werden. Dabei wird kreuzweise (*cross-cutting*) zwischen den raum-zeitlich getrennten Ereignissen hin und her geschnitten und damit eine Simultaneität hergestellt, die die Dramatik erhöht. Die Parallelmontage liefert „ein einzigartiges Mittel, physische Konflikte auf der Leinwand darzustellen. Indem der Cutter abwechselnd vom Jäger auf den Gejagten schneidet, macht er dem Publikum die Auseinandersetzung bewußt und bewahrt zugleich die Illusion einer durchgehenden Handlung... Durch eine Veränderung der Anzahl der Schnitte ergibt sich ein Wechsel der Spannung. Durch die Verlängerung einzelner Einstellungen hier und dort verlegt man den Akzent vom Jäger auf den Gejagten beziehungsweise umgekehrt." (Karel Reisz, *Geschichte und Technik der Filmmontage.* München 1989, s. S. 53)

Dokumentarfilm

Im Dokumentarfilm ist Chronologie, eine vorhersehbare – und damit planbare – Reihenfolge der Sequenzen, selten. Dokumentarfilme entstehen meist erst am Schneidetisch. Um diese kreative Leistung bei der Auswahl und Anordnung von Einstellungen mathematisch zu verdeutlichen: Angenommen, zehn Einstellungen werden systematisch auf jede mögliche Weise neu zusammengesetzt, dann hat der Cutter 3 628 800 (also über drei Millionen!) Möglichkeiten, diese Einstellungen zu montieren...

Der Cutter muß aus der verfilmten Wirklichkeit den dramaturgischen Bogen erkennen, der im nicht-fiktiven Film nicht von vorneherein besteht. Insbesondere das Subgenre Kompilationsfilm (Filme, die aus schon vorhandenem und historischem Archivmaterial angefertigt werden) existiert nur durch Umschneiden und neues Arrangieren am Schneidetisch. Auch hier ist der Cutter wieder als „editor" („Herausgeber") gefragt, weil durch seine verantwortungsvolle Tätigkeit aus dem überlieferten Material neue Ansichten gewonnen werden können.

Fazit

Der Schnitt hat die genuine Aufgabe, dafür zu sorgen, daß beim Filmrezipienten eine raum-zeitliche Orientierung stattfindet und der dramaturgische Spannungsbogen richtig funktioniert. Auch liegt es am Schnitt, ob die Einfühlung in das filmische Geschehen für den Zuschauer möglich wird, wenn es um die Identifikation mit den Darstellern geht. Ganz gleich aus welcher Sicht, ob aus der des Opfers oder der des Täters, der Schnitt lenkt gezielt die Aufmerksamkeitsverteilung und -focussierung und damit die Emotion des Zuschauers. Es liegt am Geschick des Cutters, durch rhetorische Ellipsen, Raffungen und notwendige Kürzungen der Handlung, dem Film den notwendigen *drive* zu geben. Langeweile und Redundanz, aber auch Hektik und Kurzatmigkeit eines Films hängen davon ab. Der Cutter trägt kreativ dazu bei, daß „Statik", Aufbau, *pace, timing*, Rhythmus, Komposition, Gewichtung und *suspense* innerhalb des Filmwerks zusammenkommen. Freilich gibt es dafür Regeln, die jedoch als ein lebendiges System begriffen werden und jederzeit außer Kraft gesetzt werden können und müssen.

Die visuelle Vorwegnahme eines fertigen Films von seiten der Regie und der Kamera hat Grenzen. Bewegt man sich beim Drehen noch im Bereich der Wahrscheinlichkeit, die Stunde der Wahrheit findet am Schneidetisch statt.

Generell befindet man sich in einer paradoxen Situation, wenn man über Filmschnitt spricht oder schreibt, denn man kommuniziert über etwas, das meistens „unsichtbar" bleibt, da der Schnitt nicht in das Bewußtsein der Zuschauer gelangt. Der Schnitt, der ins Auge geht, ist nicht das erklärte Ziel der Cutter, Schnitte sollen im allgemeinen nicht bemerkt werden. Dies hatte bisher zur Folge, daß die Anerkennung des Berufes in der Öffentlichkeit nicht stattfindet.

Der Beitrag von Hans Beller entstand in Zusammenarbeit mit dem Bundesverband Filmschnitt · Cutter e. V.

Rudi Reinbold

Praktische Grundlagen des Filmschnitts
oder
Dem Chaos keine Chance

Vorbemerkung

Bevor ein Film seine durch den Filmschnitt gestaltete Form annimmt (*editing*), durchlaufen seine Bild- und Tonbestandteile verschiedene handwerkliche Bearbeitungsstadien (*cutting*). Von diesen Arbeitsschritten, die im allgemeinen der Cutterassistenz obliegen, soll hier die Rede sein.

Vorweg möchte ich darauf hinweisen, daß es keine weltweit gültigen Standards gibt, sondern bestenfalls handwerkliche Gewohnheiten, die in jedem Filmstudio, in jeder Sendeanstalt, in jedem Schneideraum und sogar bei jedem einzelnen Schnittmeister unterschiedlich sein können. Allen gemeinsam ist die Absicht, Chaos im Schneideraum zu vermeiden. Wenn ich also im folgenden den Versuch unternehme, diese Cutterarbeiten folgerichtig, systematisch und umfassend darzustellen, dann geschieht dies ohne normativen Anspruch. Es ist vielmehr meine Absicht, dem Leser zweckmäßige Ordnungsprinzipien zu vermitteln und ihm einen Schritt für Schritt nachvollziehbaren Einblick in Sprache, Technik und Handwerk des Schneideraums zu verschaffen.

Von den USA bis hin zur ehemaligen UdSSR habe ich meinen Berufskollegen als Cutter/Editor über die Schulter geschaut und deren Arbeitsweisen kennengelernt. Das hier vorgestellte Schneideraumsystem ist eine den hiesigen Erfordernissen der Nachbearbeitung angepaßte Auswahl all jener Arbeitsschritte, die mir sinnvoll, zweckmäßig und effizient erscheinen.

Das angelieferte Material

Die Materialfülle eines Films gliedert sich in zwei Hauptbestandteile, in *Bild* und *Ton*. Sie erreichen den Schneideraum auf zwei verschiedenen Materialträgern. Bevor die kreativen Schneidearbeiten beginnen können, müssen Bild und Ton synchron gemacht werden. Dieser Vorgang heißt *Anlegen*. Schauen wir uns zunächst die beiden Ausgangsmaterialien an.

Bild

Das Kamera-Original (am gebräuchlichsten sind heutzutage 16mm oder 35mm Farbnegativ) wird im Kopierwerk entwickelt und bleibt dort. Von diesem entwickelten *Originalnegativ* fertigt das Kopierwerk eine *Positivkopie* an. Das sind die *Muster*. Sobald die Muster geschnitten werden, spricht man von der *Arbeits-* oder *Schnittkopie*. Nachdem der ganze Film als Arbeitskopie fertiggeschnitten ist, geht er zurück ins Kopierwerk zum *Negativschnitt*. Beim Negativschnitt wird das Originalnegativ nach der Arbeitskopie geschnitten. Von diesem geschnittenen Originalnegativ wird dann die erste Kino- oder Fernsehkopie gezogen, die sogenannte *Nullkopie*. Die Nullkopie ist die erste lichtbestimmte Kopie, das heißt, die einzelnen Einstellungen wurden in ihrem Kontrastumfang, ihrer Gradation und ihrer Farbcharakteristik einander angeglichen. Auf der Nullkopie sind Bild und Ton zum ersten Mal auf *einem* Materialträger gekoppelt, entweder durch *Lichtton* oder *Magnetrandspur*. Da die Nullkopie der erste Versuch einer Lichtbestimmung ist, können weitere *Korrekturkopien* folgen. Erst wenn eine Korrekturkopie als abgenommen gilt, werden *Theater-* oder *Sendekopien* hergestellt.

Ton

Der Ton wird – je nach verwendetem Bildformat – auf 16mm, 17,5mm oder 35mm *Perfoband* (auch Cordband genannt) separat angeliefert. Das Ton-Original (6,25mm Schmalband, auch „Schnürsenkel" genannt) verbleibt aus Sicherheitsgründen und zwecks eventueller Nachbestellungen im Tonstudio.

Unikat und Duplikat

Bild und Ton erreichen den Schneideraum also immer als *Duplikat,* das heißt, wir arbeiten am Schneidetisch niemals mit Originalen. Das wäre viel zu gefährlich. Bei den Sendeanstalten war früher der *Unikatschnitt* von Umkehrfilm im Rahmen der aktuellen Berichterstattung üblich, doch dieser Bereich wird heute von Video, MAZ und EB abgedeckt.
Nach Beendigung der Schneidearbeiten ist die Schnittkopie meistens übersät von Schrammen, sichtbaren Stumpfklebestellen, Fettstiftspuren und unbeabsichtigten Schnitten, allesamt unvermeidbare Merkmale einer Arbeitskopie.

Überprüfungen

Bevor das synchrone Anlegen von Ton zu Bild beginnt, ist es ratsam, zwei Überprüfungen vorzunehmen:

1) Sind in den Mustern *Fußnummern* vorhanden?
2) Ist der Ton mit der richtigen *Bildfrequenz* überspielt worden?

Negativ-Fußnummern sind fortlaufend kodierte Einkopierungen zwischen den Perforationslöchern des Originalnegativs, die bei der Musterbelichtung in der

Regel mitkopiert werden. Bei 16mm beträgt der Abstand zwischen einer Fuß-
nummer und der nächst höheren 20 Felder, bei 35mm sind es 16 Felder.
Beim Negativschnitt sind vorhandene Fußnummern im Originalnegativ wie in
der Arbeitskopie unerläßlich, da sie den bildgenauen Nachschnitt gewährleisten. Fehlen die Fußnummern in den Mustern, muß nachgeforscht werden, ob
sie wenigstens im Originalnegativ vorhanden sind. Wenn ja, dann sollte das
Kopierwerk (von der Produktionsfirma) auf dem Wege der Kulanzregelung
zur Herstellung neuer Muster mit Fußnummern veranlaßt werden.
Fehlen die Fußnummern jedoch bereits im Originalnegativ, so kann allenfalls
der Filmhersteller dafür verantwortlich gemacht werden. Dieser wird dann
zwar den fehlerhaften Rohfilm ersetzen, aber damit ist dem Cutter nicht
geholfen. Schließlich wird kein Film wegen fehlender Fußnummern nachge-
dreht werden. Was tun? Die Lösung heißt *numerieren*. Mit einer *Acmade
Numeriermaschine* wird das Originalnegativ auf drucktechnischem Wege fortlaufend numeriert. In neu herzustellenden Mustern werden die Acmade Kodierungen dann mitkopiert. Der Aufwand scheint gewaltig, beträgt jedoch, finanziell betrachtet, nur einen Bruchteil dessen, was es kosten würde, eine Arbeitskopie ohne Fußnummern in den Negativschnitt zu schicken.
Fußnummern fehlen am häufigsten bei Umkopierungen historischer Aufnahmen, Spezial-Effekt-Einstellungen und bei Filmtiteln, da die Kopiervorgänge
im Trickstudio an einer optischen Bank oftmals einen Perforationsseitenwech-
sel zur Folge haben. Macht man das Kopierwerk nicht ausdrücklich darauf
aufmerksam, wird automatisch die falsche Perforationsseite, d. h. die ohne
Fußnummern, mitkopiert.
Nun zur *Bildfrequenz* der Perfobänder. Kinofilme werden in der Kamera mit
24 Bildern pro Sekunde aufgenommen, Fernsehfilme jedoch mit 25 Bildern pro
Sekunde. Der Tontechniker, der den Ton bei den Dreharbeiten synchron
aufnimmt, braucht sich darum nicht zu kümmern. Sein Tonaufnahmegerät
arbeitet nämlich kontinuierlich linear, im Gegensatz zur diskontinuierlich in-
termittierenden Transporttechnik der Filmkamera. Erst bei der Überspielung
von Schmalband auf Perfoband wird die Bildfrequenz des Tones der des Bildes
angepaßt.
Sollte nun ein Film mit 24 Bildern pro Sekunde gedreht, der Ton aber mit 25
Bildern pro Sekunde überspielt worden sein (oder umgekehrt), so wird es beim
Anlegen nicht gelingen, Synchronität zwischen Bild und Ton herzustellen.
Deshalb sollte man vor Beginn der Anlegearbeiten anhand einiger Synchron-
Takes überprüfen, ob Bild und Ton von Kamerastart bis Kameraende synchron
bleiben. Wenn nein, dann muß der gesamte Ton mit richtiger Geschwindigkeit
nochmals überspielt werden.
Diese beiden Überprüfungen kosten den Cutter maximal 15 Minuten Zeit,
ersparen ihm jedoch viele Unannehmlichkeiten, die sich zweifellos ergeben,
sollten sich derartige Fehlerquellen erst in einem späteren Arbeitsstadium
herausstellen.

Klappen

Synchron-Takes können entweder eine Anfangsklappe, eine Schlußklappe oder keine Klappe haben. Die Gründe dafür sind vielfältig.

In der Regel wird bei den Dreharbeiten eine Anfangsklappe geschlagen. Aus Kostengründen wird immer der Ton vor der Kamera ein- und nach ihr ausgeschaltet, denn Ton- ist billiger als Filmmaterial. Deshalb kann es jedoch vorkommen, daß die Kamera zu spät zugeschaltet wird, das heißt, nachdem die Anfangsklappe geschlagen wurde. In diesem Fall ist die Anfangsklappe im Ton aufgezeichnet, nicht jedoch auf Film gebannt. Diese Klappe ist zum Anlegen nutzlos.

In solch einem Fall bietet es sich an, am Ende der Einstellung eine Schlußklappe nachzuholen, sofern das Fehlen der Anfangsklappe beim Drehen bemerkt wurde. Im Ton liegt dann sowohl eine Anfangs- als auch eine Schlußklappe vor, im Bild nur eine Schlußklappe. Zum Anlegen taugt lediglich die Schlußklappe. Ebensogut kann eine von der Kamera verpaßte Anfangsklappe bei den Dreharbeiten vollends übersehen werden. Dann ist im Bild gar keine Klappe zu sehen, nur im Ton ist eine Anfangsklappe zu hören. Dieser Fall ist im Schneideraum besonders verwirrend, weil man beim Bild nicht auf den ersten Blick weiß, ob es sich um einen Synchron-Take handelt oder um eine stumme Einstellung.

Schlußklappen haben bei bestimmten Einstellungen Vorteile. Beim Dokumentarfilm zum Beispiel möchte man die Akteure vor der Kamera nicht erschrecken; mit einer Schlußklappe tut man es letztlich doch, aber erst, wenn die Einstellung im Kasten ist. Beim Tierfilm würde man die Akteure mit Anfangsklappen regelrecht verscheuchen.

Manchmal können keine Anfangsklappen geschlagen werden, weil es der Bildausschnitt nicht zuläßt. *Detail*-Einstellungen, beispielsweise, würden zuviel Filmmaterial verschlingen, würde man sie mit Anfangsklappe drehen und erst dann die Ausgangskadrierung einrichten. Deshalb dreht man zuerst das Detailmotiv (mit zuvor eingerichteter Ausgangskadrierung) und schlägt zuletzt eine Schlußklappe.

Systematik beim Anlegen

Vielerorts wird Einstellung für Einstellung in Bild und Ton synchron angelegt. Ich halte diese Vorgehensweise für ineffizient, da die Klappen in den Mustern nicht notwendigerweise in derselben Reihenfolge erscheinen wie in den Perforollen. Außerdem enthalten Tonrollen *Atmos* und *Nurtöne*, die der Cutter in der Regel nicht synchron anlegt, sondern separat archiviert, bis sie benötigt werden. Unter dem Gesichtspunkt der Arbeitseffizienz empfehle ich deshalb den folgenden Weg:

Zuerst die Klappen in den Mustern eintragen, dann im Ton. Beim Tondurchgang Atmos und Nurtöne heraustrennen. Führt man dabei eine Liste über die Klappenreihenfolge in Bild und Ton, hat man ständig Überblick über den Verbleib einer jedweden Klappe. So entfallen lästiges Suchen und überflüssiges Rangieren am Schneidetisch. Gehen wir dieses System Schritt für Schritt durch.

Beschriftung der Muster

Beim ersten Bilddurchgang wird noch nicht geschnitten. Wir beschriften lediglich die Muster. Zuerst markiert man mit einem Fettstift (*China Marker* halten am längsten und brechen am seltensten) dasjenige Feld (Kader, Einzelbild) einer Einstellung mit ⊠, wo die beiden Flügel der Klappe sichtbar zusammentreffen. Im Ton findet man dort später das typische Klappengeräusch, das den Synchronpunkt darstellt.

Als nächstes trägt man für den Anfang einer Einstellung ein A ein, für das Ende ein E, jeweils über eine Länge von zwei Feldern. Bei 16mm setze ich das A jeweils 12 Felder vor die Anfangsklappe bzw. das E 12 Felder hinter die Schlußklappe. So bleibt einerseits genügend Beschriftungsraum zwischen Bildanfang und Anfangsklappe bzw. Schlußklappe und Bildende, andererseits läßt sich damit der programmleere Raum zwischen den Einstellungen, d. h. der Klappenvorlauf oder Klappennachlauf (bei einer Schlußklappe), auf ein Minimum reduzieren.

Bei 35mm reichen aufgrund des größeren Formats 8 Felder aus. Selbstverständlich kann man jeden beliebigen anderen Felderabstand wählen, Hauptsache, man bleibt „seiner" Felderanzahl treu. Der Vorteil dieses Verfahrens besteht darin, daß man später, nachdem man die Klappen im Ton eingetragen hat, Bild und Ton nicht mechanisch-optisch übereinanderlegen muß, um die Klappen deckungsgleich zu machen. Es reicht völlig, beim Ton einfach auch 12 Felder (bei 16mm Perfo) oder 8 Felder (bei 17,5mm oder 35mm Perfo) nach vorn oder nach hinten zu zählen. Übrigens „zähle" ich diese Felder nicht einzeln nach, sondern lese sie an der Meßlatte ab, die auf der Arbeitsfläche der gängigen Schneidetischmodelle eingelassen ist.

Einstellung mit Anfangsklappe (16mm)

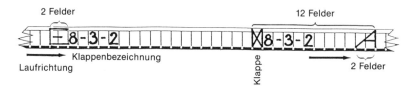

Handelt es sich um eine Anfangsklappe, wird die Klappenbezeichnung rechts von der Klappe eingetragen, also zwischen dem A und der Klappe. Dadurch verschont man den Hauptteil einer Einstellung mit Beschriftungen.

Im Normalfall hat eine Klappenbezeichnung drei Ziffern. Die erste steht für „Szene" oder „Bild" und korrespondiert in der Regel mit der Szenenbildbezeichnung im Drehbuch. Die zweite Ziffer steht für „Einstellung in der Szene" und die dritte für „Wiederholung der Einstellung". „8-3-2" (sprich: acht drei, die zweite) besagt demnach, daß es sich um Szene 8, Einstellung 3, zweiter Versuch handelt.

Beim Dokumentarfilm kommt es häufig vor, daß im Bild Hand-, Mikro- oder Lichtklappen verwendet werden. Im Ton erfolgt dann, neben dem jeweiligen Klappengeräusch, meist eine inhaltliche Ansage des Tontechnikers, der uns in Ermangelung einer Klappenbezeichnung helfen will, den Ton der jeweiligen Einstellung zuzuordnen (z. B.: „Jetzt kommt die Einstellung, in der der Kapitän den Eisberg entdeckt"). In solchen Fällen ist es für die schnittechnische Weiterbearbeitung von Vorteil, wenn man der jeweiligen Einstellung zusätzlich eine numerische Klappenbezeichnung gibt. Numerische Klappenbezeichnungen helfen, Listen zu führen und jede einzelne Einstellung zu identifizieren. (Vgl. dazu S. 99 ff.)

Klappenbezeichnungen sind unerläßlich, will man die Materialfülle eines Films bewältigen. Im übrigen trägt man die Klappenbezeichnung stets am Anfang *und* am Ende einer Einstellung ein. Auf diese Weise weiß man später beim eigentlichen Filmschnitt immer, ob es sich bei den zahlreichen Schnipseln und Fitzeln am Filmgalgen um *Ausschnitte, Bildanfang* oder *Bildende* handelt.

Kamera-, Ton- und Cutterberichte erleichtern es, den *Tonstatus* einer Einstellung zu erkennen. (Cutterberichte sind nicht zu verwechseln mit „Schnittlisten". Sie werden während der Dreharbeiten vom Scriptgirl erstellt, Schnittlisten hingegen vom Cutter im Schneideraum.) Zwischenschnitte z. B. werden meist stumm gedreht. In diesem Fall findet man in den Mustern keine geschlagene Klappe vor, sondern nur eine Klappenbeschriftung mit dem Hinweis „ST". Es ist sinnvoll, nach dem A und vor dem E „ST" für „stumm" zu vermerken. So weiß man bei der späteren Ton-Anlegearbeit automatisch, daß es für die jeweilige „ST"-Einstellung keinen Ton gibt und erspart sich unnötiges Herumsuchen.

Stumme Einstellung (16mm)

Einstellung mit Schlußklappe (16mm)

Ebenso sinnvoll ist es, zu vermerken, ob eine Schlußklappe vorliegt. In diesem Fall wird „SKL" für Schlußklappe eingetragen.

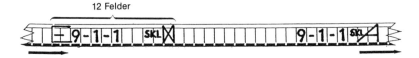

Einstellung ohne Klappe (16mm)

Es gibt noch eine weitere Kategorie von Einstellungen, bei denen es sich zwar um Synchron-Takes handelt, aber aus irgendwelchen Gründen weit und breit keine geschlagene Klappe zu finden ist. Vielleicht wurde die Kamera zu spät zugeschaltet (fehlende Anfangsklappe), zu früh abgeschaltet (fehlende Schlußklappe) oder die Klappe wurde ganz einfach vergessen. In diesem Fall trägt man „OKL" für „ohne Klappe" ein.

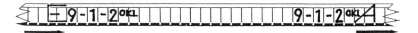

Wie erkennt man eine „OKL"-Einstellung? Ganz einfach: Entweder ist im Kamerabericht „Klappe vergessen" vermerkt oder der Tonbericht enthält eine Klappenbezeichnung, die in den Mustern fehlt, oder besagte klappenlose Einstellung ist im Cutterbericht als Synchron-Take geführt.

Ist eine Einstellung einmal als „OKL"-Take identifiziert, muß man später in Bild und Ton sehr sorgfältig nach möglichen Synchronpunkten Ausschau halten (z. B. Türschlagen, Gläser abstellen, Lippenbewegungen), da sich im Bild keine geschlagene Klappe zum Anlegen anbietet.

Bleibt noch zu klären, wo A und/oder E eingetragen werden, wenn es in der jeweils gewählten Standardentfernung keine Klappe gibt. In diesem Fall sucht man „das erste brauchbare Feld" für das A und „das letzte brauchbare Feld" für das E . „Brauchbar" soll heißen: Hier ist kein *Kamerablitzer* mehr (für das A), oder noch keiner (für das E). Kamerablitzer sind durch Fusselcheck, Hochlauf- oder Abbremsgeschwindigkeit der Kamera bedingte Überbelichtungen, die im Normalfall zwischen den einzelnen Einstellungen zu finden sind. Kamerablitzer begrenzen also die einzelnen Takes nach vorn und nach hinten und sollten, ist ein Film erst einmal angelegt, verschwunden sein, da sie bei Mustervorführungen und erst recht beim Filmschnitt stören würden.

Deshalb greifen wir jetzt, nachdem der Beschriftungsvorgang der Muster abgeschlossen ist, aber noch bevor der Ton beschriftet wird, zur Klebelade. Alles,

Beschriftung der Muster

was sich zwischen einem E und einem A befindet, wird herausgeschnitten und die beiden Filmstreifen zu einem Æ zusammengeklebt. Da die Arbeitskopie am Schneidetisch im Vorwärtsgang von links nach rechts läuft, sieht die tatsächliche Aneinanderreihung der Einstellungen folgendermaßen aus:

16mm Arbeitskopie

oben: geschnitten
unten: noch nicht geschnitten

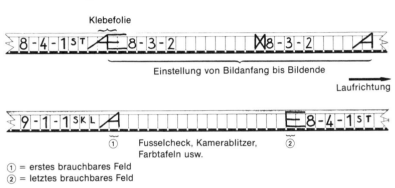

① = erstes brauchbares Feld
② = letztes brauchbares Feld

Jetzt wird klar, weshalb wir die A's und die E's über jeweils zwei Felder eintragen. Je ein Feld wird nämlich von der Klebefolie überlagert, und wenn man die Klebestelle später wieder öffnet, werden Teile der Fettstiftbeschriftung abgehoben. Hat man die Zeichen jedoch über zwei Felder eingetragen, so bleiben Einstellungsanfang und -ende immer sichtbar.
Man schneidet bei diesem Vorgang niemals zwischen einem A und einem E, also in eine Einstellung hinein, sondern immer zwischen einem E und einem A. A und E markieren stets eine zusammengehörige Einstellung von Bildanfang bis Bildende. Zwischen dem E dieser Einstellung und dem A der folgenden sind die Kamerablitzer, Farbtafeln und sonstigen programmlosen Teile der Muster. Diese programmlosen Fitzel darf man getrost wegwerfen (Sondermüll für die Silberrückgewinnung!). Sie sind die einzigen Bildteile, die im Schneideraum überhaupt jemals weggeworfen werden. Alles andere hebt man auf, auch wenn es sich dabei nur um ein einzelnes Filmbildchen handelt, das später im Schnitt u. U. noch gebraucht wird.
Man klebt in der Arbeitskopie jeweils auf der Glanzseite (Trägerschicht), da den Bildklebern beim Öffnen nur allzu leicht die belichtete Emulsion (Mattseite) anhaftet. Das heißt, eine 16mm Arbeitskopie wird auf der uns am Schneidetisch zugewendeten Seite geklebt, eine 35mm Arbeitskopie auf der uns abgewendeten Seite. Die beiden Formate unterscheiden sich nämlich in ihrer Schichtlage.

So verfährt man nun mit den gesamten Mustern und trägt dabei die Klappenbezeichnungen in der Reihenfolge ihres Erscheinens in einer Liste ein. Fassen wir im Überblick noch einmal zusammen:

16mm Muster

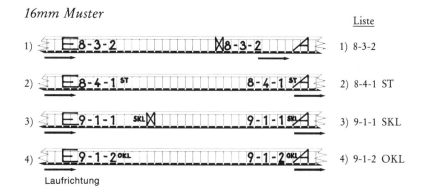

Nachdem die gesamten Muster beschriftet und die Æ's geschnitten wurden, klebt man vor jede Rolle ein Startband (Zehnerstart) zum synchronen Einstarten von Bild und Ton. Je länger die einzelnen Musterrollen, desto besser (maximal 600 Meter); so minimiert man beim späteren Numerieren von Bild und Ton den lästigen Rollenwechsel und Einstartaufwand in der Numeriermaschine.

Beschriftung der Perforollen

Die Beschriftung des Perfobandes führt man mit Filzstift aus, vorzugsweise mit einem *Sanford Sharpie,* der speziell für diesen Zweck entwickelt wurde und relativ schnell trocknet. Bei Perfoton ist von Fettstiftbeschriftungen abzuraten, da sowohl die Tonköpfe des Schneidetisches als auch die Emulsionsseite des Perfobandes Schaden nehmen können. Zwar erfolgt die Beschriftung niemals auf der Emulsionsseite des Perfobandes, sondern immer auf der Trägerseite (Glanzseite), aber dadurch, daß die Trägerseite beim Weiterspulen auf der Emulsionsseite zu liegen kommt, wandern klebrige Fettstiftpartikel allmählich über die gesamte Emulsion und verursachen *drop-outs* und Tonaussetzer, kurzum, sie zerstören die Schallereignisse. Diese Schäden sind bei Musikaufnahmen besonders gravierend und machen eine erneute Perfo-Überspielung unumgänglich.
Ausnahme: Vorübergehende Schnittzeichen darf man ohne weiteres mit dem Fettstift markieren, vorausgesetzt, man wischt sie sofort nach dem Schnitt (d.h. noch bevor sie durch den Wickelvorgang auf die Emulsionsseite des Perfobandes gelangen) wieder mit einem Samtlappen ab.

Beschriftung der Perforollen / Anlegen von Ton zu Bild

Um die Synchronität von Bild und Ton zu gewährleisten, beschriftet man die Perfobänder analog zu den Mustern, das heißt, man trägt die Klappen, die Klappenbezeichnungen und die A's und E's ein. Wie bei den Mustern sucht man zunächst auch im Ton nach den Klappen und markiert sie mit ⊠. Das A wird 12 Felder vor die Anfangsklappe, das E 12 Felder nach der Schlußklappe gesetzt, respektive 8 Felder bei 17,5mm oder 35mm Perfo.
Nun gibt es beim Ton einen kleinen Unterschied im Vergleich zur Beschriftung der Muster. In den Perforollen kann man ohne Klappenhinweis zunächst noch nicht entscheiden, wo „das erste brauchbare Feld" oder „das letzte brauchbare Feld" liegt. Deshalb werden vorläufig nur alle jene A's und E's eingetragen, die sich aufgrund des Klappenabstandes identifizieren lassen.
Wie bei den Mustern werden auch beim Ton die Klappen in der Reihenfolge ihres Erscheinens auf einer Liste notiert. Während man sich durch die Perforollen „durcharbeitet", stößt man immer wieder auf *Atmos* und *Nurtöne*. Sie werden herausgetrennt und auf separate Bobbies (Filmkerne) gewickelt. Ich persönlich verwende für Atmos ganz kleine Bobbies, für Nurtöne die mittlere Größe. Die großen Bobbies benutze ich nur bei Synchrontönen. Wann immer ich im Schneideraum Perfomaterial auf einem kleinen Bobby sehe, weiß ich automatisch: Das kann nur eine Atmo sein. Natürlich beschränkt man den Archivierungsaufwand nicht ausschließlich auf die Größe der verwendeten Bobbies, sondern beschriftet zusätzlich ein Stückchen Blauband, das den Atmos oder Nurtönen vorangeklebt wird: „NT zu 8-3, Schiffshorn tutet" oder „ATMO zu 8, Eisberg dümpelt".

Anlegen von Ton zu Bild

Nach Beendigung des ersten Tonbeschriftungs-Durchgangs sind alle Atmos und Nurtöne herausgetrennt und einzeln auf Bobbies gewickelt. In den Perforollen bleiben nur die Synchrontöne übrig, die es im folgenden anzulegen gilt. Mit Hilfe der beiden Listen für die Muster und den Ton läßt sich die Reihenfolge der Klappen im Überblick vergleichen. Es empfiehlt sich, die Tonklappen komplexweise so anzuordnen, daß sie der Klappenreihenfolge der Muster entsprechen. Deshalb fährt man jetzt alle zusammenhängenden Tonkomplexe im Rückwärtsgang auf Bobbies und bringt sie in der Filmablage in die gewünschte Reihenfolge. Auf diese Weise stehen alle Töne „auf Anfang" und sind für die weitere Anlegearbeit griffbereit.
Erinnern wir uns: Die einzelnen Synchron-Takes sind im Ton noch nicht vollständig beschriftet. Bei Anfangsklappen konnten bislang erst die Klappe, die Klappenbezeichnung und das A eingetragen werden, während das E und die Klappenbezeichnung am Bildende noch fehlen (weil man ja noch gar nicht weiß, wo das E zu liegen kommt). Umgekehrt war es bei Einstellungen mit Schlußklappe nur möglich, das E und die Klappenbezeichnung am Bildende

einzutragen, nicht jedoch das A mit der dazugehörigen Klappenbezeichnung am Bildanfang. Bei „OKL"-Einstellungen fehlt bisher jedwede Perfo-Beschriftung, aber aufgrund der Tonliste wissen wir genau, in welchem zusammenhängenden Tonkomplex sich die „OKL"-Einstellungen in welcher Position verbergen.

Jetzt legt man die Muster auf dem Schneidetisch ein und startet auf Tonspur 1 für den Ton *Blauband* ein, denn zunächst muß das Perfo zum Zehnerstart des Bildes synchronisiert werden. Von jetzt an bleiben Bild und Tonspur 1 synchron verkoppelt. Korrespondierend zur „10" im Mischstart klebt man das rote 10er Haftetikett auf das Blauband. Korrespondierend zum Filmstartkreuz etikettiert man das Blauband mit der blauen Tonstartmarke. Zur „2" des Mischstarts schreibt man mit Filzstift eine „2" auf das Blauband. Die zwei nachfolgenden schraffierten Felder werden auf dem Blauband mit dem Piepser belegt.

Merke: Der Piepser liegt beim deutschen Zehnerstart nicht auf der „2", sondern auf den zwei nachfolgenden schraffierten Feldern (s. auch Abb. S. 95). Beim amerikanischen *Academy-Leader* liegt der Piepser mit einer Länge von einem Feld exakt auf der „2".

Und nicht vergessen: Man beschriftet sowohl den Anfang des Zehnerstarts (mit Fettstift) als auch das Blauband (mit Filzstift): „MUSTERROLLE 1, CHAOS AUF DER TITANIC, ALBATROS FILM GMBH" (s. Abb. S. 95.)

Anlegen von Einstellungen mit Anfangsklappe

Unsere erste Einstellung im Bild, 8-3-2, trägt nur eine Anfangsklappe (vgl. auch Übersicht S. 92). Aus der Filmablage nehmen wir den entsprechenden Tonkomplex. Da 8-3-2 im Ton ebenfalls eine Anfangsklappe trägt, und das A , ebenso wie beim Bild, mit dem 12-Felder-Abstand eingetragen wurde, schneidet man im Ton auf das A und klebt es mit Filmfolie (transparenter Bildkleber) an das dem Bildstart entsprechende Blaubandende. (Erst beim Bänderlegen für die Mischung werden anstelle der preiswerten Bildkleber die teuren weißen Tonkleber verwendet.)

Ein kleiner Trick: Perfoton wird normalerweise schräg geschnitten. Ich habe mir jedoch angewöhnt, auf Einstellungsanfang (A) und Einstellungsende (E) einen geraden Tonschnitt zu machen. Das hat zwei Vorteile: Die Æ's sind in Bild und Ton immer bündig, und zusätzlich schaffe ich mir einen weiteren visuellen Hinweis. Wann immer mir in einem späteren Schnittstadium ein gerader Tonschnitt begegnet, weiß ich automatisch, daß es sich dabei nur um den Tonanfang (A) oder das Tonende (E) einer Einstellung handeln kann. Im Vorwärtsgang ist 8-3-2 jetzt zum erstenmal synchron zu sehen und zu hören, vorausgesetzt, die Klappenkreuze waren korrekt eingezeichnet. Sobald das E von 8-3-2 im Bild erscheint (im Ton fehlt es ja noch), kann man es ohne Bedenken auf das Perfoband übertragen, denn der Anfang war ja synchron

Anlegen von Ton zu Bild

Beschriftung (linke Spalte)

Beschriftung (rechte Spalte)

	Blankfilm mit Bildstrich für Beschriftungen	Misch
10	Mischstart – 100 Felder vor Startkreuz	10
	Weißfeld	Start

	Weißfeld
	Schwarzfelder mit Bildstrich
	Weißer, sich über 12 Bildfelder schließender Keil
	Filmstartkreuz
5	Abstandsmarke
4	Abstandsmarke
3	Abstandsmarke
2	Abstandsmarke
	2 schraffierte Felder
1	Abstandsmarke
	24 Schwarzfelder ohne Bildstrich bis zum
	Ende des Zehnerstarts
	1. Feld der Arbeitskopie

Rechte Spalte: **TON** / Startkreuz / **Start** / **2** / PIEPSER

links: 16mm Zehnerstart im Bild;
rechts: 16mm Blaubandstart im Ton

96 Praktische Grundlagen des Filmschnitts...

eingestartet. Wie wir sehen, muß im Bild nichts mehr beschriftet, geschnitten oder geklebt werden. Man legt nur mehr den Ton zum Bild an und übernimmt synchron das im Ton noch fehlende E .

Anlegen von stummen Einstellungen

Unsere nächste Einstellung war 8-4-1 ST, ein stummer Take, für den es höchstens einen Nurton oder eine Atmo gibt, aber die sollen ja in diesem Stadium noch nicht angelegt werden. Der fehlende Ton wird einstweilen mit Blauband kompensiert. Man kann zwar auch *Statisch* (gelöschtes Perfoband) verwenden, doch Blauband erleichtert später die visuelle Identifizierung von „ST"-Einstellungen. Ist eine Musterrolle fertig angelegt, sieht man aufgrund der marmorierten Perfo-Blauband-Abfolge auf einen Blick, wo die „ST"-Einstellungen sitzen. Das Blauband für 8-4-1 ST wird exakt vom A bis zum E des Musters gelegt.

Anlegen von Einstellungen mit Schlußklappe

Als nächstes kommt 9-1-1 SKL. Hier kann man das Perfoband nicht gleich ansetzen, sondern muß zuerst bis zur Schlußklappe vorfahren. Deshalb läßt man vorläufig das Blauband auf Tonspur 1 synchron-verkoppelt mitlaufen und fährt die Muster bis zum Klappenkreuz. Dort angekommen, klinkt man Bild und Tonspur 1 aus und fährt das Perfoband von 9-1-1 SKL auf Tonspur 2 ebenfalls bis zur Schlußklappe. Anschließend erfolgt das synchrone Verkoppeln von Bild, Tonspur 1 und Tonspur 2. Wenn man jetzt zum A des Musters zurückfährt, kann man es wiederum synchron in den Ton übertragen, d. h. das Perfoband entsprechend beschriften, schneiden und auf Tonspur 1 ankleben. Und nicht vergessen: Immer nur links von den synchron verkoppelten Bild- und Tonmodulen schneiden. Nur so ist gewährleistet, daß man rechts von den Modulen die einmal hergestellte Synchronität nicht mehr zerstört.

Anlegen von Einstellungen ohne Klappe

Unsere letzte Einstellung ist 9-1-2 OKL. Hier wurde im Ton eine Anfangs-klappe geschlagen, die jedoch im Bild fehlt. Ein typisches Beispiel für die Fälle, in denen die Kamera zu spät zugeschaltet wurde. Jetzt können wir bestenfalls einen markanten Synchronpunkt finden, anhand dessen sich Bild und Ton anlegen lassen. An das E der vorangegangenen Einstellung auf Tonspur 1 setzen wir wiederum provisorisch Blauband an und schauen uns synchron-verkoppelt das Bild an. Zum Glück rammt dort ein Eisberg den Schiffsrumpf „unserer" Titanic.

Anlegen von Ton zu Bild 97

Bild und Tonspur 1 werden jetzt genau dort zum Stillstand gebracht und ausgeklinkt, wo der Eisberg den Schiffsrumpf berührt. Den entsprechenden Perfoton zu 9-1-2 OKL legen wir wiederum auf Tonspur 2 und hören ihn ab. Ein grausames „RRRatsch" zerreißt dort die Stille des Atlantiks. Wir stellen nun Tonspur 2 auf „lose" (*loose position*) und drehen am Transportkranz solange hin und her, bis wir den bildgenauen Anfang des Geräuschs gefunden haben. Dann werden alle drei Spuren verkoppelt und auf Synchronität überprüft. Möglicherweise muß Tonspur 2 noch einige Felder vor- oder zurückversetzt werden. Auf gar keinen Fall darf man aber das Bild aus der Synchronität mit dem Blauband auf Tonspur 1 entlassen, andernfalls ist die bisher erstellte Synchronität dahin. Haben wir schließlich die befriedigendste Synchronität gefunden, übertragen wir wiederum das A, das E und die Klappenbezeichnung auf das Perfoband, schneiden es und kleben das nun gefundene A von 9-1-2 OKL an das E von 9-1-1 SKL auf Tonspur 1. Zur Sicherheit wird anschließend nachgeprüft, ob die E's (in Bild und Ton) von 9-1-1 SKL noch synchron sind.

Im Prinzip ist hiermit das Anlegen der gebräuchlichsten Einstellungsarten erklärt. Aber selbstverständlich kann diese Beschreibung weder Hand- noch Fingerfertigkeit vermitteln. Der mechanische Automatismus, den ein geübter Cutter bei der Ausführung dieser Arbeiten an den Tag legt, ist nur in der alltäglichen Schnittpraxis erlernbar. Wer nur die theoretische Fahrprüfung macht, ist noch kein geübter Autofahrer. Aber wenn man diese handwerklichen Regeln durch Praxis und Gewohnheit einmal internalisiert hat, dann legt man Filme mit derselben Selbstverständlichkeit an, wie man radfährt oder schwimmt.

Spezialfälle beim Anlegen

Beim Dokumentarfilm kommt es bisweilen vor, daß der Ton während der Dreharbeiten durchläuft, die Kamera hingegen mehrmals zu- und abgeschaltet wird. In diesem Fall läßt man den Ton in seiner Gesamtheit bestehen und füllt die Bildlöcher synchron mit Weiß oder Schwarzfilm. Weißfilm hat hier den Vorteil, daß man, ähnlich wie bei der Verwendung von Blauband im Ton für stumme Einstellungen, eine sichtbare Marmorierung in den Mustern schafft. Umgekehrt kann es passieren, daß der Ton ohne das Wissen der Kameraleute während der Aufnahme ausgelaufen ist. In diesem Fall läßt man das Bild in seiner Gesamtheit von Kamerastart bis Kameraende bestehen und kompensiert den fehlenden Ton mit Blauband. Vielleicht helfen später im Schnitt Atmos, Nurtöne oder die Verwendung von OFF-Tönen, das Tonloch zu überbrücken. Eine erklärende Beschriftung kann in beiden Fällen nicht schaden: „Ton läuft durch, Kamera 5x zugeschaltet", oder „Bildüberhang NH (nach hinten, NV heißt nach vorne), Ton ausgelaufen".

Angelegte Muster in Klappenreihenfolge

Ist der Film vollends angelegt, müssen möglicherweise noch einige Klappen-komplexe in eine andere Position gebracht werden. Die Bildliste gibt Auf-schluß darüber. Die angelegten Muster sollen nämlich in Klappenreihenfolge vorliegen. Hierzu fährt man die noch fehlpositionierten Einstellungen in Bild und Ton heraus. Jetzt zeigt sich, wie vorteilhaft die bündig geschnittenen Æ's sind. Man öffnet jeweils die Klebestellen in Bild und Ton, nimmt die Einstel-lung heraus und klebt die verbleibenden A's und E's wieder zu Æ's zusammen. Ohne die Synchronität erneut überprüfen zu müssen, bleibt man „in sync", denn alle vorausgegangenen und nachfolgenden Einstellungen sind in Bild und Ton feldgenau gleichlang.

Kopierer und Nichtkopierer

Nachdem man die herausgenommenen Einstellungen dort eingesetzt hat, wo sie in der Klappenreihenfolge hingehören, ist das Anlegen soweit geschafft. Ganz so glatt, wie der Anlegevorgang hier dargestellt wurde, geht es in der Praxis jedoch meistens nicht. Häufig findet man in den Perfobändern andere Takes als in den Mustern. Merkwürdigerweise geschieht dies bei Fernsehspie-len und Spielfilmen häufiger als bei Dokumentarfilmen. In dieser Beobachtung liegt auch schon des Rätsels Lösung. Dokumentarfilme werden meist in Bild und Ton durchkopiert. Fernsehspiele und Spielfilme hingegen werden in der Regel auszugskopiert, das heißt, nur die Kopierer („K" im Kamera-, Ton- und Cutterbericht) werden kopiert, nicht hingegen die NK's (die Nichtkopierer). Nun ist es eher die Regel als die Ausnahme, daß Kamera- und Tonberichte am Drehort *nicht verglichen werden*. Also kopiert das Kopierwerk die Kopierer laut Kamerabericht. Das Tonstudio hingegen hält sich bei der Überspielung von Schnürsenkel auf Perfo an die Angaben im Tonbericht. Überflüssig zu erwähnen, daß beide nicht notwendigerweise identisch sind.

In solchen Fällen muß der Cutter alle fehlenden Bild- und Tonklappen nachbe-stellen, eine zeitraubende und für den Produzenten kostspielige Prozedur. Zudem ist man im Schneideraum zur Sisyphus-Arbeit verdammt, denn vorläu-fig müssen alle vermeintlichen „Kopierer" und „Nichtkopierer" des nachbe-stellten Materials angelegt werden, da sich aufgrund der nicht übereinstimmen-den Kamera- und Tonberichte zu diesem Zeitpunkt noch nicht entscheiden läßt, welches die echten Kopierer sind. Diese Entscheidung kann erst zusam-men mit dem Regisseur beim *Ausmustern* getroffen werden.

Sollte der angelegte, ausgemusterte Film vor Schnittbeginn einen Projektions-durchlauf haben, sollten alle Klebestellen des Bildes aus Sicherheitsgründen doppelt hinterklebt werden.

Numerieren

Unser Film ist jetzt fertig angelegt, alle Einstellungen sind in Klappenreihen-
folge geordnet, Atmos und Nurtöne wurden archiviert. Als nächstes folgt die
Numerierung der gesamten Muster und angelegten Töne, vorzugsweise mit der
eingangs erwähnten *Acmade Numeriermaschine*. Die bei diesem Verfahren
heiß aufgedruckten Randnummern wischen nicht ab und sind sehr gut lesbar.
Außerdem ist die Maschine transportabel und wird preiswert vermietet. Der
Film läßt sich also bequem im Schneideraum numerieren. Während die ersten
Rollen durch die Numeriermaschine laufen, sollte man die einzelnen Musterrollen im Schnelldurchlauf ein letztes Mal auf ihre Synchronität hin überprüfen, denn der ganze Numerieraufwand ist vergebens, wenn Bild und Ton
asynchron angelegt sind.

Das Numerieren erfüllt zwei wichtige Funktionen. Zum einen hat man – je
nach Modell – alle 16 oder 40 Felder einen ablesbaren Synchronitätsnachweis
auf Bild und Ton; im Schnittstadium werden nämlich die Klappen (die einzigen
sichtbaren Synchronitätszeichen) weggeschnitten. Zum anderen helfen, wie
sich später noch zeigen wird, die aufgedruckten Nummern im Schnitt bei der
Suche, Rekonstruktion und Archivierung der *Ausschnitte*.

Der Numerierstempel hat sechs Stellen, zwei Buchstaben und vier Ziffern. Die
beiden Buchstaben bleiben konstant, die Ziffern zählen von 0000–9999. Ich
persönlich bevorzuge das Modell mit dem Druckintervall von 40 Feldern (bei
16mm); 40 Felder entsprechen bei 16mm einem Fuß, außerdem numeriert
dieses Modell wesentlich schneller. Musterrolle 1 kennzeichne ich mit AA,
Musterrolle 2 mit BB, usw. Für zusätzliche Kodierungen, falls erforderlich,
stehen verschiedenfarbige Numerier-Farbbänder zur Verfügung. Da wir unsere Musterrollen auf maximale Länge (600 Meter) angelegt haben, minimieren
wir sowohl den Einstartaufwand als auch den Rollenwechsel beim Numerieren. Bleibt noch zu erwähnen, daß Bild und Ton nicht gleichzeitig numeriert
werden können. Es läuft jeweils nur eine Rolle durch die Maschine. Es ist
deshalb beim Einstarten in die Numeriermaschine unerläßlich, sowohl beim
Bild- als auch beim Tondurchlauf dieselbe Startmarke zu benutzen, am besten
B|A (Bildanfang, das allererste Feld nach dem Zehnerstart). So erfolgt die erste
Numerierung auf einer Einstellung und nicht in den Startbändern.

Schnittliste

Nach dem Numerieren der Bild- und Tonmuster wird jene endgültige Schnittliste angefertigt, die den Cutter dann bis zur Fertigstellung des Films begleitet.
Schnittlisten (*log-sheets*) sparen vom Anlegen bis zum Bänderlegen mehr Zeit
ein als es dauert, sie anzufertigen, so buchhalterisch ihre Erstellung und Handhabung zunächst auch erscheinen mag.

Die Komplexität einer Schnittliste sollte den Erfordernissen des jeweiligen Films angepaßt sein. Bei einem normalen Fernsehfilm reichen folgende Kategorien aus:

KLAPPEN-BEZEICHNUNG	NUMERIERUNG	TON	VERWENDUNG
8-3-2	AA 0000–0079	SYNC	+
8-4-1 ST	AA 0080–0111	ST	+
9-1-1 SKL	AA 0112–0137	SYNC	–
9-1-2 OKL	AA 0138–0203	SYNC	+

Unter der Kategorie „Verwendung" markiert man all jene Einstellungen mit einem „+", die beim Ausmustern für gut befunden wurden und deshalb im Schnitt Verwendung finden. In obigem Beispiel wurde demnach 9-1-1 SKL ausgemustert, das heißt, die Einstellung wird im Schnitt nicht verwendet. Auf diese Weise hilft man dem Regisseur Zeit sparen. Er muß nicht die ganze Zeit im Schneideraum warten, bis der Cutter die ausgemusterten Takes herausgefahren hat. Bei diesem System wurde bereits zeitsparend auf dem Papier ausgemustert. Da sich die Eintragungen in der Kategorie „Verwendung" während des Filmschnitts noch ändern können, erfolgen sie mit Bleistift.

Der große Vorteil einer solchen Schnittliste besteht in der Vielzahl der Informationen, die sich aus ihr entnehmen lassen. Angenommen, man findet während des Schnitts ein kleines Stückchen Perfo im Filmgalgen und weiß nicht, zu welcher Einstellung es gehört. Die Numerierung lautet z. B. AA 0197. Ein Blick in die Schnittliste reicht: Es handelt sich um einen Ausschnitt aus 9-1-2 OKL. Oder: Der Rohschnitt des Films ist beendet. Der Regisseur möchte eine im Schnitt verwendete Einstellung nach hinten verlängern. Die letzte aufgedruckte Nummer in der Arbeitskopie ist AA 0099. Ein Blick in die Schnittliste verrät dem Cutter, daß er die Verlängerung zu 8-4-1 ST suchen muß.

Manche Werbe-, Industrie- oder Spielfilme erfordern viele „opticals", Spezialeffekte und dergleichen. In diesen Fällen muß der Cutter zwecks anstehender Trickarbeiten viele Klammerteile vom Kopierwerk ordern und sollte deshalb die Schnittliste um zwei weitere Kategorien, *„Kamerarolle"* und *„Negativ-Fußnummer"*, erweitern. In der Rubrik *„Kamerarolle"* wird, entsprechend dem Kamerabericht, die Rollennummer eingetragen, auf der die jeweilige Einstellung gedreht wurde, in einer weiteren Rubrik die entsprechende Negativ-Fußnummer. So lassen sich dem Kopierwerk bei allen Nachbestellungen exakte Angaben zur Identifizierung einzelner Einstellungen machen. Zum Beispiel: „Wir brauchen ein DUP NEG von 8-3-2, die sich in Kamerarolle 15 befindet und die Negativfußnummer T 12 3371–3398 hat."

Bei einem abendfüllenden Spielfilm rechne ich mit etwa sechs Stunden Zeitaufwand, um die gesamte Schnittliste (auf vorgedruckten Blöcken) zu schreiben. Fortan halte ich mich jedoch für die gesamte Schnittzeit, in der ich mich ausschließlich den künstlerisch-kreativen Aspekten der Filmmontage widmen will, frei von zeitraubenden, chaotischen Suchaktionen. Innerhalb von einer Minute ist jeder Bild- oder Tonschnipsel identifiziert, aufgefunden oder eingeordnet.

Reste und Ausschnitte

Nach dem Ausmustern des angelegten Films müssen wir in zwei weiteren Kategorien denken: *Reste ("outs")* und *Ausschnitte ("trims")*.

Diejenigen Einstellungen, die im Schnitt nicht verwendet werden (sie haben in der Schnittliste ein „ – "), heißen Reste. Man archiviert sie in Klappenreihenfolge auf Bobbies. So bleiben die Reste nach wie vor synchron in Rollen griffbereit, falls sie doch noch benötigt werden.

Die übriggebliebenen, nicht verwendeten Teile derjenigen Einstellungen, die in die Arbeitskopie eingeschnitten wurden, heißen Ausschnitte. Man klebt jeweils die Ausschnitte einer Einstellung, nach Bild und Ton getrennt, der Reihenfolge nach zusammen und wickelt sie gemeinsam auf einen Samtbobby. Die so entstandenen Röllchen lassen sich leicht vom Samtbobby abstreifen und mit Büroklammern am Bildende und Bildanfang einer Einstellung befestigen. Die Ausschnitte verwahrt man, nach Szenen geordnet, als einzelne Einstellungen in den Ausschnittsbüchsen.

Aufgrund des Beschriftungssystems kann man sowohl am Bildanfang als auch am Bildende eines jeden Röllchens die Klappenbezeichnung ablesen. Die Kreuze in der Schnittliste geben jeweils darüber Auskunft, ob eine Einstellung in den Resterollen („ – ") oder in den Ausschnitten („ + ") zu suchen ist.

Jetzt kann der eigentliche Filmschnitt beginnen. Da wir uns in diesem Kapitel jedoch nicht mit den künstlerisch-kreativen Gestaltungsmöglichkeiten des Filmschnitts beschäftigen, sondern mit den handwerklichen Erfordernissen, knüpfen wir dort an, wo die Cutterassistenz, nach Verwaltung und Sortierung der Reste und Ausschnitte, wieder ins Spiel kommt.

Negativschnittliste

Nachdem der Film als Arbeitskopie fertig geschnitten ist und anschließend die Bänder gelegt und gemischt wurden, geht die Arbeitskopie zusammen mit der Negativschnittliste zum Negativschnitt ins Kopierwerk. Man notiert die Negativ-Fußnummern (von – bis) nach der Reihenfolge ihres Erscheinens auf einer Liste und verweist auf Überblendungen, Aufblenden oder Abblenden. Zum Beispiel:

1) IK 7329–7412   12 Felder Aufblende
2) LS 5211–5214

3) IK 7214–7216 } 48 Felder Überblendung
4) LS 5229–5245 }
5) T   0012–0047

Bei 16mm braucht das Kopierwerk zusätzlich Angaben darüber, ob ein Film als A *Rolle,* als AB *Für Blenden* oder als AB *Schachbrett* geschnitten werden soll. Die Entscheidung hierüber obliegt der Produktionsfirma oder der Sendeanstalt.

In diesem Stadium angekommen, will die Produktionsfirma oftmals zwecks anstehender Kopierwerks-Aufträge und der damit verbundenen Kalkulationen vom Schneideraum wissen, welche Minuten-Länge der Film hat und wieviele Meter dieser Zeitdauer entsprechen. Für Auslandskopien werden außerdem die *footage*-Daten benötigt. Wie eine solche Tabelle aussieht, zeigt das nachfolgende Beispiel:

Laufzeiten-Meter-Footage-Tabelle

| Min. | 25 Bilder / Sekunde | | | | 24 Bilder / Sekunde | | | |
| | 35mm | | 16mm | | 35mm | | 16mm | |
	Meter	Feet	Meter	Feet	Meter	Feet	Meter	Feet
1	28,5	93'12[*]	11,43	37'20	27,36	90'00	10,97	36'00
2	57,0	187'08	22,86	75'00	54,72	180'00	21,94	72'00
3	85,5	281'04	34,29	112'20	82,08	270'00	32,92	108'00
4	114,0	375'00	45,72	150'00	109,44	360'00	43,89	144'00
5	142,5	468'12	57,15	187'20	136,80	450'00	54,86	180'00
6	171,0	562'08	68,58	225'00	164,16	540'00	65,83	216'00
7	199,5	656'04	80,01	262'20	191,52	630'00	76,81	252'00
8	228,0	750'00	91,44	300'00	218,88	720'00	87,78	288'00
9	256,5	843'12	102,87	337'20	246,24	810'00	98,75	324'00
10	285,0	937'08	114,30	375'00	273,60	900'00	109,73	360'00
20	570,0	1875'00	228,60	750'00	547,20	1800'00	219,46	720'00
30	855,0	2812'08	342,90	1125'00	820,80	2700'00	329,19	1080'00
40	1140,0	3750'00	457,20	1500'00	1094,40	3600'00	438,92	1440'00
50	1425,0	4687'08	571,50	1875'00	1368,00	4500'00	548,65	1800'00
60	1710,0	5625'00	685,80	2250'00	1641,60	5400'00	658,38	2160'00
120	3420,0	11250'00	1371,60	4500'00	3283,20	10800'00	1316,76	4320'00

[*] 93'12 = 93 *feet* und 12 Felder

Ein 30minütiger Kurzfilm hat in 16mm bei 25 Bildern pro Sekunde eine Länge von 342 Metern, 90 Zentimetern oder 1125 Fuß.

1 Fuß (*foot*) mißt bei 16mm exakt 40 Felder
bei 35mm exakt 16 Felder

Deshalb stehen hinter der *footage*-Angabe immer die zusätzlichen Felder.

Ein 10minütiger Kurzfilm hat in 35mm bei 25 Bildern pro Sekunde eine Länge von 285 Metern oder 937 Fuß und 8 Feldern.

Schlußbemerkung

Auf den ersten Blick scheint der hier beschriebene Aufwand gewaltig:

- Systematische Vorgehensweise beim Anlegen
- Konsequentes Beschriften von Muster- und Perforollen
- Numerieren
- Übersichtliches Archivieren von Atmos und Nurtönen
- Sorgfältiges Führen einer Schnittliste
- Akribische Verwahrung/Verwaltung von Resten und Ausschnitten

Doch der Aufwand lohnt:

- Übersichtliche Ordnung im Schneideraum
- Sofortige Auffindbarkeit aller Bild- und Tonbestandteile
- Unmißverständliche, eindeutige Bild-Ton-Zuordnungen
- Ständige Synchronität in den Resterollen
- Zeitersparnis in der gestalterischen Phase des Filmschnitts

Dem schöpferischen Prozeß der Filmmontage steht nun nichts mehr im Wege.

STEFAN ARNSTEN

Filmediting in den USA

Die großen Filmateliers in Hollywood sind zu Anfang unseres Jahrhunderts von Männern geschaffen worden, die von der neuen Kunstform „Film" so fasziniert und begeistert waren, daß sie sogleich die Verdienstmöglichkeiten erkannten, die sich dem bieten würden, der diese belichteten Zelluloidstreifen möglichst kostengünstig und in Masse herstellen könnte. Der entscheidende Impuls zur Gründung der Studios war nicht der Wunsch, Kunstwerke zu schaffen, sondern möglichst effizient durch Standardisierung und Zentralisierung viel Geld zu verdienen, und bei der Rangfolge ist es bis heute geblieben. Daß unter dieser Prämisse immer wieder anspruchsvolle Filme entstehen, die darüber hinaus finanziell höchst erfolgreich sind, ist eine Tatsache, die man hierzulande als Herausforderung empfinden muß, da viele der Filme, die in der Bundesrepublik „mit starrem Blick aufs Geld" produziert werden, den Produzenten nur verheerende Kritiken *und* hohe finanzielle Verluste einbringen.

Bei den wenigen Filmen, die in der Bundesrepublik jährlich entstehen, werden Mißerfolge natürlich viel stärker registriert und drücken auf das Selbstbewußtsein der Filmwirtschaft als das bei den großen amerikanischen Filmproduzenten der Fall ist. Hier gehen die meisten Flops in der Masse des Produzierten unter. Ein Atelierbetrieb in Hollywood, z. B. MCA/Universal, entläßt Woche für Woche, jahrein, jahraus, 10 Stunden Fernsehen. Dazu kommen 12 bis 18 Spielfilme pro Jahr und als dritter Produktionszweig Werbefilme und -spots (zum Vergleich: die Bavaria produzierte in letzter Zeit ein bis drei große Spielfilme pro Jahr).

Um diese Produktionsmenge zu bewältigen, sind die großen Studios in allen Abteilungen nach den Gesichtspunkten der Effektivität durchorganisiert. Das beginnt damit, daß *ständig* eine sehr große Anzahl von Drehbüchern in Entwicklung ist, aus denen dann die jeweils erfolgversprechendsten Stoffe ausgewählt und weiter finanziert werden, und setzt sich fort bis zur Endfertigung, wo man bei allen Produktionen höchstmögliche künstlerische und technische Perfektion anstrebt. Man fände es widersinnig, wenn man einem Regisseur nach dem Aufwand der Dreharbeiten nicht auch entsprechende Mittel und Zeit zugestehen würde, um aus dem vorhandenen Material das bestmögliche Ergebnis herauszuarbeiten.

Nicht wenige Filme sind erst im Schneideraum „gemacht" worden, d. h. die dramatische Idee hat sich erst hier bei der Arbeit am Material herauskristallisiert. Beispiele dafür sind HIGH NOON, mit dem immer wieder untergeschnittenen vorrückenden Uhrzeiger, der ein Vorschlag des Cutters Elmo Williams war, oder AMERICAN GRAFFITI, dessen Erzählung eigentlich erst durch den (im

Schneideraum konzipierten) Nachspann im Zuschauer jene Nachdenklichkeit aktiviert, die den Film beachtenswert macht. Die Beispielreihe ließe sich lange fortsetzen.

Die großen Studiobetriebe tragen der Wichtigkeit dieses Produktionsabschnitts Rechnung, indem sie Regisseur und *editor* genügend Zeit einräumen, sich mit dem Material zu beschäftigen, Kosten für besondere Effekte (z. B. Überblendungen) oder gar für eventuell nötige Nachdrehs riskieren und in öffentlichen Voraufführungen (*previews*) das Ergebnis überprüfen und danach auch korrigieren. Für die Endfertigung eines großen Films werden 9 Monate oder auch mehr veranschlagt. Dies spiegelt eine Grundeinstellung wider, von der die Betroffenen hierzulande oft nicht einmal zu träumen wagen.

Traditionell ist die Abteilung *post production* die Ausbildungswerkstatt der Studios, aus der sich der Nachwuchs der Filmschaffenden rekrutiert. Kein anderer Produktionsabschnitt bietet eine so umfassende Möglichkeit, die Entstehung eines Films nachzuvollziehen und die Fertigstellung mitzuerleben. Alle für die Herstellung eines Filmstreifens nötigen Talente werden im Schneideraum angesprochen: Auge und Ohr werden sensibilisiert, das dramaturgische Denken wird geschult, Konzentrationsfähigkeit eingeübt und, last but not least, die Fähigkeit trainiert, große Mengen von Bild- und Tonmaterial, das mit möglichst wenig Zeitverlust (Suchen) dem *editor* mühelos zur Hand sein muß, zu organisieren.

Arbeitsbereich eines Filmeditors

Der Arbeitsbereich eines Filmeditors gliedert sich in die folgenden Unterabteilungen:

a) Bildschnitt (*editing*)
b) Ton (*sound editing*)
c) Musik (*music editing*)
d) Nachsynchronisation (*dialogue replacement*). Hier wird der von den Dreharbeiten mitgebrachte Primärton, wenn nötig, durch *Studio-Ton* ersetzt.
e) Ton- und Bildarchiv. (Dort werden alle Bilder und Töne, die auch für anderweitige Verwendung geeignet sind, gesammelt und bei Bedarf ausgeliehen. So stammen z. B. die Aufnahmen des Flugzeugs, das in PRIZZI'S HONOUR von John Houston hin- und herfliegt und so dem Zuschauer den Hinweis gibt, daß die Fortsetzung der Geschichte nun wieder an der anderen Küste Amerikas stattfindet, aus dem Bildarchiv.)

Alle zukünftigen *editors* arbeiten während ihrer Ausbildungszeit einmal in jeder dieser Abteilungen; es ist die klassische Laufbahn „von der Pike auf". Sie lernen dort die jeweils spezifischen Aufgaben und Probleme der einzelnen Bereiche kennen und damit umzugehen, d. h. Steuerung, Koordination und

Kontrolle dieser Arbeitsabläufe zu übernehmen. Im Umgang mit diesem Produktionsapparat zeigt sich dann, ob die Eignung oder auch Neigung vorhanden ist, einen so komplexen Aufgabenbereich als *editor* zu beherrschen oder ob der Betreffende eher eine spezialisierte Begabung besitzt und daher eine der Unterabteilungen (z. B. den Tonschnitt) bevorzugt.

Die Arbeit des Filmeditors am Material läßt sich etwa wie folgt beschreiben: Er ist verantwortlich dafür, daß aus einer Masse von visuellen und akustischen Elementen ein organisches Ganzes wird. Seine Aufgabe ist es, mit Phantasie, handwerklichem Können und Geduld aus Hunderten von Metern von belichtetem Filmmaterial einen Kinofilm herauszudestillieren. Seine Beherrschung des Handwerks erweist sich nicht ausschließlich in möglichst vielen und möglichst schnellen Schnittfolgen, sondern sie zeigt sich vor allem dann,
- wenn der Gang der Handlung deutlich herausgearbeitet wurde,
- wenn sich die Schauspieler in den einzelnen Szenen in ihren besten darstellerischen Momenten zeigen,
- wenn die Tempi stimmen,
- wenn den dramatischen Höhepunkten genügend Zeit gegeben wurde, sich zu entfalten, und
- wenn am Ende auch die Pausen rhythmustragend sind.

Für den zukünftigen Regisseur ist die Arbeit des Filmeditors die ideale Vorbereitung auf den Beruf. So sind David Lean, Robert Wise, Fred Zinnemann, Lewis Milestone, Don Sigel, Stanley Kramer, John Sturges, Ed Dmytryk und Hal Ashby, um nur einige der Berühmtesten zu nennen, aus dem Schneideraum hervorgegangen. Wo sonst läßt sich bis in alle Einzelheiten nachvollziehen, wie ein Drehbuch für die Dreharbeiten aufgeschlüsselt wird, wieviele und welche Kameraeinstellungen für die Gestaltung einer Filmszene nötig sind, welche technischen Mängel des Filmmaterials oder Schwächen eines Darstellers im Schneideraum noch aufgefangen werden können? Und wo läßt sich andererseits feststellen, wie ungenügendes Filmmaterial die weiteren Gestaltungsmöglichkeiten beschränkt?
Der Schneidetisch ist der Ort, an dem zuerst erkannt werden kann, ob die richtigen Mittel gewählt wurden, um die künstlerische Intention zu verwirklichen. Die Ausbildung im Schneideraum bietet die Möglichkeit zur permanenten Beobachtung: Welche Mittel wurden eingesetzt, welche Wirkungen lassen sich damit erzielen? Das ist auch für zukünftige Verwalter der Filmbudgets (Produzenten) ein nützliches Studium: ich will dabei an die Karriere von Verna Fields erinnern, die aus dem Schneideraum (Oscar für DER WEISSE HAI) aufstieg zur Vizepräsidentin der Universal-Studios oder an die von Elmo Williams (HIGH NOON), der in den 70er Jahren Leiter der Twentieth-Century Fox Studios war.
Das Dasein eines *editors*, der in den USA im Schneideraum alt wird, ist deshalb so schwierig, weil einerseits die Fähigkeit zu selbständiger Umsetzung der

Intention des Regisseurs vorausgesetzt wird, andererseits aber durch höhergeordnete Instanzen jederzeit eine Revision seiner künstlerischen Entscheidungen verlangt werden kann. Mit anderen Worten: auf dem Rücken des *editors* werden (und dies nicht nur in den USA) die Differenzen zwischen Produzent, Produktion und Regie ausgetragen. Oft machen es nur taktisches Geschick, verbunden mit persönlichem Einfühlungsvermögen, und die Fähigkeit, eigene künstlerische Vorstellungen immer wieder zu opfern, möglich, einen problematischen Film erfolgreich zu Ende zu bringen.

Wenn ein Film am Ende als „schlecht" bewertet wird, liegt das nicht am künstlerisch-technischen Stab der *post production*, genausowenig wie von dort der ausschlaggebende Einfluß auf das Gelingen des Films ausgehen kann. Die Entscheidung für ein Drehbuch fällt lange, bevor man den *editor* hinzuzieht. Außer einem Urteil über die voraussichtliche Länge des Films wird seine Meinung offiziell nicht erfragt. Er tritt zu einem Zeitpunkt in den Produktionsprozeß ein, an dem sämtliche Primärentscheidungen bereits getroffen sind. Innerhalb dieser für ihn unbeeinflußbaren Rahmenbedingungen versucht er, sein Können und Wissen als Partner des Regisseurs zum Gelingen des Films einzubringen.

Arbeitsablauf im Schneideraum

– Vor Beginn der Dreharbeiten geht der *editor* mit der Stoppuhr das Drehbuch durch und ermittelt die voraussichtliche Länge des fertigen Films und einzelner Szenen.

– Vom ersten Drehtag an werden die Muster (*rushes*) – das sind die Erstkopien des belichteten Filmmaterials – synchron zum Ton angelegt und für eine Vorführung vor Regie und Team bereitgehalten. Jeweils am Ende eines Drehtages begutachten Regie und Team anhand der Muster die Arbeitsergebnisse des Vortages.
Spätestens ab dem dritten Drehtag verlangt auch die Studioleitung eine tägliche Vorführung, um den Fortgang der Dreharbeiten zu bewerten und um möglicherweise einzugreifen, d. h. Änderungen im Drehbuch, Umbesetzungen, eventuell auch Kürzungen des Etats, vorzunehmen. Die technische Qualität des belichteten Filmmaterials und der Tonaufzeichnung wird täglich von den zuständigen Abteilungsleitern geprüft.
Es hat sich als sehr praktisch und zeitsparend erwiesen, alle Muster täglich auf Video überspielen zu lassen. Die gesamte Menge des Materials ist in der Video-Form jederzeit überblickbar. Das Herumsuchen in den Filmausschnitten entfällt. Bei der Arbeit am Feinschnitt hat der Regisseur sein gesamtes Material zur Hand und kann die einzelnen Szenen mühelos miteinander vergleichen und seine Auswahl treffen.

– Sobald das Filmmaterial für eine Szene komplett vorliegt, beginnt der *editor* mit der Montage. Das erste Zusammensetzen eines Films nach Maßgabe des Drehbuchs und des Drehprotokolls (*script*) wird *Rohschnitt* genannt.

– Bei Dreharbeiten weit außerhalb der Studioareale oder im Ausland werden für die tägliche Vorführung der Muster und der Sequenz-Rohschnitte Projektoren, Leinwand und Schneidetisch an den Drehort gebracht, damit die Anschlüsse aus verschiedenen Drehtagen jederzeit detailliert überprüft werden können. Verlangt die Drehfolge, daß ein Darsteller nach längerer Zeit an einem anderen Drehort eine Szene zu Ende spielen muß, stehen die Muster für ihn bereit, damit er sein Tempo und Timing aus der angefangenen Sequenz wieder aufnehmen kann.

– Etwa 10 Arbeitstage nach Drehende wird vom *editor* die Fertigstellung des Rohschnitts erwartet. Die Gestaltung der einzelnen Szenen und der Gesamtablauf des Films haben sich in diesem Stadium so genau wie möglich an der Drehbuchvorlage zu orientieren.
Die Begegnung des Regisseurs mit seinem Film in der Fassung des Rohschnitts leitet die eigentliche Arbeitsphase *post production* ein und ist ausschlaggebend für das Arbeitsklima der folgenden Wochen und Monate im Schneideraum, wobei vom Barometer der Stimmungen die ganze Skala zwischen den Polen Euphorie und Verzweiflung, gepaart mit dem individuellen Temperament des jeweiligen Regisseurs, zu erwarten ist. Im Idealfall sieht der Regisseur seine Vorstellung durch die eigenen Dreharbeiten und die Arbeit des *editors* weitestgehend verwirklicht und beginnt, den Film zu gestalten, indem er Erzählrhythmus und Dramatik herausarbeitet.
Rein schnitt-technisch gesehen ist der Rohschnitt meistens auch der beste Schnitt. Daher läßt man diese Fassung des Films als Grundlage für die weitere Arbeit dann auf Video überspielen, um immer wieder zum Vergleich auf die Erstfassung zurückgreifen zu können.
Wenn jetzt gravierende Eingriffe nötig werden (Umstellungen von ganzen Szenen oder erhebliche Kürzungen), bedeutet das meistens, daß schnitt-technisch Konzessionen gemacht werden müssen.

– Beim Arbeitsgang *Feinschnitt* besteht die Zusammenarbeit von Regisseur und *editor* darin, die besten Möglichkeiten herauszufinden, mit dem vorhandenen Filmmaterial die ursprüngliche künstlerische Intention des Regisseurs zu verwirklichen. Je nachdem, wie weit sich Regie-Vorstellung und Material-Realität decken oder voneinander entfernt haben, gestaltet sich diese Phase arbeitsfroh bis verzweifelt. Eine weitere Hürde ist manchmal, daß auch seitens der Studioleitung (oder einer inzwischen neuen Studioleitung, die das Projekt von den Vorgängern übernehmen mußte und folglich Vorbehalte dagegen hat) Vorschriften hinsichtlich der Gestaltung des Films erlassen werden.

Mit der offiziellen Abnahme des *Feinschnitts* ist die eigenschöpferische Arbeit des Bildeditors abgeschlossen. Seine Aufgabe besteht nun in der Koordination und Überwachung der technischen Fertigstellung, d. h.: Besprechungen mit dem Komponisten, Anweisungen an die *sound-editors* und Geräuschemacher, Kontrolle der Nachsynchronisation, Bestellen der Titel sowie eventuell erforderlicher Graphiken, Inserts, Blenden oder Trickaufnahmen.

– In der *Mischung* werden schließlich alle einzelnen Elemente, die auf verschiedenen Bild- und Tonträgern gespeichert sind, zum fertigen Film zusammengefügt und aufeinander abgestimmt. Dieser Prozeß sollte aufgrund technisch einwandfreier Vorarbeit der *music-* und *sound-editors* problemlos vor sich gehen, so daß sich Regisseur und *editor* ganz auf das Herausarbeiten der Nuancen konzentrieren können. Etwa 10 Film-Minuten pro Arbeitstag werden dabei für aufwendige Produktionen veranschlagt.

Der fertiggestellte Film wird nun in *previews* getestet, und es kommt durchaus vor, daß danach eine gründliche Überarbeitung bis hin zur Umgestaltung verlangt wird. Die Anfangsszene von SUNSET BOULEVARD (Boulevard der Dämmerung) wurde erst nachdem der Film bei einer *preview* als unvollkommen empfunden worden war, erdacht und gedreht. Bei DOUBLE INDEMNITY (Frau ohne Gewissen) wurde das Ende des Films verändert: die Bestrafung auf dem elektrischen Stuhl wurde zugunsten eines offenen Endes eliminiert.
Bevor sie in die Kinos kommen, haben die Produktionen der großen Studios alle eine „Zensur" zu passieren, die durch den *production code* der MPPA (*Motion Pictures Producers Association*) bestimmt ist und jeweils eine Klassifizierung für eine bestimmte Altersgruppe (*rating*) festlegt. Zwar ist *free expression* in den USA verfassungsmäßig garantiert, aber die MPPA unterwirft sich einer sogenannten freiwilligen Selbstkontrolle, die auch mit nachträglichen Auflagen an den Schnitt verbunden sein kann.
Im Gegensatz zur heutigen Praxis konnten sich früher nur die anerkanntesten Regisseure ihren *editor* selbst aussuchen. In der Regel stellte die Studioleitung dem Regisseur einen *editor* ihrer Wahl zur Seite und verlangte von ihm laufend Rapport über die Ergebnisse von Dreharbeiten und Schnitt. Den *editor* konnte diese Position in erhebliche Loyalitätskonflikte bringen, wenn der Regisseur darauf bestand, sein Arbeitsergebnis erst in der Feinschnitt-Fassung zu präsentieren, während die Studio-Leitung Einblick in den Rohschnitt verlangte, um Eingriffe in die Produktion vornehmen zu können (z. B. zu verlangen, daß ein Darsteller ausgetauscht wird) oder um das Produktionsbudget aufgrund eines zu befürchtenden mäßigen Ergebnisses zu kürzen.
Heutzutage hat man erkannt, daß die Kontrolle, die über den Schneideraum ausgeübt wird, zu spät einsetzt, um wirklich effektiv sein zu können, und man bedient sich, wenn Zweifel an der Arbeit des Regisseurs bestehen, des Kameramanns, der der Studioleitung gegenüber verpflichtet wird und durch den schon während der Dreharbeiten eine direkte Einflußnahme möglich ist.

Es ist das Prinzip der großen Studios, die Filmproduzenten in keiner Phase des Produktionsprozesses sich selbst zu überlassen oder sie allein zu lassen. Durch ständige Kontrolle bis hin zur Bevormundung sollen finanzielle Verluste begrenzt, wenn nicht ausgeschlossen werden. Dennoch ist Studio-Geschichte nicht nur eine Geschichte rauschender Erfolge, sondern auch eine Geschichte finanzieller Desaster. So mußte, nachdem die Kosten für den Film CLEOPATRA (mit Liz Taylor und Richard Burton) die Fox-Studios an den Rand des Bankrotts getrieben hatten, ein Teil des Studio-Geländes verkauft werden.

Der TV-editor

Die finanzielle Rettung der großen Studio-Betriebe war Ende der 50er, Anfang der 60er Jahre das Aufkommen des Fernsehgeschäfts. Der Kinofilm muß von den Studios durch Bankkredite finanziert werden, deren Zinsen, wenn sich die Fertigstellung eines Films lange hinzieht, astronomische Höhen erreichen können. Beim Fernsehen dagegen werden Drehbeginn und Sendetermin prinzipiell so dicht es geht zusammengehalten. Finanziert werden sämtliche Fernsehproduktionen durch Einnahmen aus dem Verkauf von Werbeminuten.
Zum Spielfilmgeschäft gehören der ganz große Gewinn und der ruinöse Verlust und die künstlerische Intention. Die Fernsehunternehmen (net-works) können große Verluste leichter durch schnell folgende, neue Programme auffangen. Verlangt werden vor allem die Fähigkeit zu schnellem Arbeiten und das Geschick, Werbung gut zu verkaufen. Amerikanische Zyniker sagen, daß Fernsehsendungen in den USA überhaupt nur gemacht werden, um die Zeit zwischen den Werbespots zu füllen. Die einzigen Fernsehproduktionen, die mit vergleichbarer Sorgfalt wie Kinofilme hergestellt werden, sind die Pilot-Filme der Serien, da sie die Käufer der Werbeminuten davon überzeugen müssen, daß ihr Geld gut angelegt ist. Man kann die Pilot-Filme als die Eigenwerbung der net-works betrachten. Eine Serie oder Sendung hat im Fernsehen nur Bestand, wenn eine bestimmte Einschaltquote erreicht wird. Kultureller Anspruch und lobende Kritikerstimmen können eine Sendung nicht rechtfertigen, wenn sich ihr Erfolg nicht gleichzeitig in Zahlen ausdrükken läßt.
Innerhalb der Studios sind die Abteilungen Spielfilm (movie-production) und Fernsehen (TV-production) vollkommen voneinander getrennt und beschäftigen je einen eigenen Mitarbeiterstab. Die Abteilung movie-production ist inzwischen sehr klein, 80% aller Filmschaffenden Hollywoods arbeiten für das Fernsehen. Der spezielle Auftrag des Fernsehens, Werbung zu vertreiben, bedingt die Produktionsform.
Das beginnt beim Drehbuch: Die unmittelbaren Geschäftspartner der net-works sind die großen Werbeagenturen des Landes, denen Wirtschaft und

Der TV-editor

Industrie ihre Werbeetats anvertrauen. Ihre Vertreter kaufen Werbeminuten in den Sendungen ein, die sie für das Produkt, das sie vertreten, für geeignet halten. Die Redakteure der *net-works* bemühen sich um geeignete Stoffe für diesen Bedarf; Drehbücher werden z. B. auch daraufhin untersucht, ob sie eine bestimmte Konsumentengruppe besonders ansprechen. (So war z. B. DALLAS ein ausgezeichneter Werbeträger für Luxus-Artikel wie Prestige-Autos, Parfüms, Kosmetika, Kreditkarten usw.)

Die Rolle des Regisseurs ist eine völlig andere als beim Kinofilm. Das Interesse des Publikums wird ausschließlich auf die „Stars" gelenkt, die zu Identifikationsfiguren aufgebaut werden. An den durchschnittlich 25 Folgen pro Jahr einer Fernsehserie arbeiten mehrere Regisseure. Ihre Aufgabe besteht darin, die Drehbücher möglichst genau so umzusetzen, wie man sie ihnen vorgelegt hat, wobei 7 bis 8 Sendeminuten pro Drehtag von ihnen erwartet werden. Während einer Drehsaison (die in den USA von Mai bis Januar/Februar des folgenden Jahres geht) dreht ein Fernsehregisseur, der gut im Geschäft ist, eine Produktion nach der anderen ab. Die Herstellungsphase *post production* geht ohne seine Mitwirkung vor sich. Für den *TV-editor* ist nicht der Regisseur Ansprechpartner, sondern der Produzent der Sendung, der von ihm erstens und vor allem die genaue Einhaltung des Zeitplanes (*completion-schedule*) verlangt. („Wir wollen es nicht gut, wir wollen es Mittwoch.")

Der *editor* beim Fernsehen arbeitet unter größtem Zeitdruck. Lange Überstunden und Wochenendarbeit, die nach gewerkschaftlichen Tarifen bezahlt werden, sind die Regel. Die Studios unterhalten attraktive und effektiv organisierte Kantinen mit billigen Preisen, damit sich niemand lange von der Arbeit entfernen muß, um zu essen. Gearbeitet wird in den Fernsehstudios rund um die Uhr.

Am Schneidetisch ist der *editor* weitestgehend sich selbst überlassen. Außer Terminvorgaben werden ihm gegenüber selten Wünsche geäußert oder Vorstellungen entwickelt. Die Probleme, die man mit ihm bespricht, sind technischer (Sendung ist zu lang oder zu kurz) oder kommerzieller Art (sinkende Einschaltquote bei der Ausstrahlung der Sendung und Rücknahme von Werbeaufträgen).

Das Szenenmaterial, das der *editor* zu schneiden hat, ist von wesentlich anderer Qualität als das Material für einen Spielfilm. Der Fernsehregisseur hatte beim Drehen wenig Zeit. Oft werden unerfahrene und nicht die besten Schauspieler engagiert. Totalen und durchinszenierte Szenen in einer Einstellung sind unter diesen Voraussetzungen nicht möglich. Der Regisseur muß im wesentlichen mit *pick-ups*, Nahaufnahmen, Inserts und anderen zeitsparenden Notbehelfen arbeiten.

Für den *editor* bedeutet das, daß er aus vielen unzusammenhängenden Teilen eine Szene zusammenfügt, die beim Drehen so niemals „stand" und die jetzt im Schneideraum durch geschicktes Benutzen des Materials entstehen muß. Die andere große Aufgabe des *TV-editors* besteht darin, die Werbespots zu plazieren, was im günstigsten Fall (wenn im Drehbuch richtig eingeplant und vom Regisseur entsprechend inszeniert) sehr einfach ist, aber öfters auch eine knifflige Angelegenheit sein kann. Der Szenenschluß vor einem Werbespot muß auf die Sekunde genau erfolgen (Toleranz 16 Bildfelder). Das beschränkt natürlich die Freiheit des *editors* bei der Länge von einzelnen Schnitten und macht das Schneiden manchmal auch zu einer Rechenaufgabe. Insgesamt geht es bei der Gliederung einer Sendung für die Werbeeinschübe darum, die Aufmerksamkeit des Zuschauers so zu binden, daß er bei der Unterbrechung der Sendung durch Werbung nicht auf ein anderes Programm umschaltet, sondern auf den Fortgang der Geschichte gespannt ist. Die Vertonung und die Musik fallen beim Fernsehen nicht mehr in den Verantwortungsbereich des *editors*. Wenn der Bildschnitt steht, übergibt er den Film mit den nötigen Instruktionen in Listenform zur Fertigstellung der Musikabteilung und dem Tonschnitt. Nur wenn er Zeit hat, beaufsichtigt er die Mischung.

Alle *net-work*-Programme werden auf 35mm-Film aufgenommen und mit der Moviola geschnitten. 16mm-Film, der in Deutschland üblich ist, wird in den großen Studios gar nicht verwendet. Dasselbe gilt für das Tonmaterial.

Ein fest angestellter *editor* arbeitet oft an mehreren Fernsehproduktionen gleichzeitig. Pro Monat hat er 50 Minuten Bildschnitt abzuliefern. Wenn der Abteilungsleiter feststellt, daß ein *editor* nicht voll ausgelastet ist, wird er ihn veranlassen, einem momentan überlasteten Kollegen zu helfen, indem er aus dessen Produktion den Schnitt einzelner Sequenzen übernimmt. Alle 4 Wochen kommt im Schneideraum ein neues Fernsehprogramm zur Bearbeitung an, ohne Rücksicht darauf, ob das vorhergehende schon durchgearbeitet ist. Dieses Arbeitspensum ist auf Dauer nur zu bewältigen, wenn der *editor* es versteht, schnell und entschlossen seine Schnitte zu machen. Er hat keine Zeit und wenig Möglichkeit für Korrekturen und Experimente. Die Zahl der Sendeminuten ist unerbittlich festgeschrieben. Ist eine Sendung zu lang, müssen Szenen herausgenommen werden, auch wenn sie noch so gelungen oder dramaturgisch wichtig sind. Ist eine Sendung am Ende zu kurz, muß sie aus dem „übriggebliebenen" knappen Material auf die geforderte Länge gebracht werden. Nachdrehs werden nur in ganz besonderen Fällen angeordnet.

Die Chefetage der TV-Abteilung kümmert sich, nachdem die *net-works* die Serien anhand der Pilot-Filme bestellt haben, wenig um den Ablauf der Produktion und läßt sich auch selten Muster vorführen. Nur bei sinkender Einschaltquote tritt ein Krisenstab zusammen. Die Rettungsaktion des Gremiums besteht dann meistens in der Empfehlung, eine Folge, die besser gelungen ist, vorzuziehen und danach zu versuchen, das weniger Gelungene zu verkaufen. Es ist kein Zufall, daß Spielfilme, die im Fernsehen gezeigt werden, in der Regel sehr gute Einschaltquoten haben. Obwohl sie für die Werbung „zerlegt" und zudem meist verkürzt gesendet werden, merkt man ihnen noch die Sorgfalt bei der Herstellung an, und ihre *story* entwickelt einen Sog, der sich mit Fernsehdramaturgie und in Fließbandproduktion nicht erreichen läßt.

Der TV-editor   113

Es gibt auch in den USA ein Fernsehen ohne Werbung, das *Public Broadcasting System* (PBS), welches durch Steuergelder und private Stiftungen finanziert wird. Das PBS vergibt Mittel für Produktionen, die von den *net-works* als unrentabel eingestuft werden, wie z. B. kritische Dokumentationen, experimentelle Spielfilme, Übertragungen von Theateraufführungen, Konzerten usw. – Sendungen, die erfahrungsgemäß nur eine verhältnismäßig kleine Zuschauerzahl ansprechen. Nur in Metropolen wie New York, San Francisco, Chicago oder Boston hat das PBS eine nennenswerte Einschaltquote, in der Weite der amerikanischen Provinz wird es kaum wahrgenommen. Die Gagen, die PBS zahlt, liegen folglich auch weit unter den Gagen der *net-works*.
Die deutsche Filmindustrie läßt sich allenfalls mit dem amerikanischen PBS vergleichen. Seit es in Deutschland für Filmproduzenten die Geldquellen der Bundesfilmförderung und der öffentlich-rechtlichen Fernsehanstalten gibt, sind die Produktionsbedingungen für Film- und Fernsehproduktionen identisch. Es gibt kein Filmbudget mehr, dem diese Gelder nicht in irgendeiner Form zugrunde lägen. Die Existenz der Studiobetriebe ist sozusagen staatlich garantiert. So haben wir zwar aufwendige und weniger aufwendige Film-/Fernsehproduktionen, ein grundsätzlicher Unterschied jedoch besteht höchstens noch in der Haltung der Filmschaffenden zu ihrer Arbeit: Filmproduktionen stacheln zu größerem Ehrgeiz an. Finanzielle Verluste durch Mißerfolge schädigen niemanden nachhaltig, da das Risiko weitestgehend von staatlichen und öffentlich-rechtlichen Körperschaften getragen wird; die Gesetze der freien Marktwirtschaft sind in Deutschland für diesen Produktionsbereich außer Kraft gesetzt.

URSULA HÖF

Werkstatt-Notizen aus dem Schneideraum

Bei Filmen mit Spielhandlung hält sich hartnäckig das Vorurteil, da sei doch alles festgelegt, da gäbe es doch gar nicht viel zu schneiden. Und auch manche Regisseure sagen, „Daran ist nicht viel zu tun, ich habe auf Schnitt gedreht" oder „Da braucht man doch bloß die Klappen abzuschneiden". Diese Meinung ändert sich sehr schnell, wenn die betreffenden Regisseure ihren Film in der Fassung der Muster ohne Klappen sehen.[1] Diese Art von Rohschnitt ist dann meistens einfach nur lang, ein paar gute Teile sind drin, aber ansonsten ist das Ganze eher langweilig.

Filmschnitt, Montage, ist der Teil der Filmgestaltung, der aus diesem Rohschnitt dann den Film macht, spannend, kurzweilig, interessant, anrührend. Allerdings, ohne gutes Material ist kaum ein guter Schnitt möglich, und gutes Material braucht erst recht einen guten Schnitt. Montage ist halt ebenso wichtig wie Kamera, Licht, Szenenbild, Ton, Musik und das Spiel der Schauspieler. Montage ist die Kunst, das Richtige auszuwählen und Bild, Ton und Musik zusammenzubringen. Im Englischen heißt deshalb unser Beruf auch *editor* (Herausgeber), nicht Cutter.

Wieviel an einem Film durch die Montage gestaltet wird, hängt davon ab, wie er von Regie, Kamera und Darstellern vorgestaltet wurde: Sind die Szenen stark aufgelöst, also in vielen einzelnen Einstellungen gedreht, oder sind es lange ruhige Bilder oder Fahrten, oder Bilder mit vielen Kamerabewegungen? Wie ist das Timing der Inszenierung? Gibt es viel Dialog und wenig Handlung oder viel Handlung und wenig Dialog, oder beides? Gibt es Actionteile oder eher fließende Bewegungen? Wie ist der Rhythmus des Films gemeint? Ein Film, der stark aufgelöst ist, hat mehr Schnitte als einer mit langen Einstellungen, und damit kann das Timing stärker beeinflußt werden. Insofern ist die Montage dabei sichtbarer. Im anderen Fall überwiegt dafür vielleicht der Anteil der Tonmontage. Auch wenn es nicht so sichtbar ist, durch die Montage gestaltet werden alle Filme, mit all den Möglichkeiten, die einer Cutterin dafür zur Verfügung stehen[2].

Den Rahmen gibt natürlich erst einmal das Drehbuch, darin steht, was erzählt werden soll: die Handlung, die Dialoge, der dramaturgische Aufbau, die Motivation der Charaktere. Wie der Film erzählt werden soll, zeigt mir das gedrehte Material. Dabei ist für mich der erste Eindruck immer sehr wichtig: Was berührt mich sofort stark, welche Handlung oder Motivation einer Figur wird auf Anhieb klar, oder was muß durch die Montage noch herausgearbeitet werden? Den ersten Eindruck gilt es im Gedächtnis zu behalten, um spätere Eindrücke daran zu messen. Die Cutterin ist ja auch die erste Zuschauerin (wenn sie nicht schon beim Drehen eine andere Funktion ausgeübt hat). Sie kann unvorbelastet durch Probleme bei den Dreharbeiten an das Material herangehen, und sie kann auch Lösungen sehen, die weder im Drehbuch noch im Storyboard vorgesehen waren, aber den gewünschten Effekt erzielen.

Die Cutterin interpretiert das Material, unterstützt die Erzählweise und das Spiel der Schauspieler. Wo sie die Schnitte setzt und welche Teile des Spiels sie einsetzt, beeinflußt den Gang der Handlung und die Wirkung der Charaktere. Sie kann Abläufe verändern oder die Zeit dehnen bzw. raffen. Jeden Schnitt, jede Szene, jeden Ton muß sie immer wieder mit dem Gesamtzusammenhang überprüfen: Paßt das so in den dramaturgischen Bogen und in den Gesamtrhythmus des Films?

Das alles geschieht natürlich im Dialog mit der Regie. Ob der Regisseur dabei jeden Schnitt mitverfolgen oder erst ganze Szenen geschnitten sehen möchte, ist nicht das Entscheidende und bei jedem Regisseur verschieden. Wieviel Einfluß eine Cutterin auf einen Film hat und wieviel Autonomie beim Schneiden, hängt ab von ihrer Erfahrung, ihrer Intuition, ihren handwerklichen, dramaturgischen und manchmal auch psychologischen Fähigkeiten. Nicht zuletzt allerdings auch von den Produktionsbedingungen. Und ebenso hängt es ab von der Erfahrung des Regisseurs und seiner Fähigkeit, „sein" Material interpretieren und auch einmal in Frage stellen zu lassen. Hat eine Cutterin wenig Autonomie, muß das nicht nur eine Frage ihres Könnens sein, es kann auch am Selbstwertgefühl des Regisseurs liegen. Die Arbeit an diesem Gemeinschaftswerk Film basiert in allen Sparten auf dem Vertrauen in die Fähigkeiten jedes einzelnen. Je größer dieses Vertrauen, desto besser für den Film.

„Ein guter Schnitt ist ein Schnitt, den man nicht sieht"

Dieser Satz galt lange als „ehernes" Gesetz des Filmschnitts, ebenso wie solche Vorgaben, daß eine Szene mit einer Orientierungstotalen anfangen muß oder eine Totale und eine Großaufnahme nicht aufeinanderfolgen dürfen. Solche Gesetze ändern sich, was bleibt, sind ein paar Grundprinzipien: Blickrichtungen müssen korrespondieren, Bewegungsrichtungen dürfen sich nicht gegenseitig aufheben, Bildkompositionen sollten zusammenpassen. Häufig passen zwei aufeinanderfolgende Einstellungen nicht zusammen, weil Figuren innerhalb des Bildes „springen" (von der rechten Bildhälfte in die linke oder von unten nach oben) oder weil die graphischen Linien zweier Bilder sich gegenseitig stören (besonders wichtig bei Montagen). Die Zuschauer sollen ja nicht verwirrt werden oder die Orientierung im Raum verlieren, es sei denn, es ist dramaturgisch beabsichtigt.

Das Ziel der Montage, den Film als Ganzes wahrnehmen zu lassen, die Zuschauer nicht merken zu lassen, daß er aus vielen Teilen zusammengesetzt ist, kann man durch viele Montagearten erreichen. Die Sehgewohnheiten ändern sich und damit auch die Arten zu schneiden.

In der konventionellen Erzählweise müssen die Schnitte „weich" sein, man springt z. B. innerhalb der gleichen Kameraachse ran, die Bewegung geht aus der einen Einstellung in die andere über, oder man zieht den Ton oder den gesprochenen Text über den Schnitt. Beliebt sind dann Schnitte im Aufstehen einer Person oder im Hinsetzen, im Tür auf/Tür zu, überall da, wo die Bewegung vom Schnitt ablenkt.

Diese Art zu schneiden (als Gesetz) hat mich selbst nie sehr interessiert. Mir ist erst einmal wichtig, daß ein Schnitt motiviert ist, aus der Handlung, aus dem Dialog, aus der Emphase auf eine Figur oder um die Aufmerksamkeit auf ein Detail zu lenken. Auch um Spannung zu erzeugen, sind die überraschenden Schnitte wirkungsvoller. Und man kann auch mal einen nicht fürs ON geplanten (schnellen) Zoom oder Schwenk so nutzen, daß die folgende Einstellung schneller, „nervöser" wirkt, also mit der Bewegung einer Figur in den Schwenk schneiden, eine Figur mit dem Zoom auf Groß (statt nur der Großaufnahme) effektvoller herausholen. Nach mechanischen Gesichtspunkten gesetzte, also „versteckte" Schnitte machen den Rhythmus eines Films dagegen gleichmäßiger. Für welche Art zu schneiden man sich entscheidet, hat also mit diesem Rhythmus zu tun.

Durch den Montagerhythmus eines Films werden Gefühle erzeugt. Sollen die Zuschauer Angst bekommen und vorbereitet werden auf das Böse, oder will man sie plötzlich aus einer trügerischen Ruhe reißen? Gibt es neben dem Spiel der Darsteller durch Zwischenschnitte schon Hinweise auf das, was passieren kann, oder bleibt man lang und ruhig auf einer Figur, um dann plötzlich mit kurzen Schnitten die Spannung voranzutreiben? Oder sollen die Zuschauer überhaupt ruhig beobachten können? Auch das Animieren zum Lachen oder zum Mitleiden kann man durch den Schnittrhythmus verstärken. Dementsprechend muß man sich entscheiden, ob man das Tempo der Erzählung verändern will, schneller oder langsamer machen als ursprünglich gemeint. Man kann nicht gegen das Material schneiden, aber man kann verändern, wenn es ratsam ist. Die Regie hat sich mit der Wahl der Erzählweise schon für einen Rhythmus entschieden. In der Montage erhält der Film sein endgültiges Tempo. Dabei spreche ich nicht vom Schneideraum als „Reparaturbetrieb", ein Kriterium, an dem das Können von Cutterinnen oft gemessen wird. Ich gehe davon aus, daß die Möglichkeiten der Montage hoch eingeschätzt und auch genutzt werden. Als wir an KOMPLIZINNEN arbeiteten[3], haben die Regisseurin und ich gemerkt, daß das ursprüngliche Timing der Inszenierung nicht ausreichte, das zu zeigen, was sie die Zuschauer erspüren lassen wollte. Der Film spielt im Gefängnis, die Protagonistin sitzt über lange Zeit in Isolationshaft. Die Szenen, in denen sie allein ist, apathisch auf dem Bett liegt oder hektisch in der Zelle auf und ab geht, waren in langen Einstellungen gedreht (Filmzeit = Realzeit) und hatten keinen Spielanschluß. Der Effekt, daß die Wahrnehmung in der Isolation aus den Fugen gerät, sollte erreicht werden durch gekippte Bilder, bei einigen drehte sich die Kamera auch noch über Kopf.

Bei der Durchsicht des Rohschnitts merkten wir, daß die realistische Zeit der Handlung die gewünschte Wirkung nicht erzielte, und der Film zu langsam, zu gleichförmig erschien. Wir haben dann aus den langen Einstellungen Stücke herausgenommen, das hektische Hin- und Herrennen der Protagonistin hatte plötzlich Lücken. Und wenn sie „aus dem Raum fiel", was durch die Drehung der Kamera so wirkte, dann sah man davon eben nur Teile. Ich mußte mich zwingen, gegen einen „schönen" Rhythmus zu schneiden und doch einen eigenen Rhythmus der Szenen zu finden. Und der Effekt der lückenhaften Wahrnehmung war erreicht. Diese Art des Schnitts zieht sich über die erste Hälfte des Films und hat den Rhythmus der anderen Hälfte dann auch beeinflußt. Kamera und Montage haben sich auf diese Weise in ihren Mitteln ergänzt.

Schnitt – Gegenschnitt

Die größte Eigenständigkeit hat die Montage in einem Film, dessen Szenen stark aufgelöst sind. Das einfachste Beispiel dafür: Dialogszenen. Klassisch gedreht werden sie in einer Totalen mit der ganzen Szene, mehreren Teilen in Halbtotalen und Großaufnahmen der Dialogpartner. Ein Beispiel:

A (Frau) und B (Mann) in einem fremden Appartement, vorerst in Sicherheit. B schimpft, flucht, redet viel, vor allem über C (wann und warum der ihn hat umbringen lassen wollen). A spricht fast überhaupt nicht. Ihr ist B zuwider, aber sie ist auf ihn angewiesen, nur von ihm kann sie die Information kriegen, wer ihren Bruder umgebracht hat. B, morphiumsüchtig, hat einen „Cold Turkey" (Entzugserscheinungen), kotzt sein Selbstmitleid aus und ist am Schluß der Szene nur noch ein frierendes Häufchen Elend. Er würde nie zugeben, daß A ihn fasziniert.

Den wichtigsten Hinweis, was aus einer Dialogszene zu machen ist, liefern die Schauspieler. Auf ihr Spiel und ihren Rhythmus lasse ich mich ein. Und da B so traumhaft gespielt ist, und A zunächst ganz unscheinbar wirkt, ist die Versuchung groß, einfach B die ganze Szene über im ON zu lassen. Also muß ich A ein bißchen rausarbeiten, aus ihren Einstellungen Blicke und Reaktionen aussuchen, mit denen ich zeigen kann, was sich in ihr abspielt. Denn sie erkennt langsam, daß C, ihr früherer Geliebter, ihren Bruder hat umbringen lassen. Zu Beginn ist die Szene hektisch, die Schnitte liegen am Anfang einer heftigen Bewegung von ihm. Dann werden die Bewegungen langsamer und auch die eingeschnittenen Teile länger. Es kommen nachdenkliche Großaufnahmen von A, so auf Dialogsätze von B gesetzt, daß klar wird, was sie denkt, aber von ihm keine Wirkung weggenommen ist. Dann noch ein kurzes Duell, in dem sie zeigt, daß sie sich nicht von ihm einschüchtern läßt und ihn durchschaut. Das sind Großaufnahmen von beiden, schnell hin- und hergeschnitten, dieses Mal auch Schnitte mitten in den Worten, im Gegensatz zu vorher. Vorher trennte die beiden alles, also lagen die Schnitte auf Dialogpausen, zwischen den Sätzen, jetzt streiten sie *mit*einander. Am Ende wird die Szene ganz ruhig, lange Einstellungen, ganz wenig Schnitte. A wird einen Weg finden, sich an C zu rächen; sie zwingt B, sich auszuruhen, bevor er die nächste halsbrecherische Aktion startet. Zwei Verschworene klammern sich aneinander.

Die Szene hat mich beim Schneiden sehr bewegt. Ich fand sie spannend, zwischen den beiden knisterte es, vor allem auch durch sein Spiel. Im fertigen Film ist die Szene wesentlich gekürzt, sehr zu meinem Bedauern, von A's Motivation ist nicht viel übriggeblieben. Der Regisseur fand die Darstellerin schrecklich und ihren Part wohl nicht so wichtig. Warum A ihren ehemaligen Geliebten am Schluß des Films verrät, wurde nicht mehr deutlich. Sie tut das halt. Das sind dann die Entscheidungen der Regie, nicht mehr die der Cutterin. Für mich ist bei einer Dialogszene wichtig, wie ich sie spannend machen kann durch das, was im ON oder im OFF gesagt wird. Bild- und Toninformation müssen sich ergänzen. Geben beide die gleiche Information, wird es leicht langweilig. Geben sie verschiedene, sich ergänzende Informationen, vielleicht sogar kontrapunktisch eingesetzt, dann weckt das das Interesse des Zuschauers. Dasselbe gilt natürlich auch für andere Szenen, besonders für

„Montagen"

In vielen durchgeplanten Filmen, bei denen sich Regie und Kamera den Kopf zerbrochen haben, wie sie was auflösen, wo die Totale wichtig ist und wo die Großaufnahme, gibt es Sequenzen, deren Struktur sie fast ganz der Cutterin überlassen. Diese Sequenzen heißen dann auch „Montagen". In meist kurzen Bildern mit exemplarischer Handlung wird erzählt, wie Zeit vergeht, werden durch typische Bewegungen Figuren charakterisiert, werden Entfernungen überwunden usw.

Die schönste „Montage", die mir dazu einfällt, ist der Walzer der Trucks in CONVOY[4]. Sie ist Teil einer Verfolgungsjagd zwischen den Trucks und drei Polizeiautos über eine sehr sandige Gebirgsstraße. Zwei der verfolgenden Polizeiwagen sind auf der Strecke geblieben. Die Trucks haben den Paß, die rettende Landesgrenze, erreicht und wähnen sich in Sicherheit. Sie pflügen und schweben durch diese Wolken von Staub und Sand, dazwischen der übriggebliebene Polizeiwagen mit dem hartnäckigsten Verfolger. Immer ein Truck von links nach rechts und einer von rechts nach links, geht es die Serpentinen herunter, in langen Überblendungen, teilweise mehrfach ineinandergeblendet – und darunter liegt ein Walzer. Die Szene ist unverschämt, ironisch und gleichzeitig monumental. In ihr liegt der ganze Spaß der Trucker und auch der Spaß, solche Filmgeschichten zu erzählen.

„Montagen" haben immer einen wichtigen dramaturgischen Sinn. Die verkürzte Erzählweise emotionalisiert sehr stark. Der Rhythmus ist wichtiger als die einzelne Handlung. „Montagen" lassen die Zuschauer Hektik spüren, treiben die Handlung voran, machen atemlos, oder sie lassen ausruhen, einen Ort genießen, und immer lassen sie mitfühlen, mitfeiern, mitleiden. Montagen sind die interessantesten Teile im Schnitt und die schwierigsten. Ihr Ablauf ist vor Beginn des Schnitts selten festgelegt. Aber, auch wenn man es ihnen auf den ersten Blick nicht ansieht, „Montagen" haben immer eine Ordnung, eine Entwicklung, die es jedoch erst herzustellen gilt. Oft kann man im Material schwelgen und muß sich zur Knappheit zwingen. Man muß ausprobieren, auswählen und entscheiden, welche Bilder nach Handlung und wiederum Bildkomposition am besten zusammenpassen. Und man muß den richtigen Rhythmus finden. Manche Montagesequenzen müssen sich im Rhythmus steigern, sich verdichten zum Ende hin, mit schnelleren Schnitten oder vielen Großaufnahmen. Manchmal gibt eine Musik den Rhythmus an oder ein zu unterlegender Text, oder Geräusche übernehmen die verbindende oder auch treibende Funktion.

Auch „Actionszenen" werden häufig nach diesem Schnittprinzip, der „Montage" gestaltet, um die Handlung dieser Szenen bewußt auf das Wesentliche zu reduzieren. Sie leben von der Spannung zwischen Großaufnahmen und Totalen, von den Bewegungen der Figuren und der Kamera. In Actionszenen muß man sehr ökonomisch erzählen. Es ist z. B. nicht wichtig, wie lange eine Bewegung dauert, es reicht der Teil des Bildes, in dem sie sich am deutlichsten ausdrückt. „Action" lebt von schnellen Bewegungen, von den „typischen" Geräuschen, von Musik, Dialogfetzen und kurzen Schnitten und sich steigerndem Tempo. „In natura" zu schnelle Bewegungen kann man durch leichte Verdoppelung eindrucksvoller und gefährlicher erscheinen lassen (Schnitt in der Bewegung, nach dem Schnitt nicht der direkte Anschluß, sondern zwei, drei Felder die Bewegung wiederholen, geht am besten in Großaufnahmen oder bei bewegter Kamera. Das stört nicht den Fluß der Bewegung, dehnt sie aber ein bißchen).

Jedes Bild hat in Zusammenhang mit dem davor und danach liegenden Bild sowie in Verbindung mit der betreffenden Musik oder dem Text eine eigene, ganz spezifische Bedeutung. Bei „Montagen" muß man feilen, feilen, feilen – bis die Sequenz so aussieht, als sei sie immer schon so geplant und eigentlich ganz einfach gewesen – eben überzeugend.

Während der Held den befreienden Gipfel erklimmt,
braut sich im Tal das Gewitter zusammen...

Parallelhandlungen sind in einem Medium, in dem alles nur nacheinander gezeigt werden kann, etwas wunderbar Kniffliges. Und wie so oft hat vorher gut Ausgedachtes sich hinterher als anders viel besser erzählt erwiesen. Man kann die einzelnen Szenen so schön hin- und herschieben, soweit Kontext und Kausalität dies zulassen. Trifft erst sie auf den Vater, und dann er auf den

Wilderer? Atmet erst er die tiefe klare Bergluft ein, und trifft dann sie auf die Verachtung der Dorfbewohner, oder umgekehrt? Jedesmal ist es etwas anderes. Zeigt er Glück, nachdem sie das Unglück getroffen hat, ist sie schlechter dran in den Augen der Zuschauer, er scheint sie zu verachten. Trifft sie das Unglück erst, nachdem man ihn glücklich gesehen hat, haben die Zuschauer mehr Mitleid mit ihr und würden ihn gern vom Berg runterholen.

Bei der Parallelmontage, sei es z. B. mit ganzen Szenen oder nur mit Einstellungen, die sich abwechseln, wird häufig umgestellt, verschoben, ineinander verwoben. Der im Drehbuch stimmig erscheinende Ablauf im Film kann dabei verändert werden, entweder, weil man kürzen muß oder weil man den Film spannender machen will oder Handlungen stärker miteinander verknüpfen möchte. Ganze Choreographien kann man entwerfen, die Bewegung der einen Figur von der anderen weiterführen lassen, obwohl beide weit voneinander entfernt sind oder ganz nah beieinander. Läßt man die Handlung einer Person zu Ende gehen und die der anderen beim Umschnitt anfangen oder unterbricht man sie?

Solche Fragen stellen sich besonders bei Verfolgungsjagden.[5] Dabei dürfen Bewegungen eben nicht innerhalb der Einstellung abgeschlossen sein, wenn man nicht glauben soll, der Verfolgte sei entkommen. Alle möglichen Bewegungen kann man da über die Schnitte ziehen, gegensetzen oder weiterführen. Manchmal läßt sich die Gleichzeitigkeit des Geschehens auch durch den Ton zeigen, und damit auch die Entfernung der Personen voneinander: Die Polizeisirene ist in Schnitt eins und zwei gleich laut, d. h. die sich verfolgenden Personen sind nach wie vor gleich weit voneinander entfernt; oder die Glocke läutet im Tal und in der folgenden Einstellung auf dem Berg hört man sie noch aus der Ferne. Damit kann man auch Handlungen, die an sich keinen Bezug zueinander haben, zeitlich und auch inhaltlich miteinander verbinden.

Bei Parallelhandlungen läßt man sich beim Drehen häufig Möglichkeiten für die Montage offen. Beim Schnitt müssen die Entscheidungen ja nicht so schnell getroffen werden wie beim Drehen. Man kann mit mehr Ruhe die Gesamtdramaturgie überprüfen. Einer meiner Lieblingsfilme dieser Art ist MÖRDERISCHER VORSPRUNG[6], der fast ganz aus Parallelhandlungen besteht, eine einzige Verfolgungsjagd, mit einem wunderbaren Rhythmus. Ich bin sicher, bei diesem Film ist sehr viel im Schneideraum entstanden, bei sehr guten *editors*.

Und dann ist da noch der Ton...

Wesentlicher Bestandteil eines Films, das weiß jeder, ist der Ton. Was nicht jeder weiß, ist, daß auch für die Vertonung eines Films die Cutterin verantwortlich ist. Die Arbeit der Regie beschränkt sich hier meist auf die Auswahl der Musik und die Arbeit mit dem Komponisten. Und auf die Synchronregie bei Sprachaufnahmen. Ideen für zusätzliche Geräusche und häufig auch der

Charakter von Synchrongeräuschen sowie die Gestaltung durch Hintergrundtöne sind Aufgabe der Cutterin.

Der angelieferte Originalton ist genauso „Material" für die Gestaltung des Films wie das Bild. Meistens sind die Tonmeister während und nach dem Bildschnitt an der Tondramaturgie nicht mehr beteiligt (leider). Sie nehmen die beim Drehen schon machbaren oder im Drehbuch festgelegten Hintergrundgeräusche auf. Und nur in seltenen, glücklichen Fällen gibt es bei uns noch nach dem Drehen eine Zusammenarbeit mit dem Tonmeister. In Deutschland macht eben, im Gegensatz zu anderen Ländern, die Cutterin den Tonschnitt (bis auf wenige Großproduktionen, die sich einen Toncutter – sound-editor – leisten). Das hat natürlich auch einen Vorteil, denn die Tondramaturgie wird ja beim Bildschnitt gleich mit einbezogen. Viele Bilder bekommen durch den Ton eine andere Bedeutung. Ein idyllisches Bild wirkt durch einen angenehmen Ton noch idyllischer, durch einen bedrohlichen Ton wird die Idylle gänzlich aufgehoben. Ebenso erhält ein eher harmloses Bild durch einen bedrohlichen Ton einen viel gefährlicheren Charakter. Hintergrundtöne heißen im Schneideraum „Atmosphären", und genau das schaffen sie auch. Auch die Länge einer Einstellung im Film wird vom Ton mitbestimmt, sei es vom Dialog, sei es von anderen Tönen. Ein Bild mit Ton wirkt meist kürzer als eines ohne Ton.

Die meisten Hintergrundtöne, soweit sie nicht direkt als zur Szene gehörig am Drehort aufgenommen wurden, holt sich die Cutterin aus dem Geräuscharchiv. Und sie entscheidet meist selbst, welche Töne und wieviele sie noch dem Bild unterlegt. Ich wünsche mir oft, wir könnten in Deutschland auch so aufwendige und vielfältige Filmvertonungen machen, wie sie im Ausland üblich sind. Warum werden Spielfilme hier nicht immer mit Stereoton gedreht? Warum ist so oft nicht genug Zeit für den Tonschnitt?

Ja, und so nimmt man denn all diese prickelnden Dialogszenen, die raffinierten Actionteile, die witzigen Parallelhandlungen, die wunderbaren Totalen, die beeindruckenden Schwenks und die herrlichen Töne und montiert sie zu dieser großartigen Kinoerzählung – oder zum TATORT. Aber das ist Sache des Drehbuchs und der Regie, und nicht mehr der Cutterin.

Anmerkungen

1) Muster nennt man die erste Kopie vom Negativ, die als Arbeitskopie dem Schneideraum zur Verfügung steht. Da stimmen dann manchmal die Farben überhaupt nicht (früher waren Muster generell schwarzweiß), und man braucht Kopierwerkskenntnisse, um zu wissen, ob die Bilder farblich zusammenpassen.

2) Ich schreibe absichtlich Cutter*in*, weil dieser Beruf in Deutschland in der Mehrzahl von Frauen ausgeübt wird. Meine männlichen Kollegen bitte ich mal hinzunehmen, was ich hier auch den Regisseurinnen und Kamerafrauen zumute: daß ihre Berufsbezeichnung die des anderen Geschlechts ist.

3) KOMPLIZINNEN, Margit Czenki, BRD 1987; Kamera: Hille Sagel, Ton: Wolfgang Schukrafft.

4) CONVOY, Sam Peckinpah, USA 1978.

5) Karel Reisz beschreibt sehr anschaulich den Schnitt einer Verfolgungsjagd am Beispiel von NAKED CITY von Jules Dassin, in: Karel Reisz und Gavin Millar, *Geschichte und Technik der Filmmontage.* München 1988, Seite 53 ff.

6) DEADLY PURSUIT, Roger Spottiswoode, USA 1988; Schnitt: Garth Craven und George Bowers.
Ein schwarzer, „großstädtischer" FBI-Agent und ein weißer Aussteiger verfolgen einen Mörder, der sich einer Abenteurergruppe, die eine Tour durch die Rocky Mountains unternimmt, angeschlossen hat. Geführt wird diese Gruppe von der Freundin des Aussteigers. Der Film bezieht seine Spannung nicht nur aus der Verfolgungsjagd, sondern auch daraus, daß man den Mörder nicht kennt, also die ganze Gruppe verdächtigt, und daraus, daß der Aussteiger den FBI-Agenten nicht leiden kann und ständig versucht, ihn loszuwerden. Innerhalb dieser Parallelhandlungen gibt es wunderschöne Montagen, Actionteile, Zeit- und Ortswechsel, bis beide Gruppen fast aufeinandertreffen.

THOMAS BALKENHOL

Pflicht und Kür der Dokumentarfilm-Montage

„24 Mal Wahrheit in der Sekunde" (Godard) – Der Umgang mit der Realität in der Montage von Dokumentarfilmen

Man sollte einen Schlafwandler nicht ansprechen und einen Cutter nicht nach seinen Prinzipien und Techniken fragen. In Zeiten intensiver Montagearbeit beherrsche ich meine Techniken sogar nachts im Schlaf: Ich spule dann meine Träume zurück, schaue mir Szenen noch einmal an, tausche Bilder aus und suche neue, meist harmonischere Übergänge. Im halben Erwachen beginnt dann die Logik zu nörgeln, weist auf Absurditäten und Widersprüche hin und verdrängt nach und nach das manchmal merkwürdige, aber in sich schlüssige Traumerlebnis.

Ähnliche Phasen erlebe ich bei der Montage eines Dokumentarfilms. Mit traumwandlerischen, tastenden Schritten verarbeite ich die Erlebnisse der Kamera und des Tonaufnahmegerätes zu einem in sich schlüssigen Traum. Erst beim erneuten Anschauen beginnt die Vernunft zu nörgeln, versucht Bilder wegzudrängen, umzustellen, zu strukturieren und zu deuten. Ich halte jedoch solange wie möglich das Traumerlebnis im angenehmen Halbdunkel des Schneideraumes fest und schiebe die kalte Dusche der Analyse möglichst weit hinaus.

In den Jahren meiner Ausbildung (an der HFF München, 1973–77) und während meiner nunmehr zwölfjährigen Praxis als Cutter hatte ich wenig Gelegenheit zur Besinnung auf eine Theorie meiner Montagepraxis. Aus der Filmhochschulzeit sind mir an Bemühungen in diese Richtung lediglich Helmut Färbers Veranstaltungen zur Filmgeschichte in Erinnerung, wo wir z. B. einen kurzen Stummfilm von D. W. Griffith (A CORNER IN WHEAT) 6mal vorgeführt bekamen und nach jeder Vorführung neu beschreiben sollten – eine gute Übung zur Schulung der Aufmerksamkeit für jedes kleine Detail des Bildaufbaus, der Inszenierung, der Montage oder der Gesamtdramaturgie. Ansonsten galt an der Filmhochschule, noch unter dem Eindruck der Studentenbewegung von 1968, die Aufmerksamkeit eher den „richtigen Inhalten" als der künstlerischen Form – insbesondere beim Dokumentarfilm. Ich bedauere das nicht, denn mir blieb die Erkenntnis, daß es schwer ist, ohne ein Engagement für einen Inhalt die angemessene künstlerische Form zu finden.

In meiner Montagepraxis erfuhr ich dann, daß der Dokumentarfilm nicht nur ein Mittel sein sollte, einen Inhalt richtig und effektiv zu vermitteln, sondern auch ein künstlerisches Erlebnis, das Auge, Ohr, Gefühl und Verstand anspricht. Und gerade die Montage von Dokumentarfilmen ist ein kreativer

Prozeß, der die künstlerischen Möglichkeiten des Films herausfordert. Der Cutter ist dabei heute immer weniger nur der, der auf Anweisung der Regie Schnitte ausführt, sondern mehr und mehr Partner des Filmemachers, Co-Autor und Co-Regisseur mit sehr viel Selbständigkeit und Entscheidungskompetenz. Der Beruf des Dokumentarfilmcutters erfordert mehr als nur Technik und Erfahrung, er verlangt Neugier und Interesse, Allgemeinbildung und Urteilsfähigkeit, Mitgefühl und Engagement, Phantasie und Geduld. Die Praxis verlangt vor allem die Fähigkeit, mit dem Regisseur zusammenzuarbeiten, sich in dessen Denkweise und künstlerische „Handschrift" einzufühlen. Sie verlangt aber auch, den eigenen Ehrgeiz, die eigenen Ideen und die Arbeit, die man in ihre Realisierung gesteckt hat, in Frage stellen zu lassen und immer wieder umzudenken, neue Vorschläge zu machen und Varianten auszuprobieren. So ist die Montage ein gemeinsames Ringen von Regisseur und Cutter um die angemessene Form, bei dem nach meiner Erfahrung der Regisseur dem Cutter weitgehend dessen künstlerischen Stil läßt und inhaltliche und dramaturgische Entscheidungen gemeinsam mit ihm diskutiert und fällt. Und so fühle ich mich nach jeder Montage eines Dokumentarfilms auch als Filmemacher und Autor „meines" Films, obwohl ich ja „nur" die Montage gemacht habe, und die folgenden Beschreibungen von Montageprozessen sind natürlich immer als Gemeinschaftsarbeit von Montage, Regie und Assistenz zu sehen.

Die Schilderung der vielfältigen Veränderungen, die das Ausgangsmaterial im Laufe der Montage erfährt, wird bei manchem Leser vielleicht das naive Vertrauen in die Glaubwürdigkeit des Dokumentarfilms erschüttern. Die große Versuchung der Montage ist es, eher zuviel als zuwenig zu verändern, dem eigenen Spieltrieb hemmungslos nachzugeben, die Grenze zwischen Gestalten und Manipulieren zu überschreiten und so Menschen, Aussagen, Gefühle, Ereignisse, die „gefundene" Realität nur als Material für eine künstlerische Form oder eine bestimmte Meinung zu benutzen. Die Stärke des Dokumentarfilms, daß etwas eben nicht inszeniert, gemacht, glatt und manipuliert wirkt, sondern echt, darf man jedoch auf keinen Fall leichtfertig verspielen. Oft besteht die Kunst gerade in der Zurückhaltung bei der Montage. Technische Unzulänglichkeiten, ein verwackelter Schwenk, ein Versprecher, ein flüchtiger Blick in die Kamera, ein ins Bild ragendes Mikrophon stören nicht, denn der Zuschauer durchschaut die Aufnahmesituation, erwartet gar keine Perfektion und empfindet oft sogar das nicht so Glatte als authentischer. Dennoch sind das eigentlich Fehler, die man oft nur um der Sache willen in Kauf nimmt. Authentizität ist keine Entschuldigung für mangelnde Kunstfertigkeit. Ein verwackelter Schwenk ist nicht glaubwürdiger als ein nachträglich sauber mit Stativ gedrehter. Eine lange Einstellung sollte nicht Beweismittel dafür sein, daß sich etwas wirklich chronologisch abgespielt hat, sondern ein Stilmittel, das bewußt unter Berücksichtigung des Themas und der Dramaturgie eingesetzt wird. Für mich ist Dokumentarfilm nicht die „einfache Wiedergabe der

Realität", sondern Gestaltung des beobachtend oder inszeniert aufgenommenen Materials nach allen Regeln der Filmkunst. „Die Lage wird dadurch so kompliziert", meint Brecht, „daß weniger denn je die ‚einfache Wiedergabe' der Realität etwas über die Realität aussagt".[1]

Ein Großteil der von mir geschnittenen Dokumentarfilme sind in irgendeiner Weise Portraits: Portraits von Menschen, einer Stadt, einer Landschaft oder einer Epoche. In der Malerei und auch in der Photographie heißt portraitieren stilisieren, überzeichnen, reduzieren, kurzum interpretieren. Ich werde einem Menschen nicht gerecht, indem ich seine Äußerungen mit allen Abschweifungen und Stotterern protokolliere oder alle durch die Anwesenheit der Kamera gehemmten Bewegungen unbarmherzig ausbreite. Ich muß charakterisieren, gewisse Züge herausarbeiten und andere weglassen, stilisieren und interpretieren. Meine Macht über sein Bild verlangt allerdings dokumentarische Redlichkeit und Verantwortungsgefühl. Denn technisch ist es möglich, jemandem sogar buchstäblich das Wort im Munde herumzudrehen. Es bleibt der Redlichkeit des Cutters und des Regisseurs überlassen, den Sinn des Gesagten nicht zu verfälschen und der Person, dem Ereignis, dem portraitierten Gegenstand gerecht zu werden.

Rohschnitt – Das Material bestimmt das Bewußtsein

Spontan würde ich auf die Frage, nach welchen Kriterien ich montiere, antworten: Nach dem Material! Nach dem Charakter und Temperament der Menschen, der Landschaft, der Architektur, nach Licht und Farbe, nach den Ruhepunkten und Bewegungen im Material. Die Visionen der Ojibwa-Indianer verlangen einen anderen Schnittrhythmus als die Geschäftigkeit einer Kölner Zeitungsredaktion, ein anatolisches Dorf einen anderen Stil als eine schwäbische Kleinstadt, ein Film über Rüstung und Unterentwicklung einen anderen Aufbau als ein Film über eine bestimmte Musikkultur. Selten holt sich ein Dokumentarfilmregisseur vor Drehbeginn beim Cutter Rat über Stil und Dramaturgie seines Films oder gar Ideen für Schnitte. Und so ist das Rohmaterial das erste, mit dem ich konfrontiert bin. Ich kann es unbelastet und unvoreingenommen auf mich wirken lassen.
Was dabei passiert, schildert der holländische Dokumentarfilmer Johan van der Keuken so: „In gewisser Hinsicht bin ich ein Betrachter dessen, was sich zwischen den Bildern abspielt; ich entdecke die Möglichkeiten, die Richtungen, die es in den Bildern gibt, und meine Rolle in der Montage besteht darin, den Bildern beim Finden ihrer wirklichen Richtung behilflich zu sein. In einem bestimmten Moment kommen die Bilder in ihrem eigenen Zeitstrom zurecht, und ich denke, daß die Arbeit des Filmemachers darin besteht, den Versuch zu machen, das was wirklich geschieht, zu erkennen und diese innere Tendenz der

Bilder soweit wie möglich zu erhalten. Im Prinzip müssen daher alle Entscheidungen in der Montage unter dem Aspekt getroffen werden, das Wesentliche
an den Bildern zu erkennen." [2]
Unter dem Gesichtspunkt, daß man das Material auf der Suche nach der
„inneren Tendenz der Bilder" genau studieren und auf sich wirken lassen
sollte, hat die „anachronistische" Technik des 16mm-/35mm-Filmschnitts, das
Hantieren mit Hobel und Schere im Zeitalter der Elektronik, durchaus seine
Vorteile. In der Zeit, die ich für handwerkliche Tätigkeiten wie Synchronanle-
gen, Kennzeichnen, Schneiden, Kleben und Sortieren verwende, wachse ich
langsam in Bild- und Tonwelten hinein, habe Zeit zum Spekulieren über
mögliche Übergänge, kann mir z. B. verwandte oder konstrastierende Bilder
einprägen. [*]

Ich bin ein Cutter, der mit Optimismus an das Material herangeht. Ich überlege
zunächst nicht, wie ich möglichst schnell den Wust des Materials reduzieren
könnte, sondern sehe tausend Möglichkeiten, versuche, aus eigentlich belang-
losen oder „verkorksten" Szenen und Bildern doch noch etwas herauszuholen.
Manchmal überlege ich, ob ich nicht sogar die wilden Schwenks beim Abschal-
ten der Kamera oder die spontanen Bemerkungen im Ton zwischen den
Klappen noch einbaue. Bei Klaus Stanjeks ZWIELICHT war ich versucht, eine
Einstellung zu verwenden, die entstand, als der Kameramann mit irrtümlich
laufender Kamera durch einen Park ging. [3] Das regelmäßige, rhythmische
Schwenken vom Rasen in den Himmel paßte eigentlich gut zum Thema des
Films: Leben zwischen Kunst- und Tageslicht. Letztlich sprengte diese experimentelle Einstellung dann doch den Stil und Rhythmus des Films und entfiel.
Aber der Versuch war dennoch aufschlußreich, und möglicherweise bekomme
ich einmal Material, bei dem Kamerabewegungen beim Ausschalten, irrtümlich
aufgenommene Bilder oder bewußt experimentell gestaltete Einstellungen einen gewissen Stil ergeben und zum Thema und Rhythmus eines Dokumentarfilms passen.
Bei Sylvio Heufelders DER ALTE REBELL UND SEIN GOLD, einem Fernsehfilm
über den angeblichen Schatz des mexikanischen Revolutionärs Pancho Villa,
wurde auch dessen Witwe interviewt. [4] Vor laufender Kamera gab sie nur
Auskünfte über den angeblichen Schatz. Im Tonmaterial zwischen den Szenen
entdeckte ich jedoch Fetzen eines Vorgesprächs, in dem die alte Dame die
Geschichte ihrer Liebe zu dem Revolutionär erzählte („Bevor ich Villa kennen-
lernte, kannte ich Liebe nur aus Büchern..."). Mit Bildern aus dem Hause

---

[*] Im Prinzip wäre die elektronische Technik eine Erleichterung, wenn man mit der
gleichen filmemacherischen Einstellung an die Arbeit heranginge. Leider kommt die
Zeit, die diese Technik einspart, aus Termin- und Kostengründen selten dem Studium
des Materials, der intensiven Suche nach Stil und Dramaturgie zugute, sondern wird
schlicht eingespart. Nicht zufällig prägt der hektische Arbeitsrhythmus des elektronischen Schnitts häufig auch das Produkt.

Rohschnitt...

Villas und alten Fotos des Paares baute ich diese zufällig gefundenen Worte zu einer kleinen Szene über Liebe in Zeiten der Revolution aus.

Der Respekt vor dem Material, das sorgfältige Sammeln, Ordnen und Aufheben auch nur der kleinsten Ausschnitte und Reste im Schneideraum, hat also durchaus einen Sinn. Und hier ist die mitdenkende, kreative Arbeit der Assistenten nicht hoch genug einzuschätzen.

Nach dem Studium des Materials und der ersten, sehr groben Ausmusterung beginnt für mich der interessanteste Teil der Montagearbeit: Das Zusammensetzen der Bilder „in ihrem eigenen Zeitstrom", nach sich anbietenden Übergängen, offensichtlichen Handlungsabläufen und nach einer ersten Arbeitshypothese zur Gesamtstruktur des Films. Die Kunst der Montage besteht hier darin, die vielen kleinen Entscheidungen in der Verknüpfung von Bildern und Tönen intuitiv, entschlossen und stilsicher zu treffen. Im Laufe der Filmgeschichte haben sich gewisse Erzählformen und Techniken, eine Grammatik und Sprache der Montage entwickelt, die ich als Cutter aus meiner Praxis, aber auch aus meinen Seherfahrungen beim Kinogehen, beim Fernsehzuschauen und Comic-Lesen gelernt habe. Die Montage gilt als gekonnt, wenn man die Schnitte kaum spürt, und ein erfahrener Cutter weiß intuitiv, wo er den Schnitt ansetzt, wenn er z. B. eine Bewegung fortführen, eine Blickrichtung lenken oder eine Szene so ausklingen lassen will, daß der Neubeginn nicht schockiert. Dies sind die handwerklichen Grundlagen, mit denen jedoch jeder Cutter seine Bildgeschichten – wie etwa in der Malerei ein Maler, der graphisches Können und Gefühl für Farben hat – sowohl naturalistisch, als auch impressionistisch, expressionistisch, abstrakt oder im Stile der Postmoderne erzählen kann. Es geht darum, seinen Stil zu finden und nicht mehr um richtige oder falsche Schnitte nach akademischen Regeln. Ob ich einen Schwenk in der Bewegung beginne oder mit dem Stand, ist eine Frage des Stils. Jeder Cutter hat eine andere „Handschrift", und jedes Material verlangt einen anderen Stil. Die Unvollkommenheit des dokumentarischen Materials fordert dabei jeweils neu die Phantasie heraus, auch Unkonventionelles zu versuchen. Wenn ein Handlungsablauf z. B. nicht lückenlos aufgezeichnet ist, dann muß man eben einen Stil finden, in dem Handlungsabläute sprunghaft erzählt werden.

Ein Film, in dem mich das reiche, verschiedenartige Material zu immer neuen Montageideen inspirierte, war Pierre Hoffmanns VIVA RIO, VIVA!, eine Langzeitbeobachtung von drei Jugendlichen einer Favela von Rio.[5] Tião, André und Tanja waren 1977 für die Kinderserie FILMBRIEFE als 10jährige und dann zehn Jahre später als Jugendliche gefilmt worden. Die Aufgabe der Montage war nun, die teils inszeniert, teils beobachtend aufgenommenen, zeitlich auseinanderliegenden Materialien zu verbinden und einen Stil für das „Vorher – Nachher" zu finden.

Im Spielfilm gibt es da die verschiedenen Formen der Rückblende, die jeweils genau inszeniert werden: Man geht z. B. Groß auf das Gesicht des Helden, läßt den Blick ins Weite schweifen, die Originalgeräusche verschwinden, die Musik setzt ein und mit einer Blende taucht man in die Vergangenheit. Eine solche Einstellung im dokumentarischen Material zu finden, ist Zufall. Ich fand sie bei VIVA RIO, VIVA! nur an einer Stelle, und setzte sie als erste Rückblende des Filmes ein: Tião als Jugendlicher legt sich betrunken ins Bett und schläft sofort ein. Die Kamera fährt auf das Gesicht des Schlafenden zu, und mit einem Meeresrauschen über dem Gesicht kündigt sich die folgende Szene in der Vergangenheit an, in der Tião als 10jähriger Junge ausgelassen am Strand von Ipanema spielt. Eine riesige Welle kommt auf die Kinder zu und in dem Moment, wo sie die Kinder erreicht, folgt der Umschnitt auf den Schlafenden, der sich im Bett wälzt und die Bewegung der Welle fortsetzt. Der nächste Traum konnte dann ohne Zufahrt auf das Gesicht gleich in der Totalen beginnen. Ich hatte in dieser Szene also einerseits einen klassischen Einstieg in die Rückblende gefunden (Zufahrt auf das Gesicht), andererseits im Material die Analogie von Welle und sich wälzendem Jugendlichen entdeckt und dadurch den Ausstieg aus der Rückblende geschafft. Das Prinzip Rückblende (*flash back*) war eingeführt, und es galt im folgenden nach ähnlichen Momenten im Material zu suchen, die einen Übergang in die Vergangenheit und wieder zurück ermöglichten.

Da es keine weitere Zufahrt auf ein Gesicht mehr gab, mußte ich mir etwas anderes einfallen lassen. Das Material von 1987 enthielt ein Interview mit Tanja über Liebe und Ehe. Im Material des Kinderfilms von 1977 gab es eine Szene, in der die 10jährige Tanja mit ihrer Freundin ein Frage- und Antwortspiel zum selben Thema spielt. Die Parallelität der Situation inspirierte mich zu einer Montage, bei der auf jede Frage („Liebst du ihn?" „Was hältst du von der Ehe?"...) zunächst eine Antwort aus der Vergangenheit, und dann hart angeschnitten, eine gleiche oder abweichende Antwort aus der Gegenwart erfolgte. An einer anderen Stelle waren die Aufnahmen von der Regie bewußt parallel inszeniert worden. André geht im Urwald an eine Quelle, an der er auch im Kinderfilm zu sehen ist. Geplant war, ihn ins Wasser der Quelle schauen zu lassen und eine Rückblende in die Kindheit anzusetzen. Die Inszenierung war jedoch nicht gelungen, der Gang an die Quelle wirkte verkrampft, während die Szene in der Kindheit voller Urwaldzauber und Spannung steckte. Mir kam die Idee, daß der Urwald vor zehn Jahren wohl nicht viel anders ausgesehen haben muß als heute. Warum also nicht versuchen, in der Vergangenheit anzufangen, eine Vorblende (*flash forward*) statt einer Rückblende zu versuchen? André war bis dahin im Film noch nicht als Erwachsener aufgetreten. Es entstand folgende Szene: André als Kind geht durch den Urwald, schaut sich suchend um, lauscht auf die geheimnisvollen Schreie der Vögel und Lachaffen – eine ideale Vorbereitung auf ein ungewöhnliches Ereignis. Er hört plötzlich eine erwachsene Stimme singen (seine eigene zehn Jahre später), schaut verwundert in den Urwald, beginnt gleichfalls zu singen und kommt an besagte Quelle. Dort altert sein Spiegelbild im Wasser um zehn Jahre (mittels Überblendung),

Rohschnitt... / Regie und Kamera...

und die gleiche erwachsene Stimme, die gesungen hat, ist zu hören mit einem Dialog über die Leichtigkeit, ein Kind zu sein in Rio, der Stadt der Wunder, und die Schwierigkeit, als Erwachsener zu überleben. Ein Schwenk vom Wasser auf den sprechenden 20jährigen André vollendet den *flash forward*.

Das Material liefert die besten Ideen: Parallele Bewegungen, geheimnisvolle Geräusche, farbliche Reize, ein weiterführendes wichtiges Stichwort, idyllische oder schockierende Bilder, die zu Traum oder Alptraum führen, Gerede, das zu Widerspruch oder Satire herausfordert. Oft bieten sich raffinierte Übergänge an, die dann eine ganze Szene oder die Reihenfolge eines ganzen Blocks bestimmen. Ich lasse mich beim Rohschnitt weitgehend vom Material vorwärtstreiben und gerate dabei oft über die Grenzen der „einfachen Wiedergabe" der Realität hinaus, wie das Beispiel Viva Rio, viva! zeigt. Oft haben Bilder doppelten Boden, mehrere Ebenen, mehrere Realitäten, die herauszuarbeiten Aufgabe der Montage ist. Hier sind die Grenzen zum inszenierten Film oder auch zum Experimentalfilm fließend.

Völlig aufgelöst – Regie und Kamera beim Dokumentarfilm

Im Dokumentarfilm ist das Material im allgemeinen weniger vorgeprägt als im Spielfilm[*), teils weil die Situation sich unvorhersehbar entwickelt und damit spontane Reaktionen von Kamera und Regie verlangt, teils aber auch, weil die Regie mit einer anderen Einstellung an die Dreharbeiten herangeht: Man macht sich selten vorher detaillierte Gedanken über Gesamtstruktur, Dramaturgie, Auflösung oder gar Schnitte, sondern versucht zu beobachten, zuzuhören, Dinge zu „erwischen", die sich spontan in der Situation ohne Eingriffe der Regie entwickeln. Und man hat Vertrauen in die Kunst des Cutters, daß er das oft zufällig und chaotisch Aufgenommene schon „auf die Reihe bringen" wird. Struktur, Auflösung und Stil entwickeln sich meist erst am Schneidetisch. Dokumentarfilmregie ist weniger Dirigieren als Beobachten und Reagieren – und Montieren. Ein guter Dokumentarfilmregisseur versteht es, sich im rechten Moment in eine Situation zu begeben, seine Partner die Kamera vergessen zu lassen, Vertrauen und Aufrichtigkeit zu wecken und möglichst wenig einzugreifen. Infolgedessen sind die besten dokumentarischen Szenen oft diejenigen, die ohne Schnitte auskommen.

[*) Die Spielfilm-Montage hat andere Schwerpunkte als die Dokumentarfilm-Montage. Da der Ablauf, die Reihenfolge, die Einstellungen und Anschlüsse beim Spielfilm von Regie und Kamera vor dem Dreh sehr genau geplant und dann inszeniert werden, besteht die Hauptaufgabe des Cutters in der Auswahl der schauspielerisch, kamera- und tontechnisch besten Variante, in der Umsetzung der Ideen der Regie und im Gestalten von Stil und Rhythmus.

Schnitt hat etwas Verletzendes, und die beste Filmchirurgie könnte eine Art Akupunkturtechnik sein: Das Schmerzempfinden wird abgelenkt, um so das Messer nicht spüren zu lassen. Wenn man allerdings ohne chirurgischen Eingriff auskommt, etwas ohne Schnitte darstellen kann, wirkt das oft echter und glaubwürdiger. Einstellungen, in denen ich Zusammenhänge nicht durch die Montage herstellen muß, etwa einen Schwenk im Gespräch, der auf dem Sprecher, Zuhörer oder Antwortenden ankommt, versuche ich daher, möglichst nicht zu zerschneiden, selbst wenn dadurch eine „Länge" entsteht oder ein Kamerawackler in Kauf genommen werden muß.

Der Schneidetisch offenbart unbarmherzig den Charakter, die Stärken und Schwächen der Kameraleute: ob der Kameramann eine Beziehung zu den aufgenommenen Personen und Objekten gefunden hat oder ob er gestreßt, verunsichert, nicht motiviert war. Das Ergebnis dokumentarischer Kameraarbeit ist im allgemeinen sehr chaotisch: Es gibt keine Anschlüsse, keine Ein- und Ausstiegsmöglichkeiten, Szenen reißen unvermittelt ab, und Zwischenschnitte muß man sich mühsam aus den verschiedensten Situationen zusammensuchen. Das ist nicht unbedingt das Ergebnis einer schlechten Kameraarbeit, sondern liegt im Wesen des Dokumentarfilms. Das Unfertige und Chaotische hat allerdings auch seine guten Seiten: Not macht erfinderisch, und die Dokumentarfilmmontage macht oft aus der Not eine Kunst. Man ist gezwungen, unkonventionelle Auflösungen entgegen allen Regeln „klassischer" Inszenierung zu finden, experimentelle Formen auszuprobieren und Stilmittel zu entwickeln, die vorher wohl kaum einem Regisseur eingefallen wären. Dennoch wünschte ich mir vor und nach dem Dreh einen intensiveren Gedankenaustausch zwischen Cutter, Regie und Kameramann. Dies könnte dazu beitragen, daß beim nächsten Film etwas mehr „auf Schnitt", oder besser „auf Stil" gedreht wird. Es gibt nämlich auch im Dokumentarfilm Situationen, wo es nicht genügt, einfach „draufzuhalten", sondern in denen eine Szene bereits beim Drehen aufgelöst werden muß, d. h. Kamerastandpunkt, Einstellungsgröße, Anschlüsse und Bewegungen der Kamera müssen sorgfältig überlegt werden. Man dreht dann „auf Schnitt": Die Kamera achtet auf Anschlüsse, folgt Bewegungen und Gesten, reagiert auf den Inhalt des Gesprächs, achtet auf Blickrichtungen und dreht gezielt Zwischenschnitte, d. h. Bilder, die Gesagtes illustrieren, die eine Unterbrechung, Kürzung, Akzentuierung einer Handlung und eines Textes erlauben. Diese Auflösungsarbeit muß jedoch meist spontan erfolgen, da das Geschehen weiterläuft und sich nicht wiederholen läßt. Nur mit mehreren Kameras könnte man ein Geschehen annähernd so auflösen wie eine Spielfilmszene, Kamerastandpunkt und -Einstellung wechseln, ohne etwas zu verpassen. Mehrere Kameras sind im Dokumentarfilm jedoch die Ausnahme. So bleibt dem Cutter die Aufgabe, eine Szene mit den nacheinander gedrehten Bildern und Tönen so zu montieren, als sei sie mit mehreren Kameras gleichzeitig aufgenommen. Dabei ist meine dokumentarische Redlichkeit gefordert, den Sinn des Geschehens nicht zu verfälschen, denn ich muß meist die Filmzeit gegenüber der realen Zeit extrem verkürzen und mir zum Beispiel Reaktionen wie neugierige, amüsierte, böse Blicke aus dem Material suchen und gezielt einsetzen.

In Pierre Hoffmanns DER ROTE SCHLEIER[6] verhandelten in einem anatolischen Dorf die Eltern eines Brautpaares über die Höhe der Mitgift. Die Debatte dauerte 4 Stunden, der Tonmann zeichnete ca. 1 Stunde davon auf, und der Kameramann, der kein Türkisch verstand, sammelte eher zufällig Bilder der Sprechenden und der Zuhörer. Die Aufgabe war nun, diese Materialfülle zu einer Szene von ca. 5 Minuten so „zusammenzuschneiden", daß alle wichtigen Inhalte der Debatte ohne Kommentar verständlich wurden. Oft laufen Gespräche um ein Thema kreisend ab, und es ist leicht an irgendeiner Stelle im Kreis ein- und an einer anderen wieder auszusteigen. Es ist verblüffend, wie oft dann zufällig der gewünschte Anschluß (Wechsel der Kameraeinstellung, der Blickrichtung) mit der gewünschten, die Logik des Gespräches weiterführenden Textpassage zusammenfällt. Man muß sich dabei als Cutter allerdings intensiv mit dem Inhalt des Gespräches beschäftigen und eine Technik entwickeln, aus zufällig aufgenommenen Bildern und Tonpassagen eine inhaltlich logische und filmisch in allen Anschlüssen richtig aufgelöste Szene zu konstruieren. In der anatolischen Mitgiftdebatte „ließ" ich die Argumente, die sich nach allen Regeln orientalischer Verhandlungskunst unendlich wiederholten, Schlag auf Schlag folgen, „ließ" an der geeigneten Stelle, nämlich als vom Wert der Braut für den Vater die Rede war, diese mit dem Tee erscheinen, „ließ" den Bräutigam mit Blicken, die der Kameramann eingefangen hatte, jede Bewegung der Braut verfolgen und „ließ" Braut und Bräutigam auf bestimmte Sätze mit Blicken oder Lächeln reagieren. Das Ergebnis wirkte wie eine mit mehreren Kameras aufgezeichnete oder geschickt inszenierte Debatte, die darüber hinaus noch das, was zwischen den beiden Heiratskandidaten „in der Luft lag", einfing. Diese sicherlich gestaltete, interpretierende Wiedergabe dieser Situation gibt wohl genauer und wahrhaftiger die Realität wieder als eine exakte Aufzeichnung des genauen Ablaufs der Debatte.

Im Dokumentarfilm wird übrigens seit jeher viel inszeniert. Eine der beliebtesten – und leider oft einfallslos realisierten – Inszenierungen ist das Interview. Der Regisseur setzt eine Person ins Rampenlicht, vor eine Kulisse und provoziert einen Monolog. Eine Person, die erzählt, sich erinnert, eine Meinung äußert und in deren Gesicht sich Emotionen spiegeln, ist zweifellos eine filmisch eindrucksvolle Szene. Leider vertrauen viele Regisseure zu sehr auf die Macht des Wortes und verschwenden kaum einen Gedanken an Auflösung, Anschlüsse, Ein- und Ausstiegsmöglichkeiten, so daß es dann das Problem des Cutters ist, aus „talking heads" eine filmische Szene zu machen. Da der Interviewer immer seltener im Bild erscheinen will, entfällt für den Kameramann die Möglichkeit, ein Gegenüber mit Fragen und Reaktionen einzuschnei-

den. Mir sind unmotivierte Zwischenschnitte auf Hände, Krawatte und Ein-
richtungsgegenstände ein Greuel. Manchmal jedoch bieten z. B. der Hintergrund, das Dekor, die kleinen Dinge in der Umgebung des Interviewten
Auflösungsmöglichkeiten. In Wolfgang Landgraebers FERN VOM KRIEG wurde
der Pressesprecher der Mauser Werke interviewt.[7] Während er die Größe der
Mauser Werke in der Nazizeit herunterzuspielen versuchte, ging der Kameramann auf ein Bild an der Wand hinter dem Interviewten, das genau das
Gegenteil, nämlich die enorme Größe der Mauser Werke zu jener Zeit, bewies.
Aber solch motivierte Schnittbilder in Interviewsituationen sind selten und
zugegebenermaßen nicht immer möglich. Als letzte Möglichkeit bleibt die
unschöne, aber ehrliche Methode, 4 Schwarzbilder zwischen zwei Aussagen zu
setzen und so den Schnitt überdeutlich zu machen. Besser sind jedoch in jedem
Fall elegantere, filmische Lösungen, wie etwa mit Bildern, die die Texte illustrieren oder kontrastieren, aus der Interviewsituation hinauszugehen.

Viele Dokumentarfilmer versuchen ohnehin, diese steifen Interview-Inszenie-
rungen zu vermeiden und statt dessen Situationen zu finden, notfalls zu arrangieren und zu provozieren, in denen ein echtes Gespräch mit interessierten
Zuhörern stattfindet. In Werner Herzogs Film über Bokassa, ECHOS AUS
EINEM DÜSTEREN REICH, führte Michael Goldsmith, ein Journalist, der selbst
unter Bokassa im Gefängnis gesessen hatte, die Interviews und konnte daher
immer auch eigene Erinnerungen einbringen.[8] Hier war ein Zwischenschnitt
auf ihn als zuhörenden Interviewer immer motiviert. In VIVA RIO, VIVA! war
das Team dabei, als sich zwei Kinderfreunde nach langer Zeit zum ersten Mal
wiedertrafen. Die beiden hatten sich natürlich viel zu erzählen, und die Kamera
brauchte nur dem zu folgen, was sich zwischen ihnen tat: Neugier, Blicke,
Lächeln, Verlegenheit, kleine Scherze. Da bieten sich der Montage tausend
Möglichkeiten, den Reiz der Situation zu schildern und dennoch die notwendigen Erzählungen und Informationen unterzubringen.

Eine weitere beliebte Art der Inszenierung im Dokumentarfilm sind jene
verkrampft wirkenden Gänge, bei denen man auf Schritt und Tritt die Anweisung des Regisseurs spürt, der Betroffene solle „ganz locker" von da nach da
gehen und „nicht in die Kamera schauen". Überzeugender wirkt jedoch meiner
Meinung nach der direkte, genierte, aber aufrichtige Blick in die Kamera, denn
er sagt im Gegensatz zur mißlungenen Inszenierung, daß keine unverfälschte
Situation vorgespielt werden soll, sondern die Personen sich im vollen Bewußtsein der Gegenwart der Kamera so bewegen und äußern. In Pierre Hoffmanns
TRÄUME DER DRACHENKINDER beobachtet die Kamera von hinten einen chinesischen Hirtenjungen.[9] Er bemerkt das, dreht sich um, wendet sich wieder ab
und entschließt sich dann, bewußt und verschmitzt in die Kamera zu schauen.
Ein solcher Blick in die Kamera sagt mehr über die Menschen in diesem Dorf,
in dem seit Jahrzehnten kein Ausländer mehr war, als alle unbemerkt mit
Teleobjektiv eingefangenen Nahaufnahmen.

Regie und Kamera... 133

Wenn man schon inszeniert, dann sollte man es auch richtig tun. Auch Laien
sind Schauspieler – insbesondere Kinder und Politiker sind da sehr begabt –
und genauso, wie die Montage Versprecher und ungeschickte Gesten profes-
sioneller Schauspieler kaschieren kann, so kann sie im Dokumentarfilm die
Inszenierung vergessen lassen, wenn die Szene gut aufgelöst ist. Ein „Gang" ist
allerdings eine der schwersten schauspielerischen Übungen. Leichter sind da
handwerkliche Abläufe oder kleine Handgriffe. Hier kann der Dokumentarfilmregisseur mit der gleichen professionellen Einstellung wie im Spielfilm
arbeiten, d. h. mit Überlegungen zur Auflösung, mit gutem Licht und best-
möglichem Ton. Er hat dabei selbstverständlich die Belastbarkeit der Menschen vor der Kamera zu berücksichtigen und den zeitlichen und materiellen
Aufwand in Grenzen zu halten.

Immer mehr Dokumentarfilmregisseure beschränken sich heute nicht mehr
nur auf solche verschämten und kaschierten Spielfilmelemente, sondern bedie-
nen sich in ihren Filmen ungeniert aller filmischer Mittel, von der Inszenierung
über Stilisierungen bis hin zu experimentellen Formen. In Viva Rio, viva!
wurden, wie bereits erwähnt, inszenierte Kinderfilmszenen als Träume und
Rückblenden in das dokumentarische Material eingebaut. In Wolf-Eckart Büh-
lers Amerasia[10], der Geschichte eines Vietnamveteranen, der nach Vietnam
zurückwill und in Thailand „hängenbleibt", agiert und spricht der Hauptdarsteller einerseits nach Drehbuch, andererseits begibt er sich als jemand, der
auch im „richtigen Leben" Vietnamveteran ist, in Situationen, in denen die
Kamera dokumentarisch seinen Umgang mit den anderen Veteranen und mit
den Thais beobachten kann. Hans A. Guttner schickt in Dein Land ist mein
Land[11], dem Portrait eines türkischen Mädchens aus der Hamburger Hafenstraße, seine „Hauptdarstellerin" in bewußt stilisierte, für eine kunstvolle
Kameraeinstellung ausgetüftelte Situationen, um Raum für ausgesuchte Tage-
buchtexte und eine überhöhende Musik zu lassen. Für die Montage ergibt sich
bei solchen Mischformen immer die Aufgabe, die verschiedenen Stilmittel
organisch zu einem glaubwürdigen Stil zu verbinden. Die Übergänge von
gespielten zu beobachteten Szenen, das Spiel mit „erfundener und gefundener
Realität", hat einen besonderen Reiz und fordert zur Entwicklung filmischer
Stilmittel abseits aller Konventionen heraus. Man kann für jeden Film einen
neuen Stil einführen, den der Zuschauer akzeptiert, wenn er dem Thema
angemessen ist und als Filmerlebnis mitreißt.

Originalton und „Fälschung"

Wer die Praxis der Montage nicht kennt, meint vielleicht, der Ton sei beim Dokumentarfilm kaum zu bearbeiten, da er ohnehin synchron zum Bild aufgenommen werde. Leider nimmt ein schlecht gestalteter Ton, eine allgemeine Lärmkulisse ohne Differenzierungen, vielen Dokumentarfilmen ihre Spannung und Wirkung. Die Weiterentwicklung der Mikrophon- und Tonaufnahmetechniken, die Möglichkeiten der Nachbearbeitung bei Überspielung und Mischung ermöglichen heute schließlich eine sehr hohe Qualität des Originaltones. Doch der steigende Pegel der Geräuschkulissen, ständiger Verkehrslärm und Fluglärm in der Luft, stellen diese Errungenschaften wieder in Frage. Dennoch werden sich die Möglichkeiten, auch unter ungünstigen Aufnahmebedingungen einen Ton gut aufzunehmen oder nachträglich herauszuholen, sicherlich weiterentwickeln.

Die Tonbearbeitung macht bei mir etwa zwei Drittel der Arbeit der Montage aus. Der Cutter hat vielfältige Möglichkeiten, die Tonebene zu gestalten. Erstes Kriterium ist dabei sicherlich, die in der Szene real vorhandenen Töne originalgetreu wiederzugeben. Meist erhält man jedoch auch beim Dokumentarfilm erst dann einen realistischen Eindruck, wenn man übertreibt. Ich gehe daher oft über die am Drehort real vorhandenen oder vom Mikrophon erfaßbaren Geräusche hinaus, um den Eindruck des Bildes zu unterstützen. In DEIN LAND IST MEIN LAND habe ich immer, wenn ein Fenster im Bild war, die Hafengeräusche hervorgehoben und Tuckern, Nebelhorn und Möwen als Töne der Elbe hören lassen, obwohl real in der Hamburger Hafenstraße meist nur der Verkehr auf der Schnellstraße am Ufer zu hören ist. Mit kleinen Effekten wie Türknarren, Hundegebell, Vogelschreien, Autohupen, Sirenen, „Ach so's" und „Hmms" in Gesprächssituationen etc., die der Tonmann, wenn man Glück hat, als Nur-Ton reichlich gesammelt hat, lassen sich z. B. erstaunte Blicke motivieren, lautmalerisch Stimmungen erzeugen (Nebelhorn, Möwen = Hafen, Meer) oder kommende Auftritte vorbereiten (eine mächtige Hupe kündigt z. B. einen riesigen Lastwagen an). Neben den kleinen Effekten kann man die Szene noch mit einer allgemeinen „Atmo" unterlegen, die den Raum, die Tageszeit oder die Umgebung charakterisiert (Grillen = Nacht, südliche Landschaft; Hähne, Vögel = Morgen etc.). So entstehen mehrere Bänder, die nach Abschluß der Montage gemischt werden und dem Film die nicht zu unterschätzende, unterschwellig wirkende Tonatmosphäre geben.

Je nach Stil des Films gibt es auch die Möglichkeit einer völlig unrealistischen, stilisierten Tonebene. Man kann z. B. die Hintergrundgeräusche fast völlig ausschalten und dadurch eine Atmosphäre der Stille und Ernsthaftigkeit erzeugen. Die einzelnen, nur kurz auftauchenden Geräusche erhalten vor diesem Hintergrund eine besondere Bedeutung und Betonung. Man kann mit langen Tonüberlappungen vor oder nach einer Szene eine kommende Szene ankündigen oder eine gesehene nachklingen lassen. In Wolfgang Landgrabers PAN-

TEON MILITAR[12] „hört" der argentinische Exilant Oswaldo Bayer bei einem Besuch auf einem preußischen Militärfriedhof die spanischen Kommandos argentinischer Militärs lange bevor die Szene zu sehen ist, in der argentinische Soldaten preußischen Stechschritt üben. In meinem Film TO AROMA TON PRAGMATON[13] lasse ich den Ruf des Muezzins einer Szene aus Istanbul noch über den osmanischen Baudenkmälern der griechischen Stadt Saloniki ausklingen. In beiden Fällen erhält der Ton symbolische Bedeutung, die man noch weiter stilisieren kann, indem man ein bestimmtes Geräusch, rätselhaft oder identifizierbar, aus dem realen Zusammenhang löst und wie eine Filmmusik einsetzt. In DER ROTE SCHLEIER habe ich das rhythmische Zupfgeräusch, das beim Teppichknüpfen entsteht, dem Schwenk über ein anatolisches Dorf unterlegt, um damit einen Symbolton für den Lebensrhythmus des Dorfes überdeutlich hören zu lassen. Alle diese kleinen Kunstfertigkeiten, die Geräuschebene zu gestalten, sind jedoch nur spielerische Arbeiten im Vergleich zur Mühe, die Auswahl und Bearbeitung der Texte machen.

Seit jeher spielt der gesprochene Text im Dokumentarfilm eine dominierende Rolle. Am einfachsten wäre es, die Menschen ohne Kürzungen, Unterbrechungen und Illustrationen zu Wort kommen zu lassen. Das ist manchmal auch angemessen. Nun ist das Textmaterial jedoch im allgemeinen 8- bis 10mal länger als es letztlich im fertigen Film Platz findet. In Karin Hoffmanns ABGEORDNETE[14] habe ich in einem 20minütigen Film eine Bundestagsabgeordnete, den Bildungsausschuß, ein SPD-Frauen-Arbeitsessen, eine Fraktionssitzung und eine Bundestagsdebatte unterbringen müssen. In jeder Szene wurde ausschließlich gesprochen, und man kann sich vorstellen, daß keiner der ca. 20 Politiker und Politikerinnen ungekürzt zu Wort kommen konnte. Man muß also zunächst einmal massiv reduzieren und auswählen. Viele Regisseure kommen mit einer dicken Mappe der protokollierten Originaltexte in den Schneideraum, haben sich die wichtigsten und am schönsten formulierten Stellen angestrichen und danach ein inhaltliches Konzept gemacht, ohne sich allerdings zunächst um formale Dinge zu kümmern: ob z. B. die wichtigen Stellen im ON (Sprecher im Bild) sind, ob eine Auslassung oder Kürzung innerhalb der Szene möglich ist, oder welche Bilder für welche OFF-Texte (Sprecher nicht im Bild) überhaupt vorhanden sind.

Aufgabe der Montage ist es, alle wichtigen Textpassagen unterzubringen und darüber hinaus noch eine filmisch glatte Auflösung zu finden. Man muß dann manchmal das Material gehörig „ausquetschen", geschickt zwischen ON- und OFF-Teilen wechseln und sich Bilder suchen, die einen Bezug zu den OFF-Texten haben. Sobald der Sprechende nicht im Bild ist, kann der Tonschnitt jede Form der Bearbeitung ansetzen: Kürzungen, Auslassungen, Einfügungen, Herausschneiden der Fragen, der „Öhs" und „Also's"; Verkürzen oder Verlängern der Pausen und dadurch Veränderung des Sprachduktus bis hin zur Neukonstruktion von Sätzen bzw. dem Auswechseln von Worten und Wortteilen. Bei der Unterbringung wichtiger Textpassagen den Sinn nicht zu verfälschen, ist ein Gebot der dokumentarischen Redlichkeit.

Aber auch beim gesprochenen Text gilt Brechts Bemerkung: „Die Lage wird dadurch so kompliziert, daß weniger denn je die ‚einfache Wiedergabe' der Realität etwas über die Realität aussagt." Oft können diejenigen, die etwas zu sagen haben, sich nicht ausdrücken. Und die, die sich ausdrücken können, haben trotz vieler schöner Worte oft nichts zu sagen. Auf das Zählwerk, anstatt auf Bild und Inhalt zu achten, um „ausgewogen" die eine Seite wie die andere zu bringen, das widerstrebt mir genauso, wie die Länge einer Einstellung unabhängig vom Bildinhalt durch Abzählen der Bilder festzulegen. Professoren, Politiker, Anwälte, Journalisten können mit ihrer Art zu reden, ihrem meist nur Bedeutsamkeit vorspiegelnden Tonfall den Rhythmus eines Filmes gehörig durcheinanderbringen. Die „einfache Wiedergabe" der Texte würde die Realität verfälschen. Bei Auswahl und Gewichtung der Texte im Gesamtrhythmus des Films komme ich nicht darum herum, zu bewerten, Sympathien und Antipathien zu verteilen. Will ich herausarbeiten, was einer, der unbeholfen im Ausdruck ist, eigentlich sagen will, so befreie ich ihn von Versprechern und Abschweifungen, glätte seine Erzählung und wähle die überzeugendsten Passagen aus. Will ich einen Schwätzer als solchen zeigen, bringe ich ihn ungekürzt, lasse ihn mit allen „Öhs" und eitlen Gesten ungehobelt stehen. Man muß sich dann auch erlauben, die aalglatte Verlautbarungspose derer, die Auftritte vor der Kamera gewohnt sind, durch Zwischenrufe in Wort und Bild zu unterbrechen, um hinter vielen wohlklingenden, nichtssagenden Worten die Texte als Geschwätz erkennbar zu machen.

Es gibt im Dokumentarfilm viele Formen der Neugestaltung, Neukonstruktion und Akzentuierung von Texten. Manche Dokumentarfilmer bzw. Cutter versuchen, den Frage- und Antwortcharakter der Gespräche zu kaschieren. Fragen und als Antwort erkennbare Satzteile werden konsequent weggelassen. Eine Antwort wird dann zu einer Erinnerung, einer zusammenhängenden Erzählung, einer assoziierenden Bildbeschreibung.

Die Montage kann auch Personen miteinander in ein Gespräch bringen, die in Wirklichkeit nicht miteinander gesprochen haben, eine Methode, die z.B. Eberhard Fechner in DER PROZESS oder Marcel Ophüls in HOTEL TERMINUS anwandten, um Täter, Opfer und Mitläufer des Naziregimes miteinander „ins Gespräch zu bringen". Man konstruiert aus den Inhalten mehrerer Gespräche, die mit verschiedenen Personen an verschiedenen Orten aufgenommen wurden, eine fortlaufende Erzählung oder eine lebhafte Debatte, indem man hart Argument und Gegenargument, sich widersprechende Schilderungen und Einschätzungen oder sich ergänzende Erzählteile hintereinanderschneidet. In Klaus Stanjeks ZWIELICHT gaben ein Lichttechniker und ein Biologe kontroverse Antworten auf die gleichen Fragen nach der Wirkung des Kunstlichtes auf den menschlichen Organismus. Auf eine rein technische Information folgte eine ergänzende aus Sicht der Biologie, auf ein Argument folgte prompt das

Originalton und „Fälschung" 137

Gegenargument, und die verschiedenen Ansätze und Interessen der Lichttechnik gegenüber der Biologie wurden deutlich. Man umgeht mit dieser Methode das Problem, einen filmischen Übergang von einer Situation in die andere zu finden, hat die Möglichkeit, mehrere wichtige Aussagen eines Gespräches im Film unterzubringen, ohne die Zuschauer durch lange Monologe zu langweilen, und kann auch ohne Kommentar einen Sachverhalt umfassend schildern. Da man aber auf diese Weise auch nach Belieben kürzen und z. B. Differenzierungen einer entschiedenen Meinung weglassen kann, wirkt das Ergebnis einer solchen Montage leicht konstruiert und manipuliert, was bei sensiblen Themen, wie z. B. der Aufarbeitung der deutschen Vergangenheit, die dokumentarische Redlichkeit besonders herausfordert.

In Johann Feindts NACHTJÄGER[15] gab es die Geschichte eines Mannes, der einsam in einem Mietshaus gewohnt hatte und sich durch Verhungern hatte umbringen wollen. Die Nachbarn hatten nichts gemerkt. Das Filmteam ging nun von Tür zu Tür, klingelte, stellte sich vor und fragte nach dem merkwürdigen Nachbarn. Ich schnitt in der Montage das Fernsehreporter-Getue und die Fragen weg und „ließ" statt dessen die Nachbarn sich ihr Wissen und ihre Meinungen über den Nachbarn „gegenseitig" mitteilen. Diese Szene wirkte so, als hätten alle Mieter im Haus auf einmal von dem „Fall" gehört und wären aus ihren Wohnlöchern an die Tür gekommen, um sich Gedanken über Einsamkeit und Anonymität ihres Mietshauses zu machen. Die realistische Wiedergabe der sich ständig wiederholenden „Einleitung" (Klingeln, Warten, wer erscheint, Verlegenheit, Vorstellung des Teams, gleichlautende Fragen) hätte den Zuschauer ermüdet und die Aufmerksamkeit unnötig von dem eigentlichen Thema abgelenkt. Den Abschluß der „Gesprächsszene" bildete eine Montage aller sich schließenden Türen – in einem Falle wurde sogar zweimal abgeschlossen. Diese sicherlich gestaltende, interpretierende Wiedergabe der Situation gibt meiner Meinung nach die Realität genauer wieder als eine brave Reportage und ist als Film ansprechender.

Ich versuche bei der Montage zunächst, alle wichtigen Inhalte in Bildsequenzen, Handlungen und Originaltönen herauszuarbeiten und, wenn möglich, den Kommentar knapp zu halten oder ganz überflüssig zu machen. Eine Erzählung im Originalton, im natürlichen Sprachfluß mit Gefühl und Temperament einem Zuhörer erzählt, klingt im allgemeinen überzeugender als ein am Schreibtisch erdachter und im Studio von professionellen Sprechern aufgenommener Kommentar, der selten die Qualität eines literarischen Essays hat. Oft ist es allerdings mühsam oder unmöglich, alle wichtigen Informationen gut und verständlich formuliert im Originalton zu finden. Da ist es manchmal besser, einige knappe Informationen zur Orientierung im Kommentar zu liefern. Da die kürzeste Form, einen komplizierten Inhalt abzuhandeln, der Kommentar ist, erhält er insbesondere bei Fernsehdokumentationen den Vorzug vor anderen filmischen Erzählformen. Einer der unangenehmsten Zwänge der Fernsehästhetik ist, daß ein Film, egal welches Thema und welchen Rhythmus er hat, bis auf die Sekunde genau in ein zeitliches, meist sehr kurz bemessenes Schema passen muß (43.30 Min., 28.30 Minuten Endlänge). Beim Dokumentarfilm führt das dazu, daß alle epischen, spielerischen, poetischen Momente, die meist Raum brauchen, um sich zu entfalten, von vornherein zugunsten von Fakten und Meinungen kurzgehalten werden, daß alle Mittel der Kürzung von Originaltexten ausgeschöpft werden, und daß der Kommentar als kürzeste Erzählform dominiert. Man spürt die Herkunft vieler Macher vom Journalismus, wo der Leitartikel, mit Esprit bis in den letzten Nebensatz, das Meisterstück ist. Bei Lehrfilmen arbeiten viele Filmemacher mit akademischer Didaktik, bei der die Vorlesung nach wie vor dominiert. Anstatt in Bildern zu denken und auf Originaltöne zu hören, benutzt man Bilder zur Illustration eines Textes. Und da der Kommentar im allgemeinen erst in der Endphase der Montage oder sogar nach Abschluß des Bildschnitts entsteht, paßt er oft nur in Zufallsmomenten zum Bild, und es öffnet sich jene Schere, in der Wort und Bild weit auseinanderklaffen, und Information und Aussage des Films falsch oder gar nicht ankommen.

Zur Tonbearbeitung am Schneidetisch gehört auch die Arbeit mit Filmmusik. Ich setze bevorzugt Originalmusiken ein, die manchmal sogar durch eine kleine Szene mit Musikern in den Film eingeführt werden können. In Gerner/ Hellers DER SCHMERZ LÄSST DIE HÜHNER GACKERN UND DIE MENSCHEN DICHTEN[16], einem Portrait eines 93jährigen Elsässer Poeten und Winzers, habe ich ausschließlich die am 14. Juli, dem französischen Nationalfeiertag, aufgenommene Musik eines Dorforchesters verwendet. Die Musik war beileibe nicht perfekt gespielt, aber sie entsprach gerade deshalb exakt den launigen Gedichten des Alten und der pittoresken Mischung deutscher und französischer Elemente in dieser Region. Die Musik muß den Menschen, die der Film zum Thema hat, entsprechen. In VIVA RIO, VIVA! habe ich die Trommel der Favelados, in GET REAL OR GET LOST[17] die Trommel der Indianer als tragende Musik verwendet. Die Trommel ist beispielsweise ein hervorragendes Instrument für Filmmusik. Eine anschwellende Indianertrommel unter einer glühend aufgehenden Sonne unterstreicht die indianische Auffassung vom Rhythmus der Erde, vom Trommelschlag als Symbol des Herzschlages der Erde. Die intensiv geschlagene, riesige Trommel der Favelados vermittelt einen Eindruck von der Kraft und Ernsthaftigkeit des Lebenskampfes dieser Menschen. Die Musik hatte in beiden Fällen interpretierende Funktion. Oft ergibt sich auch die Möglichkeit, Musik als parodistisches Moment einzusetzen. Das gilt insbesondere für etwas schräg und falsch gespielte Originalmusiken. Bei TRÄUME DER DRACHENKINDER fand ich im Tonmaterial einen scheußlichen, auf der elektronischen Orgel gespielten chinesischen Tango und setzte ihn als Leitmotiv und ironischen Kommentar in den Szenen ein, in denen Pekinger Studenten unbeholfen mit der Arbeiter- und Bauernklasse Kontakt aufnehmen.

Originalton und „Fälschung"

Parodistische Momente ergeben sich manchmal auch durch das Zusammenspiel von Musik und Geräuschen. Überhaupt reizen mich bei der Tonbearbeitung lautmalerische Affinitäten, etwa zwischen Eisenbahnrattern und Trommelrhythmen, Bouzouki-Improvisationen und Vogelgesang oder Nebelhorn und Saxophon. Hier ist allerdings die Grenze zum Klischee recht dünn. Komponierte elektronische Filmmusiken, in Fernsehfeatures weit verbreitet, scheinen mir dem Dokumentarfilm nicht sehr gemäß zu sein, denn ihnen fehlt meist die menschliche, auch durch ein paar schräge Töne auf Originalinstrumenten entstandene Komponente. Auch im Dokumentarfilm hat Musik die Aufgabe, Gefühle zu mobilisieren und Stimmungen zu verstärken. Musikalische Dramatisierung besonders eindrucksvoller Erzähl- oder Dialogpassagen im Dokumentarfilm durch Untermalung mit Musik ist jedoch kaum angemessen. Ich trenne daher im allgemeinen klar Musikteile und Sprachteile, lasse etwa nach längeren Monologen das Gesagte in einer Musik nachklingen oder versuche, im Gesamtaufbau des Films einen Rhythmus für Sprach- und Musikteile zu finden.

Die reinen Bild-Musik-Montagen sind im Dokumentarfilm wie auch im Spielfilm Gelegenheiten, sich von einer braven Erzählweise zu lösen, frei zu assoziieren, in Raum und Zeit zu springen und experimentellere Stilmittel einzusetzen. Die Gefahr ist dabei allerdings das l'art pour l'art, d. h. sich ohne Bezug zum Thema und zum Gesamtrhythmus nur von Bild- und Musikreizen leiten zu lassen. Manchmal jedoch kann ein Musik- und Montagefeuerwerk durchaus ein sinnvolles Element im Dokumentarfilm sein. In FERN VOM KRIEG montierte ich in eine Szene, in der Blasmusik zur 1000-Jahrfeier durch eine schwäbische Stadt marschierte, Soldaten des 3. Reiches und der iranischen Armee, die zum gleichen Rhythmus und mit den gleichen Gewehren marschierten. In EM KURD IN[18] montierte ich zu einer Tanzmusik parallele Bewegungen von Volkstänzern und Militärs aus einer Fernsehaufzeichnung, also völlig unterschiedliche Materialien. In VIVA RIO, VIVA! montierte ich, nach dem Rhythmus und Inhalt einer Ballade über die Favela von Gilberto Gil, den Gang eines Jugendlichen durch die Favela mit Gesichtern und Plätzen aus dem ganzen Viertel. In AMERASIA schnitt ich, nach dem Rhythmus einer treibenden Filmmusik, während einer Busfahrt schon vorwegreifend Szenen aus dem Zielort ein. Die Musik half in all diesen Fällen, im Dokumentarfilm eigentlich nur schwer verbindbare, räumlich und zeitlich auseinanderliegende Motive zusammenzuführen.

Ein Wald aus lauter Bäumen – Endmontage eines Dokumentarfilms

Im Rohschnitt dringe ich neugierig und unbekümmert in den Wald des Materials vor. Auf dem Rückweg, in einem zweiten Durchgang, setze ich Axt und Säge zum Feinschnitt an. Am schwierigsten ist es jedoch, einen geeigneten erhöhten Standpunkt zu finden, um den Wald und nicht lauter Bäume zu sehen. Als Cutter habe ich nicht nur die Aufgabe, die Bilder geschickt aneinanderzuschneiden und die Tonebene zu gestalten, zusammen mit dem Regisseur muß ich die Gesamtstruktur, die Dramaturgie und die Aussage des Films erarbeiten.

Eine entscheidende Frage ist z. B., mit welcher Szene der Film beginnt. Da zur Eröffnungssequenz in der Regel die Filmmusik ertönt, bietet sich oft eine Musikmontage mit Motiven aus verschiedenen Sequenzen des Films an. In DER SCHMERZ LÄSST DIE HÜHNER GACKERN UND DIE MENSCHEN DICHTEN habe ich zur Musik des Zapfenstreiches, vom 93jährigen Dorfpoeten nur auf der Tuba geblasen, „Postkartenmotive" (Fachwerk, Störche, Weinberge) seines Dorfes montiert. In den Zapfenstreich platzt das Dorforchester mit der Marseillaise und einer Bilderfolge mit französischen Motiven, der Wettstreit zwischen deutscher Tuba und französischem Orchester geht eine Zeit lang weiter, bis der Alte die Tuba absetzt, einen seiner Gedichtbände hervorholt und sich mit dem Gedicht „Ein Name und zwei Völker" (über seinen Namen „Gaston") als Elsässer vorstellt, der zweimal in seinem Leben Deutscher und zweimal Franzose war. Hier wurden also in der Anfangssequenz der Ort und die Hauptfigur eingeführt, der Spannungsbogen zwischen deutschen und französischen Traditionen gezogen und außerdem mit der „Katzenmusik" die launige Grundstimmung des Films angegeben.

In ähnlicher Weise, mit zwei Gegenpolen, die nach einer Musik montiert werden und die Bandbreite des Themas angeben, habe ich in FERN VOM KRIEG zunächst Töne und dann Szenen vom Krieg in idyllische Bilder und Töne der schwäbischen „Waffenstadt" einbrechen lassen. In ZWIELICHT stellte sich dieses Verfahren als ziemlich schwierig heraus: ich wollte Zeitrafferaufnahmen von Verkehrs- und Stadtbeleuchtungen mit Lichtwechseln in der Natur kombinieren. Während die Sonnenaufgänge jedoch eine gewisse Länge der Einstellung verlangten, war das Tempo der Kunstlichtbilder sehr hektisch. Die Gefahr ist groß, mit der Eröffnungssequenz ein hohes Tempo anzuschlagen und damit gleichsam ein Versprechen zu geben, das man nicht einlösen kann, da dieses Tempo im Laufe des Films nur langsamer werden kann. Hier muß man manchmal auch attraktive, „flotte" Eröffnungssequenzen bei der Endmontage wieder auflösen.

Die Reihenfolge der Szenen ist im Dokumentarfilm offen und wird in der Regel während der Montage mehrmals komplett geändert. In TO AROMA TON

PRAGMATON, einem Film über die griechisch-türkischen Beziehungen, erzählt anhand der Lebensgeschichte der griechisch-kleinasiatischen Schriftstellerin Dido Sotiriou, ging ich zunächst chronologisch vor. Zunächst kamen die Kindheitsjahre Sotirious in Aydin, die vom harmonischen Zusammenleben der beiden Nationen geprägt waren, dann die Mädchenjahre in Izmir – zu Anfang des Jahrhunderts eine bezaubernde Stadt voller Lebenslust –, daran anschließend die „Katastrophe", die Besetzung Kleinasiens durch die Griechen und die Rückeroberung durch die Türken, und schließlich die Versuche zu Versöhnung und Freundschaft in der Gegenwart. Nach dem Rohschnitt stellte sich heraus, daß das Schema Paradies – Vertreibung aus dem Paradies – Versöhnung emotional nicht funktionierte. Ich zeigte daher gleich zu Anfang die Ruinen eines seit 70 Jahren verlassenen Dorfes und damit die Idylle von vornherein als eine verlorene, brachte die Schilderung des Brandes von Izmir und der Vertreibung der Griechen relativ früh im Film, zeigte erst vor diesem Hintergrund Szenen der Erinnerung und Versöhnung und erhielt dadurch die gewünschte emotionale Wirkung.

Die Reihenfolge, vor welchem Hintergrund und nach welchen Vorinformationen man eine Aussage bringt, ist ein wichtiges Mittel der Interpretation und Meinungsäußerung mit den Mitteln der Montage. Der Bürgermeister der „Waffenstadt" Oberndorf wurde in FERN VOM KRIEG gefragt, ob er nicht Gewissensbisse habe, wenn er an die tödliche Wirkung der handwerklichen Spitzenprodukte der örtlichen Rüstungsindustrie denke. Die dokumentarische Redlichkeit gebot, die gewundene Antwort in voller Länge zu bringen und für sich sprechen zu lassen. Vor dieser Antwort war eine Szene aus San Salvador zu sehen, in der ein Student mit Oberndorfer Gewehren erschossen wurde. Damit wurden dem Zuschauer die Bilder vor Augen geführt, die sich der Amtsträger nicht so drastisch hat vorstellen können. Bei umgekehrter Reihenfolge hätte man der Antwort mit sehr viel weniger Aufmerksamkeit zugehört.

In Johann Feindts NACHTJÄGER, einem Portrait der Stadt Köln aus der Sicht eines Zeitungsphotographen mit Spezialisierung auf Unfall, Mord und Katastrophen, gab es den Monolog der Mutter eines mutmaßlichen Mörders und Selbstmörders, die ihre eigene Geschichte und die ihres unglücklichen Sohnes mit Tränen in den Augen schilderte. Solche Szenen möchte man am liebsten nicht anrühren, denn jegliche montagetechnische Überlegungen und Gestaltungsideen verbieten sich da. Wir entschlossen uns nach langen Zweifeln, diese Sequenz doch noch in den Film zu nehmen, weil die Frau mit ihren eigenen Worten und auf ihr Verlangen hin zu Wort kommt, und ihr Mutter-Courage-Monolog exemplarischen Charakter hatte. Diese Szene „erschlug" jedoch alles andere Material, das bisweilen, wenn auch unfreiwillig, komisch war: vom Beamten, der trocken erklärte, daß Selbstmord ja nicht strafbar sei, und die Polizei daher nicht einzugreifen brauche, bis zum Polizeiblasorchester, das in einer Reithalle Pferden ein Ständchen brachte, „um die Tiere an die manchmal doch scheußliche Musik zu gewöhnen". Das Problem war nun, die Balance zwischen „himmelhochjauchzend" und „zu Tode betrübt" zu finden. Setzten wir den Monolog der trauernden Mutter ans Ende des Films, dann führten eine Reihe von komisch absurden Szenen zu ihr, und die Tragik ihrer Trauer würde wie ein anderer Film wirken. Setzten wir sie an den Anfang, bekäme der Film von vornherein eine Ernsthaftigkeit, was allerdings die Gefahr in sich barg, daß dann die Satire doch die Oberhand erhielte und die stärkste Szene des Films unterginge. Die Entscheidung fiel letztlich für die zweite Version, weil wir nach langem Probieren sahen, daß die Worte und die Trauer der Mutter ein Thema angaben, das der unfreiwilligen Komik und sogar Karnevalsszenen einen absurden, apokalyptischen Charakter gab, der dem Thema des Films, dem Portrait eines Menschen, der von Katastrophenphotos lebt, entsprach.

Inhaltliche und dramaturgische Entscheidungen sind immer an Fragen der Montage gebunden. Eine Umstellung erfordert neue Übergänge und manchmal einen anderen Rhythmus innerhalb der Szenen. So ist die Endphase der Montage ein intensives Ringen von Regie und Schnitt um die Struktur und Dramaturgie des Films. Dies geht nach meiner Erfahrung nur, wenn ich mich auch als Cutter mit Form und Aussage des Films identifiziere. So wird ein Film, den ich „nur" geschnitten habe, immer auch „mein" Film, dessen weiteres Schicksal mich brennend interessiert.

Meist ist nach der Mischung, dem Examen des Cutters, der Film für mich „gestorben", wie es so grausam im Filmerjargon heißt. Manchmal erfahre ich kaum von Festivalerfolgen, Sendeterminen und Kritiken. Um aus einer Dokumentarfilmkritik eine Aussage über die Qualität der Montage herauszulesen, muß man aufmerksam zwischen den Zeilen lesen. Adjektive wie „vage", „schleppend", „aufgemöbelt", „offensichtlich gestellt" sind Kritiken auch an der Montage. Lob für die Kamera wie „sensible Kamera" oder „fast beiläufig beobachtet die Kamera" ist auch ein Lob für die Montage. Wenn ein Kritiker bei einem Film, bei dem ich gewagte Assoziations- und Parallelmontagen einsetzte, schreibt: „... es gibt Dinge, die so stark aus sich selbst wirken, daß formale Ambitioniertheit lediglich ablenken und die Wirkung verwässern würde... besaß jede Einstellung ihre eigene Würde." [19], dann ist es offenbar gelungen, durch unmerkliche Schnitte dem Film die „archaische" Atmosphäre zu geben. Eine gute Möglichkeit, die Qualität der Montage zu prüfen, ist, die Reaktionen des Publikums zu beobachten. Als ganz dickes Lob empfinde ich folgende Kritik: „...da schlich sich unsere Katze an den Fernseher heran, bäumte sich auf und hielt die Kralle griffbereit. Der Sound des Falken, schloß ich, wird echt gewesen sein." [20] Er war es, wenn auch notwendigerweise gestaltet. Die Katze des Kritikers hat's als real empfunden, und das ist genau die Wirkung, die ein Dokumentarfilm erzielen sollte.

Anmerkungen

[1] B. Brecht, *Gesammelte Werke*, Band 18, Frankfurt/Main, S. 161.

[2] Johan van der Keuken, *Abenteuer eines Auges*, HfbK Hamburg, material 69, S. 53.

[3] ZWIELICHT, Regie: Klaus Stanjek, Kamera: Landmann/Alberti/Zeppmeisel, Produktion: Klaus Stanjek Filmproduktion 1989/90 SFB/SWF, Verleih der Filmemacher München.

[4] DER ALTE REBELL UND SEIN GOLD (Serie SCHATZSUCHER), Regie: Sylvio Heufelder, Kamera: Jörg Schmidt-Reitwein, Produktion: Tandem Film/WDR 1989.

[5] VIVA RIO, VIVA!, Regie: Pierre Hoffmann, Kamera: Florian Pfeiffer, Produktion: Faust Film/BR/FWU, Verleih: Faust Film.

[6] DER ROTE SCHLEIER, Regie: Pierre Hoffmann, Kamera: Kurt Lorenz, Produktion: Faust Film/ZDF 1986, Verleih: Mathias Film, Stuttgart.

[7] FERN VOM KRIEG, Regie: Wolfgang Landgraeber, Kamera: Klaus Lautenbacher, Produktion: Blossom Film/Radio Bremen 1984, Verleih der Filmemacher, München.

[8] ECHOS AUS EINEM DÜSTEREN REICH, Regie: Werner Herzog, Kamera: Jörg Schmidt-Reitwein, Martin Manz, Schnitt: Rainer Standtke, Thomas Balkenhol, Produktion: Sera Film München 1990.

[9] TRÄUME DER DRACHENKINDER, Regie: Pierre Hoffmann, Kamera: Navroz Contraktor, Produktion: Faust Film/BR/FWU/Bejing Film Academy 1986, Verleih: Faust Film/FWU.

[10] AMERASIA, Regie: Wolf-Eckart Bühler, Kamera: Bernd Fiedler, Produktion: Red Harvest Film/BR 1985, Verleih der Filmemacher, München.

[11] DEIN LAND IST MEIN LAND, Regie: Hans A. Guttner, Kamera: Pavel Hispler, Produktion: Hans A. Guttner Filmproduktion 1989, Verleih der Filmemacher, München.

[12] PANTEON MILITAR, Regie: Wolfgang Landgraeber, Kamera: Klaus Lautenbacher, Produktion: W. Landgraeber Filmproduktion/WDR 1991.

[13] TO AROMA TON PRAGMATON – ANILARIN TADI (Der Duft der Dinge), Regie: Erman Okay/Thomas Balkenhol, Kamera: Klaus Lautenbacher, Produktion: t. r. e. international München, Verleih: t. r. e. international München, Griechisches Filmforum München.

[14] ABGEORDNETE, Regie: Karin Hoffmann, Kamera: Christof Orlon, Produktion: Faust Film/FWU 1987, Verleih: FWU.

[15] NACHTJÄGER, Regie: Johann Feindt, Kamera: Johann Feindt, Produktion: Journal Film/ZDF, Verleih: Journal Film, Berlin.

[16] DER SCHMERZ LÄSST DIE HÜHNER GACKERN UND DIE MENSCHEN DICHTEN, Regie: Joachim Gerner/Peter Heller, Kamera: Otmar Schmid, Produktion: Blossom Film/ WDR 1986.

[17] GET REAL OR GET LOST, Regie: Pierre Hoffmann, Kamera: Kurt Lorenz, Produktion: Faust Film/ZDF, Verleih: Faust Film, München.

[18] EM KURD IN (WIR SIND KURDEN), Regie: Stahn/Paratismussen, Kamera: Kurd Stahn, Produktion: „Natobereich Südost", 1982.

[19] FR-Kritik zu DER ROTE SCHLEIER vom 1. 7. 1988.

[20] *Tagesspiegel*-Kritik zu LOCKVÖGEL vom 25. 1. 1989.

ANDREAS KÖBNER

Musik im Schneideraum

Komponieren im Zeitraffer

Wenn der Bildschnitt fertig ist, fängt der Komponist zu arbeiten an. Möglicherweise bekam er schon vor oder während der Dreharbeiten ein Drehbuch zum Lesen; es kommt auch vor, daß sich Komponist und Regisseur, manchmal sogar mit Cutter und Produzent, früh zu informativen Gesprächen treffen, in denen Anregungen zur stilistischen Orientierung gegeben werden. Der Komponist kann sich daraufhin bestimmte Filme ansehen, bestimmte Musiken auf Schallplatte oder in der Partitur studieren. Das ist äußerst hilfreich, es läßt sich so eine gute Beziehung zum Regisseur und seinen Intentionen herstellen, aber zum Komponieren kommt man erst später – dazu bleibt meist nur die Zeit zwischen Feinschnittabnahme und Mischung.

Wenn am Bild nichts mehr geändert wird, können die Musik-Zeiten gestoppt werden. Erst dann weiß der Komponist, wozu (und deshalb: was) er komponieren muß – mit Ausnahme der Playbacks natürlich, die ja zum Drehen gebraucht werden und deshalb schon vor Drehbeginn fertig sein müssen. Aber auch die müssen oft nochmals neu gemacht werden, dazu später mehr.

Nach der Feinschnittabnahme bekommt der Komponist sein Video, damit zieht er sich bis kurz vor der Mischung zum Arbeiten zurück. Dieser Zeitraum, der zum Komponieren bleibt, beträgt in der Regel für Serienfolgen 2–3 Wochen, bei TV-Einzelfilmen 3–6, bei Kinofilmen 4–8, selten mehr.

In dieser Zeit müssen ebenfalls die Musikeinsätze festgelegt werden; es müssen Entwürfe, heute meist als „Demos"[1] gemacht, dem Regisseur vorgelegt und gegebenenfalls geändert werden; schließlich muß die Musik aufgenommen und – meist kurz vor der Mischung – zum Film angelegt werden.

Jetzt hat der Cutter auch schon die Mischungsvorbereitungen so gut wie abgeschlossen. Eine durch die Musik bedingte Änderung am Bildschnitt erzeugt zu diesem Zeitpunkt Katastrophenstimmung im Schneideraum, da alle Bänder[2] entsprechend geändert werden müßten.

Ganz anders verhält es sich, wenn man bereits existierende, also beispielsweise Verlagsmusiken verwendet, wie es bei Dokumentationen oder technisch-wissenschaftlichen Sendungen die Regel ist. Dann hat man die Möglichkeit, verschiedene Musiken zum Bild anzulegen, auszuprobieren, zu verschieben, umzuschneiden, Bild und Musik aufeinander abzustimmen etc.

Freilich bedeutet dies auch eine Einschränkung: Die Musiken werden selten 100%ig „passen", und sie werden sich nicht so auf den Verlauf des Filmes beziehen können, wie dies bei komponierter Musik möglich ist – z. B. durch verschiedenen Szenen entsprechende Variationen eines (Leit-)Motivs oder exaktes An-der-Szene-Komponieren mit Synchronbezügen zu bestimmten Handlungsmomenten.

Außerdem müssen bei solchen Musiken Rechte, nämlich Leistungsschutzrechte und gegebenenfalls sogar Urheberrechte erworben werden, wenn man die Produktion außerhalb der öffentlich-rechtlichen Anstalten auswerten, sie also z. B. ins Ausland verkaufen, auf Video oder gar im Kino herausbringen will. Das ist bei den Verlagen, die ausdrücklich Hintergrundmusiken anbieten (wie Sonoton, selected sound etc.), noch zu immerhin überschaubaren Kosten möglich, kann aber bei klassischer Musik oder Popmusik unbezahlbar werden, vorausgesetzt, man erhält überhaupt eine Genehmigung der Lizenzinhaber.

Schnitt als Taktgeber

Musik reagiert auf Bild und Schnitt – der Schnitt nicht auf die Musik.
Musik bietet erstens die Möglichkeit, einen Film zu strukturieren. Man kann gliedern, absetzen, unterstreichen und durch thematische Verbindung Teile eines Films als zusammengehörig erlebbar machen. Gut geht das mit Leitmotiven, wie sie beispielsweise in SPIEL MIR DAS LIED VOM TOD eingesetzt werden. Erzählt wird die Geschichte einer Rache: Der Protagonist der Handlung mußte als kleiner Junge die Ermordung seines Vaters nicht nur mitansehen, sondern auch noch mit der Mundharmonika begleiten. Dieses traumatische Erlebnis erfährt der Zuschauer erst nach und nach, in mehreren Rückblenden, die mit extremem Teleobjektiv und in Zeitlupe aufgenommen wurden. Zusätzlich zu diesen starken optischen Effekten macht die immer gleiche, sich von allen anderen im Film verwendeten Musiken deutlich unterscheidende Mundharmonikamusik dem Zuschauer klar, daß es sich um eine aus der Erzählkontinuität herausfallende Szene handelt – eben um eine Rückblende.
Es gibt, könnte man sagen, eine Interpunktion durch Musik im Sprachfluß des Films: Doppelpunkte, Paranthese, Klammern (natürlich), aber auch Absätze, Frage- und Ausrufezeichen und – sehr lange Gedankenstriche...
So werden Szenen gerne durch Außenaufnahmen eingeleitet: Zuerst sehen wir das Gebäude von außen, in dem der gleich folgende Dialog stattfinden wird – und dazu ertönt eine überleitende Musik, die den Schauplatz zugleich musikalisch zu verdeutlichen versucht. (Haben wir eine Ranch vor uns, hören wir beispielsweise Country-Music...) Ebenso werden häufig Emotionen weitergeführt: Angenommen, eine Szene endet mit einer Drohung, so kann die Musik diese Drohung aufnehmen und damit eine Verbindung zur nächsten Szene herstellen, in die somit diese Drohung hineinwirkt.
Diese gliedernden Möglichkeiten können manches Montageproblem überraschend plausibel lösen. Natürlich wird ein erfahrener Cutter dies in seine Konzeption mit einbeziehen. Es ist aber immer ratsam, wenn sich der Kompo-

nist nicht erst im letzten Augenblick im Schneideraum sehen läßt. Vielleicht wird dort – gerade zu Beginn des Schnitts – mit Problemen gekämpft, zu deren Lösung er beitragen könnte.

Ein zweiter Grund, sich früh mit dem Schneideraum in Verbindung zu setzen, kann die Tatsache sein, daß Musik häufig das Gefühl für das Tempo von Szenen oder ganzen Sequenzen beeinflußt. Ist aber der Eindruck der Geschwindigkeit (und damit der Länge) eines Teils des Films verändert, kann die Gesamt-Gewichtung der Teile kippen; die in der Montage des ganzen Films vorher mühsam hergestellte Balance ist in Gefahr.

Dieser Effekt (die Änderung des Tempo-Gefühls durch Musik) tritt vor allem bei Montagesequenzen auf, bei denen – meist ohne Dialog – viel Zeit vergehen oder eine große Strecke Wegs zurückgelegt werden soll. Generelle Aussagen darüber zu machen, welche Art von Musik welche Tempowirkungen evoziere, halte ich für nicht zulässig. So steht z. B. der auf den ersten Blick einleuchtenden Auffassung, daß Musik mit einem raschen Grundrhythmus eine Szene beschleunige, wohingegen dieselbe Szene bei einem ruhigeren Tempo langsamer erscheine, die konträre These gegenüber: rasche Musik verlangsame, ruhigere beschleunige[3].

Bei den genannten Montagesequenzen ist es in jedem Fall vorteilhaft, wenn dem Schneideraum früh Entwürfe des Komponisten vorliegen. Eine andere Möglichkeit besteht darin, noch in der Bildschnittphase bereits existierende Musik (aus Platten o. ä.) anzulegen, um herauszufinden, was vom Stil und vor allem vom Tempo her der Szene angemessen ist. Diese Technik – vorhandene Musik vorläufig anzulegen – ist ja in Amerika üblich.[4] Sie ist auch im Grunde sehr vorteilhaft, weil sie die eingangs genannten Nachteile ausgleicht, die dadurch entstehen, daß der Komponist erst nach Fertigstellung des Bildschnitts zu arbeiten anfangen kann. Aber es gibt zwei Prämissen, ohne die dieses Verfahren nicht funktioniert: es muß allen Beteiligten absolut klar sein, daß die „vorläufige Musik" nicht im Film bleiben kann. Und: man muß sie so auswählen, daß der Komponist eine realistische Chance hat, mit seinen (zeitlichen, künstlerischen und vor allem finanziellen) Mitteln etwas Vergleichbares herzustellen.

Ich habe nur wenige Fälle erlebt, in denen mit dieser Technik gearbeitet wurde, aber jedesmal wurden diese beiden Prämissen nicht beachtet. Jedesmal hatten die Beteiligten größte Schwierigkeiten, sich von ihrer „Probiermusik" wieder zu trennen. Zum Teil hatten sie sich einfach an sie gewöhnt, zum Teil waren aber auch Musiken ausgesucht worden, für die ein Filmkomponist unter den heute in der Branche üblichen Bedingungen kaum ein Äquivalent schaffen kann. Es fällt eben sehr schwer, mit dem „dies irae" aus Verdis Requiem zu konkurrieren, wenn man nur ein Budget für 7 Musiker und drei Wochen Zeit zum Komponieren hat. Es endete immer entweder mit einer Enttäuschung über die komponierte Musik oder damit, daß das gesamte Musik-Budget zum Rechte-Ankauf ausgegeben wurde.

Emotionale Steuerung

Jeder Film wird versuchen, sein Publikum zu interessieren. Er muß es packen, darf dabei aber den Bogen nicht überspannen. Sonst verliert er es. Die Wirkung eines Films resultiert primär aus der wechselnden emotionalen Verfassung des Zuschauers, und diese Gefühle gilt es, ökonomisch klug zu steuern. Für die Montage ist in diesem Zusammenhang wichtig, das rechte Verhältnis von Anspannung und Entspannung zu finden. (Hier gibt es übrigens große Unterschiede zwischen Fernsehen und Kino: was im Kino noch trägt, kann im Fernsehen uninteressant werden, was im Fernsehen rasch und dynamisch wirkt, kann im Kino zu unruhig sein.)

Innerhalb dieser Verteilung von Ruhe und Bewegung, dieser Anlage zur Steuerung der Befindlichkeit des Zuschauers, müssen die Orte für Musik überlegt disponiert werden. Oft ist ein Musikeinsatz abhängig von seiner Position im Film: an einer anderen Stelle wäre die gleiche Szene möglicherweise ohne Musik geblieben – die Stimmigkeit des Gesamtverlaufs der emotionalen Disposition des Zuschauers hat Priorität. In fast jedem Krimi gibt es beispielsweise auch eine Liebesgeschichte. Sind nun diese beiden Handlungsstränge zur gleichen Zeit an ihren kritischen Punkt gekommen, so kann es nötig sein, sich für einen der beiden Stränge zu entscheiden: soll die Beziehungsgeschichte oder der Kriminalfall vorrangig behandelt werden? Ist in der Liebesszene mit dem von Feinden verfolgten Protagonisten die Bedrohung oder die Liebe durch die Musik zu unterstützen?

Es geht also um Dramaturgie. Darüber hat sich natürlich auch schon der Drehbuchautor Gedanken gemacht – und mit ihm oft mehr Personen, als ihm lieb sind. Aber dennoch stecken wohl in jedem Buch dramaturgische Schwachstellen. Und dann gibt es im Verlauf der etwa 90 Minuten Film auch ganz besonders sensible Zeitpunkte (wie auch besonders robuste: „Eine gute Exposition kann jeder hinkriegen", habe ich einen Autor sagen hören). Diese Stellen sind häufig die ersten, auf die der Komponist im Schneideraum angesprochen wird. Und häufig entwickelt sich dann das Musikkonzept für den ganzen Film ausgehend von solch einer Stelle. Die Musikdramaturgie eines Films kann auf sehr unterschiedliche Weise konzipiert werden. Der oben genannte Weg – auszugehen von den Problemstellen – ist eine Möglichkeit von vielen.

Musik und Zugehörigkeitsgefühl

Stil, instrumentelle Besetzung und Gestus der Musik fügen dem Film eine Farbe hinzu, die wichtig, oft sogar entscheidend ist für das, was später als Stimmung oder Charakter des Films in Erinnerung bleibt. So gesehen hat Musik eine ähnliche Wirkung wie Ausstattung oder Kamerastil. Jeder wird in seiner Vorstellung zum Beispiel der Filme ALEXIS ZORBAS, EASY RIDER, PARIS, TEXAS die entsprechende Musik mit assoziieren. (EASY RIDER ist übrigens die einzige mir bekannte amerikanische Produktion, bei der man die „vorläufige Musik" beibehalten hat, die – wie oben geschildert – nur versuchsweise und zum Ausprobieren angelegt worden war.) Die dramaturgische Wirkung der Musik lag bei diesen Filmen weniger in ihrem Einsatz an dieser oder jener Stelle begründet, als in dem Einfall, für den ganzen Film gerade diese Art von Musik zu wählen. Eine Musik, in der sich der Grundgedanke, die Idee des Films wiederfindet. Eine Besetzungs-Idee.

Ein Beispiel: In DIE SUCHE NACH DEM GOLDENEN KIND entschieden sich die Macher für eine nahezu durchgehende *funk-music*. Dieser Musikstil vermittelt Tempo und ein positives *feeling*, wirkt aber insgesamt sehr einheitlich und ist schlecht geeignet für die geheimnisvoll-mystischen Passagen, die der Film durchaus hat. Dafür ist es die Identifikationsmusik der farbigen amerikanischen Jugendlichen, und diese sind die erste Zielgruppe des Films, unter ihnen finden sich vor allem die Fans des überaus populären Hauptdarstellers Eddy Murphy. Diese Musik sagt ihnen: dies ist eure Geschichte, auch wenn sie an fremden Orten spielt, und der Protagonist ist einer wie ihr. Man hat hier dieser Funktion von Musik (der einer Bindung einer bestimmten Gruppe) den Vorrang vor anderen Funktionen gegeben – auch dies ist eine musikdramaturgische Entscheidung.

Wenn Wim Wenders für PARIS, TEXAS Ry Cooder – einen bekannten amerikanischen Gitarristen, dessen Stil mit Wenders Bildern von der Weite der amerikanischen Landschaft korrespondiert – als Filmkomponisten besetzt, verzichtet er bewußt auf eine größere musikalische Palette, um dafür einen bestimmten Farbton um so authentischer zu haben – allerdings aufgrund eines ästhetischen Konzepts, nicht aus Marketing-Erwägungen. (Das soll aber nicht heißen, daß dies ein Gegensatz ist. Im Gegenteil: ästhetische Konzepte gerade in der Massenkultur entstehen auf der Grundlage von Marketing-Überlegungen.)

Als neutraler wird der Klang des Standardinstruments der Kino-Filmmusik, der Klang des großen Symphonieorchesters empfunden. Mit ihm – die Frage nach Kompositionstechniken und ihren Wirkungen möchte ich hier ausklammern – kann man recht zuverlässig eine genügend breite Skala an Emotionen darstellen. Adorno und Eissler haben dies in ihrem Filmmusikbuch schön böse dargestellt: „Es ist der heruntergekommene und selber längst standardisierte Naturbegriff aus der Lyrik des neunzehnten Jahrhunderts, und zur ausverkauften Lyrik werden die entsprechenden Klänge hinzugeschmiert. Sobald Natur als solche handlungslos präsentiert wird, bietet sie eine besonders günstige Gelegenheit, Musik loszulassen, und diese gebärdet sich denn nach dem abgewirtschafteten Schema der Programmusik. Hochgebirge: Streichertremolo mit signalähnlichem Hornmotiv. Die Ranch, auf die der he-man das sophisticated girl entführt hat: Waldweben mit Flötenmelodie. Boot auf einem von Weiden überhängten Fluß im Mondschein: English Waltz." Dies nur als ein wahllos herausgegriffener Beleg für das, was ich mit „schön böse" meine.[5]

In diesem Sinne könnte man zu den dunklen Straßen die gefährliche, zur Verfolgungsjagd die treibende, zur Liebesszene die lyrisch-schmelzende und zur Rettung in letzter Minute die heldenhaft-triumphale Musik anlegen. Wir sind also schon mittendrin in der Frage nach den Musikeinsätzen.

Musikeinsatz

Der Einsatz einer Musik bestimmt ihre Wirkung. Wenn die Entscheidung für eine bestimmte Art von Musik (also für einen durchgehenden Stil und eine einheitliche Besetzung) die erste musikdramaturgische Entscheidung war – sie wird oft früh gefällt, und die Wahl des Komponisten kann ein Teil von ihr sein –, so ist das Festlegen der Musikeinsätze und die Formulierung dessen, was sie bewirken sollen, die eigentliche musikdramaturgische Detailarbeit.

Regisseure gehen dabei unterschiedlich vor. Manche legen die Einsätze völlig selbständig fest, andere wünschen, daß der Komponist während des Bildschnitts mit ihnen zusammen die Konzeption der Musik und ihrer Einsätze entwickelt. Beides hat seine Vorteile.

Im ersten Fall hat schon eine recht genaue Analyse der Möglichkeiten stattgefunden, die Arbeit wird dem Komponisten enorm erleichtert – gerade unter Zeitdruck segensreich –, und man weiß recht genau, worum es dem Regisseur geht.

Im zweiten Fall hat man zwar bedeutend mehr Arbeit, dafür ergeben sich aber auch unter Umständen andere gestalterische Möglichkeiten, insbesondere was die eingangs skizzierten gliedernden Funktionen von Musik angeht. Der Cutter sollte allerdings rechtzeitig wissen, wie sein Regisseur arbeitet – der letztgenannte Stil ist zeitaufwendiger, das muß man bei der Terminplanung berücksichtigen.

Auch beim Anlegen[6] gibt es unterschiedliche Arbeitsweisen: Manche Regisseure sind in den meisten Fällen mit den vorher vereinbarten Einsätzen zufrieden, andere lassen sich alle Musiken mehrmals auf Perfoband überspielen und experimentieren damit an anderen Stellen des Films, so daß sich später beim endgültigen Musikanlegen oft ganz andere Musikeinsätze als ursprünglich vorgesehen ergeben. Dabei muß man improvisieren: Weil die Musiken an den neuen Stellen meist von der Länge her nicht passen, werden Vorschläge zum Kürzen oder Verlängern benotigt. Mit Partitur und Taschenrechner sollte der Komponist sie machen können.

Musik im Bild

Festgelegt ist man natürlich immer dann, wenn Musik im Bild ist: Wenn getanzt oder gesungen wird, wenn jemand ein Musikinstrument spielt, wenn Radio oder Plattenspieler laufen. Solange der Schauspieler tatsächlich selbst singt oder spielt – wenn möglich noch in einer durchgehenden Einstellung – und das alles ist, was zu hören sein soll, gibt es natürlich keine Probleme. Ebenso bei Radio oder Plattenspieler: Da wird dann einfach später eine geeignete Musik angelegt.

Schwieriger wird es beim Playback: auch wenn zur Szene ein Playback-Band lief, kann es im Schneideraum notwendig werden, so zu unterschneiden, daß das Playback-Band nicht mehr verwendet werden kann. Dieses Problem taucht immer dann auf, wenn beim Schnitt nachträglich Tempo und Rhythmus der Szene verändert – gestreckt oder forciert – werden.

Dieselbe Prozedur ergibt sich häufig bei Tanzszenen. Die Gründe dafür sind unterschiedlich: Mal wurden die einzelnen Teile des Playbacks mit verschiedenen Geräten abgespielt, die nicht mit exakt der gleichen Geschwindigkeit liefen, so daß der Komponist in seinem Musikstück, das ja synchron zu den im Bild gezeigten Bewegungen klingen soll, entsprechende Tempowechsel einfügen muß. Mal liegt ein Schnitt so, daß die Tanzenden, behält man das alte Playback-Band bei, aus dem Tritt kommen. Da ein Schnitt in der Musik aber nicht unbemerkt zu machen ist, muß ins neue Stück ein „krummer" Takt oder ein kurzes Ritardando oder Accelerando hinein. Mal müssen Teile herausgenommen werden, was zur Folge hat, daß die Synchronpunkte nicht mehr richtig liegen.

In jedem dieser Fälle muß für die Szene eine neue, genau passende Hintergrundmusik oder – bewegungs- bzw. lippensynchrone – Playback-Musik hergestellt werden. Da dies sehr zeitaufwendig ist und, je nach der im Bild zu sehenden Besetzung, unter Umständen auch sehr teuer werden kann, sollte man diesen Punkt auf jeden Fall rechtzeitig klären.

Musik und Suggestion

Man könnte nun versuchen, eine mehr oder weniger vollständige Liste typischer Musikeinsätze zu erstellen. Dazu gehören in der Regel, aber eben nur in der Regel, der Filmanfang bzw. das Ende und meistens, aber eben auch nicht immer, lyrische, spannende oder „entscheidungsträchtige" Stellen.

Dies hängt alles zu sehr vom einzelnen Film ab. Man kann zu jeder Szene Musik machen, und man kann einen Film völlig ohne Musik lassen, beides geht und ist auch schon gemacht worden. Und: jede Musik paßt – irgendwie – immer. Damit ist nicht gemeint, daß es beliebig sei, welche Musik man einsetzt.

Musik und Suggestion

Sondern es soll – überspitzt – darauf hingewiesen werden, daß eine Szene mit Musik – ganz gleich mit welcher – immer anders sein wird als ohne. Musik wirkt immer. Oft überraschend, oft auch unsinnig – aber einen Effekt wird man in jedem Fall bemerken. Dazu Zofia Lissa: „Selbst wenn die Filmmusik weder die Funktion hat, irgendwelche Abläufe innerhalb oder außerhalb des Bildes zu illustrieren, noch einen bestimmten Ausdruckscharakter aufweist, zwingt ihr allein schon die Tatsache, daß sie sich auf visuell gezeigte Inhalte schichtet, einen gewissen Gehalt auf, der aus ihr selbst nicht hervorgeht. Sie trägt dann nach dem Prinzip des ausdrucksmäßigen Mitwirkens oder Kontrastes gewisse Inhalte in sich, die sie ohne Verbindung mit den gegebenen visuellen Abläufen nicht haben könnte."[7]

Deshalb hier nur zwei Gedanken, einer zur Musikdramaturgie des ganzen Films, einer zum einzelnen Musikeinsatz.

Wenn man sich – aus welchem Grund und von welchem Punkt ausgehend auch immer – für einen bestimmten Musikstil entschieden hat, so wie dies in unserem Beispiel Wim Wenders mit Ry Cooder getan hat, dann hat man sich festgelegt, sobald diese Musik das erste Mal erklungen ist, und das ist in der Regel bei der Titelmusik am Anfang des Films. Dieser Musikstil ist damit etabliert, er ist die Referenz, an der die weiteren Einsätze gemessen werden.

Hätte Max Steiner – ein Hollywood-Filmkomponist, dem die Perfektionierung des „Micky-Mousing" zugeschrieben wird, einem Kompositions-Stil, in dem die Musik jeder Bewegung der Szene imitierend und kommentierend folgt – die erste Hälfte von ALEXIS ZORBAS komponiert, so würde Theodorakis' Musik in der zweiten Hälfte seltsam, plötzlich sehr folkloristisch wirken. Man würde die Unterschiede, die sie innerhalb ihres eigenen Klanges noch hat, anfangs nicht differenzieren, man würde die traurige von der fröhlichen zunächst kaum unterscheiden können, weil man zunächst nur eines wahrnehmen würde: griechische Musik.

Der Kontext, in dem eine Musik steht, ist also entscheidend für ihre Wirkung. Dabei kann der Titelsequenz – also dem Titelvorspann, dem Teil des Films, in dem die Filmtitel laufen – eine ausschlaggebende Bedeutung für die angemessene Musikrezeption zukommen.[8] Das „Verzieren" eines Films mit einem Titelsong – von Produzenten aus kommerziellen Gründen oft gewünscht – kann dabei einer etwas subtileren musikdramaturgischen Konzeption sehr im Wege stehen.

Beim einzelnen Musikeinsatz wird jeder schon bemerkt haben, daß sich die Wirkung einer Szene verändert, sobald Musik hinzukommt. Diese Veränderung kann aber um so problematischer werden, je komplexer die Szene ist. Ist der Gehalt einer Szene vergleichsweise simpel – eine gefährliche Situation oder eine dramatische; eine Verfolgung oder der Moment vor der Explosion –, so ist auch die Funktion der Musik leicht zu beschreiben. Sie unterstützt diesen – einen – emotionalen Gehalt der Szene, verlängert, pointiert ihn vielleicht, führt ihn durch die Zeit bis zum Moment der Entladung. Ist aber der Gehalt der Szene komplexer oder sogar in sich widersprüchlich, so wird der Einsatz von Musik zunächst nur einen dieser Stränge unterstützen. Dies kann gewünscht sein, aber die Szene bekommt dadurch eine andere Wirkung. Hitchcocks berühmtes Beispiel vom Paar, das ahnungslos an einem Tisch sitzt, unter dem – wir wissen es – die Bombe tickt, könnte man mit einer gefährlichen Musik begleiten. Man könnte aber auch eine harmlose Frühstücksmusik aus dem Radio kommen lassen. Oder es könnte sich aus der Radiomusik ein bedrohlicher Klang entwickeln. Es kommt darauf an, welche Wirkung man erzielen will.

Je komplexer, widersprüchlicher der emotionale Gehalt einer Szene ist, um so mehr bedeutet es einen Eingriff in die Wirkung dieser Szene, wenn man Musik auf sie legt. Zumindest dann, wenn es die Musik nicht vermag, in ihren emotionalen Wirkungen ähnlich komplex zu sein wie die Szene selbst. Aber ist sie dann noch nötig?

Musik und Zäsur

Wenn ein Cutter sich während der Mischungsvorbereitungen seinen Film anschaut, hört er im Geiste alle nicht „musikalischen" Töne mit, die er angelegt hat oder noch anzulegen gedenkt, nicht nur die, die gerade durch den Schneidetisch laufen. Innerlich nimmt er so möglicherweise etwas völlig anderes wahr, denn ebenso wie Musik das Tempogefühl für eine Szene verändern kann, vermögen dies natürlich auch Töne zu tun.

Deshalb ist es wichtig, den Komponisten bei Musikeinsätzen über noch hinzukommende Geräusche oder Dialoge zu informieren. Wenn viele oder starke oder rhythmische oder einfach nur wichtige Töne (also solche, die man später vordringlich verstehen muß) unter der Szene sind, bleibt für die Musik nur noch ein enger Raum. Sie kann also nicht dynamisch sein, sondern muß sich entweder beschränken (beispielsweise auf eine Fläche oder eine Figur) oder sie muß Lücken in diesem Tongefüge ausnutzen. Dies ist zum Beispiel sinnvoll, wenn man Musik zu einem Dialog zu schreiben hat – da kann man in die Dialogpausen hineinkomponieren. Dazu sollte dann allerdings das Tempo genau stimmen, und der Musikeinsatzpunkt sollte später beim Musikanlegen genau eingehalten werden.

Musikanfänge und -enden können jeweils von einem „Tonereignis" markiert werden: kaum hat der Schauspieler das letzte Wort gesprochen, ist die Musik da – als sei sie schon zuvor vorhanden, jedoch durch die Sprache verdeckt gewesen. Und ebenso, wie Musik aus einem Ton entstehen kann, kann sie von einem Ton, oder Geräusch, abgelöst werden. Häufig sind Musikeinsätze durch Schnitte festgelegt. Mit dem Schnitt aufs fahrende Auto außen beginnt die Musik, mit dem Schnitt nach innen und dem Dialogbeginn ist sie zu Ende.

Musiken vorzuverlegen, sie also kurze Zeit früher anfangen zu lassen – noch in der „falschen" Szene –, kann ebenso wirkungsvoll sein, wie es die gleiche Technik bei Dialogen ist. Auch das Überlappen von Musik in die nächste Szene hinein, meist bis unmittelbar vor den Dialog-Anfang, wirkt in vielen Fällen beschleunigend und verbindend.

Bei Truffaut findet man eine Art, Musik einzusetzen, die vom Schnitt ziemlich unabhängig zu sein scheint. Sobald innerhalb einer Szene eine gewisse Intensität des Gefühls erreicht ist, scheint die Musik auf, verbindet sich oft mit einer autonomen Kamerabewegung, und verklingt – die Szene geht weiter. Hier sagt die Musik: Das, was ihr jetzt seht, bedeutet diese oder jene Emotion. Und indem sie das sagt, stellt sich die Emotion ein.

Fazit

Der Komponist sollte den Film, für den er arbeitet, gut kennen. Das heißt, er sollte ihn oft gesehen haben – nicht nur die Stellen, für die er komponieren soll, sondern ganz, möglichst von der ersten Vorführung an, in seinen verschiedenen Fassungen. Dann weiß er auch, in welche Richtung Cutter und Regisseur arbeiten, und wo die Probleme liegen.

Vor der eigentlichen Arbeit sollte ein Gespräch stehen, in dem man versucht, ein musikalisches Konzept für den Film zu entwerfen, beziehungsweise, in dem man verschiedene solcher Konzepte diskutiert und sich für das eine oder das andere entscheidet. Später wird man sich an das, was man einmal beschlossen hatte, meist nicht halten. Aber schon die Tatsache, daß es etwas gibt, von dem man abweicht, wird der Arbeit eine spürbar größere Konsistenz verleihen.

Anmerkungen

[1] Unter einem „Demo" versteht man eine mit einfachen Mitteln, meist zu Hause mit elektronischem Equipment hergestellte Aufnahme, die demonstrieren soll, wie die „richtige", also mit Musikern und im Studio produzierte Aufnahme klingen wird.

[2] Gewöhnlich teilt man den Schnitt in zwei Phasen auf: Bildschnitt und Vertonung. Der Bildschnitt ist die eigentliche Filmmontage, also Schnitt im engeren Sinne. Während der Vertonung werden zusätzlich zu den Originaltönen dramaturgisch wichtige Geräusche (z. B. Telefon- und Türklingeln, Schüsse, Autohupen etc.), aber auch gleichbleibende Hintergrundgeräusche – sogenannte „Atmosphären" – (wie z. B. Regen, Meeresbrandung, Verkehrsgeräusch etc.) und bei synchronisierten Stellen selbstverständlich die Synchron-Sprache und die vom Geräuschemacher hergestellten Synchron-Geräusche (Schritte, Kleiderrascheln etc.) angelegt. Für jede dieser Tonebenen braucht man mindestens ein Perfoband, meist jedoch zwei oder drei, weil sich Dialogteile oder Geräusche überlappen. So kommt man bei je zwei Bändern für Originalton, Geräusche, Atmosphären, Synchron-Sprache und Synchron-Geräusche schnell auf 10 Bänder. Möchte man nach Fertigstellung dieser 10 Bänder einen Schnitt im Bild ändern, so muß man alle 10 Bänder entsprechend verlängern oder verkürzen – eine Arbeit von Stunden.

[3] wie von Norbert Schneider in einer BR-Sendung am 8. 1. '90 vertreten.

[4] Hierzu bedient man sich einer Auswahl bereits vorhandener Musiken – also eines Musikarchivs –, das im Idealfall die wichtigsten Musikgattungen mit typischen Beispielen abdecken sollte. Mit Hilfe dieses Archivs kann ausprobiert werden, wie bestimmte Arten von Musik zur jeweiligen Szene wirken – ein Anlegen zur Entscheidungshilfe im Schneideraum. Außerdem ist es damit möglich, den Film mit provisorischer Musik so zu präsentieren, wie ihn sich Regisseur und Cutter in etwa vorstellen. Diese Musikfassung dient dann als Grundlage für weitere Diskussionen, etwa mit Produzenten oder Redakteuren. Siehe dazu auch bei Norbert Schneider, *Handbuch Filmmusik* (München 1986) S. 54, 119, 222.

[5] Das Buch heißt *Komposition für den Film*, und in der deutschen Ausgabe von 1969 (1.–3. Aufl., Rogner & Bernhard, München) findet sich z. B. auf S. 30 zum Thema „Illustration von Natur" die von mir zitierte Stelle.

[6] Den Arbeitsgang, bei dem nach Fertigstellung der Musik die Einsätze der einzelnen Musiken an bestimmten Stellen des Films festgelegt werden, nennt man das „Musikanlegen".

[7] Zofia Lissa, *Ästhetik der Filmmusik*, Berlin DDR 1965, S. 57, zit. nach Hansjörg Pauli, *Filmmusik: Stummfilm*, Stuttgart 1981, S. 56.

[8] Die Titelsequenz ist der Einstieg in den Film. Sie präsentiert uns eine Vorahnung dessen, was uns in den nächsten 90 Minuten erwartet. Es wird also ein stilistischer Angel- und Ausgangspunkt gesetzt – auch für die Musik –, auf den sich (wie auf einen Referenzwert) der Zuschauer im Fortgang des Films bezieht.

Experimente

Hans Beller

Montage-Experimente an der HFF München

Im Rahmen des Forschungsschwerpunktes „Filmmontage" habe ich mit den Studenten der Hochschule für Fernsehen und Film in München Experimente durchgeführt. Die Studenten sollten die filmischen Experimente als angewandte Filmwissenschaft verstehen und daraus auch Nutzen für ihre Filme ziehen. Außerdem hatten die Experimente folgende Ziele:

– Beiträge zu einer Theorie der Filmmontage zu liefern;
– wissenschaftliche Erkundungsexperimente durchzuführen;
– Demonstrationsmaterial zur Filmmontage herzustellen;
– professionelle und akademische Begriffe zu veranschaulichen, wie z. B. „*match-cut*", „Schnitt/Gegenschnitt", „unsichtbarer Schnitt";
– die Reflexion des Handwerks „Filmschnitt" zu ermöglichen.

Die experimentelle Fragestellung sollte sich auf folgende Erkundungsbereiche erstrecken:

– Welche Erkenntnisse lassen sich sammeln, wenn man Remakes experimenteller Filmsequenzen herstellt? (siehe Experiment 1.)
– Wie lassen sich konventionelle Schnitt/Gegenschnitt-Montagen experimentell untersuchen? (siehe Experiment 1.–4.)
– Wie lassen sich durch Montage Assoziationen manipulieren? (siehe Experiment 5. u. 6.)
– Wie kann man filmische Kontinuität und Diskontinuität von Raum, Zeit und Bewegungsabläufen durch Schnitt aufzeigen? (siehe Experiment 7. u. 8.)
– Wie läßt sich durch den Schnitt die Filmzeit gegenüber der Realzeit manipulieren (z. B. Zeitverkürzung, Zeitdehnung)? (siehe Experiment 7. u. 10.)
– Was passiert bei „Anschlußfehlern" im Kopf der Zuschauer? (siehe Experiment 9.)
– Was kommt heraus, wenn verschiedene Cutter aus dem gleichen filmischen Ausgangsmaterial jeweils ihre „Idealversion" schneiden? (siehe Experiment 11.)

Zur praktischen Durchführung der Experimente

Damit die Filmstudenten nicht filmisches Experiment mit Experimentalfilm verwechselten, gab es noch vor der Planungsphase eine kurze Einführung in das wissenschaftliche Experiment. Die Filmexperimente sollten zumindest überschaubar, variierbar und nachvollziehbar sein. Dann kam eine kreative Phase des Brainstormings, nach dem Motto „anything goes", um erst danach in der Diskussion mit den Beteiligten sinnvolle und machbare Experimente herauszufiltern.

Von der Ausgangsidee bis zur Durchführung waren dann noch mehrere Treffen mit den studentischen Teams notwendig, um die Exposés für die Experimente prägnant und präzise zu formulieren. Nach ersten Erfahrungen mit verbalen Vorgaben, die bei der visuellen Umsetzung der Experimente zu Mißverständnissen führten, wurden Storyboards Pflicht, die Bild-für-Bild gezeichneten Aufbaupläne der Experimente.

Um im überschaubaren Rahmen zu bleiben, sollten sich die Experimente auf Filmsequenzen beschränken. Die ersten Sequenzen wurden noch in Farbe gedreht, dann auf Schwarzweiß, um irritierende Farbsprünge beim Schnitt zu vermeiden. Außerdem wurde zur besseren experimentellen Kontrolle ohne Ton gearbeitet. Das Filmmaterial bestand aus 16-mm-Negativ. Dadurch ließen sich zur systematischen Variation jeweils mehrere Positiv-Kopien des identischen Materials ziehen. Die Dreharbeiten führten die Studenten, die frühestens im dritten Semester waren, dann selbständig durch. Bei manchen kam es zu einer Rohschnittabnahme meinerseits, andere lieferten gleich die fertigen Experimente ab. Mit den experimentellen Sequenzen hatten die Studenten zusätzlich eine schriftliche Arbeit abzuliefern, die folgende Gesichtspunkte behandeln sollte:

1. Problemstellung, Ausgangsidee, Hypothese.

2. Schilderung der Herstellung des Experiments (Produktionsprotokoll).

3. Beschreibung des Ergebnisses: Was wurde bei der Befragung von den Zuschauern/Versuchspersonen gesehen?

4. Interpretation des Ergebnisses: Warum wurde etwas so oder anders gesehen?

5. Zusammenfassung und Kritik an den Experimenten (Planung, Methode, Herstellungsweise, Durchführung).

6. Vorschläge für eine Verbesserung der Experimente.

Vorstellung prägnanter Experimente

Die experimentellen Sequenzen wurden von den Studenten zum Teil mit einem Titel versehen, wie es auch in der Praxis der Cutter üblich ist. Da diese Titel gleichzeitig charakteristisch für das betreffende Experiment sind, sollen sie hier übernommen werden. Die Namen der an diesen Experimenten beteiligten Studenten folgen nach dem Titel. Einige sind mittlerweile schon als Regisseure, Autoren etc. bekannt geworden. Die zusammenfassende Schilderung der Experimente stammt von mir. Originaltexte der Studenten sind als Zitat gekennzeichnet. Die Experimente sind von 1. bis 11. durchnumeriert.

1. „Das Kuleschow-Remake"

(Rolf Sterzinger)

(Da dieses Experiment eine Wiederholung des Kuleschow-Effekts versuchte, sei hier auf den Exkurs zu Kuleschow im Einführungskapitel, S. 20 ff. verwiesen.) Funktioniert der „Kuleschow-Effekt" auch heute noch? Dies waren die Ausgangsfrage und der Anlaß, das Experiment von Kuleschow mit Mosschuchin aus den 20er Jahren dieses Jahrhunderts anhand eines Remakes nachzuvollziehen. Da nicht einmal genau überliefert ist, wie die Einstellungen dargeboten wurden, bleibt die Versuchsanordnung in einem Wahrscheinlichkeitsbereich, der sich Kuleschows Experiment nur annähern kann. Wir wissen z. B. nicht einmal sicher, ob die bipolare Wahrnehmungsorganisation von Blickendem (A = Mosschuchin) und Erblicktem (B = Essen etc.) als ABA-Sequenz oder nur AB-Sequenz oder sogar als BA-Sequenz gezeigt wurde. Für unser Kuleschow-Remake nahmen wir an, daß eine ABA-Struktur den berühmten Effekt bedingte.

Die Sequenz zeigt also nach Kuleschows Vorgabe einen möglichst neutral blickenden Mann A, dann das Erblickte B (wobei dann B_1 der Teller mit Essen, B_2 der Sarg und B_3 die „laszive" Frau darstellen sollte), dann wieder A (vgl. dazu auch die nachfolgenden Abb.). Die ABA-Sequenzen waren alle s/w, und jede der 3 × 3 Einstellungen war gleich lang (4 sec., insgesamt war die ABA-Sequenz 12 sec. lang). Auf jede Sequenz folgte ein Stück Schwarzfilm. Dadurch konnte man die Vorführung problemlos abbrechen und die Zuschauer nach ihrem Eindruck fragen.

Unsere Anordnung entsprach einem klassischen Montagemuster des narrativen Films, dem konventionellen „Dreiklang" von *opening* bzw. *establishing shot* A / *reverse shot* B / *reaction shot* A. Dabei war allerdings in allen drei Sequenzen der *reaction shot* A durch Mehrfachkopieren identisch mit dem *opening* bzw. *establishing shot* A. Von den Zuschauern hätte jedoch, laut Kuleschow, das zweite A jeweils als Reaktion A_1 (z. B. „hungriger Mann") auf

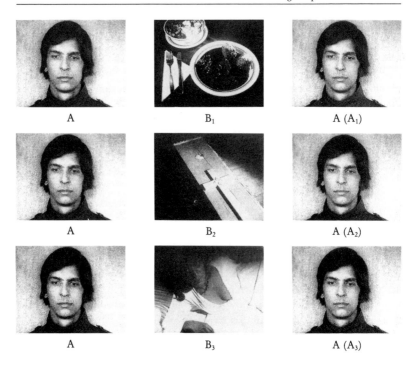

B₁ gesehen werden müssen. Auf B₂ hätte dementsprechend A₂ (z. B. „trauriger Mann") und auf B₃ hätte A₃ (z. B. „erotisierter Mann") folgen müssen. Insgesamt hätte also auf B₁–B₃ statt A A₁–A₃ gesehen werden müssen.
Dies war jedoch nicht der Fall. Ganz gleich, ob nun mehrere Personen gleichzeitig oder einzelne hintereinander etwas über die Wirkung der Einstellungen aussagten, sie alle erkannten die Aufnahmen A als identische Einstellungen und waren nicht bereit, in das Gesicht eine Reaktion hineinzuinterpretieren. Das zweite A der ABA-Darbietung wurde also nicht in dem Sinne als Identifikationsangebot angenommen, als es zur Projektion von Begierden oder Gefühlen in das Gesicht eingeladen hätte. Zwar gab es unter den Probanden, denen die Sequenzen vorgeführt wurden, Ausnahmen, diese lagen jedoch, statistisch gesehen, unter dem Signifikanzniveau.

Daraus folgt zwar nicht, daß sich der Kuleschow-Effekt heutzutage nicht mehr erzielen läßt, die klassische experimentelle Anordnung aber ist fraglich geworden. Dafür gibt es zwei mögliche Ursachen: Zum einen die geänderten Sehgewohnheiten, d. h. die Zuschauer haben mehr Übung im schnellen Erfassen von Filmbildern. Die andere mögliche Ursache: Durch die Wiederholung von Einstellung A entsteht ein Lerneffekt, der dem Kuleschow-Effekt zuwiderläuft (vgl. in diesem Zusammenhang auch *Fazit*, S. 176 f.). Würde man bei dem

Experiment allerdings die Einstellungsgrößen des Blickenden, die Blickrichtungen, den Bildhintergrund oder die Darbietungslänge variieren, könnte dies das Ergebnis ändern.

Der Kuleschow-Effekt ist kontextabhängig (vgl. dazu H. J. Wulff, *Der Plan macht's*, S. 178 ff.) und funktioniert nicht mechanistisch kausal im Sinne von: Wenn ABA-Sequenz, dann wird immer beim zweiten Zeigen desselben A etwas anderes, nämlich A_X als eine Reaktion auf B gesehen. Dies entspricht zwar einer erzähltechnischen Schnittkonvention, die aber nicht absolut zwingend ist. Das zumindest zeigte unser Experiment.

Andere Experimente der Filmstudenten versuchten nun Variationen zum Kuleschow-Effekt, indem sie sich ebenfalls auf die bipolare Wahrnehmungsorganisation von Blick (sprich „Schuß" oder „Schnitt") und Erblicktem (sprich „Gegenschuß" oder „Gegenschnitt") bezogen, dabei aber andere Variationen als Kuleschow vornahmen. Die Studenten arbeiteten gleichzeitig parallel zum Remake und kannten daher seine Wirkung noch nicht.

2. „Blick nach oben"

(Waldemar Hauschild)

Ziel dieses Versuches war es, durch Schnitt einen „filmischen Raum" herzustellen. Hier gab es sowohl eine Anlehnung an Kuleschows „schöpferische Geographie" (siehe Einführungskapitel S. 21), bei der weit auseinanderliegende Räumlichkeiten aneinandermontiert wurden, als auch eine Variation des „Kuleschow-Effekts" vermittels des Blicks. Beim Zuschauer sollte der zwingende Eindruck entstehen, daß Betrachter und Betrachtetes tatsächlich am selben Ort anwesend sind, obwohl beide unabhängig voneinander aufgenommen wurden und nur durch den Schnitt miteinander verbunden waren.

Das Experiment war nach dem Muster der AB-Verknüpfung aufgebaut. Einstellung A zeigte eine Gruppe von vier Personen, die vor einer grauen Hauswand standen und mit neutralem Gesichtsausdruck alle auf ein und denselben imaginären Punkt schräg nach oben blickten. Im Gegensatz zum Kuleschow-Experiment wurden hier nicht jeweils *identische* Einstellungen verwendet. Die Studenten hatten, um sich das Kopieren zu ersparen, eine längere durchgehende Einstellung A gedreht und daraus die entsprechenden Einstellungen A_1, A_2 und A_3 entnommen. Auf A_1 folgte dann zunächst B_1 mit einem leeren blauen Himmel. Dann kam A_2, dieses Mal gefolgt von Einstellung B_2, die eine Krähe in einem Baum zeigte. Daran anschließend A_3 und als letzte Einstellung B_3 mit den Münchner Moriskentänzern. Die AB-Anordnung ging ohne Unterbrechung über die drei paarigen AB-Einstellungen (insgesamt 45 sec.).

Auch hier entstand, wie bei Kuleschows „schöpferischer Geographie", bei den Zuschauern der unmittelbare Eindruck eines ganzheitlichen Raumes, nur im

Falle der Moriskentänzer trat Irritation auf, da die Münchner Probanden das Umfeld auf dem Marienplatz assoziierten, das mit den gezeigten Blickenden nicht so recht in Einklang gebracht werden konnte. Hier kollidierten das Wissen um das Gezeigte oder die eigene Erfahrung und Erinnerung mit dem unmittelbaren filmischen Eindruck. Eine „Störvariable", mit der Kuleschow, der in einem analogen Experiment Moskau und das Weiße Haus durch einen Schnitt zusammenbrachte (s. S. 21), bei heutigen Zuschauern rechnen müßte: Der erste Eindruck stellt zwar einen unmittelbaren Zusammenhang zwischen den auseinanderliegenden Orten her, dann aber erfolgt eine Korrektur, sozusagen nach dem Motto: „Daß nicht sein kann, was nicht sein darf". Der Zuschauer erkennt den Zusammenhang als artifiziell und damit als unstimmig, die Illusion des ganzheitlichen Raumeindruckes über Blickverknüpfung ist gestört. Die filmische Illusion, durch den Schnitt bedingt, trägt wahrscheinlich nur bis zu dem Moment, wo das bessere Wissen auf eine andere Realität verweist. Außerdem war – anders als beim Kuleschow-Effekt – kein „zwingender", weil emotional eindeutiger Bezug vorgegeben.

Auch das nächste Experiment untersuchte den artifiziellen Raum, den die Montage über Blick konstituiert.

3. „Person – Hintergrund"

(Daniel Israel, Mathew Kuzhippallil, Hilmar Oddsson, Robert Sigl)

Wo liegen die räumlichen Zuordnungsgrenzen im Schuß/Gegenschuß-Verfahren, wenn verschiedene Personen vor verschiedenen Hintergründen positioniert sind? Von dieser Frage leitete sich zunächst – wiederum ausgehend von Kuleschow – die Hypothese ab, daß der Blick der Darsteller entscheidend dafür ist, ob die verschiedenen Figuren vor verschiedenen Hintergründen zu einem einheitlichen filmischen Raum vernetzt werden oder nicht. Der Blick würde also – der Hypothese zur Folge – den Zusammenhang der Personen im Raum zwingend herstellen, auch wenn jeweils der Hintergrund uneinheitlich wäre. Blickten sich die durch die einzelnen Einstellungen voneinander getrennten Personen jedoch nicht an, sollte der filmisch zusammenmontierte Raum gleichsam auseinanderfallen und jede Person für sich stehen. Das heißt, beim Zuschauer würde kein ganzheitlicher Raumeindruck entstehen.

Bei diesem Experiment wurden drei verschiedenfarbige Hintergründe (schwarz, weiß, rot) mit je drei verschiedenen Darstellern variiert. Das Ganze wurde zu einer ABC-Sequenz montiert (alle drei Einstellungen in Farbe, insgesamt 11 sec.). Die jeweils einzelnen, vor verschiedenfarbigen Hintergründen gezeigten Personen sollten sich mal anblicken, mal auch nicht. Es wurden also sowohl Blickrichtungen, als auch Personen, als auch Hintergründe variiert.

Ergebnisse: Wurden die drei Personen vor jeweils gleichem Hintergrund (in diesem Fall nur schwarz) aufgenommen, ohne direkten Blickkontakt miteinander zu haben, nahm der Zuschauer sie in einem zwar undefinierbaren, aber dennoch einheitlichen Raum wahr. Selbst wenn von Schnitt zu Schnitt die Hintergrundfarben oder Blickkontakte (links, rechts, geradeaus) wechselten, assoziierten die Zuschauer generell eine Dreiecksbeziehung. Denn schauten die zusammenmontierten Personen aneinander vorbei, wurde das psychologisch interpretiert, z. B.: „Haben sich nichts mehr zu sagen." Schauten sich zwei an, während der Dritte woanders hinsah, hieß es: „Er ist eifersüchtig." etc. Hier wurde vom Zuschauer eine Verbindung der Personen untereinander hergestellt, obwohl diese weder durch Blick noch durch Hintergrund eindeutig einander zuzuordnen waren. Offensichtlich wird vom Zuschauer durch das bloße Nacheinander der Einstellungen auch eine Folgerichtigkeit der Bezüge untereinander angenommen. Dies liegt sicher auch an den Konventionen des Erzählkinos, d. h. man ist im Kino gewohnt, keine „unsinnigen" Einstellungsfolgen präsentiert zu bekommen. Außerdem waren die Hintergründe zwar farblich verschieden, unterschieden sich jedoch weder in der Textur, noch enthielten sie irgendwelche Hinweise auf eine Umweltcharakteristik. Es waren kulissenhafte Wände, die höchstens an eine Disco erinnerten, was durch Haltung, Kleidung und Bewegung der gezeigten Personen unterstützt wurde. So gesehen widersprachen die Hintergründe, entgegen der Hypothese, nicht einem einheitlichen Raumgefühl. Die verschiedenfarbigen Hintergründe strapazierten in diesem Fall nicht die Verknüpfungslogik, für die Zuschauer gehörten die durch Schnitte getrennten Personen zusammen. Wäre jedoch z. B. eine der Personen vor einem Berg, die zweite an einem Strand und die dritte in einem Haus gestanden, hätte das Ergebnis anders aussehen können. Die Verknüpfung von Einstellungen ist folglich, wie auch Hans J. Wulff in seinem Beitrag gezeigt hat, eine Sache des Plans, des Kontextes (s. *Der Plan macht's*, S. 178 ff.).

4. „van Gogh"

(Philip Gröning, Nicolas Humbert)

Auch bei diesem Experiment wurde der Blickkontakt über zwei AB-Einstellungen hinweg untersucht, nur ging es in diesem Fall um den Blick zwischen einer realen (dreidimensionalen) Person A (Filmstudent) und dem „Blick" einer abgebildeten (zweidimensionalen) Person B (einem Selbstporträt von van Gogh). Die Hypothese besagte, daß hier die gleiche unmittelbare Verknüpfung stattfinden würde, wie wenn sich zwei Realpersonen in einem filmischen Raum anblickten. Dies jedoch unter der Voraussetzung, daß die Blickachsen korrespondieren, daß sich die Größenverhältnisse der Blickenden (real und abgebildet) entsprechen und daß die Lichtverhältnisse übereinstimmen. Eine Unterthese machte die Intensität der unmittelbaren Zuordnung der bipolar Blickenden vom Augenaufschlag und der zuwendenden Kopfdrehung der Realperson abhängig.

Für die Durchführung des Versuches wurden ein Selbstporträt Vincent van Goghs und ein Frauenbildnis Leonardo da Vincis abgefilmt. Dem Frauenbildnis wurde ein ähnliches Mädchen in annähernd gleichem Kostüm und gleicher Haartracht zugeordnet, dem Selbstporträt van Goghs wurde ein Brustbild eines der Experimentatoren (Nicolas Humbert) gegenübergeschnitten. Gab es bei dem sich zublickenden Schnittpaar Real-Frau/Abbild-Frau eine leichte Irritation durch die spiegelbildliche Ähnlichkeit der Realen mit der Abgebildeten, so war das Paar Filmstudent/van Gogh unmittelbar durch den Blick verknüpft. Und zwar vice versa: Nicht nur der Student schaute van Gogh an, sondern auch der Maler den Filmer. Dies kann als ein weiterer Beleg für die zwingende Konvention von Schnitt/Gegenschnitt bei gemeinsamen Blicken angesehen werden. Die Verknüpfung funktionierte jedoch nicht, sobald die Achsen nicht stimmten oder Drehungen der Realperson und Schwenks über das Abbild aufgrund der unruhigen und unmotivierten Bewegtheit der Aufnahme die bipolare Verknüpfungsmöglichkeit störten: Kuleschows Effekt verlangt eine gewisse „Starrheit des Blicks". (Vgl. Klaus Wyborny, *Nicht geordnete Notizen zum konventionellen narrativen Film*. In: Filmkritik Nr. 274, München 1979, S. 447 f.)

Eine Anekdote zum Abschluß der Blickexperimente: Erst später fand ich zufällig solch einen gelungenen „Versuch" in einem Spielfilm eingebettet. In dem Film DER CHEF (UN FLIC von Jean-Pierre Melville, Frankreich 1972) treffen sich drei von Alain Delon (dem Flic) gejagte Gangster in einem Pariser Museum vor einem Selbstporträt van Goghs. Damit das Treffen wie zufällig aussieht, reden die drei nicht zueinander, sondern miteinander, ohne sich jedoch anzublicken. Und dabei schaut einer von ihnen ein Selbstporträt van Goghs an und dieser ihn ... Die Studenten versicherten, den Film vorher nicht gekannt zu haben.

Da die russischen Filmschaffenden im Gegensatz zu ihren amerikanischen Kollegen die Filmmontage bekanntlich nicht nur praktisch, sondern auch theoretisch behandelten und neben Kuleschow Eisenstein als *der* Klassiker unter den Montagetheoretikern herausragt, untersuchten zwei Experimente seinen Ansatz der intellektuellen Montage. (In diesem Zusammenhang s. a. Oksana Bulgakowa, *Montagebilder bei Sergej Eisenstein*, S. 49 ff.). Vorbild war eine Sequenz aus Eisensteins Film OKTOBER (UdSSR 1927/28), in der Kerenski, der Vorsitzende der Provisorischen Regierung vom Sommer 1917, die Treppe im Leningrader Winterpalais hinaufgeht. Eisenstein macht aus diesem Gang auf der Treppe eine Farce über den Aufstieg des Politikers, indem er fünfmal ein und dasselbe Treppenstück aneinandermontiert und durch Zwischentitel wie „Diktator", „Generalissimus" unterschneidet. Kerenskis vermeintlicher Aufstieg gerät zum kreisenden Gestrampel, der sich erhaben wähnt, wird durch Wiederholung lächerlich gemacht. Kerenski wird zudem nicht nur durch Zwischentitel, sondern auch durch nonverbale Zwischenschnitte parodiert, in denen Eisenstein Kerenskis Eitelkeit durch eine Statue mit Siegerkranz und einen mechanischen Pfau, der ein Rad schlägt, ironisiert. Bei Eisenstein ist dieser unterschnittene Pfau jedoch kein „Fremdkörper", er paßt in das pompös-zaristische Ambiente des Palastes, und außerdem wird sein Radschlag in der Bewegung durch die Öffnung der Türportale choreographisch weitergeführt. Bei einer schriftlichen Abhandlung wird dies meist nicht so deutlich und Eisensteins Idee wirkt dann klischiert und platt polemisch, als hätte er einen bloßen metaphorischen Gag versucht.

Die studentischen Arbeiten wollten nun gerade die Möglichkeit solcher metaphorischer Assoziationsmontagen ausprobieren. Einem einfachen Handlungsverlauf sollten von diesem unabhängige, assoziationsträchtige Einstellungen unterschnitten werden, um zu sehen, inwieweit diese Einschübe auf den Handlungsverlauf „abfärbten" und damit intellektuelle Assoziationen beim Betrachter hervorriefen.

5. „Kerenski"

(Friedrich Klütsch)

Die Hypothese dieses Versuchs einer intellektuellen Montage besagte, daß nur dann ein kognitiver Zusammenhang hergestellt werden kann, wenn eine gezielte Steuerung durch eindeutig bedeutungshaltige Einstellungen vorgegeben ist. Dazu wurden drei Sequenzen mit verschiedenen Einstellungsreihungen angeboten. Allen gemeinsam war, wie bei Kerenski, eine zentrale Aufwärtsbewegung, die ihrerseits zwar nicht wiederholt, aber durch die assoziativen Einschübe von Einstellungen unterbrochen wurde: Ein Mann steigt eine breite Außentreppe empor („Schauplatz": Der Münchner Königsplatz). Er ist „normal" gekleidet und sein Aktenkoffer soll ihn als „durchschnittlich" charakterisieren. Es gab drei Variationen, mit denen das Treppensteigen verknüpft wurde. Jede dieser Sequenzen dauerte im Durchschnitt 15 Sekunden und hatte die Struktur A_1 / B / A_2 / C / A_3 / D / A_4.

1. Das Treppensteigen (A_1, A_2, A_3, A_4) wurde durch drei Einstellungen (B, C, D) unterbrochen, die einmal eine Teekanne (B), dann ein Radio (C) und zuletzt ein Autonummernschild (D) jeweils bildfüllend zeigten. Hier sollte vom Betrachter kein schlüssiger, d. h. „sinnvoller" Zusammenhang hergestellt, sondern eine sinnfreie Folge wahrgenommen werden.

2. In der zweiten Reihung zeigten die drei unterbrechenden Einstellungen einmal Essen, dann Blumen und zuletzt einen Aktenordner. Hier wurde mit der letzten Einstellung eine Anknüpfung an den Mann vermittels dessen Aktenkoffer bezweckt.

3. Die dritte Reihung sollte nun den Nachweis einer eindeutigen Charakterisierung wie bei Eisenstein liefern. Der erste Zwischenschnitt zeigte noch einmal den Aktenordner, der zweite einen Gerichtshammer und der dritte eine auspendelnde Waage. Diese Sequenz sollte die Wahrnehmung des Zuschauers in den juristischen Bereich Gesetz, Gerechtigkeit, Rechtsprechung, Richter etc. festlegen.

Die Vorführungen bestätigten die Ausgangshypothese, wobei einschränkend auffällt, daß auch bei Anordnung 1. und 2. einige Zuschauer versuchten, zwanghaft einen zusammenhängenden Sinn der Sequenz zu konstruieren. Dies hängt wahrscheinlich mit der Konvention zusammen, daß man beim Spielfilm einen Zusammenhang erwartet und nicht „sinnlose" Reihungen von Einstellungen. Außerdem befinden sich die Zuschauer bei einem filmischen Experiment in einer „Ausnahmesituation", fühlen sich u. U. getestet und „erzwingen" folglich einen Zusammenhang. Auch wenn es als wenig störend empfunden wurde, muß man kritisch vermerken, daß aus Materialmangel (Umstellung der Experimente von Farbmaterial auf Schwarzweiß-Film) die Treppe in Farbe und die Zwischenschnitte in Schwarzweiß gezeigt wurden.
Filmhistorisch gesehen sind solche sinnbildlichen Filmmontagen von Béla Balázs und Andrej Tarkowskij stark kritisiert worden. Die heutigen Spielfilme nehmen diese Metaphern eher beiläufig mit in die Einstellung hinein, ohne sie per Montage vom Handlungsverlauf abzuspalten. Kerenski würde dann heute vielleicht in einer durchgehenden Einstellung wie zufällig an dem radschlagenden Pfau vorbeilaufen.

6. „Werbung"

(Wookie Mayer)

Um den manipulativen Charakter solcher Assoziationsmontagen im Bereich der Werbeästhetik zu untersuchen, wurden zwei konträre Sequenzen montiert. Dabei ging es weniger um eine intellektuelle Montage, als um eine Montage bei der taktile Gefühle evoziert werden sollten. Einmal sollte das Gezeigte weiche, angenehme Anmutungsqualitäten assoziieren, das andere Mal harte, schmerzhafte. Dazu wurde als durchgehendes Motiv ein nacktes Baby mit Windelhöschen gezeigt, das auf einer hellen weichen Unterlage liegt, sich aufrichtet, dreht, schaut etc. In der ersten Reihe (1 Minute, Farbe) wurden in die Sequenz babygemäße Dinge dazwischengeschnitten: Wattebausch, Kinderbrei, weiches Fell, Creme auf Haut und eine Geltube. In der zweiten Reihe (1:03 Min., Farbe) waren es für ein Baby geradezu gefährliche Gegenstände, die dazwischengeschnitten wurden und auch noch vor bedrohlich schwarzem Hintergrund funkelten: schnippende Schere, Nadel, die in ein Stück Stoff einsticht, Kneifzange, die einen Nagel herauszieht, blitzendes Küchenmesser, noch einmal die Schere und zuletzt eine „Eierharfe" (Instrument, um hartgekochte Eier mit Draht in gleichmäßige Scheiben zu zerlegen), die ein Ei zerschneidet. Die erste Version sollte Gefühle in Richtung Geborgenheit, Pflege und Mütterlichkeit auslösen, die zweite Version dagegen Gefahr, Schutzlosigkeit, Schmerz etc. Das Ergebnis fiel nicht wie erwartet aus. Die Reaktion auf die erste Version war überraschend: Einige Zuschauer ekelten sich vor dem Brei und fanden das Baby unsympathisch („zu dick", „ihm ist schlecht"). Die Beurteilung der Gesamtsituation bei dieser Sequenz fiel negativ aus. Das lag auch an der Farbästhetik der Sequenz, da das Baby unangenehm blaß wirkte und damit eben nicht der gewohnten Werbeästhetik entsprach.

Auch bei der zweiten Situation war das Ergebnis anders als erwartet: Die Handlung wurde weniger auf das Baby bezogen, als unter isoliert handwerklichen Gesichtspunkten betrachtet. Eine Ausnahme bildete die stechende Nadel, sie wurde als sadistische Komponente auf das Kind projiziert. Ansonsten stellten die Zwischenschnitte mit den Werkzeugen keinen zwingenden Bezug zu dem Kind her.

Man kann daraus schließen, daß sich zwischengeschnittene Einschübe mit emotioneller Bedeutung in ihrer Wirkung schwer berechnen lassen, vor allem, wenn sie nicht in den Handlungsverlauf eingebettet sind. Nicht zuletzt muß daher auch von der Filmwerbung ein so großer Aufwand getrieben werden, um verkaufsfördernde Effekte so eindeutig wie möglich zu machen.

Eine andere Versuchsreihe studentischer Experimente beschäftigte sich mit Bewegungsabläufen, dem anderen wichtigen Aspekt ständiger Montageüberlegungen. Hatte das „Russenkino" die Kollision, den Kontrast der Montage im Auge, um intellektuelle Anregungen zu fördern, so konzentrierte sich das „Hollywoodkino" auf Kontinuität, auf weiche, unsichtbare Schnitte, um das Illusionserlebnis des Films möglichst wenig zu stören. Dazu mußten besonders die Bewegungsabläufe passend gegliedert werden. Nur so kam man zum „unsichtbaren" Schnitt, als Vollendung der *continuity*. Dadurch entstanden Schnittkonventionen, die man im Gegensatz zur Russenmontage gar nicht wahrnehmen *sollte*.

7. *„Filmzeit – Realzeit"*

(Andreas Baumberger, Christina Ferro, Thomas Repp)

Am Anfang stand die Frage: Wie weit kann ein zeitlich und räumlich genau begrenzter Bewegungsablauf durch Montage verkürzt bzw. gedehnt werden, ohne daß dies vom Betrachter als störend empfunden wird? Wie entsteht also beim Zuschauer der Eindruck eines kontinuierlichen Bewegungsablaufes, obwohl bei der Montage der filmische Zeitablauf im Vergleich zur Realzeit durch Kürzung oder Verlängerung über Zwischenschnitte manipuliert wurde? Die

Hypothese ging davon aus, daß diese Manipulation vom Zuschauer ab einem bestimmten Dehnungs- oder Kürzungsverhältnis als störend oder irritierend empfunden wird. An welchem Punkt dieser Effekt jedoch beim Zuschauer eintritt, das sollte erst herausgefunden werden.

Für die Sequenzvorlage mußte also ein einzelbildgenau kontrollierbarer Bewegungsvorgang gefunden werden. Nur so ließen sich raum-zeitliche Verkürzungen oder Dehnungen objektiv messen. Die Entscheidung fiel auf eine Bowlingbahn, da es hier eine konstante Bahnstrecke gab, und die Rollzeit der Kugel über das Auszählen der Einzelbildfelder des Filmstreifens meßbar war. Die kritische Phase, die durch die Montage variiert werden sollte, war die Strecke vom Moment des Abwurfs der Kugel, bis zum Moment des Aufpralls bei den Bowlingkegeln. Insgesamt wurden sieben Würfe gefilmt, die in einen „normalen" Handlungsverlauf – zwei Personen spielen Bowling – eingebettet waren. Man konnte also sehen, wie zwei Personen die Kugel werfen, eine Zigarette rauchen und die Punkte aufschreiben. Außerdem wurden Details, passend zum Bowlingspiel, gezeigt (Kugeleinspeisung, Leuchttafel mit Ziffern, Schreibpult, Kegelsortiermaschine...). So war eine kontinuierliche, folgerichtige Handlung mit sieben Würfen vorgegeben, bei der die zu untersuchenden Wurfmanipulationen „unauffällig" einmontiert sein sollten. Der gesamte Handlungsverlauf zeigte in 3 Minuten und 36 Sekunden die „Rahmenhandlung" – zwei Personen spielen Bowling – und die sieben Würfe, die innerhalb dieses „Kurzfilmes" folgende raum-zeitliche Schnittstruktur enthielten:

1. Wurf: Filmzeit = Realzeit (84 Einzelbilder), eine Einstellung (ein Schwenk), ohne Schnitt.
2. Wurf: Filmzeit = ½ Realzeit (42 Einzelbilder), zwei Einstellungen, ein verkürzender Schnitt in der Mitte von Abwurf und Aufprall.
3. Wurf: Filmzeit = ¾ Realzeit (63 Einzelbilder), Schnittstruktur wie bei 2., zwei Einstellungen, ein verkürzender Schnitt in der Zeit zwischen Abwurf und Aufprall.
4. Wurf: Filmzeit = Realzeit (84 Einzelbilder), drei Einstellungen, ein Zwischenschnitt, der die rollende Kugel zeigt. Zwei Schnitte (einer am Anfang und einer am Ende des Zwischenschnitts).
5. Wurf: Filmzeit = 1½ Realzeit (126 Einzelbilder), Schnittstruktur wie bei 4., drei Einstellungen, ein Zwischenschnitt, der die rollende Kugel zeigt. Zwei Schnitte.
6. Wurf: Filmzeit = 2 Realzeit (168 Einzelbilder), vier Einstellungen, zwei Zwischenschnitte, einmal die rollende Kugel und dann das Gesicht des Partners des Werfenden. Drei Schnitte.
7. Wurf: Filmzeit = 2½ Realzeit (210 Einzelbilder), fünf Einstellungen, drei Zwischenschnitte, die einmal die rollende Kugel, dann den Werfer, dann dessen Partner zeigen. Vier Schnitte.

Ergebnis: Erst der 7. Wurf wurde als relativ zu lange empfunden. Dies läßt sich möglicherweise auf einen Lerneffekt zurückführen, da die Zuschauer die Dauer des Ereignisses in den sechs Würfen davor abzuschätzen und zu vergleichen gelernt haben konnten (s. a. *Fazit*, S. 176 f.). Aber der Versuch zeigte zumindest, daß sich unsere Wahrnehmung bis zu einem bestimmten Grad durch Zeitverkürzung oder Zeitdehnung, die jeweils durch Montage erreicht werden, strapazieren läßt. Im Experiment wurde bei den Zuschauern erst bei einem Verhältnis Filmzeit:Realzeit = 1:2½ eine Irritation des Zeitgefühls signifikant. Dieses Verhältnis läßt sich sicher nicht verallgemeinern, da es jeweils von dem im Handlungs- und Bewegungsablauf Gezeigten abhängig ist. Außerdem spielen auch hier Erfahrungen aus der Alltags- und Kinowahrnehmung sowie das subjektive Zeitempfinden des einzelnen Zuschauers eine Rolle.

8. *„Tango"*

(Ueli Christen, Rainer Kaufmann, Katrin Richter,
Birgit Rossbacher, Christopher Roth)

Auch hier sollte der klassische „unsichtbare" Schnitt, der *„smooth cut"* Hollywoodscher Provenienz untersucht werden, der die *continuity* in den Bewegungsabläufen aufrechterhält und damit viele fasziniert. Für die Untersuchung dieses Phänomens sollten die Schnitte einmal *in* der Bewegung und einmal *nach* der Bewegung plaziert werden. Die Hypothese: Schnitte *in* der Bewegung werden als organisch aufgefaßt, daher übersehen und sind somit „unsichtbar". Schnitte *nach* der Bewegung werden dagegen vom Zuschauer als abrupt empfunden und daher als „sichtbar" vermerkt.

Als Versuchsanordnung wurde ein Tango gefilmt, da sich dieser Tanz durch einen Wechsel von Bewegungs- und Ruhephasen auszeichnet und seine Choreographie auch stumm nachvollzogen werden kann. (Wie eingangs erwähnt, wurde stets ohne Ton gearbeitet.) Bei den Schnitten *in* der Bewegung sollte die Hypothese in dem Sinne überprüft werden, daß in diesem Fall ein dynamischer, weil kontinuierlich fließender Bewegungseindruck des Tanzes wahrnehmbar sei, während bei der Alternative, den Schnitten *nach* den Bewegungsmomenten, der Tanz als verlangsamt, d. h. in seiner Kontinuität abgeschwächt bzw. gebremst wahrnehmbar sei.

Aus dem gleichen Ausgangsmaterial wurden zwei fast gleich lange Tanzversionen eines Tangos (sw, stumm, Version 1 mit 50 sec., Version 2 mit 45 sec.) geschnitten, mit neun choreographischen Bewegungsabschnitten, die jeweils achtzehn Einstellungen enthielten. Bei der Auflösung hatte man an möglichst viele Kombinationen von Einstellungsgrößen gedacht (Totale, Halbtotale, Amerikanisch, Halbnah, Nah, Groß). „Bei der ersten Version ließen wir die Bewegung in der jeweils ersten Einstellung zur Ruhe kommen und schnitten an dem Punkt in die zweite Einstellung, wenn dort die Bewegung beginnt. In der zweiten Version schnitten wir von der Bewegung der ersten Einstellung in die Bewegung der zweiten und ließen sie erst dort zur Ruhe kommen." Wie in der Hypothese vermutet, wirkte die in der Bewegung geschnittene, zweite Version flüssiger, obwohl sie fast genauso lang wie die erste Schnittversion war.

„Beim Vergleich der beiden Versionen fiel uns allerdings etwas ganz anderes auf, das mit unserer Hypothese eigentlich gar nichts zu tun hatte: Während die Handlung in der zweiten Version glatt (‚smooth‘) und ohne Höhen und Tiefen dahinfließt, wirkt die erste stärker akzentuiert; es entsteht sogar eine Spannung zwischen den beiden Tanzenden, und man wartet nach gewissen Schnitten förmlich darauf, daß etwas Unvorhergesehenes passiert." Die in der Konvention des unsichtbaren Schnitts montierte zweite Tanzsequenz wirkte durch die fließende Glätte auch langweiliger als die akzentuierte erste.

Dies kann als ein Beleg dafür gesehen werden, daß Filmschnitt immer auch eine Interpretation der von Regie und Kamera geleisteten Arbeit ist, indem er dramaturgische Akzente setzen kann, die vielleicht beim Drehen noch gar nicht erkannt wurden.

Ein anderes Problem der Kontinuität im Film, außerhalb der kontinuierlichen Bewegung über mehrere Einstellungen hinweg, stellt die Kontinuität des gesamten Einstellungsinhaltes von einem Schnitt auf den anderen dar. Ist in einer Einstellung etwas zu sehen, das in der anschließenden, raumgleichen Einstellung plötzlich fehlt, anders plaziert oder ausgetauscht ist, obwohl es anwesend sein müßte, spricht man von einem „Anschlußfehler". Einige solcher Fehler merkt man sofort, einige übersieht man. Nach welchen Prinzipien „funktioniert" ein Anschlußfehler, war die Ausgangsfrage für das folgende Experiment.

9. „Schachmatt"

(Nina Grosse, Dorothee Schön)

Hypothese: Solange Handlung, Auflösung und Schnitt konventionellen Erzählmustern folgen, ist der Handlungsverlauf verständlich. Anschlußfehler werden dann entweder nur unbewußt registriert oder, wenn sie bewußt wahrgenommen werden, vom Zuschauer selbst erklärt und in die Geschichte integriert oder eben als „Fehler" erkannt.

Auch bei diesem Experiment wurde ein kleiner, überschaubarer und konventioneller Handlungsrahmen gewählt, ein Schachspiel mit zwei Personen in einem Raum. Der Handlungsverlauf war 2 Minuten 7 Sekunden lang, in Farbe und enthielt 17 Einstellungen. Bei der Ausstattung der Szene wurde auf folgende Punkte geachtet:

„Schachmatt"

– Die Kleidung der Personen durfte nicht zu bunt sein, damit ein Wechsel nicht zu auffällig wurde.
– Die Hintergrundcharakteristika waren dagegen auffälliger, damit hier die Anschlußfehler eher registrierbar wurden. In der Regel konzentriert sich ja die Aufmerksamkeit der Zuschauer auf die Personen.
– Bei den Hintergrundfarben dominierten Schwarzweiß und Rot, um einen klaren Wechsel in der Zuordnung deutlich zu machen.

Die kleine Spielhandlung wurde im klassischen Schuß/Gegenschuß-Verfahren aufgelöst. Handlung, Lichtführung und Darsteller wechselten nicht. Doch wurden von Anschluß zu Anschluß Raum, Farbe, Kleidung und Requisite verändert. Dabei ging das Schachspiel wie selbstverständlich weiter, wurde auf seiten der Darsteller von den Veränderungen keine Notiz genommen.

In der Exposition der Szene, der Vorstellung der Personen, des Raumes und der Handlung wurde ohne Anschlußfehler vorgegangen. Der erste Anschlußfehler war gleichzeitig auch einer der deutlichsten. Der Darstellerin A fällt eine Schachfigur auf den Teppichboden des Zimmers, sie bückt sich und in der Kontinuität dieser Bewegung wird umgeschnitten (also ein *match-cut*): Sie hebt die Figur im Freien (Tisch und Stuhl eines regnerischen Biergartens) aus einer Kiespfütze auf, um sie – und dies wird in der Rückwärtsbewegung (ebenfalls als *match-cut*) umgeschnitten – wieder im Zimmer auf das Schachbrett zu stellen. Im weiteren Verlauf der Handlung gab es keine derartig krasse Veränderung mehr. Von Schnitt zu Schnitt, insgesamt acht, wurden nacheinander ausgetauscht bzw. veränderten sich: Vorhang, Poster, Lampe, Tisch, Farbe und Stellung der Schachfiguren, Kleidung und Mimik der Darstellerinnen. Gegen Ende wurde innerhalb zweier Einstellungen der status quo der Exposition hergestellt.

Einige Anschlußfehler wurden von allen Zuschauern als Veränderungen wahrgenommen, andere von der Mehrzahl übersehen. Insbesondere der „Einstiegsanschlußfehler", vom Teppichboden zur Pfütze (Verstoß gegen die Kontinuität des Handlungsverlaufs), war markant und wurde von allen registriert. Einige Zuschauer rationalisierten diesen krassen Fall sogar mit folgender Erklärung: „Die Spielerinnen sind so verbiestert bei der Sache, daß sie in allen Lebenslagen Schach spielen". Das heißt, diese Veränderung wurde zwar von *allen* registriert, die Reaktion darauf fiel jedoch individuell verschieden aus. Die Wahrnehmung der anderen Anschlußfehler hing von Faktoren ab, die sich hierarchisieren lassen. Als wichtigster Faktor kann das Verhältnis Veränderung – handelnde Personen angenommen werden. Je stärker eine Person von einer Veränderung betroffen ist, desto eher wird dies vom Zuschauer bewußt registriert. So fiel z. B. der Wechsel in der Mimik oder Kleidung der Darstellerinnen am stärksten auf, während die Veränderungen im Hintergrund, d. h. an der Dekoration, als weniger auffällig empfunden und daher eher übersehen wurden. Ausschlaggebend für die Aufmerksamkeit des Zuschauers gegenüber einem Anschlußfehler kann auch die jeweils gewählte Einstellungsgröße sein. Werden die Schachfiguren in einer Totalen ausgetauscht, ist das natürlich nicht so markant, wie wenn dies während einer Großaufnahme geschieht. Außerdem fallen Veränderungen, die innerhalb kurz aufeinanderfolgender Einstellungen stattfinden, eher auf, als Veränderungen, die zwischen zwei länger dauernden Einstellungen erfolgen.

Die Hypothese wurde insoweit bestätigt, als die Handlung, trotz Anschlußfehlern, als ein einheitliches Ganzes wahrgenommen wurde und in ihren Grundzügen verständlich blieb. Des weiteren integrierten einige Zuschauer auch stark wahrgenommene Anschlußfehler durch eine Art Rationalisierung als eine scheinbar filmisch gewollte Veränderung in das Geschehen.

Das Erkennen von Anschlußfehlern ist auf die Kontinuitätserwartung unserer Alltagswahrnehmung zurückzuführen. Im Alltag passieren keine plötzlichen Kleidungswechsel, während ich mit einer Person spreche, und während ich mich in einem Raum aufhalte, werden weder Vorhänge noch Lampen von einem Blick auf den anderen ausgetauscht. Geschehen solche Veränderungen jedoch im Film, geht man zunächst davon aus, daß es etwas mit der Handlung zu tun haben könnte, und wenn da kein Sinn mehr zu finden ist, wird der Fehler zwar als solcher registriert, aber als nicht weiter störend zur Kenntnis genommen oder sogar von der Wahrnehmung ausgeblendet.

Waren bisher Schnitt-Variationen, Assoziationen, Bewegungskontinuität und Anschlußfehler von Interesse, so stand im folgenden Experiment das völlige Auslassen von Einstellungen im Mittelpunkt. Bis zu welchem Grad kann in einem kleinen filmischen Handlungsverlauf mit Auslassungen, mit „logischen Lücken" gearbeitet werden? Welche Einstellungen sind redundant, können daher weggelassen werden, und welche Einstellungen müssen unbedingt vorhanden sein, damit der Zuschauer dem Handlungsverlauf noch folgen kann. Es geht also im folgenden nicht darum, Einstellungen in einem Handlungsverlauf am Anfang und am Ende zu kürzen, ohne die inhaltliche Folgerichtigkeit der Handlung zu gefährden. Das ist bekanntermaßen möglich. Dies wäre auch weniger ein logisches Problem als ein ästhetisches. Auch weiß man aus Erfahrung, daß sich Filme nicht nur um Einstellungen, sondern sogar um ganze Sequenzen kürzen lassen, ohne daß die Erzählung als unvollständig rezipiert wird.

10. „Gift"

(Ueli Christen, Jürgen Egger, Kathrin Richter)

Hypothese: Ein filmischer Handlungsverlauf kann durch das Weglassen ganzer Einstellungen gestrafft werden. Der fragmentierte Handlungsverlauf kann aber nur dann vom Zuschauer aufgrund seiner Erfahrung ergänzt werden, wenn in den vorhandenen Einstellungen eine hinreichende Minimalinformation über den Handlungsverlauf gegeben ist.

Dazu wurde ein kleiner Kurzkrimi gedreht, der in sich schon ein Fragment war, weil er weder ein Motiv für das Gezeigte lieferte, noch Hinweise enthielt, was dem Handlungsverlauf vorausging oder ihm folgen würde. Das Experiment wurde in drei Teile gegliedert, wobei von Teil zu Teil die Einstellungsanzahl sowie relevante Informationen zunehmen sollten. Das Ausgangsmaterial wurde dreimal kopiert, so daß für jeden Teil die identische Menge an Einstellungen vorhanden war.

Teil I (sw, 1 min., 26 sec., 16 Einstellungen)
Die kürzeste Sequenz: Zwei sonderbare junge Männer (dargestellt von zwei Filmstudenten) treffen sich in einem Zimmer. Freundliche Begrüßung, Person A mixt ein Getränk, serviert zwei Gläser, B sitzt in Erwartung des Drinks. Ein Telefonanruf unterbricht den Zweiertrunk. A muß ans Telefon, er kommt zurück, prostet B zu, beide trinken, A wird übel, Schnitt - Gegenschnitt der Blicke, A fällt vom Hocker, B lächelt vielsagend.

Teil II (sw, 1 min., 51 sec., 29 Einstellungen)
Von der Einstellungsanzahl, nicht jedoch von der Gesamtzeit her fast doppelt so lange wie Teil I. Neu kommt als auffällige Einstellung ein wackelndes Telefon hinzu, ein stummfilmdramaturgischer Hinweis, daß es klingelt. Dazu kommen vermehrte, aber weiterhin rätselhafte Manipulationen beim Mixen der Getränke und, für den Zuschauer gleichfalls nicht richtig einzuordnen, weitere Blicke auf die Gläser. Auch bleiben die Bewegungen von B während des Telefonats von A trotz zugefügter Einstellungen unbestimmbar.

Teil III (sw, 2 min., 3 sec., 40 Einstellungen)
Dieser Teil dauert zwar nur 12 Sekunden länger als der vorangegangene, enthält jedoch mit 40 Einstellungen etwa 25% mehr Aufnahmen. Diese 11 Aufnahmen zeigen nicht nur mehr Blicke, die zwischen A und B ausgetauscht werden, sondern liefern auch Informationen, die dem Handlungsverlauf einen planvollen Sinn geben: Man sieht wie A aus einem Giftfläschchen (mit Totenkopf-Etikett gekennzeichnet...) dem Drink etwas beimixt, und wie dann B, während A telefoniert, die Gläser vertauscht.

Bei Teil III hatten die Zuschauer dann auch die Handlung vollends begriffen, während bei I und II nur vage Vermutungen geäußert wurden. Der Erzählmodus bei I und II war zu verknappt, die Zuschauer mußten sich selbst spekulativ eine Geschichte zusammenreimen, die aber interessanterweise in die richtige Richtung („Giftmord") ging. Man hätte bei Teil III sicher noch ein paar Einstellungen herausnehmen können, um die Handlung zu straffen, nicht jedoch diejenigen, die endlich den Hinweis auf die Logik der Handlung geben. Teil III wurde von den Zuschauern u. a. als „fast doppelt so lange" empfunden, obwohl er nur 12 Sekunden länger war als Teil II.
Somit gibt es, der Hypothese entsprechend, Minimalinformationen, d. h. sogenannte Schlüsseleinstellungen, auf die man nicht verzichten kann. Fehlen diese

Schlüsseleinstellungen, wirkt sich das auf den Handlungsverlauf so defizitär aus, daß man den Plot nicht mehr versteht. In unserem Experiment waren in Teil I und II das Giftmischen von A und das Vertauschen der Gläser durch B als Schlüsseleinstellungen nicht zu sehen. Redundante Einstellungen werden vom Zuschauer in der Regel nicht vermißt. Einstellungen, die einen entscheidenden Hinweis auf den Verlauf der weiteren Handlung erhalten, sind hingegen unverzichtbar. (Das läßt sich erfahrungsgemäß auch auf ganze Einstellungsgruppen, auf Sequenzen, übertragen.) Die Entscheidung, ob eine Einstellung redundant oder relevant ist, hängt jedoch vom Plan und Kontext des betreffenden Handlungsverlaufes ab und muß von Fall zu Fall getroffen werden.

Um nun das Weglassen oder Belassen von Einstellungen eines Handlungsverlaufes in einem größeren Umfang zu untersuchen, erhielt eine Gruppe von Filmstudenten in einem anderen Experiment jeweils identische, noch ungeordnete und ungeschnittene Einstellungen auf einer Rolle. Jeder hatte also das gleiche Ausgangsmaterial und zugleich die Möglichkeit, seine Idealversion zu schneiden. Die Dauer (Länge) und Anzahl der Einstellungen in dieser Idealversion sollten normal verteilt sein.

11. „Idealversion"

(Wolfgang Aichholzer, Nikolai Kimmerle, Ralph Zöller u. a.)

Wie bei dem vorangegangenen Experiment sollte aus einem gemeinsamen Pool von Einstellungen ein überschaubarer sequentieller Handlungsverlauf geschnitten werden. Vorlage für die Durchführung des Experiments, nicht für den Inhalt der gefilmten Sequenz, war ein Beispiel aus den sechziger Jahren, bei dem die US Fernsehgesellschaft CBS drei verschiedene Sequenzen aus einem identischen Ausgangsmaterial von 27 Einstellungen vorstellte. Drei Cutter sollten unabhängig voneinander aus den Einstellungen, die ein Revolver-Duell zeigten, eine Sequenz für die Western-Serie Gun Smoke schneiden. Der erste Cutter unterteilte die 27 Einstellungen in 60 Schnitte, der zweite in 47, während der dritte Cutter das Duell mit 35 Schnitten zeigte und mit seiner Version dann auch in die Serie kam.

Unser Beispiel sollte einen Handlungsverlauf mit einem offenen Ende zeigen, wobei die Einheit von Person, Raum und Zeit gewährleistet war. Zu sehen war eine junge Frau, die nachts in ihrem spärlich möblierten Zimmer auf dem Boden sitzt und fernsieht. Sie trägt dabei eine Sonnenbrille, die sie abnimmt, als das Telefon klingelt (man denkt sich das natürlich bei dem stumm gedrehten Material, da sie auf den Telefonapparat reagiert). Sie steht auf, geht zum Apparat, hebt ab, bekommt dort wohl etwas gesagt, worauf sie erst zu einem

„Idealversion"

Schrank mit Rolladen schaut, dann eine Schere vom Schreibtisch nimmt, den Hörer baumeln läßt, zum Schrank geht, den Rolladen dort aufmacht und hineinschaut. Mit dieser Reaktion endet die Szene offen, denn wir haben weder gehört, was gesagt wurde, noch sehen wir, was in dem Schrank verborgen ist. Konstant blieben also die Darstellerin, der Bewegungsablauf, der Raum mit seinem Interieur und die Beleuchtung. Variiert wurden für die Auflösung die Brennweiten der Kamera (Tele-, Normal-, Weitwinkelobjektiv bei jeweils gleichem Kamerastandpunkt) und die Kamerastandpunkte (insgesamt sechs). Dann gab es eine Variation mit Kamerafahrten (jeweils untergliedert in drei Fahrabschnitte), wobei die Kamera einmal voraus- (vorwegnehmend), einmal parallel (begleitend) und einmal hinterherfahren (verfolgend) sollte, um verschiedene dramaturgische Effekte und Interpretationen zu ermöglichen. Außerdem gab es noch eine ununterbrochene Plansequenz, bei der der Handlungsverlauf in nur einer Einstellung durch Schwenks (ohne Standpunktwechsel) mitgefilmt wurde. Das gesamte ungeschnittene Ausgangsmaterial hatte eine Länge von 12 Minuten und enthielt 21 Einstellungen.

Was bleibt nun bei den Versionen aus dem identischen Material invariant, was ist variabel, oder gibt es gar nur *eine* Art und Weise, die vorgegebene Geschichte zu schneiden?

Die Studenten schnitten nun aus dem Einstellungspool ihre Idealversion, insgesamt 15 verschiedene Sequenzen. Die Dauer der einzelnen Sequenzen variierte von 36 Sekunden bis zu einer Minute und 59 Sekunden. Wie Abb. 1 zeigt, lagen zwei Drittel der Fassungen im Bereich zwischen einer und eineinhalb Minuten. Die durchschnittliche Dauer der Sequenzen betrug eine Minute und 13 Sekunden, zehn der 15 Sequenzen lagen in diesem mittleren Bereich.

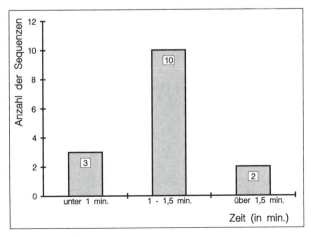

Abb. 1   Dauer der Sequenzen (in Minuten)

Die kürzeste Sequenz nutzte 4,9% des vorhandenen Einstellungspools, die längste 16,4%. Wiederum zwei Drittel aller Sequenzen lagen im mittleren Bereich zwischen 8% und 12,9%. Das durchschnittliche Drehverhältnis lag damit etwa bei 1:9. (Vgl. dazu auch Abb. 2.)

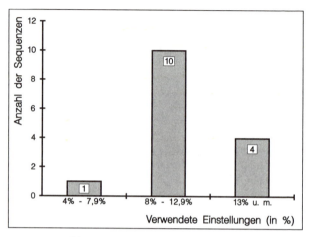

Abb. 2 Verwendete Einstellungen (in %)

Die Tendenz zeigt, daß etwa 10% des vorhandenen Ausgangsmaterials für die fertige Sequenz benutzt wurden. Der Grund für Abweichungen vom durchschnittlichen Drehverhältnis 1:9 kann darin liegen, daß die Sequenzen als Teil einer HFF-Schnittübung entstanden und damit einer besonderen Arbeitssituation unterlagen: Studenten, die ihr Können präsentieren wollten, versuchten sich in „ungewöhnlichen" Formen aus Stilwillen und unter Originalitätsdruck.

Insgesamt wurden in den 15 Sequenzvariationen 184 Einstellungen benutzt. Dabei konnten auch – wie üblich – nur Teile der angebotenen Einstellungen verwendet werden. Die Sequenzen weisen durchschnittlich 12,3 Einstellungen auf. Die Anzahl der aus dem Pool benutzten Einstellungen schwankt zwischen drei und 21. Fast zwei Drittel der Sequenzen liegen – wie Abb. 3 verdeutlicht – in einem mittleren Bereich zwischen sieben und 18 Einstellungen.

Eine in mehrere Einstellungen aufgelöste Filmsequenz von bestimmter Dauer wird offenbar durch eine bestimmte Anzahl von Einstellungen „abwechslungsreicher" und damit für den „normalen" Zuschauer „verträglicher", obwohl dramaturgisch eine höhere oder niedrigere Zahl möglich ist. Die Anzahl der Einstellungen ist abhängig von verschiedenen Konventionen, die – bewußt oder unbewußt – von vielen Studenten respektiert wurden. Ein Drittel der Studenten wich allerdings davon ab. Sie arbeiteten „unkonventionell", bestimmt auch wegen der bereits erwähnten studentischen Ausgangssituation.

„Idealversion"

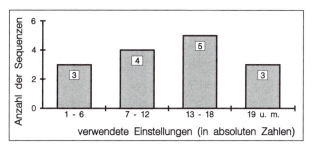

Abb. 3   Verwendete Einstellungen (in absoluten Zahlen)

Dominierend waren, wie Abb. 4 zeigt, Einstellungslängen von einer bis fünf Sekunden. Längere Einstellungen (zwischen 20 sec. und mehr) werden – wie auch im Experiment geschehen – relativ selten benutzt. Die Dauer der Einstellungen richtet sich, neben den Konventionen und der Originalität des Cutters, auch nach der Art des Ausgangsmaterials. Einige Studenten kritisierten daher das Ausgangsmaterial als zu langsam inszeniert. Da die Einstellungen in diesem Experiment einen relativ langsamen Binnenrhythmus hatten, waren die Einstellungen auch entsprechend „länger".

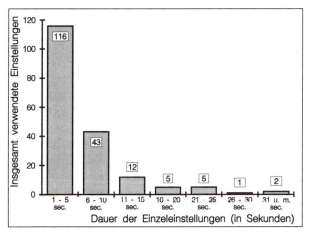

Abb. 4   Dauer der Einzeleinstellungen (in Sekunden)

Zusammenfassend kann man sagen, daß das vorgegebene Material bei etwa zwei Drittel der Studenten relativ ähnliche Montage-Muster hervorgerufen hat. Einstellungs- und Sequenzlängen, Einstellungsanzahl und Drehverhältnis differierten bei den meisten Studenten nicht wesentlich. Unterschiede ergaben sich vor allem im Bevorzugen von Kamerafahrten oder statischen Einstellungen und in der Wahl der Objektive. Der im Ausgangsmaterial vorgegebene

Handlungsverlauf wurde in den studentischen Sequenzen weitgehend beibehalten. Sequenzeinstieg und -ausstieg differierten noch am meisten. Dagegen hatten fast alle Experimentatoren eine bestimmte Großaufnahme – die um eine Schere geballte Frauenfaust – in ihre Sequenz aufgenommen.

Um zu den Ausgangsfragen zurückzukehren: Invariant bleibt der Handlungsverlauf bei allen Versionen, der nie so fragmentiert wird, daß man nicht auch alle Bewegungsabläufe der jungen Frau durch das Zimmer nachvollziehen könnte. Variabel sind die Art und Weise der Rhythmisierung und die Dauer der Abläufe, vor allem beim Ein- und Ausstieg der Einstellungen und beim Umschneiden innerhalb der Bewegungen und Einstellungsgrößen. Eine für das Publikum unmittelbar anschauliche „Idealversion" gab es nicht, wie sich bei einer Vorführung der Sequenzen vor ca. 60 Personen innerhalb der Hochschule für Fernsehen und Film zeigte. Dies lag wahrscheinlich auch an der fehlenden Minimalinformation über das Telefonat und dem offenen Schluß, wodurch die Szene als Ganzes einen fragmentarischen Charakter erhielt und keine abgeschlossene Gestalt.

Fazit

Die generelle Kritik, die für die hier aufgeführten Experimente und Versuche gilt, ergibt sich zum Teil aus den Problemen, die ein praxisorientiertes Pilotunternehmen mit sich bringt:

– Die Minimalästhetik (Belichtung, Tiefenschärfe, schauspielerische Leistung...), die sowohl Anschaulichkeit als auch Prägnanz der Experimente gewährleisten soll, ist bei Filmstudenten nicht immer gegeben, da die meisten von ihnen im dritten Semester in den handwerklichen Standards noch nicht so firm sind. (Die höheren Semester sind jedoch so mit ihren eigenen Filmen beschäftigt, daß man sie für Experimente kaum noch gewinnen kann.) Außerdem wirkt sich auch die Beschaffenheit des Ausgangsmaterials, das den gängigen Kinoerwartungen widerspricht, störend auf die Rezeption aus. Da die Filme meist schwarz-weiß, stumm und oft extrem kurz sind, tritt bei den Rezipienten Frustration auf, was eine Validierung der Ergebnisse erschwert.

– Durch die Wiederholungen, die bei den Variationen mit identischen Einstellungen entstehen, ergeben sich bei der Exploration der Probanden Artefakte. Dafür gibt es zwei Ursachen: zum einen die Lerneffekte, die durch die Wiederholungen auftreten, und zum anderen die Ermüdung der Zuschauer, die aus der partiellen Redundanz der Einstellungen resultiert. Außerdem entsteht durch die ständigen Wiederholungen ein Déjà-vu-Effekt, der zur Konfusion beiträgt. Hier kollidiert der Reduktionismus, der wissenschaftlichen Experi-

Fazit

menten eigen ist, mit der Erwartungshaltung der Rezipienten. Dem Wunsch
nach Kontrolle auf seiten der Wissenschaft steht auf seiten der Zuschauer der
Wunsch nach der Vielfalt des Filmerlebens entgegen.

– Die Anzahl der Zuschauer der vorgeführten Experimente war zu gering.
Meist bestanden die Zuschauer aus dem Bekanntenkreis der Studenten oder
waren selbst Kommilitonen. Auch waren die Fragestellungen und Hypothesen
von studentischen Interessen geprägt und hätten bei professionellen Cuttern
anders ausgesehen. Die Auswertungen der Experimente können daher den
quantitativen Kriterien harter Daten nicht genügen. Dennoch haben diese
Erkundungsexperimente phänomenologische Qualitäten.

Zusammenfassend läßt sich sagen, daß der originelle Reiz dieser Experimente
in ihren Schnittvariationen liegt, während man bei Film und Fernsehen immer
nur eine Version zu sehen bekommt. Richtungsweisende Experimente, bei
denen sich die durch Wiederholungen hervorgerufenen Variablen vermeiden
lassen, wären z. B. die Versuche mit der Bowlingbahn oder die Versuche mit
den Anschlußfehlern. Hier wurden die zu untersuchenden Aspekte in einen
kleinen überschaubaren Handlungsrahmen gepackt, so daß Experiment und
Filmerleben nicht allzu weit auseinanderklafften und eine Validierung der
Ergebnisse eher gewährleistet war.
Die vorgestellten Experimente haben nur Erkundungscharakter, besitzen heu-
ristischen Wert und stellen somit keine quantifizierbare Empirie dar. Mehr war
in dem zeitlichen und finanziellen Rahmen der Kleinsthochschule HFF nicht
möglich. Obwohl Theorie und Erforschung der Filmmontage innerhalb der
Filmwissenschaft etwa den Stellenwert haben, den die Anatomie in der Medi-
zin oder die Statik in der Architektur einnehmen, besitzt die Filmwissenschaft
selbst, gesellschaftlich gesehen, kaum einen Stellenwert. Die Filmindustrie
macht Milliardenumsätze und kann es sich leisten, was die Filmmontage betrifft, nur mit praktischer Empirie zu arbeiten. Eine mit derart beschränkten
Mitteln ausgestattete, experimentelle Montageforschung kann nur hinter den
erreichten Ergebnissen der filmindustriellen Montagepraxis herhinken. Immerhin haben wir mit unseren Experimenten versucht, die Prinzipien, die dieser
Praxis zugrunde liegen, reflektierbar zu machen.

HANS J. WULFF

Der Plan macht's

Wahrnehmungspsychologische Experimente zur Filmmontage

Der Kuleschow-Effekt[1]

Das vielleicht berühmteste Film-Experiment hat unter dem Namen „Kuleschow-Effekt" ein langes und buntes Nachleben gehabt. Zum ersten Mal durchgeführt wurde es ca. 1923 von Lew Kuleschow. Er nahm eine Großaufnahme des Schauspielers Iwan Mosschuchin, eine Aufnahme mit bewußt ausdruckslosem Blick, und schnitt sie mit der Aufnahme eines Tellers Suppe, der Aufnahme eines toten Mannes und der einer lasziven Frau zusammen. Die Zuschauer, denen Kuleschow diese jeweilige Sequenz vorführte, glaubten, auf dem Gesicht des Schauspielers im einen Fall Hunger, im anderen Trauer, im dritten Begierde feststellen zu können. Kaum ein zweites Experiment vermochte die Macht der Montage so zu verdeutlichen wie dieses. Vielleicht ist dies der Grund für seine große Popularität, auch wenn uns heute nur Reproduktionen des Experiments vor Augen stehen, wenn wir an das Kuleschow-Experiment denken.[2]

Wollte man abstrakt und theoretisch benennen, worum es beim „Kuleschow-Effekt" eigentlich geht, so muß man zwei verschiedene Behauptungen voneinander unterscheiden, die beide gleichermaßen durch das Experiment untersucht werden und die einander zugleich wechselseitig bedingen:

(1) die Bedeutung einer Einstellung hängt vom jeweiligen Kontext ab;

(2) eine Veränderung der Reihenfolge von Einstellungen in einer Sequenz verändert auch die Bedeutung der einzelnen Einstellungen sowie die der Gesamtsequenz.

Beide Hypothesen wurden experimentell überprüft.

Eine Vorbemerkung: Es besteht eine offene Diskrepanz zwischen der „Komplexität" der Versuchsfilme und der Diskussion der Testergebnisse. Das Material, mit dem sehr weitreichende filmtheoretische Schlußfolgerungen auf die Theorie der Montage, der visuellen Kontinuität etc. gezogen werden, erscheint oft mehr als dürftig. So illustriert z. B. Sol Worth seinen Entwurf einer „vidistic grammar" durch ein Experiment, das ganze zwei Einstellungen miteinander kombiniert.[3] Ferner werde ich im folgenden diejenigen Versuche nicht berücksichtigen, die mit animierten und in der Regel abstrakten Materialien arbeiten (weil diese Experimente auf elementare Prinzipien der Wahrnehmung, wie z. B.

Der Kuleschow-Effekt   179

Raum- und Bewegungserkennung, die Attribuierung von Motiven und Kausa-
litäten und dergleichen mehr aus sind, um die es mir hier nicht geht); und ich
werde keine Versuche darstellen, in denen die Beispielfilme nicht ausreichend
beschrieben wurden.

An einigen Experimenten will ich zunächst zeigen, wie der Kuleschow-Effekt
arbeitet, um dann mit anderen Experimenten aus der Wissenschaft zum Montage-Phänomen fortzufahren. Der Hintergedanke, die These, die ich vorstellen
möchte, ist, daß montierte Einstellungen einem *Plan* folgen, und daß dieser
Plan etwas zu tun hat mit Geschichten, mit der Wahrnehmung von Alltagssi-
tuationen, mit menschlichem Handeln. Der Plan macht's, daß Einstellungen
zusammenpassen, sich zusammenfügen, als seien sie aus einem einheitlichen
Stoff.

Szenischer Rahmen

Eines der frühesten, bekannt gewordenen Experimente zu den Phänomenen
des Kuleschow-Effekts stammt von Herman D. Goldberg, 1956. Er testete die
subjektive Reaktion auf zwei kleine Filme, die aus jeweils vier Einstellungen
bestanden. Der erste Film aus Goldbergs Experiment wurde aus folgenden
Einstellungen montiert:

(1) ein kleiner Junge auf einem Dreirad;
(2) ein Fuß, der auf das Bremspedal eines Autos tritt;
(3) das bewegungslose Rad eines Autos;
(4) eine schreiende Frau.

Im zweiten Film bleiben die Einstellungen (1) und (4) gleich. Einstellung (2)
zeigt hingegen einen kleinen Jungen, der sein Dreirad hält und sich eine Puppe
auf den Kopf setzt, Einstellung (3) zeigt einen lachenden Mann. Goldberg
testete die Bedeutungsveränderung des vierten Bildes, das in beiden Filmen ja
gleich war, und fand heraus, daß die Bedeutung dieser Einstellung im ersten
Film als „Angst oder Furcht", im zweiten dagegen als „weniger Angst oder
Furcht" beschrieben wurde.[4] Goldberg führte dieses „Ergebnis" ganz allgemein auf den „Einfluß des Kontextes" zurück.

Die beiden Sequenzen bilden ganz verschiedene Situationen ab. Die erste
Sequenz hat eine klar erkennbare Handlungsstruktur, die man unter dem Titel-
Stichwort: „Unfall!" zusammenfassen könnte. Diese Handlungsstruktur ist
einer der Pläne, von denen ich ja schon gesagt hatte, daß sie dafür verantwortlich sind, daß Einstellungen zu einem einheitlichen Gesamteindruck verschmelzen können. Die Minigeschichte in verbaler Umschreibung: ein Junge
fährt Rad, ein Auto muß bremsen, der Unfall geschieht; die Frau – vielleicht
die Mutter – ist entsetzt.

Die zweite Version hat keine solche Handlungsstruktur. Die ersten drei Einstellungen sind thematisch gut aufeinander zu beziehen und bilden ein ähn-

liches Gegenüber von Rollen wie in der ersten Sequenz: ein Junge spielt, ein Mann – vielleicht der Vater – hat Freude daran. Die letzte Einstellung dagegen ist isoliert und im Grunde nicht mit den drei vorangehenden kausal-logisch zu verbinden.

Im ersten Film ist der Schrei der Frau eindeutig als Reaktion auf etwas, das dem Jungen zustößt, qualifizierbar. Es wird zwar nicht gezeigt, was dem Jungen geschieht; doch kann aus den Indizien erschlossen werden, daß es sich um einen „Unfall" handelt – wobei der Schrei selbst eines der „Beweismittel" ist. Im zweiten Film fehlt ein solcher Sinn und Kontiguität stiftender Rahmen. Das Bild der Frau ist hier im Grunde eine nicht interpretierbare Störung, kann also auch nicht sinnvoll durch das sprachliche Attribut „Furcht" oder „Erschrecken" gekennzeichnet werden.

Folgt man der wahrnehmungspsychologischen Erkenntnis von Aristoteles, daß das Ganze mehr sei als die Summe der Teile, dann ist zunächst die semantische Ganzheit der Sequenz zu untersuchen, das, was ich hier den „Plan" nenne. Erst in einer solchen übergreifenden Struktur kann dann bestimmt werden, wie die einzelnen Einstellungen dazu beitragen, die Bedeutung der Sequenz hervorzubringen. Und dann kann man auch davon sprechen, daß einzelne Einstellungen in den gesetzten Rahmen nicht „hineinpassen", daß sie in diesem besonderen Falle keine funktionierenden Elemente der Sequenz sein können.

Die semantische Analyse des „Schreiens" klärt, welche Eigenschaften ein Kontext haben muß, in dem ein „Schrei" funktionieren kann, es muß z. B. einen Grund dafür geben, warum jemand schreit.

Die vier Bilder in Goldbergs kleinem Experiment repräsentieren somit eine kleine, dramatische Szene. Die innere Folgerichtigkeit und Stimmigkeit der Geschehnisse in einer solchen Szene entscheiden darüber, ob ein Element als störend oder den anderen widersprechend wirkt.

Mit Blick auf die Einheit der abgebildeten Szene ließ auch Gavriel Salomon[5] eine kleine Erzählung in fünf Versionen montieren: Die eine sollte so einfach und direkt erzählt sein, wie es ginge; in einer anderen wurde der abgebildete Raum gestört, indem Einstellungen von verschiedenen Perspektiven miteinander in Zusammenhang gestellt wurden, die normalerweise so nicht gewählt werden würden; eine dritte repräsentierte den narrativen Verlauf nur fragmentarisch, enthielt also „logische Lücken"; die vierte war durchsetzt mit Großaufnahmen im Wechsel mit weiten Aufnahmen, wobei der Schnitt zwischen diesen Einstellungsgrößen in der fünften Version durch Zoom-ins bzw. Zoom-outs ersetzt wurde. Die Ergebnisse: die erste Version schien der „natürlichen Ordnung der Geschehnisse" am nächsten zu sein und führte zu den höchsten Lernraten; die Zoom-Version erwies sich als effektiver als die Groß-Weit-Alternation, was damit begründet wurde, daß der kognitive Aufwand für die Herstellung der Teil-Ganzes-Beziehungen im Falle des Schnitts höher sei als im Falle der kontinuierlichen Veränderung.

Die Akte des Sehens

Das vielleicht zwingendste Verknüpfungsmoment, das die Montage von Einstellungen trägt und leitet, sind die Blicke abgebildeter Personen. „Anschlüsse machen, die dem Blick folgen, das ist fast schon die Definition der Montage", sagte einmal Godard.
Ein Versuch, der mit der Blickmontage spielt, stammt von John Kuiper. Er präsentierte 1958 drei Filme, die jeweils aus vier Einstellungen bestanden und in denen die dritte Einstellung variiert wurde.

> In jeder der drei Sequenzen spaziert ein Mann in das Bild hinein ((1) Halbnah); er wird dann in einer Großaufnahme gezeigt, wie er aus dem Bild herausschaut (2). Es folgt jeweils eine der folgenden Aufnahmen (3): ein freundliches Mädchen in einem Badeanzug (3a); ein kleines Kind, das auf die Kamera zuläuft (3b); ein Mann, der von einem Auto angefahren wird (3c). Das letzte Bild der Sequenz ist in jedem Fall eine Großaufnahme des Mannes, den man in den beiden ersten Einstellungen sah; sein Gesicht zeigt neutralen Ausdruck (4).[6]

Die Versuchspersonen wurden gebeten, die letzte Einstellung (4) der drei Filme zu beurteilen. Tatsächlich variierte die Deutung des neutralen Gesichtsausdrucks von Kontext zu Kontext. Wie in Kuleschows Experiment wurden ihm Begierde, Freude oder Schrecken zugeschrieben.
Während Kuipers vierte Einstellung jeweils der Schnittkonvention folgend als *reaction shot* aufgefaßt werden kann[7], testete J. M. Foley 1966 auch die Möglichkeit, inwieweit eine Großaufnahme eines Gesichtes retrospektiv durch die nachfolgende Einstellung qualifiziert werden kann. Er benutzte Kuipers Material (mit geringen Varianten) und organisierte es in drei Filme, die aus je drei Einstellungen bestanden. Das erste Bild zeigte jeweils einen Mann in halbnaher Aufnahme, der in den Bildraum hineingeht. Die zweite Aufnahme war jeweils eine Großaufnahme des gleichen Mannes, der mit neutralem Gesichtsausdruck direkt in die Kamera sieht. Die dritte Einstellung schließlich zeigte das Mädchen aus Kuipers Versuch, Kuipers laufenden Jungen und einen Mann, der neben einem brennenden Tankwagen steht. Es zeigte sich, daß auch die nachfolgende Einstellung „retroaktiv" die „Bedeutung" der vorausgehenden Großaufnahme beeinflußte. Dem zuerst gezeigten Gesicht des Mannes wurde z. B. „Begehrlichkeit" zugeschrieben, wenn ihm das Bild des leicht bekleideten Mädchens folgte! Es zeigte sich in der Wiederholung und im Vergleich mit Kuipers Versuch aber auch, daß Unterschiede bestehen, je nachdem, ob man das, was der Mann sieht, *vor* oder *nach* der Großaufnahme seines Gesichtes zeigt – die Affekte, die man dem Mann zuschrieb, waren deutlicher und stärker, wenn sein Bild dem folgte, was den Affekt auslöste[8].
Es bleibt allerdings die Frage offen, ob allein die Abfolge von Einstellungen die Variation der „Bedeutung" zur Folge hat, oder ob nicht vielmehr die konven-

tionelle Struktur von Blicken im Film diese Veränderungen begründet. Ein Beispiel: Einstellung (1) zeigt einen Mann, der erschrocken in den Off-Raum blickt; Einstellung (2) zeigt ein spielendes Kind. Wenn es Konvention ist, daß die Kamera dem Blick der Figuren folgt, dann wird in Einstellung (2) die Erschrockenheit des Mannes aus Einstellung (1) mit interpretiert. Wäre die Konvention, daß die Kamera nie dem Blick der Figuren folgte, würde Einstellung (2) allein aufgrund ihres eigenen semantischen Gehaltes gesehen und nicht logisch-kausal interpretiert.

Richtungsorganisation

Die bisher beschriebenen Experimente vernachlässigen die genaue Beschreibung des Kontextes (der Sequenzen bzw. der Filme). Sie versuchen lediglich, die Variabilität der „Bedeutungen" von Einzeleinstellungen in verschiedenen Kontexten festzustellen.

Uta Frith und Jocelyn E. Robson gehen hingegen von der These aus, daß Filme bzw. Sequenzen eine besondere Struktur aufweisen, die durch bestimmte Selektions- und/oder Kombinationsregeln beschrieben werden könnte. Diese Regeln „legen innerhalb bestimmter Grenzen fest, welche Einstellungen, d. h. Einzelteile der Gesamthandlung so zusammengestellt werden können, daß die Schnitte zwischen den Einstellungen so unauffällig wie möglich sind."[9]

Eine dieser Regeln betrifft die Regelmäßigkeit der Bewegungsrichtungen – die „Regel der direktionalen Kontinuität".[10] Einzig diese Regel wurde in dem folgenden kleinen Experiment manipuliert. Die Verfasserinnen arbeiteten mit zwei Filmen (Sequenz I und Sequenz II), die aus jeweils vier Einstellungen bestanden:

Sequenz I:

(E_1) Ein Hund läuft von links nach rechts durch das Bild;

(E_2) der Hund läuft von links nach rechts in das Bild auf einen Jungen zu, der einen Ball in der Hand hält; der Junge wirft den Ball in die Richtung, aus der Hund gekommen ist; der Hund läuft hinter dem Ball her und verschwindet wieder aus dem Bild;

(E_3) der Hund läuft von rechts nach links, hinter dem Ball her, schnappt den Ball und verschwindet, den Ball in der Schnauze, wieder nach rechts aus dem Bild;

(E_4) der Hund kommt mit dem Ball von links ins Bild und läuft bis zu dem Jungen, der den Ball wieder an sich nimmt.

Der zweite Film enthielt die identischen Einstellungen (E_1) und (E_3) sowie seitenverkehrte Kopien der Einstellungen (E_2) und (E_4). In einem Diagramm der Bewegungsrichtungen stellt sich dies wie folgt dar:

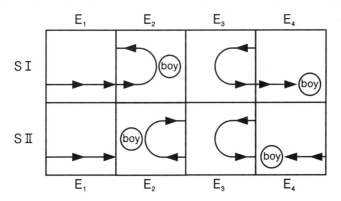

Das Ergebnis des kleinen Experiments überrascht nicht: Die der Konvention der Kontinuität der Bewegungsrichtungen folgend konstruierte Sequenz konnte eindeutig besser rekonstruiert werden als die abweichende zweite Sequenz. Man könnte darüber streiten, ob dieses Ergebnis darauf zurückzuführen ist, daß der zweite Film verwirrt, wenn man ihn sieht (daß er also vor allem eine Störung der Wahrnehmung verursacht), oder daß er einfach aufgrund fehlender Kausalbeziehungen zwischen seinen Einstellungen schwieriger zu erinnern ist (daß wir es hier also mit einem Problem der Gedächtnispsychologie zu tun haben). Diese Frage zu klären, ist aber nicht unsere Aufgabe, hier sind die Psychologen gefordert.

Die Untersuchungen Gregorys

Grundlagen: „Grammatik", Assertions, Cues

Die wohl umfangreichsten Untersuchungen zum Wechselverhältnis „Montage/ Einstellungsbedeutung", die bislang vorliegen, hat John Robert Gregory 1961 in seiner Dissertation vorgestellt. Er geht zunächst davon aus, daß man nicht erwarten könne, *jede* Kombination von Einstellungen ergebe eine neue, bedeutungsfähige Einheit, sondern daß es begrenzende Konventionen geben müsse, die er – in Ermangelung eines besseren Terminus – *„Grammatik"* nennt, in Anlehnung an jene Prinzipien, die die Kombination von Wörtern zu Sätzen und von Sätzen zu Texten regieren.[11] Seine Annahme ist allerdings ausgesprochen folgenreich: denn Gregory nimmt damit auch an, daß die Filmmontage analog zur sprachlichen Grammatik funktioniere. Gregory ist dabei in guter Gesellschaft – denn dies ist eine Auffassung, die in der Filmtheorie seit der Zeit der russischen Montagetheoretiker intensiv diskutiert wurde.[12]
Die Konsequenz dieser Annahme: Metaphorisch werden „Szenen" mit „Sätzen" gleichgesetzt, die Einstellung wird als „Filmwort" genommen. Die

Sprache hat nun das Lexikon, das Verzeichnis der Wörter, aus dem die Elemente stammen, aus denen die Sätze gemacht werden. Ein solches Lexikon gibt es für den Film nicht. Gregory baut, um die Analogie von Film und Sprache halten zu können, eine Hilfskonstruktion – er behauptet, Kameramann und Regisseur produzierten ein besonderes „Vokabular" für einen Film, aus dem der Cutter Einstellungen und Orte („scenes and places") auswählt, die er zu einer Sequenz zusammenfügt, die von einem Zuschauer verstanden werden kann.[13] Entsprechend der einmal gewählten Analogie sei die Sequenz („sequence") ein Analogon zum „Satz" der natürlichen Sprache. Die Montage schließlich gleiche der Kombination von Wörtern im Satz: der Schnitt plaziere Einstellungen so, wie ein Sprecher Wörter miteinander verbindet – in einer Ordnung, die gegeben sein muß, wenn man erfolgreich kommunizieren will. Der Cutter muß die Regeln der filmischen „Grammatik" beachten, sonst kann er das, was er mitteilen will, nicht angemessen zum Ausdruck bringen.[14]

Was geschieht nun, wenn zwei Einstellungen aufeinandertreffen? Gregory greift hier auf Untersuchungen von Osgood und Heider zurück. Beide hatten versucht, ein Prinzip zu bestimmen, mit dem man den Zusammenhang und die Integration von zwei oder mehr Einstellungen in einer höheren Einheit (die ich hier „Plan" genannt habe) beschreiben kann. Gregory greift dazu insbesondere Osgoods Vorstellung von der „assertion" auf, einem Begriff, der nur schwer übersetzt werden kann und wörtlich ungefähr soviel wie „Behauptung" oder „Feststellung" bedeutet. Ich werde den Begriff im folgenden unübersetzt lassen. In einer assertion werden zwei Elemente in Beziehung zueinander gestellt. Diese Beziehung kann von vielerlei Gestalt sein, umfaßt Eigenschaftszuschreibungen (weiß & Haus) genauso gut wie einfache Handlungen (zwei Männer & Schütteln der Hände).
Und: Gewisse filmische Strukturen können assertions zum Ausdruck bringen. Im Grunde ist mit dem theoretischen Konzept der assertion ein sehr einfacher Sachverhalt gemeint. Mit einem Beispiel Gregorys:

(1) Man sieht die Großaufnahme einer Frau, die nach unten blickt;
(2) Schnitt auf ein Bild einer Schüssel, in der eine Hand mit einem elektrischen Küchenmixer etwas zubereitet.

Die assertion, die aus dieser Aufeinanderfolge der Einstellungen gewonnen bzw. die dadurch konstituiert wird, lautet etwa: „Die Frau bereitet etwas zu essen".[15] Die Einstellungen zeigen natürlich wesentlich mehr an Information – die Schüssel hat eine gewisse Form, die Frau ist jung oder alt, man sieht manche Details der Küche. Die assertion ignoriert viele der Einzelheiten, erfaßt nur das, was für die Verbindung der beiden Einstellungen von Wichtigkeit ist. Die assertion gibt sozusagen die Planstruktur an, die durch die Aufeinanderfolge der beiden Bilder zum Ausdruck gebracht ist, und sie interessiert sich nur für die Informationen in den Einstellungen, die dafür relevant sind.

Aber, wie schon angedeutet: nicht jede Kombination von zwei Einstellungen geht ein Bindungsverhältnis vom Typ *assertion* ein. Man braucht gewisse Merkmale, die es möglich machen, zwei Einstellungen zusammenzuschließen. Gregory nennt diese Merkmale „verbindende Hinweise" (*associative cues*). Gibt es keine oder nur unzureichende Hinweise, kann häufig keine *assertion* gefunden werden, die Bilder bleiben isoliert nebeneinander stehen. Schneidet man z. B. vom Bild eines Anglers auf die oben erwähnte Schüssel (2), stellt sich unter Umständen Irritation, aber keine *assertion* ein.

Es gilt aber auch der Grundsatz, daß ein und dieselbe Einstellung zusammen mit anderen Einstellungen verschiedene *assertions* bilden kann, in der jeweils andere Informationen für die Aussage dieser ersten Einstellung genutzt sind. Für die Theorie ist dies von größter Bedeutung: denn das bedeutet, daß die Einstellung in der Montage „analysiert" und eher als ein abstraktes Bündel von Daten denn als anschauliches Bildmaterial behandelt wird. Am Beispiel: Würde man die erwähnte Großaufnahme einer Frau, die nach unten blickt (1), mit anderen Bildern kombinieren, würden andere Hinweise aktiviert, die in eine *assertion* münden können. Folgte also der genannten Großaufnahme

(2*) eine Großaufnahme eines kleinen Kindes, über dessen Haar eine Hand streicht,

dann ergäbe sich eine *assertion* wie „Eine Mutter liebkost ihr Kind"; der Blick der Frau ist dann nicht der Blick, der das Geschehen in der Schüssel kontrolliert, sondern Teil eines Interaktionsgeschehens und einer Zuwendung; für diesen ganz anderen Typ von Verbindung, die die beiden Einstellungen eingehen, ist es wichtig, ob die Frau streng, gelangweilt oder zärtlich blickt, ob sie lächelt oder nicht usw. Würde man dagegen der Großaufnahme der Frau

(2**) eine aus der Untersicht aufgenommene Aufnahme eines zornig redenden Mannes

folgen lassen, wäre der Blick nach unten gar nicht mehr mit einem Objekt des Blicks – sei es nun eine Rührschüssel oder ein Kind – verknüpft, sondern nur noch funktionsloser Teil des als Demuts- oder Unterwerfungsgestus deutbaren gesenkten Kopfes.

Es gibt zwei Hauptgruppen von Hinweisen (*cues*), die für die Bildung von *assertions* von Bedeutung sind. Das eine sind Hinweise auf die räumliche Umgebung, in der etwas geschieht. In dieser Auffassung ist der Raum also eines der elementarsten Prinzipien, das in der Montage analysiert und organisiert wird. Der zweite grundlegende Typ sind die Hinweise, die aus menschlichen Handlungen abgeleitet sind. Sieht man in der ersten Einstellung einen Mann, der einen Hammer anhebt, und sieht man im nächsten Bild eine Großaufnahme des Hammers, der auf einen Nagel schlägt, werden die beiden Einstellungen als miteinander verbunden gesehen, weil die Handlung des „Hämmerns" sie als stückweise Darstellung eines zusammenhängenden Vollzuges erfaßbar macht.[16]

Die Tests

Die Überlegungen, die Gregory bis zu diesem Punkt angestellt hatte, waren ganz und gar theoretischer Natur.[17] Ihre Erprobung erfolgte in experimenteller Form: Gregory ließ aus dem jeweils gleichen Ausgangsmaterial drei verschiedene Versionen einer Situation montieren.[18] Gemäß der in der Theorie behaupteten zentralen Rolle der *assertions* sollte die Montage des Ausgangsmaterials drei Bedingungen erfüllen, die die drei Filme voneinander unterscheiden:

(1) In keinem der Filme sollten die drei abgebildeten Personen die gleichen Handlungen vollziehen; wenn also im einen Film eine Figur als „lesend" charakterisiert wurde, sollte sie im anderen Film als „Kreuzworträtsel lösend" dargestellt werden.

(2) Verschiedene Typen der *assertion* sollten in den verschiedenen Versionen produziert werden; dabei ging es vor allem um das Zusammenmontieren von Personen mit Handlungen, Objekten oder anderen Personen. Insbesondere sollten sich die Beziehungen der Personen in den einzelnen Filmen voneinander unterscheiden.

(3) Die drei Kurzfilme sollten auf ganz unterschiedliche emotionale Effekte hin montiert werden; während der eine Film nur von schwacher Spannung sein sollte, sollte der andere voller „suspense" sein, und der dritte ein Gefühl von Ärger und Unzufriedenheit bewirken.[19]

Im großen und ganzen erfüllten alle Filme, die Gregory von seinen Probanden herstellen ließ, die Anforderungen, die an sie gestellt waren. Wenn das Ausgangsmaterial in diesen Tests denn so biegsam war, daß es in drei so unterschiedliche Filme eingepaßt werden konnte, so lohnt es, danach zu fragen, warum das geht. Denn offenbar legt ja weniger das belichtete Material fest, wie eine filmische Szene aussieht, als vielmehr der Montageplan, der das Material als Rohstoff nutzt. „Der Plan macht's" eben, wenn Montagen glücken.

Situation und Kontext

Diese Beobachtung, die Gregorys Experimente ermöglicht, ist bis heute spannend und macht es nötig, viele sogenannte „Montageexperimente" zu überdenken. Die von Psychologen konzipierten Tests zum Kuleschow-Effekt sind oft mechanisch und unsensibel für die besonderen Qualitäten des Materials. Bei den Tests wurde im Grunde mit nur zwei Techniken gearbeitet: der Permutation und der Substitution. In Permutationstests wird die Reihenfolge von Einstellungen systematisch variiert: aus ABC wird CBA, ACB, CAB, BAC oder BCA. In den Substitutionstests werden Einstellungen in einer Sequenz

Die Untersuchungen Gregorys 187

gegen andere, neue Einstellungen ausgetauscht: aus ABC wird so ABD, AEC usw. Beide Verfahren stammen aus der Sprachwissenschaft und wurden dort entwickelt, um formale grammatische Strukturen untersuchen zu können. Die filmische Montage folgt aber auch, vielleicht sogar vor allem, Sinnstrukturen. Dies ist der zentrale Punkt, an dem sich Gregorys Untersuchungen von fast allen anderen Untersuchungen unterscheiden, die zum Kuleschow-Effekt bis heute durchgeführt wurden. Die Variation des Materials, wie sie bei Gregory erfolgte, ist nicht zufallsgesteuert und folgt keiner nur-formalen Prozedur, sondern erfolgt zielgerichtet im Hinblick auf die Eigenschaften, die die einzelnen Versionen haben sollen. Am Ende des Experiments steht ein Film, als Produkt von Montage-Arbeit. Das ist der Unterschied.

Damit kehrt sich im Grunde das Verfahren um: Es wird weniger getestet, welche Eindrucksveränderungen permutiertes oder variiertes Material hervorruft; Gregorys Tests sind eher „Erfolgskontrollen" als systematische Untersuchungen zum Permutationsproblem. Es geht in einem solchen Experiment, wie Gregory es durchgeführt hat, darum zu untersuchen, mit welchen Arbeitshypothesen und -verfahren ein Cutter arbeitet, der aus einem gegebenen Material ganz unterschiedliche Sequenzen konstruieren soll, die ganz unterschiedliche Situationen repräsentieren. Vereinfacht gesagt: es geht um die Untersuchung der Vorstellungen, die ein Cutter hat, mit denen er sein Material aufbereitet und gliedert, und um die Entscheidungen, die er treffen muß, will er aus einem gegebenen Material einen sinnvollen Film schneiden.

Die Prozesse der Auswahl und der Kombination von Einstellungen und Einstellungsfragmenten sind bei Gregory genauso einem *Situationsplan* unterworfen wie die Betrachtung der Reihenfolge, der Länge und des Rhythmus der Einstellungen im fertigen Produkt. Dieser Situationsplan legt fest, welche Handlungen, Interaktionen, emotionalen Verhältnisse und welche zeitliche Abfolge für die Szene, die montiert werden soll, bedeutsam sind. Die Montage ist erst aufgrund dieses Plans möglich. Wenn Gregory also z. B. zeigen will, daß zwei Männer zueinander in engerer Beziehung stehen als jeder von ihnen zu einer dritten Person, einer Frau, wenn gar eine „Gegnerschaft" zwischen den Männern und der Frau ausgedrückt werden soll, dann wird dies aus dem Material (z. B. Blicke, nicht eingelöste Aufforderungen etc.) durch Schnitt zu konkretisieren sein.

Assertive Beziehungen zwischen Einstellungen funktionieren dann, wenn sie einem Situationsplan folgen. Er definiert erst den semantischen Rahmen, in dem bestimmte Beziehungen zwischen den Personen, Charakterisierungen der Handelnden, situative Stimmungen, Rhythmen der Handlungen und der Einstellungen über viele Einstellungen hinweg durchgehalten werden können. (Daß ein Drehbuch vieles von dem, was hier „Situationsplan" genannt wird, schon enthalten muß, ist selbstverständlich.)

Unterschiedliche Kontexte machen das Material natürlich jeweils in unterschiedlicher Weise analysierbar. Eine Einstellung auf eine Uhr kann die genaue

Uhrzeit zeigen oder aber auch nur das Vergehen der Zeit indizieren; ein Kaminfeuer kann in den Handlungs*ablauf* einbezogen sein oder auch nur den Handlungs*raum*, die situative Stimmung, das Wetter oder die Jahreszeit anzeigen.

Würde man nun eine solche komplexe Handlungssequenz dadurch „stören", daß man Einstellungen wegläßt, permutiert oder auch ganz fremde Einstellungen einmontiert, so ergäbe sich ein sehr komplexes Ambiente für die experimentelle Annäherung an die Sequenzmontage. Einige Fragen, die man dann stellen könnte:

(1) Welche Einstellungsgruppen sind so fest miteinander verbunden, daß sie ohne Kontextverlust nicht voneinander gelöst werden können?

(2) Gibt es Einstellungen, die so stark von anderen Einstellungen „gefordert" werden, daß sie der Betrachter, auch wenn man sie wegläßt, dennoch „ergänzen" kann?

(3) Welche Einstellungen in welcher Funktion sind so wenig festgelegt, daß sie weglassen oder an eine andere Stelle gesetzt werden können, ohne die Sequenz wesentlich zu verändern?

Fazit

Wie hier gezeigt wurde, steht die experimentelle Erforschung des Kuleschow-Effekts nach wie vor am Anfang. Mit den Untersuchungen Gregorys aber ist eine Form der experimentellen Filmpsychologie angedeutet, die es möglich macht, das professionelle Wissen von Filmemachern in die wissenschaftliche Erforschung der Geheimnisse der filmischen Kommunikation einzubeziehen. Denn in gewisser Weise ist die Arbeit an jedem Film ein Experiment – ein Versuch, die Möglichkeiten auszuloten, die ein Material bietet. Schließlich hat auch Kuleschow seine Experimente als Filmemacher angestellt, der wissen wollte, nach welchen Gesetzmäßigkeiten sein Medium arbeitet.

Anmerkungen

1) Diese Darstellung fußt im wesentlichen auf meinem Artikel *Experimente zum Kuleshov-Effekt: Ein Bericht*. In: *Film und Psychologie I. Kognition, Rezeption, Perzeption*. Hrsg. v. Gerhard Schumm u. Hans J. Wulff. Münster 1990, S. 13–40. Ich danke neben Hans Beller, Karl-Dietmar Möller und Gerhard Schumm vor allem Thomas Langhoff, der für diesen Artikel sehr wichtige Hinweise gegeben hat. S. a. in diesem Buch: Hans Beller, Einführung (S. 20 ff.) und studentische Experimente (S. 157 ff.).

2) Vgl. zur Geschichte und Beschreibung des Kuleschow-Experiments Karl-Dietmar Möller: *Einleitende Bemerkungen zu Theorie und Methode der Montageexperimente unter Berücksichtigung ihrer Geschichte und ihrer Rezeptionsgeschichte*. Unveröff. Ms. Münster 1984; Jacques Aumont (coord.): *L'effet Koulechov / The Kuleshov effect*. Paris 1986; Jerzy Toeplitz: *Lev Koulechov*. In: *Cinéma 71*, 1971, S. 82–96.

3) Vgl. Sol Worth: *Cognitive aspects of sequence in visual communication*. In: *AV Communication Review 16*, 1968, S. 121–145, hier S. 141–143; vgl. auch John Preston Isenhour: *The effects of context and order in film editing*. In: *AV Communication Review 23,1*, 1975, S. 69–80, hier S. 77–79.

4) Vgl. Isenhour (vgl. Anm. 3), S. 70.

5) Vgl. Gavriel Salomon: *Interaction of media, cognition, and learning*. San Francisco/Washington/London 1979, S. 92 ff.; ausführlich dargestellt bei Gavriel Salomon & Akiba A. Cohen: *Television formats, mastery of mental skills, and the acquisition of knowledge*. In: *Journal of Educational Psychology 69*, 1977, S. 612–619.

6) Isenhour (vgl. Anm. 3), S. 70–71.

7) Vgl. Karl-Dietmar Möller: *Diagrammatische Syntagmen und einfache Formen*. In: *Papiere des Münsteraner Arbeitskreises für Semiotik 8*, 1978, S. 69–117, hier S. 88 ff.

8) Vgl. J. M. Foley: *The bilateral effect of film context*. M. A. Thesis, University of Iowa 1966, S. 45; Isenhour (vgl. Anm. 3), S. 72.

9) Uta Frith & Jocelyn E. Robson: *Perceiving the language of films*. In: *Perception 4*, 1975, S. 97–103, hier S. 97.

10) Ebenda, S. 98.

11) Vgl. John Robert Gregory: *Some psychological aspects of motion picture montage*. Ph. D. Thesis University of Illinois 1961, S. 16–17.

12) Vgl. Karl-Dietmar Möller-Naß: *Filmsprache. Eine kritische Theoriegeschichte*. Münster 1986; Möller hat die Geschichte dieser metaphorischen Gleichsetzung von Film und Sprache in großer Ausführlichkeit dargestellt und kritisch untersucht.

13) Vgl. Gregory (vgl. Anm. 11), S. 24.

14) Vgl. ebenda, S. 28.

15) Vgl. ebenda, S. 39.

16) Vgl. Isenhour (vgl. Anm. 3), S. 74.

17) Gregory hatte allerdings eine Ausbildung als Cutter – was sich aber weniger in den theoretischen Überlegungen als vielmehr in den Experimenten niederschlägt, die so wohl nur von jemandem mit praktischen Erfahrungen ausgedacht werden können.

18) Ein zweites Experiment arbeitete mit abstrakten animierten Materialien und führte zu einigen abweichenden Ergebnissen, die hier aber nicht weiter diskutiert werden sollen.

19) Vgl. Gregory (vgl. Anm. 11), S. 54.

Analysen

Jo Heim

Die Montage bei CITIZEN KANE
Makroanalyse eines Klassikers

Vorbemerkung

Der Film CITIZEN KANE von Orson Welles erzählt die Lebensgeschichte von Charles Foster Kane. Sie umfaßt den Zeitraum von seinem achten Lebensjahr bis zu seinem Tode, vom Aufstieg bis zum Fall eines machtbesessenen Zeitungstycoons, der über immense Reichtümer verfügt, aber zur Liebe nicht fähig ist.

Außergewöhnlich an diesem Meisterwerk der Filmgeschichte ist u. a. der Aufbau der Erzählung. So zeigt Welles Kanes Lebenslauf nicht in chronologischer Reihenfolge von der Geburt bis zum Tod, sondern wählt Episoden aus dessen Biographie aus, um diese dann wie Versatzstücke in chronologisch „nicht richtiger" Reihenfolge zu montieren. So wird man beispielsweise bereits während der ersten Minuten des Films Zeuge von Kanes Tod. Danach folgt *die Zeit vor seinem Tod* mit einem kurzen Abriß seiner gesamten beruflichen Laufbahn und seines öffentlichen Lebens. Anschließend sieht man Bilder von seiner Beerdigung, und darauf folgt *die Zeit nach dem Tod* mit dem Gespräch eines Reporters mit Kanes zweiter Ehefrau über ihren verstorbenen Mann.

Dieser Montagestil ist für den Zuschauer über die ganze Filmlänge hinweg voller Überraschungen und Spannung, da sich nie vorhersehen läßt, welchen weiteren Verlauf die Geschichte nehmen wird.

Die Montage ist von Welles sicherlich bewußt vorausgeplant worden. Als ein Beweis dafür kann z. B. der Sequenzübergang dienen, bei dem es um Lelands Bericht über Kanes Beziehung zu Emily geht (vgl. dazu auch die nachfolgenden Abb.): Eine sukzessive, partielle Überblendung, bei der ein Teil des letzten

Bildes noch eine Zeitlang deutlich erkennbar in das erste Bild der neuen Einstellung eingeblendet ist und einen ähnlichen Effekt bewirkt wie eine Art zweigeteilter Bildschirm. Bei der Aufnahme der beiden Einstellungen muß also bewußt auf diese Überblendung hin kadriert worden sein.

Die folgende Analyse gliedert sich in zwei Abschnitte: Im ersten erfolgt eine Untersuchung des Gesamtaufbaus sowie der Zusammenhänge der acht einzelnen Sequenzen bzw. Episoden. Im zweiten Abschnitt wird die Montage innerhalb der einzelnen acht Filmsequenzen behandelt, also der Aufbau jeder einzelnen Episode. Diese Art der Gliederung ermöglicht ein schrittweises Vertiefen in das Thema und ergibt natürlich auch inhaltliche Überlappungen zwischen erstem und zweitem Abschnitt.
Im Anhang sind die einzelnen, zeitlich ausgestoppten Sequenzen bzw. Lebensepisoden aufgelistet. Als weitere Orientierungshilfe dient eine Zusammenfassung von Kanes Lebenslauf in der chronologisch „richtigen" Reihenfolge.

I. Montage der acht Filmsequenzen

CITIZEN KANE läßt sich zunächst in acht große Sequenzen aufgliedern, die – bis auf den *News on the march*-Film[*] – verschiedene Episoden und Aspekte aus Kanes Leben zeigen. Sie werden jeweils von Personen erzählt, die in Kanes Leben eine wichtige Rolle gespielt haben und über den betreffenden Lebensabschnitt mehr als andere berichten können.
Diese Personen erzählen z. T. auch von denselben Begebenheiten; dadurch wird manches „doppelt", jedoch aus unterschiedlichen Perspektiven erzählt, was für den Zuschauer zusätzlich sehr informativ ist. Ein gutes Beispiel hierfür ist Susans Opernpremiere in Chicago: Zuerst berichtet Leland, der als Zuschauer im Publikum sitzt (6 b). Die meisten Einstellungen sind in (Kamera-) Richtung *zur Bühne hin* gedreht. Später berichtet Susan selbst über ihr Debüt (7 b). Die Kamera zeigt dasselbe Ereignis, hauptsächlich aus Susans Sicht, also in Richtung Zuschauerraum, *von der Bühne weg*.

Der Film endet – im Gegensatz zu dem konkreten Abriß im *News on the march*-Film – mit einer eher symbolischen Zusammenfassung von Kanes Leben: einer Kamerafahrt durch die Lagerhallen von Xanadu, in denen sich die im Laufe seines Lebens wahllos zusammengekauften materiellen Kostbarkeiten von zum Teil unschätzbarem Wert stapeln.

Die Verbindung dieser einzelnen Lebensepisoden bzw. Filmsequenzen erreicht Welles ab Ende der 2. Sequenz durch die Einführung der Figur des Reporters

---

[*] *News on the march* ist ein kurzer Film im Film, eine (vermeintlich) dokumentarische Zusammenfassung von Kanes Leben im Stile einer Wochenschau und eines Prominenten-Nachrufs.

Thompson, der im Verlauf des Films die genannten Personen über Kane befragt. Er ist hartnäckig auf der Suche nach der Erklärung für „Rosebud", Kanes letztem Wort auf dem Sterbebett.

Jede weitere Sequenz wird durch den Reporter sowohl eingeleitet als auch beendet. (Einzige Ausnahme: Ende von Sequenz 8, d. h. der Schluß des gesamten Films.) Diese „Rahmenhandlung" und die sich daraus ergebenden Rückblenden vervollständigen das in der *News on the march*-Sequenz gezeigte, öffentlich bekannte Gesicht von Kane durch persönliche bis intime Informationen ihm nahestehender Personen.

Die Sequenzen sind meist so aufgebaut, daß die vom Reporter befragte Person im ON mit der Erzählung beginnt und dann per Überblendung in eine Rückblende überleitet.

Die folgende Aufstellung gibt eine inhaltliche Übersicht über die einzelnen Sequenzen:

Sequenz 1: Kane stirbt auf seinem Wohnsitz Xanadu. (2:30)[*]

Sequenz 2: *News on the march*-Film (9:55)
zeigt einen kurzen Abriß von Kanes Leben.

Sequenz 3: Susan (2:50)
Kanes zweite Frau Susan wird in betrunkenem Zustand gezeigt; eine Folge beruflicher Fehlschläge.

Sequenz 4: Thatcher (12:40)
Thatchers Aufzeichnungen erzählen von Kanes Jugend, von seinem Einstieg bei der Zeitung *Inquirer* sowie von deren Niedergang.

Sequenz 5: Bernstein (18:20)
erzählt von Kanes Karriere als Zeitungsverleger, von der Bekanntschaft und späteren Verlobung mit Emily.

Sequenz 6: Leland (35:20)
erzählt von Kanes Romanzen und Ehen mit Emily und Susan sowie von Kanes politischen Ambitionen.

Sequenz 7: Susan (21:30)
erzählt von ihrer Zeit mit Kane, den von ihm protegierten Opernauftritten und ihrer Trennung von Kane.

Sequenz 8: Raymond (12:35)
erzählt von Kanes Zeit in Xanadu, nachdem Susan Kane verlassen hat.

---

[*] Die Ziffern in Klammern geben die Dauer der Sequenz in Minuten und Sekunden an.

Die Übergänge zwischen den Filmsequenzen

Von der **1. Sequenz** kommt Welles per langsamer Abblende ins Schwarze sowie durch einen harten Schnitt zum Trailer von *News on the march* (**2. Sequenz**). Der Reporter ist noch nicht eingeführt und kann daher auch nicht als Bindeglied fungieren.

Der Übergang von der **2. Sequenz zur 3. Sequenz** erfolgt durch harte Schnitte zum Reporter, der am Ende von Sequenz 2 seinen Auftrag erhält und dann, mit einem Zeitsprung, in der 3. Sequenz Susan im El Rancho Nightclub besucht.

Die Recherchen des Reporters erfolgen den ganzen Film hindurch in der chronologisch richtigen Reihenfolge, d. h. er besucht tatsächlich zuerst Susan, dann das Thatcher Memorial etc. Im Gegensatz dazu sind die Erzählungen der befragten Personen nur bedingt chronologisch montiert.

Sequenz 3 und 4 sind über Abblende ins Schwarze und Aufblende miteinander verknüpft. Wie schon beim letzten Übergang wechselt der Reporter den Ort; er ist sowohl in der letzten Einstellung von Sequenz 3 als auch in der ersten von Sequenz 4 zu sehen. So entsteht ein nahtloser Übergang mittels der Figur des Reporters, der zudem am Ende der 3. Sequenz ankündigt, welche weiteren Schritte er bei seiner Suche unternehmen wird. Somit wird vorweggenommen, wo er sich in den nächsten Minuten von Sequenz 4 befinden wird.

Sequenz 4 und 5 werden durch Überblendung miteinander verbunden, wobei der Reporter – wie in den beiden vorangegangenen Fällen – sowohl in der letzten Einstellung von Sequenz 4 als auch in der ersten von Sequenz 5 zu sehen ist.
Abgesehen vom Ortswechsel des Reporters und dem damit verbundenen Zeitsprung innerhalb der Rahmenhandlung ist hier – bezogen auf Kanes Lebensgeschichte – noch ein weiterer Zeitsprung zu verzeichnen: die in Sequenz 4 dargestellte Episode endet im Jahr 1929 (zum Zeitpunkt, als Kane auf die Einflußnahme bei seinen Zeitungen verzichtet), wohingegen Sequenz 5 auf das Jahr 1892 „zurückspringt" (als Kane den *Inquirer* übernimmt). Sequenz 5 ist somit ein zeitlicher Rückblick im Verhältnis zu Sequenz 4, gibt Antwort auf die durch Sequenz 4 aufgeworfene Frage: Wie kam es zu all diesen Ereignissen?

Sequenz 5 und 6 werden gleichfalls ineinander überblendet. Der thematische Wechsel und der Zeitsprung werden durch diese technische Lösung abgeschwacht und „weicher". Dies erhält vor allem unter dem Aspekt zusätzliche Bedeutung, als der Film z. T. sehr lange Einstellungen hat, und somit jeder harte Schnitt um so mehr auffällt.

Der Übergang von **Sequenz 6 zu 7**, der durch eine Überblendung in eine Kranfahrt in den El Rancho Nightclub realisiert und zum Abschluß der 7. Sequenz in umgekehrter „Fahrtrichtung" wiederholt wird, wäre möglich gewesen, ohne auf die Rahmenhandlung mit dem Reporter zurückzuschneiden, denn beide Sequenzen beinhalten dieselbe Thematik. Gegen Ende von Sequenz 6 wird über Kanes zweite Ehefrau Susan berichtet, und Sequenz 7 ist ebenfalls Susan gewidmet. Dennoch trennt Welles in zwei Sequenzen. Sequenz 6, mit über 35 Minuten die mit Abstand längste Sequenz des ganzen Films, wäre sonst durch die zusätzlichen 20 Minuten von Sequenz 7 unverhältnismäßig lang geworden und hätte die Gewichtung des Gesamtaufbaus verschoben.

Auch die Verbindung der **Sequenzen 7 und 8** (mittels Überblendung) wäre aufgrund der thematischen Chronologie ohne die Figur des Reporters zu realisieren gewesen. Butler Raymond beginnt mit seiner Erzählung genau dort, wo Susan in Sequenz 7 aufgehört hat.

Die Tatsache, daß der Reporter Thompson bei zwei Übergängen als Bindeglied nicht notwendig gewesen wäre, aber dennoch dazwischengeschnitten ist, deutet darauf hin, daß Thompson weitere, grundsätzlichere Funktionen hat: So soll er die Geschichte im Film vorantreiben, indem er durch seine Befragungen die einzelnen Personen überhaupt erst zum Erzählen bringt. Damit er jedoch nicht nur banal nach gemeinsamen Erlebnissen mit Kane fragen muß, läßt ihn Welles nach etwas ganz anderem „fahnden": nach der Bedeutung von „Rosebud", Kanes letztes Wort auf dem Sterbebett. Als Antwort auf seine Fragen erfährt der Reporter jedoch keine Neuigkeiten über Rosebud, sondern Einzelheiten aus Kanes Leben, die sich im Verlauf des Films wie Steine eines Mosaiks zu einer Biographie zusammenfügen. Somit hat die bis zum Filmende permanent offene Frage des Reporters nach der Bedeutung des Wortes Rosebud die Funktion des vorwärtstreibenden Elements der Geschichte, des roten Fadens, der sich durch den ganzen Film zieht und dabei gleichzeitig in einer zweiten Funktion wie eine Klammer wirkt, die die einzelnen Sequenzen zusammenhält. Der Reporter und die damit verbundene Frage nach Rosebud dienen in dritter Funktion der Erzeugung von Spannung. Die Spannung wird sogar „verdoppelt", da zum einen Kanes Lebensgeschichte per se interessant ist, und zum anderen die Frage, ob der Reporter beim Aufrollen der Lebensgeschichte auf Hinweise bezüglich Rosebud stößt.
Und schließlich dient der Reporter in einer vierten Funktion als Vermittler zwischen Zuschauer und Kane. Er befragt die einzelnen Personen sozusagen stellvertretend und zieht damit den Zuschauer in die Geschichte hinein. Er stellt jedoch keine Figur dar, mit der sich der Zuschauer identifizieren soll. Deshalb zeigt ihn Welles meist von hinten, als schaue man ihm bei der Arbeit über die Schulter (*overshoulder-shot*). Der Reporter ist nie mittig, sondern immer an eine Bildseite kadriert, meist sogar kaum beleuchtet oder gar nur als Silhouette erkennbar. Im Gegensatz zum Zuschauer kommt er dem Geheimnis um Rosebud auch nicht auf die Spur.

Anmerkungen zum Gesamtaufbau

Der Gesamtaufbau des Films entspricht dem klassischen Filmmuster „Exposition, Konfrontation, Auflösung"[*]. Allerdings fällt auf, daß sich Welles – bedingt durch seine verschachtelte Erzählweise – mit einer ca. 12minütigen Exposition begnügt, dann einen mit rund 100 Minuten sehr langen Hauptteil folgen läßt, um schließlich erst in den letzten ca. 3 Minuten die Auflösung zu präsentieren.

Die Exposition endet mit dem Auftrag für den Reporter, Erkenntnisse über Rosebud zu gewinnen. Dies findet nach 12:25 Minuten, also etwa $^1/_{10}$ der gesamten Spieldauer statt.

Der Hauptteil erstreckt sich bis zur Verbrennung des Schlittens, d.h. bis 3 Minuten vor Ende des Films. Eine Spannungssteigerung innerhalb des Hauptteiles findet nicht statt. Die Spannung bleibt bis zur letzten Minute konstant und löst sich erst in einer der letzten Einstellungen, nachdem der Reporter das Rätsel um Rosebud nicht lösen konnte und bereits aufgegeben hat. Welles gibt nur dem Zuschauer die Lösung um Rosebud preis. Ein „Erfolgserlebnis" für den Zuschauer – eine Pleite für den Reporter. Dies ist ein geschickter Schachzug von Welles, zwei unterschiedliche Enden ein und derselben Erzählung zu einem gemeinsamen Filmende zu vereinen; und gleichzeitig ein böser Seitenhieb des Regisseurs auf die Presse, die Intimsphäre des Menschen tunlichst unangetastet zu lassen.

Als Auflösung können die letzten Einstellungen ab der Schlittenverbrennung interpretiert werden; analog zur sukzessiven Annäherung an Xanadu am Beginn des Films entfernt sich die Kamera nun langsam wieder von Kanes Besitz. Dadurch erhält der Film eine „optische Klammer", er wirkt rund und geschlossen. Mit dem Auftauchen des „no trespassing"-Schildes als allerletzte Einstellung (es tauchte bereits in der Einleitung auf), wird dem Zuschauer vor Augen geführt, daß er die Position eines Voyeurs innehatte und somit auch nicht besser ist als der Reporter.

Zusammenfassung

Aufgrund des dramaturgischen Aufbaus (die wichtigsten Daten aus Kanes Lebenslauf sind bereits nach 15 Minuten bekannt, und im Verlauf des gesamten Films werden einzelne Episoden teilweise überlappend und somit zweimal erzählt) könnte man annehmen, daß jegliche Spannung bezüglich Kanes Lebensgeschichte gleich nach der *News on the march*-Vorführung zu Filmbeginn zunichte sein müßte. Statt dessen ist es gerade diese kunstvoll verschachtelte

---

[*] Nach Syd Field, *Screenplay*, hat ein 120-Minuten-Spielfilm etwa folgende Teillängen: 1. Akt: Exposition 30 Minuten, 2. Akt: Hauptteil 60 Minuten, 3. Akt: Auflösung 30 Minuten.

Montage, die die Geschichte interessant und spannend macht, denn mit jeder Lebensepisode bzw. Sequenz lernt der Zuschauer Kane besser kennen, bekommt einen immer tieferen Einblick in seine Wesensart und sein Leben, und auch das Verhalten der anderen Personen Kane gegenüber wird für den Betrachter zusehends einsichtiger und besser nachvollziehbar. Jede neue Information, jede neue Episode macht Kanes Lebensgeschichte dichter und läßt Spannung auf die nächste Episode aufkommen. Und erst mit einer der letzten Einstellungen des Films hat man Kanes Leben und die Hintergründe richtig begriffen. Geschickt bedient sich Welles der Filmfigur des Reporters, der dramaturgisch gesehen mehrere Aufgaben gleichzeitig erfüllt: er dient nicht nur als Bindeglied zwischen den Sequenzen sowie zur Fortführung und zum Zusammenhalt des gesamten Films, sondern sorgt durch seine Existenz auch für Spannung und die Einbindung des Zuschauers in das Geschehen. Diese eigenwillig verschachtelte Erzählweise fordert vom Zuschauer aktives Kombinieren, er muß alle Informationen wie Steine eines Mosaiks zusammenfügen, um Kanes Lebensgeschichte in chronologischer Reihenfolge zu verstehen.

II. Montage innerhalb der acht Filmsequenzen

Die aus dem ersten Abschnitt bekannten acht Hauptsequenzen bestehen in der Regel aus mehreren Untersequenzen (im folgenden mit a, b, c, etc. bezeichnet), die zunächst in ihrer chronologischen Abfolge aufgelistet sind:

Sequenz 1:	Kanes Tod in Xanadu	2:30	
Sequenz 2:	a) *News on the march*-Film	8:10	9:55
	b) Reporter nach Vorführung	1:45	
Sequenz 3:	Reporter bei Susan	2:50	
Sequenz 4:	a) Reporter im Thatcher Memorial	1:20	
	b) Rückblende: Kanes Kindheit und Übernahme des *Inquirer*	8:15	
	c) Reporter liest laut	0:15	12:40
	d) Kane verzichtet auf Einflußnahme	2:20	
	e) Reporter verläßt Thatcher Memorial	0:30	
Sequenz 5:	a) Reporter bei Bernstein im Büro	2:30	
	b) Rückblende: Entwicklung der Zeitung	14:25	18:20
	c) Reporter bei Bernstein im Büro	1:25	
Sequenz 6:	a) Reporter bei Leland	3:50	
	b) Rückblende: Kanes erste Frau Emily	2:05	
	c) Reporter bei Leland	1:00	35:20
	d) Rückblende: Kanes zweite Frau Susan	26:20	
	e) Reporter bei Leland	2:05	

Montage innerhalb der acht Filmsequenzen 197

Sequenz 7:	a) Reporter bei Susan	1:30	
	b) Fortsetzung Rückblende 6 d)	19:10	21:30
	c) Reporter bei Susan	0:50	
Sequenz 8:	a) Reporter bei Butler Raymond	0:55	
	b) Fortsetzung Rückblende 7 b)	3:15	12:35
	c) Reporter bei Butler Raymond	3:15	
	d) Schluß (ohne Reporter)	5:10	

insgesamt 115:40

Die Auflistung zeigt, daß der Reporter die Hauptsequenzen zwar miteinander verbindet, gleichzeitig aber auch die Untersequenzen mehrmals unterbricht. Interessant ist die Frage, wie der Reporter in diese Sequenzen eingebettet bzw. „montiert" wurde.

Sequenz 1:
Keine Untersequenzen.

Sequenz 2:

Die Montage von 2 a) und 2 b): nachdem der *News on the march*-Film beendet ist, benützt Welles drei Schnitte (1: die Leinwand von der Seite, 2: den Lichtkegel, der aus dem Projektionsraum fällt, 3: das Projektionsfenster), bevor er eine Gruppe von Reportern in einem Vorführraum zeigt. Reporter Thompson erhält im Verlauf einer kurzen Unterredung den Auftrag, nach Rosebud zu suchen und wird somit optisch und akustisch eingeführt.

Sequenz 3:
Keine Untersequenzen.

Sequenz 4:

(Anmerkung: Da bei den folgenden Sequenzen die Verbindung der einzelnen Untersequenzen per Überblendung erfolgt, wird im Text nicht in allen Fällen explizit darauf verwiesen.)

Bei der Verbindung von 4 a) und 4 b) wird von den hellen Seiten eines Buches (den Aufzeichnungen des inzwischen verstorbenen Thatchers), in dem der Reporter liest, in eine helle Schneelandschaft, in der der kleine Kane mit seinem Schlitten spielt, überblendet.

Am Ende von 4 b) – Thatcher hat das *Inquirer*-Büro verlassen, nachdem ihm Kane von der Verantwortung gegenüber Arbeitern erzählt hat – wird erneut in die Seiten des Buches überblendet. In der einzigen Einstellung der Untersequenz 4 c) wird eine Zeile aus dem Buch abgeschwenkt und im OFF laut gelesen. Welles unterbricht die Rückblende von 4 b), um optisch einen großen Zeitsprung zu realisieren und ihn gleichzeitig zu verdeutlichen (von der Übernahme der Zeitungen im Jahre 1892 (4 b) zur großen Depression im Jahre 1929

(4 d). Es findet also eine bewußte Unterbrechung der 4 b-Rückblende statt, eine Zäsur für den Zuschauer, um anschließend, um Jahre versetzt, wieder in dieselbe Geschichte einzusteigen.

Vom inhaltlichen Ablauf her gesehen wäre diese Unterbrechung der Rückblende nicht erforderlich gewesen. Welles hätte direkt im Anschluß an 4 b) z. B. die Abwerbung des *Chronicle*-Teams im Jahre 1898 (ein Ereignis, über das später Bernstein berichtet) als Untersequenz 4 c) montieren können und daran anschließend wie gehabt 4 d). Doch unter dramaturgischen Gesichtspunkten ist es viel wirkungsvoller, Kane zuerst bei der Übernahme des *Inquirer* triumphierend und direkt anschließend als Versager mit dem Verzicht auf Einflußnahme bei seinen Zeitungen zu zeigen. Kanes zahllose Erfolge aus der Zeit zwischen diesen beiden Eckdaten seiner Karriere, die aus dem *News on the march*-Film ansatzweise bekannt sind, läßt Welles hier wohl bewußt aus, um Aufstieg und Fall seines „Helden" besonders augenfällig zu demonstrieren.

In 4 e) schlägt der Reporter das Buch zu (die Rückblende ist damit beendet, man befindet sich wieder in der Gegenwart). In dem abschließenden Gespräch mit den Angestellten des Thatcher Memorial fällt das Stichwort Rosebud. Welles erinnert damit an das eigentliche Rechercheziel: (vordergründig) nicht Kanes Lebensgeschichte, sondern das Rätsel um Rosebud.

Sequenz 5:

In 5 a) erwähnt Bernstein im ON den Namen von Kanes Freund Leland. Es ist naheliegend, daß die folgende Rückblende 5 b) Leland und sein Verhältnis zu Kane zum Thema haben wird. Sowohl 4 als auch 5 behandeln Kanes berufliche Karriere, d. h. Welles erzählt in zwei aufeinanderfolgenden Sequenzen von denselben Ereignissen, läßt sie aber von zwei verschiedenen Personen subjektiv schildern.

Am Ende der Rückblende 5 b) wird gezeigt, wie Kane mit seiner Frau Emily beim *Inquirer* auftaucht. Eine weitere Überblendung bringt uns dann wieder in die Gegenwart zum Reporter, der noch bei Bernstein im Büro sitzt (5 c) und – in thematisch logischer Fortführung zu 5 b) – von ihm erfährt, daß beide Ehen gescheitert sind. Wieder fällt (in 5 c) das Stichwort Rosebud, um einzuflechten, daß das Ziel der Recherche noch nicht erreicht ist. Der Reporter kündigt an, als nächstes Leland, die Person, über die in Sequenz 5 b) so viel berichtet wurde, persönlich aufzusuchen. Ihn wird der Reporter zu dem Thema befragen, zu dem Bernstein das Stichwort gegeben hat: Kanes Ehefrauen Emily und Susan.

Sequenz 6:

Da sich 6 b) und 6 d) trotz des gleichen Themas inhaltlich voneinander unterscheiden (in 6 b) geht es um Emily, die erste, in 6 d) um Susan, die zweite Ehefrau), war es erforderlich, erneut den Reporter dazwischenzumontieren, um eine Zäsur zu erreichen. Zusätzlich nutzt Welles diese kurze Sequenz 6 c), um Leland im ON einen Schlüsselsatz zu Kanes Charakter sagen zu lassen:

Montage innerhalb der acht Filmsequenzen 199

„Kane wollte Liebe. Er konnte keine Liebe geben." Welles erreicht mit dieser Hervorhebung, daß diese Aussage beim Zuschauer haftenbleibt.

Da Kanes Wahl zum Gouverneur aufgrund seiner „Frauengeschichten" mißlingt, paßt das Thema Politik sehr gut in Sequenz 6 mit hinein. Kanes politische Aktivitäten sind sozusagen eingewoben in den Bericht über seine Frauen. Dies macht die Sequenz interessanter, da abwechslungsreicher, als zwei getrennte Sequenzen über Politik und Frauen.

Leland wird am Ende von 6d) von Kane entlassen, nachdem er einen Verriß von Susans Operndebut aufgesetzt hat. Dann erzählt er dem Reporter in 6e), daß Kane ihm vor 5 Jahren aus Xanadu geschrieben habe. Stichwort Xanadu. Leland berichtet ferner, daß Xanadu für Susan erbaut wurde. Stichwort Susan. In Sequenz 7 läßt Welles dann aber Susan selbst zu Wort kommen. Damit erzielt er nicht nur eine Abwechslung hinsichtlich der befragten Personen und ihrer spezifischen Sichtweise, sondern liefert dem Zuschauer die betreffenden Informationen direkt „aus erster Hand". Interessant ist dieser Personenwechsel auch unter dem Aspekt, daß der Reporter bei seinem ersten Besuch keine Informationen von Susan erhielt, und der Zuschauer jetzt gespannt ist, ob Susan dem Reporter dieses Mal etwas erzählen wird.

Sequenz 7:

Die Rückblende 7b), in der Susan u. a. über ihre von Kane erzwungenen Opernauftritte berichtet, schließt inhaltlich chronologisch an die Rückblende 6d) an. Die Montage von 7b) und 7c) ergibt sich aus der Handlungslogik. Susan packt in der letzten Einstellung von 7b) ihre Koffer und verläßt Kane. Da sie keine weiteren authentischen Erlebnisse aus Xanadu mehr zu berichten weiß, ist auch das Gespräch zwischen ihr und dem Reporter beendet. Der Reporter bringt aber noch in Erfahrung, daß ihm der Butler Raymond in Xanadu Informationen über Kane liefern könnte.

Sequenz 8:

In 8b) erzählt der Butler, wie Susan Kane verließ, und per „Kakadu"-Überblendung erreicht Welles mit 8b) inhaltlich einen direkten Anschluß an 7b), d. h. an Susans Schilderung dieses Ereignisses: In den letzten Einstellungen von 7b) geht sie – ohne sich noch einmal umzudrehen – durch die Zimmerflucht des monströsen Xanadu. Die Kamera zeigt dabei Kane, der Susan fassungslos nachblickt. Die erste Einstellung von 8b) setzt genau dort an, wo Susan aus dieser Zimmerflucht heraustritt und an Raymond vorbeigeht. Darauf folgt ein Umschnitt, und die Kamera zeigt nochmals dieselbe Zimmerflucht, an deren Ende die Silhouette des verlassenen Kane zu erkennen ist.

8b) endet kurz vor Kanes Tod. Ein triftiger Grund, hier erneut in die „Gegenwart" (8c) überzuwechseln, da man sich sozusagen wieder am Beginn des Films befindet. Da Kanes Tod bereits in Sequenz 1 im Bild gezeigt wird, gibt es keinen Grund für eine erneute Rückblende. Die Untersequenz 8 c) zeigt den Reporter und den Butler im Gespräch über Kanes Tod.

Schluß:

Die Suche des Reporters ist erfolglos zu Ende gegangen; er konnte das Rätsel um Rosebud nicht lösen und gibt auf. Die Kamera verläßt ihn und fährt nun exklusiv für den Zuschauer über die in einer Lagerhalle in Xanadu aufbewahrten unzähligen Kostbarkeiten, die Kane in seinem Leben, ohne eine Verwendung dafür zu haben, angehäuft hat. Die Kamerafahrt endet beim brennenden Schlitten und gibt dem Zuschauer nun Kanes einschneidendstes Erlebnis und somit das Rätsel um Rosebud preis: Rosebud ist ein Schriftzug und die Zeichnung einer Rosenknospe (Rosebud), aufgemalt auf Kanes Schlitten. Diesen Schlitten besitzt Kane während seiner Kindheit in Colorado und muß ihn zurücklassen, als er mit 8 Jahren von seiner Mutter getrennt und dem Banker Thatcher zur Erziehung übergeben wird. Der Schlitten steht somit als Symbol für eine verlorengegangene, unbeschwerte Jugend und für die frühzeitige Trennung von seinem Elternhaus, die Kane nie überwunden hat.

III. Fazit

Zusammenfassend läßt sich festhalten: Da Kanes Tod gleich zu Beginn gezeigt wird, liegt die Vermutung nahe, daß der Film die Lebensgeschichte von Charles Foster Kane lediglich in einer kontinuierlichen Kette von Rückblenden zeigen wird. Welles reiht jedoch nicht nur Geschichten aus der Vergangenheit aneinander, sondern verknüpft kunstvoll verschiedene Zeit- und Erzählebenen miteinander:

- Gegenwart (Kanes Tod, Reporter und befragte Personen)
- OFF-Kommentar der Gegenwart über Bilder aus der Vergangenheit (*News on the march*; Film im Film)
- tatsächliche Vergangenheit, d. h. reine Rückblenden.

Gerade diese „verschachtelte" Erzählweise macht das Zuschauen so abwechslungsreich, und man ist zudem gezwungen, ständig mitzudenken, um nachvollziehen zu können, in welcher Zeit sich die Story gerade abspielt. Der Übergang von einer Zeitebene in die andere wird technisch meist durch Überblendung gelöst.

Perfekt realisiert sind auch die Zeitsprünge innerhalb der Untersequenzen. So läßt Welles z. B.:

- eine Person einen Satz in einer Situation beginnen und in einem anderen Jahr und in einer anderen Situation beenden (Thatcher: „... Frohe Weihnachten / ... / und ein frohes neues Jahr..." (4 b));

Fazit / Anhang

– Kane in einer Einstellung Beifall zu klatschen beginnen, der auf der Tonebene nahtlos in die nächste Einstellung übergeht, in der mehrere Personen in einer anderen Situation nun ihrerseits Kane applaudieren (in der Untersequenz 6d);
– das *Chronicle*-Zeitungsteam, das zunächst auf einem Photo gezeigt wird, mit einer fast unmerklichen Überblendung Jahre später direkt aus diesem Photo heraus zum Begrüßungsfest im *Inquirer*-Büro übergehen (in der Untersequenz 5b).

Die Figur des Reporters dient in diesen Untersequenzen nicht nur zur Verknüpfung thematisch verschiedener Inhalte, sondern bisweilen auch:

– zur Hervorhebung besonders wichtiger Aussagen (Leland zum Reporter: „Kane wollte Liebe…“);
– zur Verdeutlichung einer Zäsur (Kane übernimmt Zeitung – *Inquirer* muß schließen);
– zur „Auflockerung“ der bis zu 20 Minuten dauernden Rückblenden;
– zur Herstellung des Bezugs zur „Gegenwart“ und der damit verbundenen Frage nach Rosebud.

Dem Reporter kommt also eine viel wichtigere Rolle zu, als man zunächst hinter dem gesichtslosen Fragensteller vermuten möchte. Er bleibt zwar eine Filmfigur ohne „Eigenleben“, ist jedoch von entscheidender Wirkung und immenser Bedeutung für das Konzept und den dramaturgischen Aufbau dieses Filmklassikers.

Anhang

Teil A: Filmablauf

Filmtitel	CITIZEN KANE	
Seqùenz 1:	Kanes Tod in Xanadu	2:30
Sequenz 2:	a) *News on the march*; kurzer Abriß von Kanes Lebenslauf	8:10
	b) Reporter nach Vorführung	1:45
Sequenz 3:	Reporter bei Susan in Atlantic City	2:50
Sequenz 4:	a) Reporter im Thatcher Memorial;	1:20
	Thatcher erzählt in seinen Memoiren	
	b) Rückblende: Kanes Jugend	
	– Kanes Kindheit in Colorado	4:10
	– Kanes Weihnachten bei Thatcher	0:20
	– Kane wird 25 und schreibt Thatcher	0:55
	– Thatcher liest Kanes Zeitung und…	0:30
	– …stellt ihn zur Rede	2:20

	c)	Reporter liest laut Zeile aus dem Buch	0:15
	d)	Fortsetzung der Rückblende 4b)	
		– Kane verzichtet auf Einflußnahme	2:20
	e)	Reporter verläßt Thatcher Memorial	0:30
Sequenz 5:	a)	Reporter bei Bernstein im Büro	2:30
	b)	Rückblende: Entwicklung der Zeitung	
		– Kane und Leland erstmals beim *Inquirer*	2:30
		– Streit Kanes mit Chefredakteur	1:50
		– Kane schreibt Grundsatzerklärung	2:30
		– Kane, Leland und Bernstein im Fenster des *Inquirer* und des *Chronicle*	0:50
		– 6 Jahre später Begrüßungsfest für *Chronicle*-Crew beim *Inquirer*	4:10
		– Telegramm Kanes aus Europa	1:05
		– Kane kommt mit Emily aus Europa	1:30
	c)	Reporter bei Bernstein im Büro	1:25
Sequenz 6:	a)	Reporter bei Leland auf Krankenhausterrasse	3:50
	b)	Rückblende: Kanes Privatleben	
		– Frühstückssequenzen zeigen Distanzierung zwischen Kane und Emily	2:05
	c)	Reporter bei Leland auf Terrasse	1:00
	d)	Rückblende: zweite Ehefrau	
		– Kennenlernen von Kane und Susan	5:20
		– Leland wirbt für Kane als Gouverneur	0:20
		– Kanes Wahlkampfrede	3:00
		und Konfrontation mit Gettys bei Susan	5:10
		– Skandal auf der Titelseite; Leland und Kane diskutieren Wahlniederlage	5:15
		– Kane und Susan heiraten	0:40
		– Susan singt in „ihrer" Oper	1:20
		– Kane schreibt Lelands Verriß bzgl. Susan zu Ende; Leland entlassen	5:15
	e)	Reporter bei Leland auf Terrasse	2:05
Sequenz 7:	a)	Reporter erneut bei Susan	1:30
	b)	Fortsetzung der Rückblende 6d)	
		– Susan bei der Gesangsstunde	2:15
		– wieder Opernaufführung aus 6d); Reaktionen von Kane und Leland	3:20
		– Susan entrüstet über Kritik; Kane bekommt seine Grundsatzerklärung von Leland zurückgeschickt; Susan soll weitersingen	2:00
		– *Inquirer-headlines* mit Bildern von Susans Opernauftritten unterlegt; jäher Abbruch	0:40
		– Kane bei Susan nach Selbstmordversuch	2:45
		– Susan beim Puzzle in Xanadu	3:10
		– Everglades; Streit zwischen Kane und Susan	2:05
		– Susan verläßt Kane und Xanadu	2:55
	c)	Reporter bei Susan	0:50
Sequenz 8:	a)	Reporter bei Raymond in Xanadu	0:55
	b)	Fortsetzung der Rückblende 7b)	
		– Kane verwüstet Susans Zimmer	3:15

Anhang   203

      c) Reporter bei Raymond   3:15
      d) Kamerafahrt über Kanes Sammelsurium von Kostbarkeiten   5:10
         endet auf Schlitten; wir „verlassen" Xanadu.

Filmabspann

Teil B: Kanes Lebenslauf in chronologischer Abfolge

FILMISCHE EBENEN

1865	Kanes Geburt	——
1868	Überschreibung der Mine	*News on the march*-Film
1871	Thatcher holt Kane ab	⎫
1892	Kane übernimmt *Inquirer*	Thatchers Erinnerung
1892–98	*Inquirer*-Auflage steigt	⎭
1898	Kane wirbt *Chronicle*-Team ab	⎫
1900	Kane in Europa	Bernsteins Erinnerung
1900	Kane heiratet Emily	⎭
1900–09	Kane und Emily leben sich auseinander	⎫
1916	Kane kandidiert als Gouverneur	Lelands Erinnerungen
1916	Liebesnest-Skandal; Wahlschlappe	⎭
1916	Kanes Scheidung von Emily	*News on the march*-Film
		Susans Erinnerung
		Lelands Erinnerung
1916	Kane heiratet Susan	⎫ *News on the march*-Film
1918	Emily und Kanes Sohn sterben bei Verkehrsunfall	⎭
1919–20	Susan singt in der Chicago Oper	Lelands und Susans Erinnerung
1919–20	Leland wird entlassen	Lelands Erinnerung
1920	Susan unternimmt Selbstmordversuch	Susans Erinnerung
1925	Kane wird als Faschist und Kommunist bezeichnet	*News on the march*-Film
1929	Weltwirtschaftskrise; Kane verzichtet auf Einflußnahme	Thatchers Erinnerung
1929	Raymond arbeitet für Kane	Raymonds Erinnerung
1929	Susan spielt in Xanadu Puzzle	⎫ Susans Erinnerung
1932	Picknick in den Everglades	⎭
1932	Susan verläßt Kane	Susans und Raymonds Erinnerung
1932	Kane verwüstet Susans Zimmer	Raymonds Erinnerung
1932	Kanes Imperium schrumpft	⎫
1935	Kane hält Ausbruch des 2. Weltkriegs für unwahrscheinlich	*News on the march*-Film
1935	Kane schreibt Leland	Lelands Erinnerung
1935–40	Kane allein auf Xanadu	*News on the march*-Film
1940	Kane stirbt	1. Sequenz im Film
1940	Kanes Beerdigung	*News on the march*-Film

CHRISTINE N. BRINCKMANN

Busby Berkeleys Montageprinzipien

Der klassische Hollywoodfilm ist nach den Gesetzen der Kontinuität geschnitten: Eine Szene soll ohne spürbare Brüche als Einheit wahrgenommen werden, obwohl sie aus vielen separaten Einstellungen besteht. Die Montage folgt der Logik des Geschehens – begleitet die Bewegung der Personen, beachtet Handlungsachsen und Blickrichtungen. Gleichzeitig erspürt sie Aufmerksamkeitsverlagerungen und Verifizierungsbedürfnisse der Zuschauer, reagiert auf steigende oder abnehmende Intensität. Jeder Schnitt erbringt Anpassung an die sich wandelnde Lage oder Antizipation neuer Momente; jede Einstellung präsentiert das Geschehen vom „optimalen" Standpunkt aus. Schon durch diese grundsätzliche Funktionalität werden Schnitte im Hollywoodfilm „transparent", d. h. unsichtbar. Da sie weder willkürlich sind noch Selbstzweck, sondern ihr Sinn unmittelbar ersichtlich ist, verschwinden sie aus dem Bewußtsein der Rezipienten wie Punkte und Kommas zwischen den Worten eines Textes.

Schon bei den Dreharbeiten trägt man Sorge, später reibungslose Anschlüsse zu ermöglichen. Die Kamera bleibt im rechten Winkel zu den architektonischen Linien, damit alles aneinanderpaßt. Distanzwechsel werden in markanten Abständen vorgenommen, um zu vermeiden, daß zu ähnliche Einstellungsgrößen aufeinanderfolgen, die funktionslose und unruhige Schnitte (*jump cuts*) verursachen könnten. Schuß/Gegenschuß-Aufnahmen werden schräg über die Schulter der Gesprächspartner gefilmt, um maximale Orientierung zu gewährleisten. Achsensprünge sind verboten. Lichtwerte sollen konstant bleiben. Eine lange Kette von Regeln und Konventionen also, damit die Montage richtig fließt und zugleich die Bedeutung des Gezeigten flexibel und stetig unterstützt. All dies gilt für den Normalfall, die Spielfilm-Szene. Ausnahmen sind jedoch für besondere Fälle und Situationen erlaubt: im Augenblick der Krise, für Überraschungen, bei psychopathischen oder Traumzuständen oder auch im Vorspann, bevor die Logik der Handlung überhaupt greift. Gerade weil die Normen der Montage relativ genau etabliert sind, können Abweichungen zusätzlichen Sinn ergeben. Ausnahmen vom üblichen Schnittkonzept bilden auch die Anarchokomödien – zum Beispiel die Filme der Marx Brothers –, die ihre Muster selbstreflexiv durchbrechen und die realistische Illusion unterminieren dürfen; was andernorts stören würde, wirkt sich hier produktiv aus. Oder die sogenannten „Hollywood-Montagen", d. h. in Spielfilme eingestreute Collagen, die längere Entwicklungen in geraffter Form referieren oder Prozesse in ihren diversen Stadien vorstellen.

Für solche „Montagen" zeichneten besondere Spezialisten verantwortlich, denen die Gestaltung übertragen wurde.[1] Oft verwendeten sie Fremdmaterial aus

Archiven, beispielsweise zeitgeschichtliche Dokumentaraufnahmen oder Stadt-ansichten der Metropolen der Welt. Solches Material fiel schon ästhetisch aus dem Rahmen, sollte aus dem Rahmen fallen, um Zitatcharakter zu tragen; in der Montage wurde es zusätzlich destilliert, abstrahiert oder dynamisiert, mit passender Musik unterzogen und zu einer vom übrigen Film abweichenden Einheit verschmolzen.

Manchmal wurden die Aufnahmen auch eigens für die „Hollywood-Montage" gedreht und dabei bereits in ihrer visuellen Gestaltung abgehoben. Zum Bei-spiel war es in den 30er/40er Jahren Mode, „Montage"-Einstellungen mit wechselnd gekippter Kamera aufzunehmen, so daß man die Bilder rhythmisch teils nach links, teils nach rechts fallen lassen konnte.[2] So blieben sie als diskrete Elemente wahrnehmbar, reihten sich aber zu einer zusammenhängen-den Kette. Auch Doppelbelichtungen, Wisch- und Schiebeblenden oder andere optische Verfremdungen kamen häufig zum Einsatz. Grundsätzlich war alles erlaubt, was im Gegensatz zur formalen Struktur des übrigen Films stand, so daß die „Montagen" eine Art Kompendium derjenigen formalen Möglichkei-ten darstellen, die der klassische Hollywoodfilm eigentlich gerade vermied.

Eine wichtige Ausnahme von den Gesetzen der *continuity* bilden schließlich auch die Nummern im Musical. Da sie, ähnlich der „Hollywood-Montage", eine Art „Film im Film" darstellen oder – als Bühnenvorführung – Einlagen aus einer anderen Realität präsentieren, dürfen sie auch in ihrem Schnittmuster eine andere Gangart wählen als die übrigen, den Spielfilmkonventionen verpflichte-ten Sequenzen des Musicals.

Aber ihre Besonderheit kann sehr verschiedene Wege gehen. Beispielsweise bleibt die Kamera in den Fred Astaire/Ginger Rogers-Filmen während der Tanznummern möglichst starr auf Distanz, um zu gewährleisten, daß man die ganze Figur der Tänzer sieht, und die Einstellungen sind möglichst lang, damit der Rhythmus des Tanzes nicht durch Schnitte gebrochen wird. Die lange Einstellung kann so die Bravourleistung der Tänzer dokumentieren, sie be-weist, daß die Nummer ohne Pause durchgetanzt wurde. Erfolgt einmal ein Schnitt – aus technischen oder dramaturgischen Gründen –, so ist er nach allen Regeln der Kunst in einer schnellen Bewegung versteckt oder mit einer choreo-graphischen Überraschung koordiniert.[3] Dagegen findet sich in den Busby-Berkeley-Musicals keine solche Rücksicht auf die Integrität der Darbietung und ihrer Performer. Was bei Astaire/Rogers organisch-authentisch aus dem Tanz erwachst, wird von Busby Berkeley synthetisch erzeugt. Schon die film-geschichtliche Konvention, die eine Spielart des Genres nach den Tänzern, die andere nach dem Choreographen zu benennen, verweist auf diesen grundsätz-lichen Unterschied.

Im folgenden soll versucht werden, die Prinzipien aufzuzeigen, nach denen Busby Berkeley seine Musical-Nummern strukturiert und schneidet. Als Bei-spiel dient der *Shadow Waltz* aus dem Film GOLD DIGGERS OF 1933, für den zwei Personen arbeitsteilig verantwortlich waren: Mervyn LeRoy führte Regie bei der Spielhandlung (der üblichen „Backstage"-Komödie mit den zeitgemäßen Depressions-Untertönen),[4] während Busby Berkeley für Choreographie und Montage der Einlagen zuständig war.[5] Als Stars beider Elemente fungierten Dick Powell, Ruby Keeler und Joan Blondell – wobei es für Berkeley eher unwichtig war, ob er mit den Protagonisten des Films arbeitete oder mit Darstellern anderer Provenienz. Denn für die meisten seiner exzentrischen Visionen konnte er auf professionelle Solisten verzichten, da Sinn und Struktur erst in der Montage entstanden. Statt dessen hatte er eine Gruppe sogenannter „Berkeley-Girls" unter Vertrag, Revuegirls von identischer ebenmäßiger Gestalt und möglichst ähnlichen Gesichtszügen, deren austauschbare Körper sein Lieblingsmaterial darstellten: „They matched just like pearls."[6] Ihr tänzerisches Talent war für die Auswahl sekundär.[7]

Busby Berkeley hatte auf dem Broadway begonnen und war 1930 nach Hollywood gekommen, wo er schnell zu seiner spezifischen Ästhetik fand. Statt GOLD DIGGERS OF 1933 (1933) würden sich auch THE KID FROM SPAIN (1932), FORTY-SECOND STREET (1933), FOOTLIGHT PARADE (1933), DAMES (1934) oder GOLD DIGGERS OF 1935 (1935) zur Analyse anbieten;[8] Berkeleys Erfolg und obsessive, zielsichere Arbeitsweise lassen sich bereits daran ablesen, daß er drei seiner berühmtesten Werke innerhalb eines einzigen Jahres schuf.
Berkeleys Stil ist ein Produkt der frühen 30er Jahre, einer Zeit, die von Art Deco, Eskapismus, sexueller Frivolität und einer – im Faschismus zum Prinzip erhobenen – Tendenz geprägt war, die menschliche Gestalt als dekoratives Element, als „Ornament der Masse" einzusetzen.[9] Entsprechend umstritten ist der ideologische Gehalt seiner Kompositionen, denen man Maßlosigkeit, Monomanie, Entsubjektivierung oder sogar sexuelle Abartigkeit vorwarf. Diese Vorwürfe sind seit den 70er Jahren von feministischen Kritikerinnen verschärft artikuliert worden, da es bei Berkeley ja primär um den sexistischen Einsatz weiblicher Körper als entindividualisierte, verdinglichte, passive Modelliermasse geht. Voyeurismus, eine gewisse Schlüpfrigkeit sowie ein Hang zu Omnipotenzfantasien kommen hinzu, so daß man Berkeley in der Tat bezichtigen kann, männlichen Perversionen zu huldigen.[10] Auf der anderen Seite ist er so bewußt exzessiv, daß er sich selbst parodiert und damit Erkenntnisse über die Natur seiner Fantasien vermittelt, die deren ideologischem Gehalt entgegenwirken. Berkeleys Nummern werden daher auch als „Camp"[11] wahrgenommen, den man in ironischer Faszination genießt, ohne ihm zu erliegen.

Der *Shadow Waltz* beginnt, wie im „Backstage-Musical" üblich, als Aufführung auf der Theaterbühne. Die Protagonisten Dick Powell und Ruby Keeler haben in der vorangegangenen Spielhandlung auf diese Aufführung hingewirkt und sie geprobt. Sie bildet – mit der anschließenden Nummer – Höhepunkt und Finale des Films.

Die Kamera ist im Zuschauerraum postiert, als der Vorhang sich hebt, und in mittlerer Distanz. Da die Bühne in die fiktionale Realität der Handlung eingebettet ist, könnte man erwarten, daß dieser Standpunkt verbindlich bleibt – aber bald zeigt sich, daß die Kamera eigene Wege geht und den realistischen Rahmen ignoriert. Im Verlauf der Nummer wird die Bühne zum abstrakten Raum ohne physikalische Limitationen, in dem aus jeder denkbaren Perspektive fotografiert werden kann, und erst am Schluß stellt sich die theatralische Frontalität wieder ein – allerdings aus der Warte der Schauspieler.

Der *Shadow Waltz* ist – wie der Titel bereits verrät – eine besonders romantische, mit sexuellen Konnotationen aufgeladene Darbietung. Er dauert knapp sechs Minuten und besteht aus einer überschaubaren Menge von Ingredienzien: dem – prominenten – Liebespaar; einer Gruppe identisch wirkender erotischer Feen; einer Blüte; Geigen für alle Beteiligten; einer Bank; einer notenschlüsselartig geschwungenen Rampe; einem kreisförmigen, spiegelglatten Teich; und den musikalischen Elementen von Tenor- und Sopranstimme, Chor und Streichorchester. Das Ganze ist in brillantem Schwarzweiß gedreht und so ausgeleuchtet, daß Samtschwarz und Blütenweiß wie Farbtöne gegeneinanderstehen und das Grau silbrig schimmert.

Das Geschehen entwickelt sich in drei Phasen:

I. Während die Titelmusik bereits erklingt, heben und teilen sich die Vorhänge. An der Rampe steht Dick Powell in leuchtend weißem Anzug, singt intensiv und mit leicht überzogener Theatralik, die Arme sehnsüchtig ausgebreitet (Abb. 1). Starkes Scheinwerferlicht ruht auf ihm und läßt den Hintergrund unbestimmt: Ein diffus schimmerndes Rechteck verrät architektonische Ansätze; eine helle Wand ist sehr nah, auf die sein prononcierter Schlagschatten fällt. Die Kamera fährt vorwärts, bis die amerikanische Einstellung erreicht ist. Powell wirkt bühnenfüllend und allein – da streckt sich eine kleine weiße Hand aus dem Schatten und zieht ihn herunter auf eine Bank (Abb. 2). Die Kamera schwenkt mit. Ruby Keeler hat weißblondes Haar; Abendkleid und Schmuck schimmern metallisch und

Abb. 1

Abb. 2

Abb. 3

Abb. 4

Abb. 5

Abb. 6

schwarz gegen ihr Décolleté. Hinter ihr herrscht samtige Dunkelheit, während Powell vor die hellere Fläche gesetzt ist, nur sein Profil Teil an ihrer Schwärze hat. Powell singt weiter, sie lächelt ihn an. Erst jetzt erfolgt ein Schnitt in die Nahaufnahme. Weitere Schnitte schließen sich an, die auf den Zäsuren des Walzerliedes liegen und im Schuß/Gegenschuß-Wechsel, „*over-the-shoulder*", teils ihn, teils sie favorisieren. Die Kamera hat sich von der frontalen Theaterperspektive gelöst und agiert jetzt freizügig nach den Konventionen des Spielfilms. *Two-shots* illustrieren den Paarcharakter (Abb. 3), Großaufnahmen laufen analog zur Intensivierung des Gefühls. In den Einstellungen auf Ruby Keeler ist der Hintergrund durchgehend schwarz, ob enträumlicht endlos oder grafisch flächig, läßt sich schwer entscheiden. Ambiguität und Abstraktion verweisen bereits auf das Kommende.

Aber zunächst verschiebt sich der Blick auf das helle Rechteck. Eine Überblendung läßt es zum Fenster werden, hinter dem vier feenhafte Frauen sitzen (Berkeleys „Harem") und mit Engelszungen singen (Abb. 4). Eine Fahrt zurück enthüllt Dick Powell, der nun eine Geige hält, und Ruby Keeler, die dazu tanzt. Er faßt sie und drückt sie an sich, sie bewegen sich sacht und schwebend, drehen sich erotisch zueinander (Abb. 5). Er gibt ihr die weiße Blüte aus seinem Knopfloch, eine Großaufnahme zeigt seinen Kuß auf ihren Handrücken, im weißen Handschuh mit Blüte (Abb. 6). Die vier Feen singen im Wechsel mit Powell; erst zum Ende der Szene übernimmt Keeler den Frauenpart im Duett. Die Feen summen dazu.

Die Szene hat dramatische Gestalt, auch wenn sie ins Unwirkliche stilisiert und die Anwesenheit der Feen eher metaphorisch motiviert ist. Auch der narrativ-dialogische Text des Walzerliedes sorgt für ein gewisses Handlungsgerüst:

In the shadows let me come and sing to you,
Let me dream a song that I can bring to you,
Take me in your arms and let me cling to you...

Diesem Grundcharakter folgt die Montage in ihren wechselnden Einstellungen, aber gleichzeitig ist sie bereits anderen Prinzipien verpflichtet: Zum einen unterstreicht sie die laszive, endlos sich variierende Musik, tanzt sozusagen mit; zum anderen unterstreicht sie die Schwarzweiß-Werte der Bilder, indem die Einstellungswechsel meist zugleich Umschwünge in der Vordergrund/Hintergrundfarbe oder der Gesamtverteilung der Kontraste erbringen; und schließlich arbeitet sie mit visuellen Überraschungen, neuen Impulsen, noch bevor eine Einstellung oder Komposition ihren Reiz verbraucht hat. Damit folgt sie einem lustvollen Konzept von Variation, Wechsel, Rückkehr und schließlich Sättigung, das in der nächsten Phase der Nummer in Reinkultur zum Ausdruck kommen soll.

II. Die zweite Phase nimmt das Walzerlied, das mit dem Ende der ersten ausgeklungen war, erneut und mit neuem Schwung in Angriff. Ein harter Schnitt führt bruchlos zu einer anderen Dekoration, in der eine Fee mit Geige steht (Abb. 7) – strahlend weiß, in kühnem Art-Deco-Kostüm mit enger metallischer Weste und einem Rock, der aus drei spiralförmig ineinanderlaufenden steifen Tellern besteht, die mit der Musik und gegeneinander wippen. Die Kamera fährt kontinuierlich zurück, bis sie die ganze architektonische Komplexität und Merkwürdigkeit der Komposition preisgibt: Es handelt sich um eine monumentale Rampe, die wie das Innere eines Schneckenhauses, wie ein Violinschlüssel oder

Abb. 7

Abb. 8

Abb. 9

Abb. 10

Abb. 11

Abb. 12

die hölzernen Schnörkel am Griff eines Streichinstruments verschränkt ist und auf mehreren geschwungenen Etagenbändern unzähligen Feen Platz bietet, die alle mit der ersten Fee identisch sind (Abb. 8). Das weibliche Prinzip hat sich multipliziert, so weit das Auge reicht, und alle diese Klones schwingen und musizieren. Nach mehreren Umschnitten auf verschiedene Perspektiven der Konstruktion wird das Bild rasch dunkler. Statt der Feen sind plötzlich nur noch die Geigen sichtbar, deren Konturen – von dünnen Neonröhren umspannt – zu glühen beginnen (Abb. 9), während die Tanzbewegungen weitergehen und ein zartes grafisches Muster entwerfen. Damit hat sich die Bildwertigkeit invertiert, die vorher dunklen Geigenhälse stehen jetzt hell vor schwarzem Grund und wirken wie abstrakte Schwäne. Die Geigerinnen, die zunächst eng beieinander standen, schwärmen auseinander, die Komposition wird diffus.

Als nächster Impuls setzt neue fotografische Klarheit ein. Eine einzelne Geigerin schwebt aus dem Dunkel auf die Kamera zu, andere folgen, scheinbar schwerelos (Abb. 10). Eine schimmert heller und dreht sich länger: Es ist Ruby Keeler. Die Abstraktion ist für einen Augenblick dem Konkreten gewichen, aus der Menge der identischen Figuren hat sich ein Individuum gelöst (Abb. 11). Aber die Montage findet sofort zum nächsten Motiv. Aus der drehenden Pendelbewegung der Geigerin wird auf einen doppelten Feenkreis geschnitten, der sich wie ein

Kranz weißer Blüten vom samtschwarzen Hintergrund abhebt. Im Mittelpunkt des Kranzes dreht sich Ruby Keeler (Abb. 12), als ob sie ihren Geigentanz fortsetzte, schon vorher im Kreis gestanden habe, während die Feen pulsierend zusammen- und auseinandergleiten. Die Kamera blickt aus weiter Distanz, schräg von oben, auf die Komposition, so daß ein äußerst klares, geometrisches Bild entsteht. Ein kurzer Schnitt auf fliegenden Stoff, den seitlich hochgeklappten Tellerrock und die Beine einer Fee durchbricht diese Geometrie, ein erotisches Bild, dessen Direktheit überrascht (Abb. 13). Aber schon sind wir zurück im Feenkranz, diesmal in größerer Nähe – und gleich wieder weiter weg und senkrecht darüber, geometrischer nun, da die Tellerröcke alle wie weiße Scheiben zur Seite geklappt und die Feen zu einem engen Ring aneinandergerückt sind (Abb. 14). Der Ring pulsiert rhythmisch zur Musik, als führe er ein abstraktes Eigenleben. Doch schon der nächste Schnitt bringt wieder größere Nähe, größere Konkretheit, da die Kamera wieder tiefer steht, so daß wehender Stoff und weiche Haut sichtbar sind und die Geigenbögen wie zarte Stöckchen zwischen den Gestalten herausragen (Abb. 15).
Auch die Feenkönigin Ruby Keeler gewinnt wieder Individualität, während sie sich immer weiter zur Musik dreht – zwei Drehungen nach rechts und gleich darauf die Gegenbewegung, nach links. Schon wird es wieder dunkel, und die Neonkonturen der Geigen, jetzt in Nahaufnahme,

Abb. 13

Abb. 14

Abb. 15

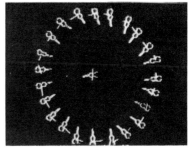

Abb. 16

Abb. 17

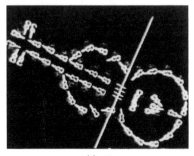

Abb. 18

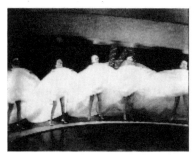

Abb. 19

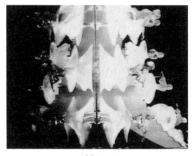

Abb. 20

beginnen erneut zu glühen. Die Kamera ist zurück in die Senkrechte geflogen, aber statt des Feenkranzes umringen jetzt die Geigenformen, wie leuchtende Spangen auf schwarzem Grund (Abb. 16), den Pendeltanz in ihrer Mitte. Die Großaufnahme einer heller strahlenden, konkreter sichtbaren Geige leitet die nächste, exzessive Variation ein (Abb. 17): Die Kamera fährt nach oben zurück, die Figuren gleiten auseinander und in eine neue, zunächst amorphe Form. Doch schnell nehmen sie die Gestalt einer großen Geige an, die sich, aus vielen kleinen Geigen(-Frauen) zusammengesetzt, bildfüllend erstreckt (Abb. 18). Der Sprung ins Gegenständliche ist kühn, insbesondere da der Geigenbogen durch seine Starrheit, Größe und Bewegung die Ballett-Illusion sprengt – aber auch, weil die entstandene Form eher unelegant, banal und allzu explizit erotisch wirkt. Doch der Augenblick ist kurz und daher faszinierend. Gleich darauf streben die Geigen wieder auseinander, das Bild wird leer und bleibt für einen Moment dunkel.

Schon der nächste Augenblick bringt wieder lichte Zartheit und weibliche Attraktion: In langsamer Aufblende wird ein neuer Feenreigen sichtbar, jetzt frontal zur Kamera, so daß man die weiße Fülle der hochgeklappten Röcke und die ebenmäßigen Beine der Tänzerinnen sieht (Abb. 19). Sie stehen am gekrümmten Rand eines Beckens, das ihre Beine erotisch spiegelt. Kühn ist auch die nächste Variation. Aus der horizontalen Symmetrie um die Achse des Bekkenrandes springen wir in die Vertikale, so daß eine fast abstrakte Komposition entsteht: Die Beine der Tänzerinnen sind seitlich wie Zacken um die Mittelachse gestellt (Abb. 20), alles leuchtet und spiegelt auf das opulenteste, die Raumillusion ist außer Kraft gesetzt. Und schon kippt das Bild zurück in die Horizontale, zurück auf die Totale der Rampe mit den vielen geigenden Feen. Die Rampe spannt sich über ein Wasserbecken, um das weitere Feen wie ein Kreis von Seerosen lagern (Abb. 21).

III. Diese Rückkehr auf ein vertrautes Bild markiert zwar eine Rahmung, aber noch nicht das Ende der Sequenz. Ihr obsessiver und libidinöser Charakter drückt sich auch darin aus, daß sie nicht enden will, sich mit neuen Variationen und Impulsen immer wieder erholt. Mit Hilfe des Beckens und des Motivs der Spiegelung gelingt ein letzter Auftakt, das Finale.
Die Kamera gleitet nun an den lagernden Feen entlang, die sich in der stillen schwarzen Wasserfläche ohne Brechung spiegeln. Doch der geschlossene Feenkranz, den man zuvor gesehen hatte, ist auseinandergerückt, um das Liebespaar, Ruby Keeler und Dick Powell, zwischen sich aufzunehmen (Abb. 22). Die Bewegung kommt zum Stillstand, während sich das Paar eng umschlungen über den Beckenrand und das eigene Spiegelbild beugt. Das Walzerlied hat hier seinen, von den Feen gesungenen Refrain erreicht, der nun von Keeler und Powell

Abb. 21

Abb. 22

Abb. 23

Abb. 24

übernommen wird. Mit der letzten Zeile posieren die beiden im Profil, küssen sich (Abb. 23) – so daß das letzte Wort ungesagt, ungesungen bleiben muß –, und Ruby Keeler läßt die weiße Blüte ins Wasser fallen. Der Schlußeffekt ist überraschend und doch vorhersehbar: Das Bild zerbricht in konzentrischen Ringen und zitternden Wellen (Abb. 24), während wir begreifen, daß wir zuletzt nicht das Liebespaar selbst, sondern sein glasklares Spiegelbild gesehen haben.

Rauschender Applaus und ein Blick aus dem Bühnenraum auf die Zuschauer führen zurück in die Spielhandlung.

Was sind nun die Prinzipien, nach denen diese ornamentale erotische Fantasie montiert ist?

Hier ist zunächst die Rolle der Musik zu definieren, die auf einer anderen Ebene liegt als die visuellen Transformationsprozesse und Registerwechsel. Im Hollywoodfilm der frühen 30er Jahre wurde Hintergrundmusik zwar noch nicht so durchgängig eingesetzt und war in ihrer Funktion noch nicht so ausgearbeitet wie nur wenige Jahre später, aber die dienende Leistung solcher nicht-diegetischer Musik bildete bereits einen klaren Gegensatz zu diegetischen Musikeinlagen, die zu dieser Zeit sehr beliebt waren.[12] Im *Shadow Waltz* sind solche Grenzen unscharf, die Musik fluktuiert zwischen diegetischer und nicht-diegetischer Verwendung, und ihre Dominanz wird keinen Augenblick zurückgenommen. Sie liefert das inhaltliche Motiv, die Atmosphäre, den Dreivierteltakt, so daß die Bilder einerseits als Verkörperung, Illustration des Walzers fungieren, andererseits zugleich als seine Quelle, da Gesang und Geigenspiel diegetisch im Bild zu entstehen scheinen.

Das Verhältnis, die Arbeitsteilung zwischen Musik und Bild ist fließend: Teils gibt die Musik die Impulse, Zäsuren, Variationen und Wiederholungen vor, teils diktieren die Bilder – oder die Handlung in den Bildern –, was erklingt. In vieler Hinsicht entspricht diese Verzahnung der Praxis in der heutigen Gattung des Musikvideos. Auch hier liefert die Musik Montageimpulse, auch hier gibt sie den Bogen vor, innerhalb dessen sich die Bilderfantasie entfaltet. Und auch hier wird mit Variationen des Verhältnisses gespielt, indem die Schnitte manchmal mit den Takten oder Phrasen erfolgen, manchmal gegen den Strich, so daß die Musik Gleichartiges verbinden oder trennen, Brüche betonen oder überklammern kann.

Auch wenn Berkeleys Umgang mit der Musik recht offensichtliche Möglichkeiten nutzt und weniger originell, weniger atemberaubend sein mag als seine visuellen Entwürfe, ist sie voller Charme und perfekter Präzision. Allerdings sind die musikalischen Variationsimpulse kalkulierbarer als die visuellen, ganz abgesehen davon, daß die Süße des gewählten Stücks und seiner Violineninstrumentierung die Bilder überzuckert und damit auch die Gesamtstruktur trivialisiert.

Ohne Musik betrachtet verliert die Nummer zwar an Fluß und inhaltlicher Stringenz, behauptet sich aber erstaunlich gut in Rhythmus und Zusammenhalt. Die visuellen Montageschritte sind musikalisch genug auf ihre Weise (folgen oft Prinzipien, die ähnlich auch in der Musik geläufig sind), um die Elemente zu einem „Text" zu verketten und trotz abstrakter Bausteine eine Art Narration, einen Verlauf in der Zeit zu gewährleisten. Aber sie sind gleichzeitig filmisch, grafisch-geometrisch, choreographisch, rhetorisch, poetisch – und ihre Vielseitigkeit und Fülle sorgen für komplexe Reize. So ist die Musik, trotz ihrer Sonderstellung, nur ein Moment unter vielen, um dem *Shadow Waltz* zu seiner flüssigen, metamorphotischen Gestalt zu verhelfen.

Komplex, radikal und innovativ müssen Berkeleys visuelle Transformationen und Verknüpfungen auch sein, denn Entwicklung und Zusammenhalt seiner Nummer entstehen erst in der Montage. Der Abstand zu den Gepflogenheiten des Spielfilms ist groß. Während dort die Szene aus der realistischen Raum/ Zeit-Simulation erwächst und der kausalen Logik einer Handlung folgt, bezieht die Nummer ihre Einheit aus Assoziationen, Analogien, Variationen, Rückgriffen oder Umkehrungen, und ihre Dynamik aus Perspektivwechseln, Verwandlungen, unaufgelösten Spannungen oder emotionalen Spiralen. Vieles davon entsteht, wie bereits erwähnt, nicht in der Choreographie, wie bei den meisten Musicals anderer Regisseure, sondern auf synthetischem Wege, im abstrakten Raum, mit Hilfe einer „schwerelosen" Kamera und aus den Sprüngen und Fügungen des Schnitts.[13] Zu Berkeleys Nummern existiert keine profilmische Realität; sie haben sich von den Gesetzen der Wirklichkeit gelöst.

Bei der Menge und Unterschiedlichkeit des visuellen Schnittrepertoires von Busby Berkeley ist es schwierig, eine schlüssige Typologie zu erstellen – sein Spektrum reicht vom abstrakten, rein geometrischen bis zum assoziativen, metaphorischen oder rhetorischen Prinzip. Auch sind die meisten Schnitte von mehreren solcher Prinzipien determiniert, die ihre Wirkung kumulieren, verstärken, glätten, abschwächen; wie dieses Zusammenspiel funktioniert, hat die kleinschrittige Analyse des *Shadow Waltz* zu beschreiben versucht. Wenn im folgenden ein wenig Ordnung in die Vielfalt gebracht werden soll, so liegt der Darstellung wiederum dieses Beispiel zugrunde, aber es wird in Kenntnis der anderen Arbeiten Berkeleys verfahren, in denen er nach ähnlichen Prinzipien verfährt.[14]

Im abstrakten Bereich arbeitet Busby Berkeley bevorzugt mit Oppositionen, Kontrastierungen. Starke Gegensätze verlangen nach Schnitten – oder, anders gesagt, der Aufwand eines Schnitts rechtfertigt sich nur, auch im klassischen Hollywoodfilm, wenn die Unterschiede zwischen zwei Einstellungen markant sind. Eine Bilderfolge wirkt organisch, wenn sich in ihr Unähnliches ablöst, Unähnliches allerdings, das dennoch zusammengehört. Da das Prinzip der Opposition zwei Elemente kontrastiert, die auf demselben Parameter liegen – zum Beispiel hell und dunkel auf dem Parameter „Lichtintensität", nah und fern auf dem Parameter „Abstand" –, stiftet ein Schnitt von einem dieser Pole auf den anderen einen formalen Zusammenhang. Eine Reihe von Bildern, die sich auf einer parametrischen Achse bewegen, ergibt einen Diskurs zum jeweiligen formalen Thema, wie er etwa in den abstrakten Experimentalfilmen der 20er Jahre geführt wurde. Mit Hilfe eines solchen Themas wachsen die Bilder zu einer Einheit zusammen, analog der Handlungskontinuität des Spielfilms. Allerdings arbeitet Berkeley nie ganz abstrakt, oft sogar sehr konkret, so daß die formalistischen Prinzipien immer nur teilverantwortlich für die Gesamtwirkung sind.

Berkeley vollzieht formale Kontrastierungen zum Beispiel über das Prinzip der Inversion: Die Farbgebung von Figur und Grund wird vertauscht, Schwarzes wird weiß, Weißes schwarz. Wenn sich die Stege der Violinen zunächst als dunkle Objekte vom hellen Grund abheben (Abb. 15), dann als beleuchtete Konturen auf schwarzem Grund stehen (Abb. 16), hat sich ihre Wertigkeit invertiert, ohne daß der Fluß der Nummer unterbrochen würde. Der Kontrast, die Umkehrung ist zwar nicht total, aber doch extrem genug, um als Movens zu dienen; die Ingredienzien bleiben zwar teilweise identisch und tragen damit zur Kontinuität bei, haben sich aber so stark verändert (die Ballkleider der Feen verschwinden zum Beispiel im Dunkel), daß ein Neueinsatz möglich wird. Ähnlich fungiert eine zweite formale Kontrastierung, die gleichzeitig greift: Mit der Inversion verschwinden die Grauwerte, die der Einstellung Plastizität gegeben haben, und der tiefschwarze Hintergrund verschluckt im Gegensatz zum helleren die räumliche Wirkung. Berkeley arbeitet also gleichzeitig auf dem Parameter der Dimensionalität, läßt das Bild aus der dreidimensionalen Illusion in eine zweidimensionale, grafische Komposition umschlagen.

An anderen Stellen wird die gleiche Funktion von dem Gegensatzpaar „Symmetrie/Asymmetrie" oder, ähnlich, von dem Sprung aus einer klaren in eine diffuse Komposition (und zurück) erfüllt. Asymmetrische, und ähnlich auch diffuse Figuren wirken beunruhigend, unfertig, unübersichtlich, aber auch interessant und dynamisch; symmetrische und überhaupt klare Figuren wirken demgegenüber harmonisch, beruhigend, manchmal auch fade, statisch, endgültig. Der Schritt vom Asymmetrischen ins Symmetrische erbringt tendenziell Beruhigung und Abschluß, der Schritt vom Symmetrischen ins Asymmetrische neue Spannung. So gelingt es, jeweils neue Impulse ins Spiel zu bringen, über die Energie fließt, ohne den Zusammenhang zu zerreißen.[15] Und wenn ein Prinzip ausgedient hat und fallengelassen wird, können jeweils die anderen weiterlaufen oder neu einsetzen: Berkeley jongliert, wie ein Zauberkünstler, mit mehr Bällen, als man mitzuzählen vermag. Um die Vielfalt zu verdeutlichen, hier noch ein paar Kontrastierungen, die ebenfalls vorkommen: der Wechsel zwischen zentripetaler und zentrifugaler Bewegung oder zwischen Annäherung und Entfernung; zwischen linearer und zirkulärer Bewegung; oder, ähnlich, zwischen runden und spitzen Formen oder zwischen Kreisen und Tangenten, Ringen und Spiralen, Kreisen und Kugeln.

Komplexer noch als solche geometrisch-grafischen Kontrastierungen funktio-nieren die Umschwünge zwischen Konkretem und Abstraktem, die für Berke-ley besonders typisch sind. Für ihn besteht der Reiz der abstrakten Komposi-tion ja nicht an sich – wie im abstrakten Experimentalfilm –, sondern liegt in der Macht des Regisseurs, das Organisch/Menschliche für einen Moment in abstrakte Formen zu fassen. Je unwahrscheinlicher, atemberaubender solche Metamorphosen, desto faszinierender. Durch den Wechsel der Perspektive von der Frontalsicht zur Aufsicht gelingt es beispielsweise, die realistische Wahr-nehmung momentan auszuheben, so daß der Feenkranz plötzlich nicht mehr als Reigen von Tänzerinnen erscheint, sondern als pulsierender Ring weißer Kristalle vor einer schwarzen Fläche (Abb. 14). Dennoch bleiben genügend Elemente konstant, um das Wissen um die Identität der Objekte nicht abreißen zu lassen. Die Zuschauer warten auf den Augenblick, an dem Berkeley erneut schneidet und das anorganische Intermezzo wieder den Revuegirls stattgibt.

Auch „rhetorische" Figuren, etwa des Synekdoche-Bereiches, finden sich in Berkeleys Inventar, und auch sie stellen ein Motiv zum Schnitt in eine neue Einstellung dar. Die Figur „pars pro toto", d. h. die Präsentation nur eines Teils einer Gestalt, die dennoch als ganze mitgedacht, aus dem gezeigten Teil er-schlossen wird, gehört in diese Systematik. Der Blick auf die Blume oder auf das Bein einer Tänzerin sind Beispiele dafür – verengende, erotische Faszina-tionen (Abb. 6 bzw. 13).

Mit dem Prinzip der Einheit und Vielheit arbeiten die Multiplizierung oder Division: Statt einer Fee sehen wir plötzlich unzählige ihrer Ebenbilder, oder statt der vielen plötzlich nur eine. Auch dieses Prinzip ist für Berkeley typisch, da es die Entindividualisierung zum Ornament fördert und volle Verfügungs-gewalt über die menschliche Modelliermasse demonstriert – aber es dient auch der Irrealisierung und trägt zur Fantastik der Nummer bei.

Noch anders, und in der Rhetorik ohne Vorbild, funktioniert eine weitere (auch bei Berkeley seltene) Figur: eine monumentale Gestalt aus ihren eigenen Miniaturen zu formen. Wenn die vielen kleinen Neongeigen sich für einen Augenblick so aufstellen, daß sie die Konturen einer großen Geige umschrei-ben, so ist damit eine Art konzentrische Verdoppelung erreicht (Abb. 18). Auch hier bauen sich die Einstellungen aufeinander auf; in der Montage entsteht eine Entwicklung, auch wenn keine kontinuierliche Handlung oder gar subjektive Handlungsabsicht der beteiligten Performer vorliegt. Hier – wie in vielen anderen der beschriebenen Fälle – hätte Berkeley die Wahl gehabt, nicht über die Montage, sondern allein über die bildimmanente tänzerische Bewegung ähnliche Wirkungen zu erzielen. Daß er meistens die Montage wählt und damit die Metamorphose zum Schnittmotiv macht, liegt an seiner Vorliebe für die filmogene, seiner Kreation unterworfene Gestaltung.

Sicherlich sind Berkeleys Schnitte sichtbarer als der sogenannte „unsichtbare" Schnitt des Hollywood-Spielfilms. Ihre Prominenz, Spürbarkeit ergibt sich bereits aus ihrer zeitlichen Funktion. Denn sie scheinen die Dauer der Einstellungen sehr viel willkürlicher zu begrenzen, als das in Spielfilmsequenzen der Fall ist – auch wenn Walzertakt und Zeilenlänge des Liedes gewisse Vorgaben machen. Wo Handlungskriterien weitgehend fehlen, kein Dialog Zäsuren setzt, die Protagonisten wenig Eigendynamik entfalten, werden Fluß und Rhythmus selbst zum Inhalt. Jeder Augenblick zählt hier, wie bei einem Musikstück. Aber die optimale Dauer, für die ein Bild zu sehen ist, bestimmt sich nicht nur aus seiner rhythmischen Position, sondern gleichermaßen aus seiner Komposition. Berkeley muß die Einstellungen abbrechen, sobald sich der Blick an ihnen gesättigt hat – oder aber, wo ein längerer Atem erforderlich ist, Bilder entwerfen, bei denen die Sättigung erst spät eintritt. Zu früher Entzug eines komplexen Bildes erzeugt Frustration bei den Zuschauern, zu langes Stehenlassen eines leicht erfaßbaren erzeugt Langeweile. Berkeleys Montage ist daher stärker als die eines Spielfilms vom Prinzip der Sättigung bestimmt, sie arbeitet mit den Bedürfnissen der Zuschauer, welche ihre Schaulust befriedigen wollen, aber auch die Schnitte als willkommenes Movens erwarten und bemerken.

Formalistische Schnitte sind auch insofern spürbarer als handlungsorientierte, als sie nicht nur zeitlich, sondern auch in ihrem Gehalt überraschender sind als jene. Der Sprung vom einzelnen in dessen Multiplikation oder von der horizontalen in die vertikale Spiegelachse erfordert ein elastisches Mitdenken; die Zuschauer müssen das Gezeigte umstrukturieren, Verblüffung in Verständnis überführen. Auch wenn die beschriebenen Montageprinzipien diese Umstrukturierung erleichtern, eben weil sie Prinzipien sind, ist der Augenblick des Umschwungs stets geprägt vom – lustvollen – Loslassen und Sich-wieder-Zurechtfinden im Neuen. Das macht die Montage zu einem spezifischen Erlebnisfaktor. Wo im Spielfilm Ähnliches geschieht (und natürlich gibt es dort ebenfalls visuelle Überraschungen, Umstrukturierungen), greifen die Schnitte meist als abrupte Trennungen ins Geschehen ein: In dieser Funktion dürfen und sollen sie, ausnahmsweise, sichtbar sein. Bei Berkeley stiften sie dagegen den Zusammenhang, wie er sich im Spielfilm aus dem unsichtbaren Schnitt ergibt.

Berkeleys Montage wäre noch nicht beschrieben, wollte man sich nur auf die Prinzipien und Wirkungen der einzelnen Schnitte beschränken. Vielmehr lebt der *Shadow Waltz* auch von seinem übergreifenden, umfassenden Atem, einem libidinösen Rhythmus, der nicht zu Unrecht als sexuelle Metapher bezeichnet worden ist.[16] Dies ist bei dem impliziten wie expliziten erotischen Gehalt aller Einzelelemente nicht weiter überraschend, und es unterscheidet den *Shadow Waltz* auch nicht von vielen anderen *production numbers* Berkeleys, in diesem wie in seinen übrigen Filmen. Die ganze Nummer umschreibt eine Erlebniskurve, die gedrängt verläuft und doch maximal gestreckt ist, sich in Variationen verliert und doch obsessiv beim Gleichen bleibt und Verzögerungen und Beschleunigungen organisch einsetzt. Auch wenn eine sexuelle Metaphorik kein eigentliches Montageprinzip darstellen mag, prägt das übergeordnete Ziel doch alle Fügungen der Sequenz.

Anmerkungen

[1] Ein solcher Spezialist war beispielsweise Slavko Vorkapitch, der die Montagen in VIVA VILLA! (1934), CRIME WITHOUT PASSION (1934), SAN FRANCISCO (1936) oder MR SMITH GOES TO WASHINGTON (1939) geschaffen hat.

[2] Zum Beispiel Cecil B. De Milles CLEOPATRA von 1934 oder Jack Conways LIBELED LADY von 1936.

[3] Vgl. Jerome Delamater, *Dance in the Hollywood Musical*, Ann Arbor 1981, der die verschiedenen Tanz- und Kamerastile beschreibt und vergleicht.

[4] Zum „Backstage"-Musical vgl. Rick Altman, *The American Film Musical*, Bloomington und London 1987, Kapitel VII, „The Show Musical"; und Jane Feuer, *The Hollywood Musical*, London 1982. Zur Beziehung des Musicals auf die Depression vgl. Mark Roth, „Some Warner Musicals and the Spirit of the New Deal", *The Velvet Light Trap* 17 (Winter 1977).

[5] Zur Entstehungsgeschichte und fiktionalen Handlung vgl. die Einführung von Arthur Hove zu der Drehbuchausgabe *Gold Diggers of 1933*. Wisconsin/Warner Bros. Screenplay Series, Madison 1980. In diesem Drehbuch sind Berkeleys Nummern allerdings nur angedeutet, lediglich die Liedtexte sind abgedruckt.

[6] Aussage Berkeleys in Bob Pike und Dave Martin, *The Genius of Busby Berkeley*, Reseda/Calif. 1973, S. 64.

[7] Berkeley, ibid. S. 51: „I never knew whether a girl knew her right foot from her left so long as she was beautiful."

[8] Zum Gesamtwerk Busby Berkeleys vgl. Pike und Martin, op. cit., und Tony Thomas und Jim Terry, *The Busby Berkeley Book*. New York 1973.

[9] Der Ausdruck Siegfried Kracauers stammt aus dem gleichnamigen Aufsatz von 1927 und beschreibt eine „Zeittendenz" anhand zahlreicher verschiedenartiger Beispiele. In: Siegfried Kracauer, *Das Ornament der Masse: Essays*. Frankfurt am Main 1977, S. 50 ff.

[10] Vgl. z. B. Paula Rabinowitz, „Commodity Fetishism: Women in GOLD DIGGERS OF 1933", *Film Reader* 5 (1982), S. 141–149, und Lucy Fischer, *Shot/Countershot. Film Tradition and Woman's Cinema*, Princeton, N. J. 1989: „[The production numbers] are, in fact, ‚composed' in particular decors. Clearly, these compositions are more than just pictorial; from their physical arrangements of the female form can be read covert assumptions about the female ‚norm'" (S. 137).

[11] Vgl. Susan Sontags „Notes on ‚Camp'", ursprünglich in *Partisan Review*, 1964; wieder abgedruckt in ihrem Sammelband *Against Interpretation*, New York 1969.

[12] „Diegetisch" und „nicht-diegetisch" sind nützliche Termini der modernen Filmwissenschaft: Diegetisch sind alle Töne oder sonstigen Elemente, die zum realistischen Kosmos der Fiktion gehören – also zum Beispiel Musik, die von den Protagonisten selbst gespielt oder gesungen wird; nicht-diegetisch sind kommentierende Zusätze oder Einschübe – also zum Beispiel die im Film übliche Hintergrundmusik, die außerhalb des fiktionalen Kosmos steht und von den fiktionalen Charakteren nicht gehört wird.

[13] In diesem Zusammenhang sind Berkeleys Produktionsmethoden interessant. In seinem Interview mit Patrick Brion und René Gilson, „Un Art du spectacle: entretien avec Busby Berkeley", *Cahiers du Cinéma* 174 (1966) erklärt er: „Je travaille, je crée, uniquement en fonction de la caméra [...]. Je dois être conscient à chaque instant du fait que la seule manière que j'ai de m'adresser au public est de le faire à travers l'œuil

d'une caméra. Il faut donc étudier les pouvoirs qui sont propres à cet appareil et en tenir compte" (S. 28). Und er legt im gleichen Interview dar, daß er stets nur mit *einer* Kamera arbeitete. Denn er hatte alle Einstellungen bis ins kleinste festgelegt, so daß am Drehort bereits alle Positionen fixiert waren und sich auch im Schneideraum keine Alternativen mehr stellten: „Moi, c'est devant la caméra que je fais le montage [...]. Je me suis entraîné à pouvoir imaginer une séquence musicale entière sans avoir mis les pieds sur le plateau, à la réaliser ensuite exactement telle qu'on la verra sur l'écran, sans le secours du montage ou de plusieurs caméras" (S. 31).

[14] Eine querschnitthafte Beschreibung der Berkeley-Nummern findet sich u. a. bei Michael Hanisch, *Vom Singen im Regen: Filmmusical gestern und heute*, Berlin (DDR) 1980, S. 73 ff.; Reinhard Kloos und Thomas Reuter, *Körperbilder: Menschenornamente in Revuetheater und Revuefilm*, Frankfurt a. M. 1980, S. 84 ff.

[15] Vgl. Maureen Turim, „Symmetry/Asymmetry and Visual Fascination", *WideAngle* 4;3 (1980), die Berkeleys Kompositionen nach den Gesetzmäßigkeiten der Gestaltpsychologie betrachtet. In diesem Zusammenhang hebt sie z. B. hervor, daß die vertikale Achse in einem Bild auffälliger und wirksamer sei als die horizontale (vgl. Abb. 20) oder diskutiert den Umschwung des Figur/Grund-Verhältnisses.

[16] Vgl. z. B. Kloos/Reuter, op. cit.: „Die rhythmischen Bewegungen des Ornaments visualisieren seine sinnlich-erotische Ausstrahlung, die auch die Fahrten der Kamera prägt: immer wieder machen sie die komplementären Vorgänge des Enthüllens und Eindringens augenfällig" (S. 91 f.). Oder Jerome Delamater, „Busby Berkeley: An American Surrealist", op. cit.: „It was all about looking at gorgeous women erotically with the camera as a penis substitute" (S. 32).

Die Videoprints verdanke ich der freundlichen Hilfe von Joachim Paech.

GERHARD SCHUMM

Feinschnitt – die verborgene Arbeit an der Blickregie

Aufblende: Feinschnitt

Wenn Cutterin oder Cutter lieber allein sein möchten und die Regie aus dem Schneideraum in die Kantine komplimentiert oder auffällig oft zum Kaffeeautomaten geschickt wird, geht es mit dem Feinschnitt los.

Um jedes Bildfeld, jedes Tonfeld wird jetzt unter Fluchen oder stiller Begeisterung gerungen. Da wird's dann sehr berufsspezifisch, sehr filmspezifisch.

Establishing Shots zum Roh- und Feinschnitt

1. Gestufte Arbeitsweise

Filmschnitt findet in einzelnen Arbeitsstufen, einzelnen Arbeitsetappen statt. Das Material wird gesichtet, Ton und Bild werden angelegt, dann wird ausgemustert. Jetzt kommt der Rohschnitt dran. Ist er fertiggestellt, wird das Material im Feinschnitt überarbeitet. Ganz am Ende folgen Arbeiten wie Mischung, Filmabziehen und Kopieren. In der Regel geht alles – Schritt für Schritt – schön der Reihe nach. Ein Arbeitsschritt baut auf den anderen auf. Feinschnitt ist in diesem Prozeß der letzte, die abschließende Arbeitsphase der gestaltenden Montagearbeiten.[1] Auch innerhalb der einzelnen Arbeitsstufen wird in Abschnitten gearbeitet. Sie sind nicht strenge Arbeitsvorschrift, jedoch leitendes Grundprinzip.

2. Differenz Rohschnitt – Feinschnitt

Die Hauptarbeit der Gestaltung durch Montage wird im Rohschnitt geleistet. Liegt der Rohschnitt vor, weiß man, was gemeint ist oder sollte es zumindest wissen. Auf dieser Stufe der Arbeit bewegt man sich so lange, bis der Inhalt des zukünftigen Films „rüber kommt"; für Menschen, die Rohschnitt zu sehen geübt sind, ist der spätere Film erkennbar. Denn der inhaltliche Verlauf wird im Stadium des Rohschnitts festgelegt. Als Auftragsarbeiten entstandene Filme haben deshalb nach Fertigstellung des Rohschnitts die sogenannte „Rohschnittabnahme" zu bestehen. Zu diesem Zeitpunkt können Produzenten oder Redakteure inhaltliche Veränderungen vorschlagen, ohne daß die Eingriffe allzu viel handwerkliche Arbeit verursachen würden. Nach Abschluß des Feinschnitts hingegen ist der Film fast wie „versiegelt". Nur sehr umständlich sind jetzt Entscheidungen rückgängig zu machen.

Seine Geschichte erzählt der Film bereits nach dem Rohschnitt. Doch *wie* er sie erzählt, ob flüssig, widerborstig, verborgen, deutlich, mit Tempo oder gestaut, das weiß man erst wirklich am Ende des Feinschnitts.

Rohschnitt läßt sich als Arbeit an der *Positionierung* der Einstellung bestimmen: die Abfolge der Aufnahmen wird erkundet und schließlich festgelegt. Feinschnitt hingegen beinhaltet einerseits die *Präzisierung* dieser Abfolge an den Schnittübergängen, also die Arbeit an den Bild- und Tonanschlüssen. Andererseits werden Rhythmik und Timing herausgearbeitet. Diesen Aspekt der Montagearbeit kann man als *Modulierung* bezeichnen.

Der Rohschnitt arbeitet am Gedanken des Films. Bilder und Töne werden dafür hauptsächlich in ihrer indirekten, vermittelnden Funktion betrachtet. Nichtsichtbare, nichthörbare Bezüge – Abfolge, Zeit- und Ortsprünge, Außerzeitlichkeit, Handlungslogik – sind dabei wichtig. Denn eine Filmstory kann man nicht sehen. Sie kann nur indirekt vom Zuschauer erschlossen und vom Film vermittelt dargestellt werden.

Der Feinschnitt bemüht sich um die direkte Anschaulichkeit und Ansehnlichkeit des Films. Das unmittelbar Sicht- und Hörbare steht im Zentrum der Arbeit: eine schnelle Armbewegung im Bild, ein Blick nach rechts, ein Rascheln im Ton.

Beim Rohschnitt nähert man sich dem anfangs fremden Material, durchstöbert es, macht es sich zu eigen und lotet aus, was es zu erzählen und zu zeigen vermag. Beim Feinschnitt betrachtet man das Angeeignete wie aus der Ferne: wie würde ein Fremder es sehen?

3. *Annäherung an fremde Bilder und Töne beim Feinschnitt*

Cutterin oder Cutter sind die ersten Zuschauer des Films. Sie nehmen das Sehen und Hören des zukünftigen Publikums sozusagen als „Testzuschauer" vorweg. Doch sie können in das Material noch eingreifen: können es straffen, wo es zu „lahm" ist, und aufrauhen, wo es zu glatt ist. Sie testen mit ihren Augen und Ohren das Material für künftige Zuschauer aus.

Beim Feinschnitt sieht man sich einzelne Schnittstellen zehn-, zwanzigmal an. Man achtet auf jedes Atemgeräusch, auf Nebengeräusche, fährt mit dem Material hin und her, besinnt sich auf Bewegungen der Darsteller, auf Blickrichtungen, auf Gesten, Satzmelodie und Timing. Dazu muß man so hinschauen und hinhören, als wäre es das erste Mal und muß sich von den Bildern und Tönen überraschen lassen können, gespannt und zugleich gleichgültig. Das ist eine spezielle Arbeitshaltung, ein professionelles Fingieren des fremden Blicks – nicht immer einfach nach mehreren Wochen Arbeit am Rohschnitt, wenn man die Bilder so gut kennt, daß sie einen schon manchmal im Traum verfolgen. Aber es funktioniert: die eigene Aufmerksamkeit lümmelt im Kinosessel und gleichzeitig lauert sie ganz weit vorn auf der Stuhlkante, nicht zu zielgerichtet, nicht zu bewußt, nicht zu kritisch. Alles überdenken zu wollen, hieße hier: zuviel zu übersehen.

4. Arbeitsziel des Feinschnitts

Wozu die Mühe beim Feinschnitt? Was will man bewirken? Der Feinschnitt hält – wo nötig – benachbarte Aufnahmen mit visuellen, akustischen, gestaltenden Mitteln auf Distanz, oder er verdeutlicht ihre Nähe zueinander. Für die Wahrnehmung des Zuschauenden rücken die Bildfelder weiter auseinander oder dichter zusammen. Der Feinschnitt bewirkt durch gestalterische Ausformung *Bedeutungsverdeutlichung*. Der tatsächliche, der physikalische Abstand zwischen den Bild- und Tonfeldern auf dem Filmstreifen bleibt natürlich gleich: Bildfeld folgt auf Bildfeld.[2]
Im Schneideraum verständigt man sich mit Arbeitsbegriffen, die den Gesamteindruck von Einstellungsverkettungen charakterisieren helfen. Man spricht von „unsichtbarem", „weichem", „hartem" und von „springendem" Schnitt. Wie diese Wirkung zustande kommt, darüber sagen die Begriffe jedoch nichts aus. Sie dienen lediglich der phänomenalen Beschreibung, nicht der Erklärung.

„*Unsichtbare Schnitte*" lassen die Einstellungsverkettungen trotz Schnittstelle miteinander visuell verschmelzen. Sie fusionieren: die Zuschauer gewahren die Schnittstellen nicht. (Man kann sie wahrnehmen, aber nur, wenn man analytisch nach ihnen sucht.)
„*Weiche Schnitte*" führen geschmeidig und allemal irritationslos über die Schnittstellen. Im Gegensatz zu den unsichtbaren Schnitten entziehen sie sich nicht der „normalen" Filmwahrnehmung. Man bemerkt sie. Sie sind aber auch nicht auffällig.
Umgekehrt wird mit den Mitteln des Feinschnitts versucht, die Bildfolgen durch „*harte Schnitte*" voneinander zu trennen. Der Schnitt setzt die Einstellungen voneinander ab. Er arbeitet in diesem Fall filmische Interpunktionen in die visuelle Abfolge ein: Er bewirkt gliedernde Absätze, setzt Punkte, schafft Atempausen, liefert Leerzeilen.
„*Jump cuts*", „*springende Schnitte*", lassen die Einstellungen nicht nur hart aneinanderstoßen, sie irritieren darüber hinaus den Zuschauer. Sie reißen ihn aus der gewohnten Filmwahrnehmung. Sie wirken, als wäre der Film für einen kurzen Moment gerissen und nur notdürftig zusammengeklebt worden.

Es handelt sich hier um Begriffe, die für die praktische Arbeit direkt am Material ausgesprochen nützlich sind. Die durch sie mögliche Beschreibung der Gesamtwirkung ist jedoch jeweils ganz auf das Sichten der Schnittstelle bei laufendem Film angewiesen. Selbst Fotobeispiele aus Filmen könnten da keinen hilfreichen Eindruck vermitteln. Die Gesamtwirkung einer Schnittstelle beruht auf einer derartigen Fülle von grafisch-visuellen Merkmalen, daß ein solcher, an den Phänomenen ausgerichteter, weiter Sammelbegriff wie „weicher Schnitt" analytisch nicht erschöpfend geklärt werden kann. In der Filmpraxis sind diese Fachausdrücke griffig, weil sie die globale Generalisierung fassen, die unsere Wahrnehmung aufweist. Für theoretisches Begreifen sind sie zu allgemein. Wohl läßt sich – und das soll im folgenden versucht werden – punktuell aufzeigen, daß eine nach einem bestimmten grafischen Kompositionsmuster erstellte Schnittstelle z. B. einen „weichen Schnitt" ergibt. Damit kann aber noch nicht verallgemeinert angegeben werden, welche Merkmale grundsätzlich und generell einem „weichen Schnitt" zugrunde liegen.

5. Handgriffe und Operationen des Roh- und Feinschnitts

Roh- und Feinschnitt besitzen ihre spezifischen Arbeitsmethoden, ihre eigenen Handgriffe, ihre besonderen Operationen.

Erst das im Verlauf des Rohschnitts übliche Heraustrennen aus den ursprünglichen Zusammenhängen, die beim Drehen bestanden oder durch die Kopierwerksrollen nahegelegt wurden, erlaubt freies Verfügen über das Material. Dadurch wird es als Material beweglich. Und es wird durch die Isolierung auch erst im Kopf beweglich. Materialbestand einerseits und Drehbuchvorlage des Spielfilms bzw. der Montageplan des Dokumentarfilms andererseits stützen die Montage von zwei Seiten her durch Anregungen und durch Vorschläge, nicht jedoch durch Vorschriften. Zwischen ihnen bewegt sich die Freiheit der Montage.

Während die Hände das Material zerschneiden, isoliert der Kopf das auf dem Material Festgehaltene. Man merkt sich filmische „Situationspartikel", einzelne „Bilder", „Abläufe", „Vorgänge", „Blickwinkel", „Sätze", „Geräusche". Ein Teil des Materials wird zur Vorbereitung des Rohschnitts am Filmgalgen abgehängt. Man sortiert dort einen überschaubaren Bestand, eine Vor-Auswahl.

Typisch für diese Arbeit am Rohschnitt ist, daß größere Materialteile, ganze *takes* zwischen Filmgalgen und Schneidetisch hin- und herwandern. Sie werden erkundend eingesetzt (Insertion), sie werden herausgenommen (Eliminierung), ersetzt (Substitution) und versetzt, verschoben (Permutation). Das alles sind Operationen des Auswählens. Ein Teil von ihnen wird mit Händen ausgeführt und erprobt, ein anderer Teil nur abkürzend in der Vorstellung durchgespielt: Könnte das hier rausfallen? Wie sähe es aus, was würde es bewirken, wenn diese Aufnahme noch hereinkommt? Das tatsächlich Ausprobierte ist nur der sichtbare Ausschnitt des erkundenden Auswählens.

Im Prozeß der Rohschnittarbeit erfährt daher die Einstellungskette *Variationen*, so lange, bis die *Positionierung* der *takes* feststeht.

Aber noch ist der Film nicht – auf sein Timing bezogen – *moduliert* und noch nicht visuell *präzisiert* worden. Das bleibt dem Feinschnitt vorbehalten. Jetzt wird die filmische Kette nicht mehr in ihrer Abfolge verändert, sondern *lediglich minimal verkürzt oder verlängert.* Den Feinschnitt kann man als abschließende Reinschrift des Films auffassen, das heißt, als *textgliedernde, texthervorhebende und textredigierende* Arbeit an der Oberfläche des filmischen Textes; es geht um Anschaulichkeit und Ansehbarkeit. Darin gleicht der Feinschnitt dem bei der Herstellung von Schrifttexten üblichen abschließenden Redigieren und der Arbeit an Layout und Typographie.

Der Aspekt der „Modulierung beim Feinschnitt" ist derart anschauungsgebunden und vom konkreten Material und dem Medium abhängig, daß er sich verallgemeinernder schriftlicher oder grafischer Beschreibung entzieht. Der Aspekt der „Präzisierung" scheint mir hingegen in theoretischer Form faßbar und auch in einem anderen Medium vermittelbar.

Um zu erkunden, wie das Material im Bereich der Schnittstellen durch Kürzung oder Verlängerung präzisiert werden kann, bedient man sich verkettender Operationen, denen ein Grundprinzip gemeinsam ist: die aufeinanderfolgenden Bildfelder werden behandelt, als würden sie *nicht aufeinander folgen,* sondern als wären sie *flächig angeordnet.* Abfolge wird also in Anordnung umgewandelt. Die Leitfrage dabei ist: Wie wären die eigentlich nacheinander zu sehenden Bildfelder aufeinander abgestimmt, wenn sie gleichzeitig gesehen würden? Die Schnittstellen werden bearbeitet, als wären die aneinanderstoßenden Bildfelder überblendet oder als würden sie neben- und übereinanderstehend projiziert.

Das ist wie bei einem Kartenspiel: der Film zeigt in der Vorführung normalerweise sukzessive Bildfeld für Bildfeld wie Karten, die man mit dem Daumen abblättert. Man kann die Karten aber auch auf dem Tisch auslegen, sie nebeneinander oder übereinander legen. Verblüffenderweise erhalten damit beim Feinschnitt Anordnungsoperationen an Bedeutung, die wenig filmspezifisch sind und kaum dem entsprechen, was man sich gemeinhin unter Filmmontage vorstellt. Sie stammen statt dessen aus dem Bereich der grafischen Gestaltung (mit ihrer Beachtung von Konturen, Blickzentren, Flächenvolumina, gemeinsamen Achsen).[3]

Der formgebende gestalterische Aspekt steht im Mittelpunkt der Arbeit, denn die bereits vorhandenen Bedeutungen im Nahbereich der Schnittstelle erfahren lediglich ihre *Ausformung* und *Überformung.* Bei der Arbeit am Feinschnitt und der Analyse seiner Anordnungsoperationen sowie seiner Bildverkettungsmöglichkeiten muß man sich deshalb weitgehend von dem ansonsten bei der Filmarbeit so wichtigen Bezug auf den übergreifenden filmischen *Kontext* lösen können. Feinschnitt arbeitet im unmittelbaren Umfeld der Schnittstelle. Sein zentrales Arbeitsfeld umfaßt ca. 10–30 Bildfelder. Er beschäftigt sich mit dem anschauungsgebundenen *Konnex* zweier Einstellungen, der aufgrund grafischer Abstimmung dicht an der Schnittstelle in einem ganz winzigen Bedeutungsfeld geleistet wird. Der entscheidende inhaltliche Kontext zweier benachbarter Einstellungen wird hingegen im Rohschnitt festgelegt.

Master Shots zum Feinschnitt: Operationen und Befunde

1. Erkundung der Blickzentren und Blickregie

Mit Hilfe dieser Anordnungs- und Benachbarungsoperationen werden Filmbildfelder auf ihre grafischen Besonderheiten und ihre Verknüpfungsmöglich-
keiten hin ausgelotet. Das Material wird dabei in verschiedenen Schritten
methodisch erkundet.[4]
Cutterinnen und Cutter untersuchen das Umfeld der Schnittstelle, also Auslauf
und Anlauf der angrenzenden Einstellungen, auf mögliche „Blickzentren".
Filmbildfelder weisen derartige Blickzentren oder – was dasselbe meint –
„Bildschwerpunkte" auf, sobald sie hervorstechende *Fixationspunktangebote*
enthalten.
Die Mehrzahl dieser Fixpunktangebote wird bereits bei der Filmaufnahme
bzw. bei der Bildkomposition überverdeutlichend in die Filmbilder eingebaut.
Die *Blickregie*, die im Verlauf des Feinschnitts ausgearbeitet wird, um dem
Zuschauerblick an den Schnittstellen eine bestimmte Richtung zu geben, ihn
weitgehend zu steuern, liegt also verborgen im „vorfixierten" Ausgangsmaterial auslesebereit vor. Durch die *„Erkundung der Blickzentren"* wird – in
einzelnen Arbeitsschritten teils intuitiv, in anderen teils sehr bewußt – nachvollzogen, was in den Bildern an Blicksteuerung angelegt ist. Zugleich wird
überschlägig vorweggenommen, welchen Verlauf der Blick des Zuschauers
später nehmen sollte.[5]

2. Zentrierte und diffuse Filmbildfelder

Wenn sich der Blick mit großer Wahrscheinlichkeit spontan und primär an
einer Stelle des Bildes festmacht, bezeichne ich ein derartiges Bild als *„zentriert"*. Der eigene Blickverlauf am Schneidetischmonitor hilft beim Austesten,
sobald man ihm nachspürt: künftige Zuschauer werden ähnlich wahrnehmen.
Filmbildfelder können aber auch ganz ohne oder ohne eindeutiges Blickzentrum sein. Bezogen auf die Fixationsangebote sind sie dann unbestimmt: es
handelt sich um *„diffuse Filmbildfelder"*.
Von der Charakterisierung einzelner Filmbildfelder kann nun zur zusammen-
fassenden Bestimmung der Schnittstellenumgebung als Ganzem fortgeschritten
werden. Die *Heraushebung der gemeinsamen grafisch-visuellen Merkmale*
zweier Einstellungen im Umfeld der Schnittstelle gibt dafür die Grundlage ab.
Obschon vom Bildinhalt oft ganz verschieden, wird es durch diese Gemeinsamkeit möglich, Einstellungsverkettungen durch einen einzigen, gemeinsamen
Begriff zu klammern.

3. Einstellungsverkettungen

3.1 Diffuse Einstellungsverkettung

Mit Hilfe diffuser Filmbildfelder können „*diffuse Einstellungsverkettungen*" gebildet werden. Um diesen Typ der Schnittstelle herzustellen, *genügt es, wenn eines der beiden Filmbildfelder*, die an der Schnittstelle aneinanderstoßen, *diffus ist*. Eine diffuse Einstellungsverkettung kann z. B. aus der Kopplung der zentrierten Bildfelder einer auslaufenden Einstellung mit den diffusen Bildfeldern einer beginnenden Einstellung entstehen. Natürlich führt auch der Zusammenschluß zweier Einstellungen mit diffusen Bildfeldern am Ende bzw. am Beginn zu diffusen Schnittübergängen. Wesentliches Kriterium ist allein, daß am Konfrontationspunkt der Schnittstelle zwischenzeitlich ein Blickzentrum fehlt. Es ergeben sich in der Regel geschmeidige, weiche Schnittverbindungen. An Beispielen werden die Bildverbindungen später verdeutlicht.

Typische Schnitt-Transformationen dieser Art sind die „Bildanschlüsse mit Verdeckungen". Die Einstellungen beginnen oder enden damit, daß sich eine handelnde Person so dicht vor der Kamera bewegt, daß das Objektiv durch die Kleidung abgedeckt wird. Es handelt sich hier – wie man sagt – um „natürliche Blenden". Denn sie werden nicht nachträglich im Kopierwerk ins Material eingearbeitet, sondern bereits beim Drehen durch die Personen und Dinge vor der Kamera erzeugt. „Natürliche" Wischblenden gehören ebenso hierher: Ein Auto fährt z. B. vor der Kamera vorbei, und gerade der verwischte Teil der Einstellung wird beim Schnitt für den Einstellungseinstieg oder -ausstieg benutzt. Man kann aber auch an die „an- oder ausgeschwenkten Wischer" von Einstellungen denken, die irgendeine neutrale, nicht markante Fläche ins Bild setzen, um einen diffusen Bildübergang herzustellen. Oder an die im Kopierwerk erzeugten Blenden (Aufblenden, Abblenden, Wischblenden, Schwarz- und Weißblenden und Schiebeblenden) sowie an die zwischen die Einstellungen montierten Schwarzfelder.

3.2 Zentrierte Einstellungsverkettung

Die Kopplung zentrierter Bildfelder an der Schnittstelle eröffnet eine Vielzahl differenzierter Feinschnittmöglichkeiten. Denn an den Schnittstellen können die Blickzentren zweier Einstellungen paßgenau aufeinandertreffen, weil sie trotz eines verschiedenen Bildinhalts in der gleichen Bildzone liegen; sie können aber auch in unterschiedlichen Bildzonen liegen. Um das trennen und handwerklich präziser bestimmen zu können, bedient man sich beim Schnitt bestimmter Operationen, mit denen grafische Benachbarung erzeugt bzw. simuliert werden kann.[6]

Der Schneidetisch wird bei der „*Überdeckungsprobe*" einzelbildgenau gestoppt, um die aneinanderstoßenden Bildfelder der beabsichtigten Schnittstelle untersuchen zu können. Von Interesse ist jeweils das letzte Bildfeld der auslaufenden Einstellung und das erste der neuen. Am besten wäre es, man könnte nun jeweils die zwei Bildfelder als Standbilder vorübergehend überblenden. Wo dies nicht möglich ist, behilft man sich mit Stift oder Finger: Man „markiert" auf dem Monitor des Schneidetisches das Blickzentrum der auslaufenden Einstellung und vergleicht es mit dem Fixationszentrum des ersten Bildfelds der neuen Einstellung.

Durch eine derartige tatsächliche Überblendung oder nur gedachte Überlagerung kann herausgefunden werden, ob sich die Fixationszentren zweier Bildfelder (auch ganz verschiedenen Bildinhalts) *zur Deckung* bringen lassen. Ist das möglich, können aus jeweils zwei zentrierten Einzelbildern *„zentrierte Einstellungsverkettungen"* erstellt werden. Der Auslauf der ersten Einstellung reicht dann sozusagen sein Blickzentrum in den Anlauf der nachfolgenden Einstellung weiter. Es entstehen meist „weiche", oft „unsichtbare" Schnittverbindungen. Auch darauf wird später am Beispiel eingegangen.

3.3 Korrespondente Einstellungsverkettung

Die Blickzentren der angrenzenden zentrierten Bildfelder können auch in verschiedenen Bildzonen liegen. Die Bildfelder sind dann nur als einzelne zentriert. In der Übergangszone der Schnittstelle ist daher keine paßgenaue, gemeinsame Zentrierung möglich. Die Gruppe der Einstellungsverkettungen mit Blickzentren in verschiedenen Bildzonen kann durch eine *„Symmetrieprobe"* feiner differenziert werden.

Die Symmetrieprobe ist am schwersten zu beschreiben. Man muß ein wenig ausholen. Wenn die Cutter(innen) mit dem Fettstift Gesten links, rechts oder über dem Schneidetischmonitor machen und die Bewegungen der Monitorbilder ins Imaginäre verlängern, dann kann man sicher sein: gerade werden Korrespondenz und Symmetrie erkundet. Sie versuchen herauszufinden, ob das Blickzentrum am Ende der auslaufenden Einstellung mit dem Blickzentrum zu Beginn der Folgeeinstellung symmetrisch korrespondiert, ob zum Beispiel dem Gesicht (mit Blick nach rechts) in der linken Bildhälfte des letzten Bildfelds der ersten Einstellung das Gesicht (mit Blick nach links) in der rechten Bildhälfte des Bildfelds der nachfolgenden zweiten Einstellung entspricht. Oder: korrespondieren die herabsteigenden Füße in der linken unteren Ecke unten mit denen in der rechten oberen Ecke des nachfolgenden Bildes? In Begriffen der Geometrie ausgedrückt: durch Spiegelsymmetrien werden korrespondierende (inhaltlich und formal aufeinander abgestimmte) Bildteile zweier angrenzender Einstellungen aufeinander bezogen.

Hat man zwei nebeneinanderstehende Monitore zur Verfügung (selten bei Filmschneidetischen, bei Videoschnittanlagen jedoch die Regel), und das Endbildfeld ist auf dem einen, das Anfangsbildfeld auf dem anderen zu sehen, erkennt man Korrespondenz sofort. Die später aufeinanderfolgenden Bilder

Master Shots ... Operationen und Befunde   229

werden dann mit einem Blick zugleich erfaßt, und man kann visuelle Entsprechungen aufspüren: das Motivzentrum oben im ersten Bild sollte dann mit
einem Zentrum unten im Folgebildfeld korrespondieren, linke Zentren beziehen sich auf rechte, links-oben entspricht rechts-unten. Fehlen zwei Monitore,
werden die Bilder in der Vorstellung sozusagen „flächig nebeneinander ausgelegt", als wären es horizontale oder vertikale Fotoserien aus dem Paßfotoauto-
maten. Diese Art der seriellen Anordnung ist einem von Multivisionswänden
oder aus Filmen, die mit Split-Screen arbeiten, bekannt. Die *Abfolge* wird
durch das *Nebeneinander* ersetzt.
Nach diesem Prinzip lassen sich *„korrespondente Einstellungsverkettungen"*
erkunden und gestalten. Hierfür findet sich gleichfalls ein Beispiel im Anschluß. In der Wirkung handelt es sich jeweils um einen „harten Schnitt", der
jedoch nicht irritiert.

3.4 Lineare Einstellungsverkettung

Cutterinnen und Cutter versuchen außerdem mit Hilfe der *„Linienprobe"*
herauszufinden, ob die in verschiedenen Bildzonen liegenden Zentren einer
geometrischen Ordnung unterliegen. Gibt es eine optische Achse, die den
aneinanderstoßenden Bildfeldern gemeinsam ist? Besteht eine gemeinsame
Vertikale oder Horizontale, durch die *vertikale oder horizontale Abstimmung*
zwischen den Bildfeldern grafisch bewirkt wird? Liegen im einen Bildfeld zum
Beispiel die Augen als Blickzentrum auf derselben Höhe wie im Folgebildfeld?
Oder kann die Horizontlinie im nächsten Bild von der Augenlinie aufgegriffen
werden?
Es handelt sich um eine Ausweitung der Überdeckungsprobe: zusätzlich zur
Überlagerung wird sozusagen ein (gedachtes) Gitter, ein Koordinatennetz aus
horizontalen und vertikalen Linien über die Bilder gelegt, um gemeinsame
Achsen herauszufinden. Unter Filmemachern wird das manchmal als „Perl-
schnurregel" bezeichnet, denn die verschieden positionierten Blickzentren
werden von den Achsen zusammengehalten wie Perlen auf einer Schnur.
Abfolge wird durch *Zueinander* ersetzt.[7]
Bildverknüpfungen, die dem Prinzip verschieden positionierter Blickzentren
auf gemeinsamen Achsen gehorchen, sollen *„lineare Einstellungsverkettungen"*
genannt werden. Sie sind hart, aber in der Regel nicht irritierend.

3.5 Wilde Einstellungsverkettung

Ist keines dieser Ordnungsprinzipien erkennbar, sprechen englische und amerikanische Filmleute von „wild cuts", von *„wilden Schnittverbindungen"*. Die
wilden Schnittverbindungen verhalten sich zu den hier angegebenen Regeln
irregulär: weder sind sie diffus, noch sind ihre Blickzentren nach dem Ord-
nungsprinzip der Deckungsgleichheit, der Symmetrie oder der Linearität auf-

einander abgestimmt. Regularität bedeutet Beschränkung von Möglichkeiten. Bei wilden Schnitten ist alles möglich.

Beim Feinschnitt dient die Beschränkung auf die genannten Ordnungsprinzipien dazu, gezielt flüssige, weiche oder harte, jedoch nicht irritierende Schnittverbindungen zu erzielen. Die visuelle Wirkung wilder Einstellungsverkettungen hingegen läßt sich nicht direkt steuern. Da ein vorausgehender gestalterisch-strukturierender Eingriff fehlt, basiert die Wirkung auf zufälliger Strukturierung. Nach dem Prinzip von Versuch und Irrtum kann sie am Schneidetisch im nachhinein ausgelotet, für passend befunden oder verworfen werden.

Ausgedrückt in den Begriffen der visuellen Oberflächenphänomene des Filmschnitts sind alle Wirkungen möglich: Eine wilde Einstellungsverkettung kann einen „harten" (aber nicht irritierenden) Schnitt, einen irritierend „springenden" Schnitt ergeben. Seltener, aber wenn es der Zufall will, kommt auch einmal ein „weicher", sehr selten ein „unsichtbarer" Schnitt zustande.

Der Begriff „wilde Einstellungsverkettung" als ein Ausschließungsbegriff meint lediglich, daß jene, beim Feinschnitt vorherrschende und durch die dargestellte Symmetrie-, Überdeckungs- und Linienprobe austestbare visuelle Strukturierung nicht vorliegt. Aber visuelles Material enthält eine unausschöpfbar komplexe Fülle von Merkmalen und entsprechenden (oft schwer und oft auch gar nicht erfaßbaren) Kombinations- und Strukturierungsmöglichkeiten. In den seltenen Fällen, in denen eine „wilde Einstellungsverkettung" keinen „harten" oder „springenden" Schnitt bewirkt, sondern am Ende als „weicher" oder „unsichtbarer" Schnitt erscheint, kommen andere als die hier dargestellten, leicht erfaßbaren visuellen Tiefenstrukturierungsmuster zum Tragen.

Inserts: Großaufnahme auf ein Beispiel

1. Zum Videoclip „Cloudbusting"

Wer sich in der Theorie mit dem – so sehr an Anschauung gebundenen – Feinschnitt beschäftigt, kommt nicht umhin, sich Filme anzusehen. Auf dem Papier allein lassen sich Bildtransformationen nicht begreifen. Auf Bewegung basierendes Material muß man halt anschauen.

Ich beziehe die folgenden Beispiele aus dem Videoclip CLOUDBUSTING (1986) von Kate Bush und Julian Doyle, weil er verfügbar ist und in Videotheken ausgeliehen oder gekauft werden kann. Meine Zeichnungen sind als Orientierungshilfe gedacht, um selbst am Videorecorder mit „Slowmotion", „Return" und „Play" Schnittstellen ausgiebig umkreisen und durchdenken zu können. Was ich darin aufspüre, muß nicht für alle Filme gelten. Ich schreibe nicht an einer normativen, in sich abgeschlossenen Filmtheorie. Ich glaube, daß weitere Untersuchungen nötig sind.

Inserts: Großaufnahme auf ein Beispiel

Schauen Sie sich den Videoclip erst einmal als Ganzes an. Nehmen Sie dann den Ton weg. Drehen Sie vielleicht die Farbe raus. Funktioniert der Film noch, wenn man aus ihm einen Stummfilm macht? Ist er so stabil gebaut, daß er auch ohne Musik auskommt?

Der Streifen kommt natürlich meinem Anliegen, Einstellungsverkettungen aufzuspüren, sehr entgegen. Er ist ein „Trüffel" für meinen Zweck: ein kleiner, übersichtlicher Streifen mit Story. Er muß dabei, weil er als Musikclip wenig Zeit zur Verfügung hat, ganz komprimiert erzählen. Es handelt sich sozusagen um einen Spielfilm im „Espressokaffee-Modus".

Kate Bush hat, wie sie schreibt, in ihrem Song und dem Videoclip versucht, den letzten Lebensabschnitt von Wilhelm Reich darzustellen. Es ist für das Verständnis des Clips jedoch nicht wesentlich, die Geschichte genau zu kennen. Man kann auch davon abgelöst mit offener Lesart eine allgemeine Geschichte herauslesen. Kate Bush spielt die Rolle des Sohns selbst. Sie hat eine entsprechend burschikose Frisur. Viele Zuschauer werden trotz der Absicht ein Mädchen sehen. Aber auch das tut der Wirkung des Clips keinen Abbruch.[8]

Der Film zeigt zu Beginn eine im Freien stehende, unförmige, grotesk aussehende Maschine. Vater und Sohn sind in einem Laboratorium mit Versuchen und Konstruktionszeichnungen beschäftigt. Man sieht sie die Maschine ins Freie schleppen. Ein geheimdienstähnliches Überfallkommando bricht auf, zerstört das Labor, verhaftet den Vater. Der Vater wird in einer Limousine verschleppt, währenddessen der Sohn verzweifelt dem Wagen hinterherläuft, plötzlich umkehrt, zu der Maschine eilt. Aus dem Auto seiner Verhafter heraus gelingt dem Vater ein letzter Blick: Der Sohn nimmt die Regen-Maschine in Betrieb, Wolken ziehen auf, es regnet.

Der Clip erzählt eine für seine wenigen Minuten Dauer doch recht komplexe Geschichte – immerhin werden drei Handlungsstränge (Hausdurchsuchung/ Festnahme und Abtransport des Vaters / hinterherlaufender Sohn) mehrgleisig entwickelt und in der Mitte des Films eng zusammengeführt. Da diese Erzählstoffmenge durch den Zeitengpaß hindurch muß, entsteht *filmischer Kompressionsdruck*.

Der ist nur durchhaltbar, wenn an den Schnittstellen präzise gearbeitet wird. Die Textur muß dicht verwoben sein, damit an den Nahtstellen nichts zerbröselt. Und sie muß zugleich *deutlich zäsiert* sein, damit sich nicht alles ineinanderschiebt und dadurch „vermatscht". Unter diesen Anforderungen sind hier die Einstellungsverkettungen geformt worden. Natürlich geht das nur – und das merkt man dem Material an –, wenn vor Drehbeginn ein Storyboard gefertigt wurde.[9]

Für die Analyse hat ein derartig durchdachter, erkennbar durchgeplanter und bis ins Detail konstruierter Film Vorteile: man kann davon ausgehen, daß man nicht zufällig Entstandenes überinterpretiert, sondern die Absicht des Schnitts tatsächlich herauszulesen vermag.

Im folgenden einige Beispiele für Einstellungsverkettungen aus diesem Film.

Mit # 43' bezeichne ich den Beginn der Einstellung 43, deren Ende notiere ich als # 43". Am Schnittpunkt # 43" und # 44' stößt dementsprechend das Ende der 43. Einstellung auf den Beginn der Einstellung 44. Es ist jeweils das erste und letzte Bildfeld einer Einstellung herausgezeichnet worden.

2. Schnittliste auf dem Papier

2.1 Diffuse Einstellungsverkettung

Abb. 1a   Abb. 1b

Diffuser Schnitt

43"   Der Vater notiert sich etwas. Blick nach rechts.
44'   Papier, bildfüllend, vor die Kamera gehalten. Eher zu ahnen, als zu sehen: Eine Konstruktionsskizze des Vaters. Sie wird anschließend nach unten weggezogen. Dadurch wird – die Storyboardzeichnung zeigt das schon nicht mehr – der Blick freigegeben auf das Gesicht des Sohns. Der Sohn zeigt dem Vater seine kindliche Konstruktionszeichnung. Die Einstellung 44 endet mit dem Bild(feld) 44": Der Vater hat die Zeichnung des Sohns ergriffen und betrachtet sie.

Diffuser Schnitt

44"   Leeres Blatt Papier aus der Sicht des Vaters. Hände links und rechts angeschnitten.
45'   Groß: Vater frontal, lachend. Blick nach rechts unten.
        Ebenso wie Schnitt zuvor.

Der Blick findet keinen prägnanten Anhalt auf dem ersten Bildfeld der neuen Einstellung (# 44'). Da ist ein Stück Papier zu sehen mit einer nicht zu identifizierenden Skizze des Vaters. Sie bietet kein Fixationszentrum an: eine diffuse Einstellungsverkettung. Dasselbe gestalterische Mittel des Feinschnitts wird an der folgenden Schnittstelle (# 44"/# 45') gleich noch einmal eingesetzt.
Hier stoßen ja – tilgt man die Bildfelder, in denen die Skizzen gezeigt werden – zwei korrespondierende, aufeinander abgestimmte Blickschnitte Vater-Sohn

Inserts: Großaufnahme auf ein Beispiel

aufeinander. Aber die Blicke werden auseinandergehalten. Der Blick auf ein Papier wird dazwischengeschoben. Die diffuse Einstellungsverkettung hält die Blickverbindung auf Abstand.
Von ihrer Machart her ist diese Einstellungsverkettung eigentlich sehr konventionell: Verdeckung des Kameraobjektivs durch Abschattung, ein ziemlich simples Muster für diffuse Einstellungsverkettung. Man hat es schon tausendmal als Bildübergang gesehen. Geschickt wird das konventionelle Mittel inhaltlich neu gefüllt: nicht irgendein Papier verdeckt die Kamera, sondern Plan des Vaters und Kinderzeichnung werden gegeneinander gesetzt. Die Blickeinstellungen werden dadurch schwebend auseinandergehalten. Die Blickverknüpfung besteht, wird aber offener.
Vater und Sohn rücken durch diese Einstellungsverkettung auf einer anderen, eher gedanklichen Ebene, die nicht nur situativ und nicht allein anschaulich ist, dichter zusammen: nicht nur ein Blick, sondern ein mit diesem Blick bedeuteter gemeinsamer Plan verbindet die beiden. Der Plan auf dem Papier gibt dafür lediglich eine Andeutung, einen Hinweis.
Die Darstellung von gedanklichen Vorhaben – das ist in einem Musikfilm, der keine erklärenden Worte kennt, nur möglich, wenn der unmittelbare, situative Blick gebrochen und zugleich intensiv vermittelt wird. Mit Brecht könnte man sagen: Vater und Sohn sind vermittelt über die dritte Sache, den gemeinsamen Plan. Die muß an dieser frühen Filmstelle bereits stark etabliert sein, damit später im Film die Blickarie auf das Nichtsichtbare (die dritte Sache nämlich: die Erfindung; Einstellung 75 ff.) ohne Worte überhaupt verstehbar wird.

2.2 Zentrierte Einstellungsverkettung

Abb. 2a   Abb. 2b
Zentrierter Schnitt

56"   Der Vater blickt entsetzt nach rechts.
57'   Eine Tür (schräg im Bild) wird aufgestoßen: ein Herr.

Zentrierter Schnitt

57"   Ähnlich wie Einstellungsbeginn: in der Tür ein Verfolger.
58'   Groß: Gesicht des Sohns. Zoom ran.

Die Blickzentren an beiden Schnittstellen sind jeweils markant und darüber hinaus paßgenau aufeinander abgestimmt: die Augenpartien decken sich mit dem Blickzentrum der Verfolgerfigur in der Tür. Diese Zentrierung als gemeinsamer visueller Bezug erleichtert es dem Zuschauer, die drei Einstellungen inhaltlich-kontrastierend aufeinander zu beziehen.

Die folgende zentrierte Einstellungsverkettung fügt nicht verschiedene Bildinhalte zusammen, sondern setzt als Ranschnitt dasselbe Bild – verstärkt durch die Bewegung im Blickzentrum – fort:

Abb. 3a   Abb. 3b

Zentrierter Schnitt mit Bewegung im Blickzentrum

\# 46"   Kamerafahrt zurück. Gang der Herren, der Verhafter.
\# 47'   Füße groß von oben, nach vorne gehend.

In beiden Blickzentren am Schnittübergang steht hier das Bewegte: die Füße der Verfolger. Die Bewegung wird über die Schnittstelle hinweg aufgegriffen und weitergeführt.
Gegenüber Bewegungsabbildung ist unsere Wahrnehmung hochsensibel. Unsere Augen werden von Bewegtem sozusagen gebannt, sie haften an Blickzentren mit Bewegungsabbildung. Paßgenaue Blickzentren mit Bewegungsabbildung in gleichen Bildzonen lassen daher fast unsichtbare Schnitte entstehen. Man „starrt" auf die Bewegung und übersieht den Schnitt.

2.3 Korrespondente Einstellungsverkettung

   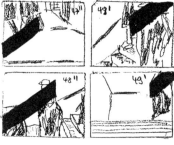

Abb. 4a   Abb. 4b

Inserts: Großaufnahme auf ein Beispiel 235

Korrespondenter Schnitt

47″   Füße links unten raus.

48′   Herren von rechts oben rein.
Die Herren gehen links raus. (Sie müssen auf der entgegengesetzten Seite,
der korrespondierenden Seite, rechts oben wieder hereinkommen.)

Korrespondenter Schnitt

48″   Herren links unten raus.

49′   Totale: Herren rechts oben rein.
Dasselbe wie in der Einstellungsverkettung zuvor.

Eine kontinuierliche Bewegung – das Herabgehen auf einer Treppe – diagonal
von oben nach unten wird hier mit den Mitteln der korrespondenten Einstellungsverkettung durch mehrere Einstellungen hindurch gezeigt. Mit anderen
Worten, es geht zum einen um die Kontinuität der Bewegungsrichtung über
mehrere Einstellungen hinweg und zum anderen darum, diese Bewegung an
den Schnittstellen durch grafische Korrespondenzen zu klammern.
Korrespondente Schnitte funktionieren – wie unter dem Stichwort „Symmetrieprobe" dargestellt – nach einem Grundmuster: zeitliche Abfolge wird in
grafisches Nebeneinander umgewandelt.
Die grafische Umgruppierung erfolgt wie in Abbildung 5a bzw. 5b (vgl.
S. 236). Denn es handelt sich um die Darstellung einer diagonal von oben nach
unten (die Herren steigen herab) und zugleich von rechts nach links (die
Herren gehen nach links) verlaufenden Gesamtbewegung, die hier auf mehrere
Einstellungen aufgeteilt wurde. Das ist, als wären vier Monitore schräg versetzt
übereinander getürmt und als würde auf jedem jeweils ein Bildfeld eingespielt.
Man erkennt durch diese Umgruppierung in die Fläche das grafische Bauprinzip sehr deutlich: die Herren scheinen sich *in der grafischen Konstruktion* quasi
selbst zu verfolgen, denn sie schauen sich von einem zum nächsten Bildfeld
sozusagen auf den eigenen Rücken. (Ein derartiger, zwischen den Einstellungen lediglich formal und grafisch zur Klammerung benutzter Blick, der vom
Zuschauer nicht als „abgebildeter Blick", sondern als Zeigegeste zwischen den
Einstellungen wahrgenommen werden soll, wird in der englischen und amerikanischen Filmfachsprache „pointer" genannt.)
Diese grafische Konstruktion bildet die gestalterische Grundlage für die davon
gänzlich verschiedene Filmwirkung. Der unmittelbare Eindruck des laufenden
Films zeigt nämlich die Herren die Treppe – flüssig und zügig – heruntereilen.
Zum einen wird diese auf mehrere Einstellungen verteilte Bewegungsgrund-
richtung *global* von oben nach unten und von rechts nach links durchgehalten.
Zum anderen sind die einzelnen Einstellungen *lokal* an den Schnittstellen mit
den grafischen Mitteln symmetrischer Korrespondenz verklammert: einem
Motiv an der linken entspricht ein anderes oder gleiches Motiv an der rechten
Bildkante.

Abb. 5a

Abb. 5b
„Lokale Verklammerung"
„Globale Bewegungsgrundrichtung"

Denn das Blickzentrum in der linken Bildhälfte in 47″ korrespondiert mit dem Bildschwerpunkt rechts in 48′. Dasselbe Muster wiederholt sich gleich noch einmal: der Bewegung unten links am Einstellungsende 48″ entspricht die Fortsetzung am Einstellungsanfang 49′ an der Bildkante der oberen rechten Bildecke.

Cutterinnen und Cutter nennen diese Art korrespondierender Bildverknüpfung auch „Schnitt über die Bildkante", weil die Bewegung sich förmlich jenseits der Bildkante fortsetzt.

Diese Art der filmischen Auflösung ermöglicht Spielraum für den Schnitt. Verkürzung und Verlängerung, Straffung und Verzögerung werden nachträglich beim Feinschnitt dadurch erst möglich.

2.4 Lineare Einstellungsverkettung

Abb. 6a   Abb. 6b

Inserts: Großaufnahme auf ein Beispiel 237

Linearer Schnitt

\# 49″   Füße der Herren, eine Treppe, auf die Kamera zu, hinuntergehend.
\# 50′   Vater von hinten am Schreibtisch. Kamerafahrt nach rechts.

Das Einstellungsende 49″ hat kein prägnantes Fixpunktangebot. Die drei schwarzen Mäntel sind nicht eindeutig zentriert. Der Einstellungsanfang 50′ hingegen weist ein Blickzentrum auf: es besteht im von hinten zu sehenden Kopf des Vaters. An der Schnittstelle sind die Bildfelder also verschieden zentriert.
Die aneinanderstoßenden Einstellungsteile haben jedoch eine andere grafische Gemeinsamkeit: die horizontale Linie, die durch die unteren Säume der schwarzen Mäntel in Bild 49″ gebildet wird, setzt sich durch die waagrechte Linie von Schulter und Schreibtischkante im Bild 50′ fort, und der Schnitt ist somit linear. Der Schnitt ist zwar hart, aber durch die Abstimmung gemeinsamer Linien springt er nicht. Das Auge wird von der *Blickregie des Feinschnitts* von einem Bild ins nächste geführt.

   Abb. 7a   Abb. 7b

Linearer Schnitt

\# 50″   Noch immer der Kopf des Vaters von hinten. Nun aber teilweise von einer im Raum stehenden Säule verdeckt. Die Kamera ist jetzt am Einstellungsende weiter zur Seite nach rechts gefahren.
\# 51′   Totale: Treppe. Füße der Herren oben, herabsteigend.

Auch hier sind die Einstellungsanschlüsse durch ähnliche Linienführung koordiniert worden. Der Blick des Vaters am Einstellungsende 50″ ist – von seiner grafischen Form her – auf die Füße in 51′ gerichtet. Sie erscheinen in seinem virtuellen Augen- und Blickhorizont. Legt man die Einstellungen nebeneinander, kann man bei linearen Bildverknüpfungen durch beide Storyboardzeichnungen hindurch eine gemeinsame Linie ziehen und so die *horizontale Abstimmung* verdeutlichen.

2.5 Wilde Einstellungsverkettungen

Im Videoclip CLOUDBUSTING kommen keine wilden Einstellungsverkettungen vor. Dazu ist der Film zu sehr vorgeplant und auf visuelle Deutlichkeit und Verflechtung abgestellt.
Normalerweise sind Videoclips eine Fundgrube für wilde, also zugleich harte und oft auch irritierende Schnitte. Weil sie eben nicht eine Geschichte brav

erzählen, sondern Sängerinnen, Sänger, Musiker, Bühnengeschehen und Bild-assoziationen wild mischen, muß das Bildmaterial nicht schlüssig organisiert sein. Es bezieht seinen visuellen Reiz gerade aus einem beabsichtigt rauhen Feinschnitt: Bilder sollen hart aneinanderstoßen, Schnittstellen sollen verblüffen. Das Spiel mit der bewußten Unordnung an den Schnittstellen hat der Videoclip vom Experimentalfilm gelernt.

Dabei ist ein – auf den ersten Blick – merkwürdiges Phänomen festzustellen: je fremder, je unähnlicher zwei Filmbildfelder sich sind, um so leichter erscheint eine solche wilde Einstellungsverkettung bei der anschließenden Filmsichtung als irritationslos „harter Schnitt". Das scheint all dem zuvor Geschriebenen zu widersprechen, in dem es ja jeweils darum ging, die Bilder durch möglichst große gemeinsame grafische Ähnlichkeiten und Entsprechungen einander anzugleichen, um irritationsfreie, geschmeidige Schnittübergänge zu erzielen. Bei den zuvor visuell nicht geordneten, „wilden Einstellungsverkettungen" schlägt das Prinzip nun ins Gegenteil um: Wenn Bildinhalt und -aufbau der beiden Bildfelder gar nichts miteinander zu tun haben, wenn gar keine gemeinsamen Blickzentren, Korrespondenzen oder Linien vorliegen, wenn beim Vergleich der Bilder gar nichts zueinander zu passen scheint, kann man sicher sein, daß solche ungeordneten, „wilden" Schnittübergänge als hart aneinanderstoßend, als abrupt, aber ohne jede Irritation vom Zuschauer verarbeitet werden. Einander Fremdes wird so als deutlich Verschiedenes und Getrenntes wahrgenommen.

Wären die Bildfelder einander ähnlicher, entstünden *„jump cuts"*. Es wäre wieder die Sorgfalt des Feinschnitts nötig, um die selbst für Videoclips allzu verwirrenden Irritationen abzuschwächen und lediglich „harte Schnitte" zu formen.[10]

Man sieht einer Cutterin beim Feinschnitt zu, wie sie zeitraubend Einstellungen einander anpaßt, und man staunt, wie am Ende ihrer Arbeit die Bilder einander weich ablösen. Man sieht einer Filmanfängerin oder Experimentalfilmerin zu, die versuchsweise beliebiges Filmmaterial willkürlich und zufällig aus dem unterm Schneidetisch stehenden Filmabfallkorb holt und einfach hintereinanderhängt, und staunt noch mehr: so scheint es gleichfalls zu gehen! Die hier durch Zufall entstandenen wilden Schnittverbindungen sind zwar durchgängig hart, aber irritierend wirken sie – wenn man vom Inhalt absieht und nur auf die visuelle Wirkung achtet – nicht. Das scheint gegen die Mühen, die Kunstfertigkeit, den Zeitaufwand der Cutterin zu sprechen.

Aber beide arbeiten mit verschiedenem Material nach verschiedenen Prinzipien. Die Anfängerin hat nach dem Zufallsprinzip jeweils ganz unähnliches Material gegriffen. Die Verschiedenheit zwischen den Bildern ist derart groß, daß beim Schnitt erst gar keine Probleme entstehen.

Abblende: Ordnung im Schneideraum

Der folgende Überblick soll die Einstellungsverkettungen noch einmal zusammenfassen und die dahinterstehende Logik verdeutlichen:

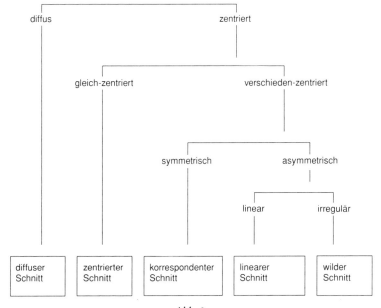

Abb. 8

Wer Ordnung in den Schneideraum und die Schnittverbindungen eines Films zu bringen versucht, tut sich schwer: Filmmontage ist eine lebendige, keine schematische, keine schon im voraus feststehende Arbeit. „Filmsprache" entsteht oft neu, wird am jeweiligen Film und speziell für ihn erst entwickelt und von jedem, der daran arbeitet, ein wenig anders. Aber der Feinschnitt verfügt über eine – für die sonstige Montagearbeit nicht gerade typische – Ordentlichkeit. Diese strengere *Logik des Feinschnitts* gründet meines Erachtens auf einer *Logik des Sehens*.
Feinschnitt ist Regiearbeit im verborgenen: es ist die Regie der Blickführung, der Lenkung des Zuschauerblicks durch die Bilder hindurch und über die Schnittstellen hinweg.[11]

Abspann

Anmerkungen

[1] Wer Video mit den noch üblichen vollautomatischen, aber linearen Schnittsteuerautomaten (gleichgültig, ob *on-* oder *off-line*) montiert, kennt solche gestufte Arbeitsweise in dieser Deutlichkeit nicht. Roh- und Feinmontage werden mit dieser Technik meist in einem Arbeitsgang erledigt. Feinschnitt gibt es aber auch hier. Aber er findet im verborgenen statt. Das erschwert die Analyse des Feinschnitts enorm. Die am traditionellen Filmmaterial gewonnenen Erkenntnisse lassen sich jedoch auch auf die Arbeit mit Video übertragen. Und bei den neuesten nicht-linearen Video-Schnittsystemen (Avid, Emc) erhält der Feinschnitt darüber hinaus wieder seine Wichtigkeit als gesonderte Arbeitsstufe. Zur Problematik material- und gerätebedingter Montagespezifik vgl. Schumm (1990c).

[2] Auch der Rohschnitt erstellt nicht, sondern konstelliert Bedeutung. Der Feinschnitt arbeitet an der Ausformung dieser Konstellationen. Zusätzlich zu diesem bedeutungsverdeutlichenden Moment kann dem Feinschnitt unter bestimmten Bedingungen auch ein bedeutungsunterstreichendes Moment zufallen. Vgl. dazu den Begriff des „Textgliederungssignals" bei Wulff (1990) und des „narrativen filmischen Markers" bei Schumm (1990b).

[3] Daß diese virtuelle Transformation des Sukzessiven in ein flächiges Medium als Gestaltungsmethode für den später nur sukzessiv ablaufenden Film hilfreich ist, basiert auf den Besonderheiten unseres Wahrnehmungssystems: auch unsere Wahrnehmung speichert im Kurzzeitgedächtnis Sukzessives simultan. Zur wahrnehmungspsychologischen Fundierung des Feinschnitts vgl. Schumm (1990a, 185–189).

[4] Die Operationen und Methoden des Fein- und Rohschnitts werden ausführlich dargestellt in Schumm (1989, 133–177).

[5] Zum Begriff der Vorfixierung siehe Gibson, J. J. (1982, 15, 208).

[6] In bisherigen Arbeiten zur Filmmontage habe ich sperrigere Begriffe für die hier dargestellten Sachverhalte benutzt. Ich ersetze sie im folgenden durch anschaulichere Ausdrücke, mit denen man sich im Schneideraum leichter verständigen kann: Der Begriff „zentrierter Schnitt" tritt an die Stelle des Ausdrucks „kongruenter Schnitt", „linearer Schnitt" ersetzt den Ausdruck „koordinierter Schnitt" und „wilder Schnitt" wird statt des Ausdrucks „disparater Schnitt" verwendet.

[7] Auch Diagonalen als gemeinsame Achsen sind möglich. Sie müssen allerdings durch mehrere Einstellungen hindurch erst angebahnt und als Wahrnehmungsraum etabliert worden sein. Das Wahrnehmungsgitter als Anordnungsprinzip kann also bei häufiger Wiederholung auch verkantet werden.

[8] Wilhelm Reich, marxistischer Psychoanalytiker, Gründer der Sexpol-Bewegung. Er war gezwungen, vor den Nazis ins amerikanische Exil zu fliehen. In den frühen 50er Jahren beschäftigte er sich dort mit der von ihm so genannten Orgon-Energie, mit der er auch das Wetter zu beeinflussen versuchte. Er wurde von Beamten der amerikanischen Gesundheitsbehörde verhaftet und starb in der Haft. Vgl. zu Entwurf und Planung des Videoclips CLOUDBUSTING July (1988, 131–133) und Charlesworth (1988, 85–86).

[9] Der Name „Videoclip" rührt von der Vertriebsform dieser Kurzfilme her. Videoclips wie CLOUDBUSTING liegt in der Regel ein ausgefeiltes Storyboard zugrunde. Sie werden darüber hinaus gegenwärtig noch meist in konventioneller Filmtechnik

Abspann 241

gefertigt, also – entgegen ihrem Namen – in 35mm gefilmt und auf Schneidetischen ganz herkömmlich geschnitten. Solange Präzision und Flexibilität des konventionellen Handwerkszeugs von der elektronischen Technik nicht eingeholt sind, wird das noch eine Weile so bleiben.

[10] Vgl. Kramarek/Pockrandt/Kerstan (1986, 73).

[11] In diesen Artikel sind Textteile aus früheren Arbeiten zu diesem Thema eingegangen.

Literaturangaben

Arijon, Daniel: *Grammar of the Film Language*. Boston/London 1976.

Balmuth, Bernard: *Introduction to Film Editing*. Boston/London 1989.

Bordwell, David/Thompson, Kristin: *Film Art. An Introduction*. New York 1990.

Burder, John: *16mm Film Cutting*. Boston/London 1975.

Charlesworth, Chris (Hrsg.): *Kate Bush – A visual Documentary by Kevin Cann and Sean Mayes*. London 1988, S. 85–86.

Dmytryk, Edward: *On Film Editing. An Introduction to the Art of Film Construction*. Boston/London 1984.

Gibson, James J.: *Die Sinne und der Prozeß der Wahrnehmung*. Bern/Stuttgart/Wien 1982.

Goldstein, Laurence/Kaufman, Jay: *Into Film*. New York 1976.

July, Kerry: *Kate Bush. The Whole Story*. London 1988, S. 131–133.

Katz, Steven Douglas: *Film Directing. Shot by Shot. Visualizing from Concept to Screen*. 1991.

Kramarek, Johannes/Pockrandt, Rainer/Kerstan, Peter: *DuMonts Handbuch für praktische Filmgestaltung*. 1986.

Reisz, Karel/Millar, Gavin: *Geschichte und Technik der Filmmontage*. München 1988.

Schumm, Gerhard: *Der Film verliert sein Handwerk. Montagetechnik und Filmsprache auf dem Weg zur elektronischen Postproduction*. Münster 1989, MAkS.

Ders.: (1990a) *Der Schneideraum im Kopf: Filmische Konjunktoren und Disjunktoren im Rahmen einer produktionsorientierten Wahrnehmungspsychologie des Films*. In: Schumm, Gerhard/Wulff, Hans Jürgen (Hrsg.): *Film und Psychologie I. Kognition, Rezeption, Perzeption*. Münster 1990, MAkS. S. 179–210.

Ders.: (1990b) *Feinschnitt, Bildanschlüsse und filmisches Erzählen*. In: Schweinitz, Jörg (Hrsg.): *Erzählen in Literatur und Film*. Arbeitsheft 42. Berlin: Akademie der Künste der Deutschen Demokratischen Republik, 1990, S. 26–32.

Ders.: (1990c) *Verlust von Sinnlichkeit. Filmmontage und Elektronischer Schnitt*. In: *medien praktisch*. 4/1990, S. 40–43.

Ders.: *Schnitt ohne Schnitt. Gedanken über elektronisches Montieren*. In: Hickethier, Knut/Schneider, Irmela (Hrsg.): *Fernsehtheorien*. Berlin 1992, edition sigma. S. 236–249.

Walter, Ernest: *The Technique of the Film Cutting Room*. London/New York 1969.

Wulff, Hans J.: *Segmentale Analyse, Textgliederungssignale und Publikumsgeräusch: Überlegungen zur Indikation makrostruktureller Bezugsgrößen an Textoberflächen*. Unveröff. Ms. Berlin 1990.

JOACHIM PAECH

Wiping – Godards Videomontage

Seine „schöne Sorge" gilt dem Schnitt, hat er 1956 gesagt[1]. Weniger die eigene Filmarbeit war damit gemeint (noch nicht), sondern der Filmkritiker Godard hat die Montagepraxis von Griffith, Sternberg und vor allem Eisenstein in zwei Richtungen analysiert: Auf der einen Seite geht er von dem Spielraum der Inszenierung aus, den die *mise en scène* vor der Kamera bietet, und auf der anderen Seite untersucht er den Augenblick, den eine Einstellung in der Kamera *(mise en cadre)* dauern kann. Beide Male findet Bewegung statt; zunächst ist es die Aktion, die den vor-filmischen Raum füllt, um danach im Kameraausschnitt zum filmischen Ereignis zu werden; aber sie passiert auch zwischen zwei (Kamera)Blicken im Übergang von einer Einstellung zur nächsten. Etwas ereignet sich vor der Kamera und wird von der Kamera(bewegung) registriert. Etwas anderes vollzieht sich am Schneidetisch, wenn der Spielraum (der *mise en scène*) bereits zum Bildraum *(mise en cadre)* geworden ist und der Moment zwischen den Bildern, dieser Zwischenraum zum neuen Spielraum der Montage wird, wo die Zeit sich des Raumes und der Bewegung bemächtigt. Immer ist „Schnitt" der Eingriff der filmischen Zeit (zum Beispiel als Beschleunigung) in die Kontinuität des vor-filmischen Raumes zur Konstitution eines neuen filmischen Raumzeit-Gefüges, einer kinematographischen Dauer. Montage ist dann der Ein-Schnitt im Übergang vom Spielraum der Szene *(mise en scène)* zum Bildraum der Projektion auf der Leinwand in dessen filmischer und narrativer Einstellung zur Zeit.

Von seinem ersten Spielfilm A BOUT DE SOUFFLE (1959) an hat Godard der Montage den Vorrang eingeräumt vor der *mise en scène*, er hat dem Rhythmus des Schnitts die Idee anvertraut, die aus der Inszenierung nicht mehr so ohne weiteres zu haben war: „Es mag also sein, daß es nicht mehr der Inszenierung im engeren Sinn zukommt, mit ebenso großer Genauigkeit wie Evidenz die Dauer einer Idee auszudrücken, sondern daß diese Aufgabe dem Schnitt zukommt."[2] Und zwar immer dann, wenn eine dem Film eigentümliche Kontinuität auch aus Schockeffekten herzustellen war. Godard betont hier (1956) Montage als Dekonstruktion im Sinne Eisensteins durchaus gegen die Position Bazins („Montage interdit!"). Die *jump cuts* der frühen Filme Godards (seit 1959) sind solche montage-förmigen Dekonstruktionen, die bewußt die Kontinuität des für die Kamera von einem vereinheitlichenden Blickpunkt aus inszenierten Raumes zerstören, um eine eigene filmische Zeit zu konstruieren (vgl. Abb. 1 bis 8).

Zu Beginn der 70er Jahre macht Godard den Schritt von der Film- zur Videoproduktion als Versuch, den gesamten Produktionsablauf der Bilder und der Töne (wieder) kontrollieren zu können, nachdem die politische Filmarbeit im

Wiping – Godards Videomontage

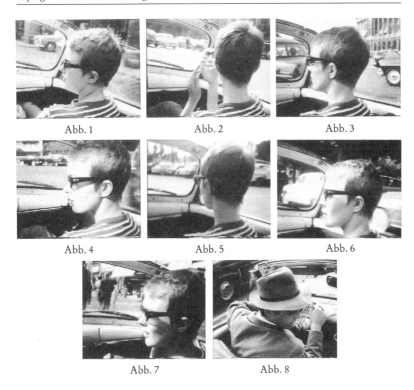

Abb. 1   Abb. 2   Abb. 3
Abb. 4   Abb. 5   Abb. 6
Abb. 7   Abb. 8

Anschluß an den Mai '68 mehr und mehr an die Grenzen des in den Fernsehanstalten Machbaren und Zulässigen gestoßen war. (Während die Videoarbeit fürs Kino NUMÉRO DEUX [1975] fast unsichtbar blieb, waren Godards innovatorische Fernsehessays, z. B. SIX FOIS DEUX [1976] oder FRANCE TOUR DÉTOUR DEUX ENFANTS [1980], durchaus beim Fernsehen wieder gefragt.)
Was wird aus Godards schöner Sorge, dem „Schnitt", im Übergang von der Film- zur Videoproduktion, die jeweils ganz anderes Material, anderes Werkzeug (Apparate) und andere „Gesten" der Montage, also ein anderes „Gefühl für das Hand-Werk" benötigen?
Die „Geste des Schneidens" in der Film-Montage setzt sich aus dem Anzeichnen auf dem Bild, dem Herausziehen des Filmbandes aus der Wicklung des Schneidetischs und dem Durchschneiden mit der Schere zusammen; es folgen das Ausmustern der später benötigten Streifens, der kontrollierende Blick auf die Bilder in der Hand gegen das Licht, das Anlegen und Kleben eines Filmstreifens, das vorsichtige Anfahren des geklebten Films auf dem Schneidetisch, die Kontrolle auf dem Bildschirm. Ähnliches gilt, separat, für den Tonstreifen.
Für die Videomontage liegen die Bilder und die Töne auf demselben Band an, das jedoch keine Bilder im herkömmlichen Sinn, sondern elektromagnetische Aufzeichnungen speichert; deshalb beruht deren Montage auch nicht mehr auf

materialem Zerschneiden, vielmehr besteht das „Schneiden" im Mischen der elektronischen Aufzeichnungen durch Zuspielungen unterschiedlicher Bänder. Die „Geste der elektronischen Montage" ist das Drücken von Tasten in der richtigen Reihenfolge, *edit in, edit out, start.* Auf zwei Video-Maschinen laufen zwei Bänder parallel, und auf zwei Monitoren laufen zwei Bilder auf einen Schnittpunkt zu; dann erscheint eines der Video-Bilder auf beiden oder einem dritten Monitor. Zwischen den beiden Bildern gibt es eine Bewegung, die in der Herrschaft des einen Bildes über das andere mündet, indem das eine Bild das andere ersetzt (Godard). Diese Erfahrung liegt jeder elektronischen Montage zugrunde, egal wieviele Bildangebote für die Mischung zur Verfügung gestanden haben, am Ende wird es ein einziges Bild geben, das an die Stelle aller anderen getreten ist.

Um so wichtiger ist es, daß der Spielraum der Montage wieder hergestellt werden kann, der in einem kurzen Zeitraum der Bewegung der beiden Bilder auf ihren Schnittpunkt zu gegeben ist, der aber ausgedehnt werden kann: Es entsteht wieder ein Zwischenraum und mit ihm ein (fast) völlig neues, ein drittes Bild, das die Simultaneität der Bewegungen der beiden anderen ist. Nicht ein Bild soll über das andere herrschen, indem es an seine Stelle tritt, sondern beide sollen zugleich zu sehen sein und ihre Konfrontation in einem gemeinsamen Bild ausdrücken. Godard nutzt diesen neuen operativen Spielraum extensiv, den das dritte Bild, das das gemeinsame Bild der beiden anderen ist, im simultanen Bildraum des Monitors bietet. Eine neue „Geste elektronischer Montage" bildet sich, es ist die Überblendung von einem Bild auf das andere über ein drittes Bild mit einem Hebel *(„wipe");* das neue Bild kann unterschiedlich im Zwischenraum zwischen den beiden ankommenden Bildern aufgeteilt oder von dem einen zum anderen verändert werden, indem der Sektor des einen gegenüber dem des anderen Bildes verändert wird. Auch hier ist also der „Spielraum" der Montage zum Bildraum geworden, der eine variable Dauer *zwischen* den Bildern ermöglicht. Das neue, weil elektronische Bild ermöglicht, daß die beiden vorausgehenden in ihm aufgehoben „erscheinen", weil es sie nach wie vor sichtbar „enthält" (auch die Filmmontage kannte das doppelt belichtete gemeinsame Bild der beiden Einstellungen, zwischen denen übergeblendet wurde. Diese Zwischenbilder sind in der Regel auf ihre (narrative) Funktion als Bilder von Zwischen*zeiten* reduziert geblieben. Selten genug ist auch der filmische Bildraum durch *split screen* zum Spiel*raum* gleichzeitiger Aktionen – zum Beispiel bei Telefonaten von entfernten Orten – gemacht worden).

Auf Eisensteins Programm der „intellektuellen Montage" anspielend hat Godard, als er nach seiner Videoarbeit zum Film zurückkehrte, gesagt: „Film heißt nicht: ein Bild nach dem anderen, sondern ein Bild plus ein Bild, woraus ein drittes Bild entsteht. Dieses dritte Bild wird übrigens vom Zuschauer in dem Augenblick gebildet, wo er den Film sieht..."[3] Aber sein postmoderner Interpret Gilles Deleuze widerspricht: „Wir wissen, daß es so nicht ist. Godard

Wiping – Godards Videomontage

ist kein Dialektiker. Was bei Godard zählt ist nicht 2 oder 3, oder egal wieviel; was zählt ist das UND, das Bindewort UND. Das Wesentliche ist der Gebrauch, den Godard von dem UND macht."[4] Ein Film Godards von 1968 heißt ONE PLUS ONE und ist das beste Beispiel dafür, daß „etwas nicht in Ordnung ist. Es ist nicht in Ordnung zu sagen: hier Revolution, da Faschismus. Tatsächlich, wenn man die Dinge etwas anders ansieht, kann man das nicht mehr sagen."[5] Ein Bild und ein anderes Bild ergibt nicht mehr „einfach" ein drittes mentales Bild aus dem dialektischen Konflikt der beiden vorangehenden, wie das die „intellektuelle Montage" Eisensteins postuliert hatte. Was um so mehr zählt, ist das, was sie in Beziehung setzt, was *zwischen* ihnen passiert, dort, wo die Position des Zuschauers ist, wie er sich verhalten kann etc. Deshalb ist nicht Eisenstein, sondern Dziga Vertov derjenige, auf den Godards Montageverfahren zurückzubeziehen wäre; und nicht zufällig ist Godards Videoarbeit auch im Anschluß an die politische Filmarbeit der „Groupe Dziga Vertov" entstanden.[6] Montage hatte Vertov definiert als „Verbindung (Addition, Subtraktion, Multiplikation, Division und Ausklammerung) gleichartiger Teilstücke/Bilder, solange bis alle Teilstücke in eine rhythmische Reihe passen, in der alle Sinnverkettungen mit den visuellen Verkettungen zusammenfallen." Ziel ist der „Aufbau einer Filmsache auf ‚Intervallen', das heißt, auf der zwischenbildlichen Bewegung."[7] In Godards Videomontage wird diese zwischenbildliche Bewegung zu einem neuen Bild; tendenziell wird das gesamte Produkt zu einem Intervall, einem Dazwischen-Bild zwischen einem „Hier" und einem „Anderswo".

Der Film- und Videobeitrag ICI ET AILLEURS (HIER UND ANDERSWO) ist zwischen 1970 und 1975 entstanden. Das ursprüngliche Filmprojekt (der „Groupe Dziga Vertov") hieß „Jusqu'à la victoire" und sollte ein Bericht über den Kampf der Palästinenser gegen den Staat Israel werden, ist aber unveröffentlicht geblieben. 1974 hat Godard dann das Filmmaterial in seinem Videostudio in der Schweiz neu montiert; er fragt sich jetzt, wem er die Bilder, die er „anderswo" im Libanon gedreht hat, „hier" in Frankreich eigentlich zeigen will: Die Menschen haben ihre eigenen alltäglichen Sorgen, die sie mit lauten Bildern und Tönen des Fernsehens kompensieren und gegen die jene Bilder von „anderswo" sich erst noch durchsetzen müßten. Auf dem heimischen Bildschirm selbst kommt es zu einer Konkurrenz der Bilder, wo ein Bild das nächste verjagt, sich an seine Stelle setzt und wieder von einem nächsten Bild verdrängt wird. Eine nicht abreißende Kette von Bildern, die den Blick fesseln, ohne ihm etwas zu „sehen" zu geben. Godard hat die Kritik dieser „Ankettung" des Blicks an den Strom der Bilder zum Bestandteil seines Videos gemacht: Vor der Videokamera hat er „Bildträger" an der Kamera vorbeidefilieren lassen (vgl. Abb. 9 bis 13): Kaum hat einer das Bild vor das Objektiv gehalten, kaum hat die Kamera ein Bild „aufgenommen", schon drängt das nächste nach und verdrängt das vorangegangene Bild.

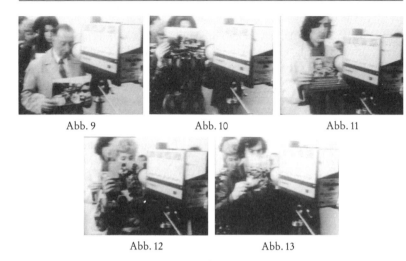

Abb. 9　　　　　Abb. 10　　　　　Abb. 11

Abb. 12　　　　　Abb. 13

Eine neue, andere Szene entsteht vor der Kamera. Sie beruht nicht mehr auf dem vor-*filmischen* Spielraum einer *mise en scène;* vielmehr ist sie die post-filmische Inszenierung (d. h. mit projizierten Bildern) aus dem Nebeneinander der Fernsehbilder, die sich nicht mehr zu einem einzigen dominierenden Bild mischen, sondern in ihrer Unabhängigkeit ständig abrufbar bleiben, immer auswechselbar gegen ein anderes. Godards Bild von „anderswo" ist nur eines unter Millionen anderen, das „hier" ein unbedeutendes Glied in einer Kette ist, wo nur die Kette „Sinn" macht (die ununterbrochene Flut der Bilder), nicht das eine oder andere Bild. Er reagiert also auf den Strom und die Konkurrenz der Bilder, nicht indem er noch einmal versucht, (s)ein Bild über die anderen „siegen" zu lassen, sondern indem er eine neue Bilderkette aus der Gleichzeitigkeit der anderen, aus der Fußballübertragung, dem Porno, der Nachrichtensendung, der Krimiserie etc. schafft und so etwas kritisiert, indem er es sichtbar macht. Zur selben Zeit ist in den USA für das Hin- und Herspringen von einem Fernsehkanal zum anderen, die „Montage" per *remote-control* also, das Wort *zapping* eingeführt worden[8].

„Montage" bezieht sich nicht mehr auf einen vor-filmischen Raum, der zum Bildraum geworden ist und dessen Zwischenräume der „Schnitt" als Spielraum nutzt, um ihn in eine raum-zeitliche De-Komposition aufzulösen; der post-filmische Raum besteht vielmehr aus unendlich vielen Bildern, die aus allen (Fernseh-)Kanälen auf den Bildschirm drängen: Montage heißt dann nur noch, einen „Schnitt" machen im Kontinuum des Bilderchaos und einen neuen Zwischenraum etablieren, eine „zwischenbildliche Bewegung", die weder das „Hier" noch das „Anderswo", sondern das „UND" bedeutet. Das UND der Videomontage liegt in der Geste des *wiping*: Mit dem Kipphebel von einem Bild zu einem anderen schalten und „dazwischen" stehenbleiben, beide Bilder in einem dritten zeigen, im schnellen Wechsel das Flimmern zwischen beiden

Wiping – Godards Videomontage

Bildern erscheinen lassen, das das UND ist. Das UND ist nicht nur Kopula (ein Bindewort/-bild), Kupplerin zwischen zwei Bildern, sondern auch Kontrast, Opposition, die in ihrem Bildraum neue „lesbare" Bedeutungen produziert: Zum Beispiel wird das Portrait des damaligen US-Außenministers Kissinger einmal mit einem Porno-Popo und dann mit einem revolutionären Plakat der Palästinenser in Beziehung gebracht (vgl. Abb. 14 und 15).

Abb. 14   Abb. 15

Godards Lesart der Geschichte der palästinensischen Revolution verbindet die amerikanischen und die sowjetischen Interessen zu einer unheiligen Allianz zwischen dem amerikanischen Präsidenten Nixon UND seinem sowjetischen Kollegen Breschnew, deren Annäherung zu Lasten der palästinensischen Interessen ging (vgl. Abb. 16 bis 19).

Abb. 16   Abb. 17   Abb. 18

Abb. 19

Auf dem Monitorbild als neuem Spielraum der elektronischen Montage kämpfen (per „*wiping*") ein palästinensisches Plakat und ein Bild der damaligen Präsidentin Israels Golda Meir miteinander. Die vorübergehende Verbindung zwischen beiden Bildern läßt ein neues, elektronisches Montagebild entstehen (vgl. Abb. 20 bis 24).

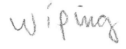

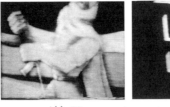
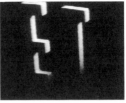

Abb. 20 Abb. 21

Abb. 22 Abb. 23 Abb. 24

Der erste Spielfilm Godards, der die Videomontage anwendet, ist NUMÉRO DEUX (1975). Noch ist „Montage" (wie in ICI ET AILLEURS) doppelt, d. h. zugleich vor- und post-filmisch, verwendet: *vor* der Kamera sind wie auf einer Bühne Monitore arrangiert, deren (post-filmisch) laufende Bilder sich zu Szenen zusammensetzen, die aus bewegten Bildern bestehen, zu denen Schrifteinblendungen hinzukommen. So bleibt einerseits das einzelne Monitorbild durchweg als Bild-im-Bild erhalten und wird mit anderen Monitorbildern kombiniert; das *wiping* und Splitten des einzelnen Monitorbildes wird andererseits von Godard für die Demonstration der Gleichzeitigkeit von Gegensätzen benutzt. Zum Beispiel ist die Wirklichkeit des Traumes ein Bild, das gleichzeitig auf demselben Monitor mit dem Bild der Schlafenden erscheint – beide Bildanteile variieren. Das Bild der Arbeit und das Bild der Sexualität können in demselben Bild kombiniert (Sexualität als familiäre Form der Reproduktion von Arbeit) und kontrastiert werden (Sexualität als gewaltförmige Reaktion auf Arbeit); das Bild ihrer Familie wird im elektronisch ausgestanzten Bild des Kopfes einer Frau sichtbar...

Das Monitorbild als „Schauplatz" (oder Tableau) für das UND zwischen einem Mann und einer Frau, für das, was zwischen den Bildern von beiden ein Zwischenbild ergibt, das nicht mehr fixiert dieses oder jenes ist, sondern experimentell funktioniert, als Suche nach der Identität aus dem, was zwischen den Bildern beide verbindet oder trennt, eine derartige Montagesequenz zeigt Godard in dem Kapitel PHOTO ET CIE seiner Fernsehserie SIX FOIS DEUX (SUR ET SOUS LA COMMUNICATION) (1976). Das Monitorbild hört in diesem Moment auf, Projektionsfläche für den Kampf der Bilder zu sein, wo eines das andere verdrängt, es wird zum Schauplatz der Beziehungen zwischen den (zwei) Bildern, die jedes für sich autonom bleiben und nur auf dem Monitor durch das *wiping* interagieren. Durch das Einfügen von Linien, die die Grenzen zwischen den Bildern nachziehen, und das Einschreiben von Wörtern wird dieses Zwischenbild zwischen zwei Bildern endgültig zu einem neuen, dritten Bild, das „lesbar" geworden ist, indem es auf sich selbst als „Bild" verweist und so womöglich dazwischenkommt, zwischen die endlosen Ketten der Bilder, die nichts mehr bedeuten (vgl. Abb. 25 bis 30).

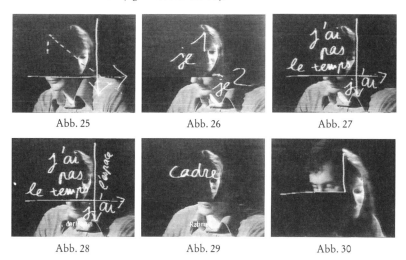

Abb. 25   Abb. 26   Abb. 27

Abb. 28   Abb. 29   Abb. 30

Godard hatte 1978 in Montreal eine Vorlesungsreihe zur Filmgeschichte fortgeführt, die Henri Langlois, der Leiter der Pariser Cinémathèque, dort begonnen hatte. Filmgeschichte sollte nicht mehr wie üblich die Chronologie der Filmtitel und Regisseure, die Abfolge der Stile, Firmen, Stars und Sternchen sein, sondern die kontrastive Verbindung von Geschichten, Bildern, Ereignissen, Personen, die sich mit den Bildern und Ereignissen der Geschichte durchsetzen. Filmgeschichte als Montage und Kompilation von Bewegungen (fiktionalen und dokumentierten) in Filmen: Der erste Band dieser „Einführung in eine wahre Geschichte des Kinos" ist als Buch[9], der (vorläufig) zweite „Band" ist als zweiteilige Fernsehserie HISTOIRE(S) DU CINÉMA, vom privaten französichen Fernsehprogramm (Canal plus) produziert, erschienen. Es gibt zwei Teile, TOUTES LES HISTOIRES und UNE HISTOIRE SEULE, Mittelpunkt dieser Geschichte(n) ist Godard selbst; ganz allein konfrontiert er sich mit Personen (zum Beispiel dem Hollywood-Boss Irving Thalberg) und produziert Filmgeschichte(n) aus Konstellationen zwischen Personen (der Familie Lumière, Film-Ehepaaren etc.). Godard ist „Gärtner im Garten der Bilder und Töne", wo das Gewirr der Geschichte als Einbildung sich ordnet, wenn Siegfried aus Fritz Langs NIBELUNGEN (Abb. 31), deutsche Panzer im französischen Limousin (Abb. 32) und hinter der Siegfried-Linie (Abb. 33), Monets impressionistisches Bild dieser schönen Landschaft (Abb. 34), in die deutsche Soldaten ein-

Abb. 31   Abb. 32   Abb. 33

Abb. 34   Abb. 35   Abb. 36

Abb. 37

dringen (Abb. 35 und 36), und Chaplins „GROSSER DIKTATOR" (Abb. 37) in einer Montage ein neues Bild ergeben, das Filmbilder, Geschichtsbilder und Bilder der Malerei argumentativ zusammenfaßt. Verbunden sind sie durch harte Schnitte und das *wiping*, das in Überblendungen Bilder der größten Nähe und der äußersten Gegensätze – der Panzer und Soldaten, Monets impressionistischer Landschaft und des Siegfried aus Langs Film, die eine furchtbare Verbindung im Krieg eingegangen sind – ermöglicht.

Godards Praxis der elektronischen Montage nutzt durchaus nicht alle die Mittel, die heute in den Clips der Werbung, in den sogenannten Logos, in der Pop-Musik und Avantgarde üblich sind. Um so deutlicher ist bei ihm der Zwischenbereich zwischen Filmmontage und elektronischer Montage noch erkennbar: Neue Bilder entstehen aus alten, Bilder bilden Bilder ab, Bilder (alte und neue) durchdringen sich, und hinter den Bildern sehen immer nur wieder Bilder hervor. Indem Godard diese vollkommenen Einbildungen als Prozeß verdeutlicht, besteht er auch auf der Reflexion dieses Vorgangs, den er anfangs sogar als Simultaneität der Monitorbilder auf der Bühne vor der Kamera demonstriert. *Wiping* ist (s)eine wesentliche Montage-Geste, ein allmähliches Umschalten von einem auf ein anderes Bild. Während dieses Schaltens entsteht

Anmerkungen 251

ein neues, ein drittes Bild, das die beiden anderen für einen Moment enthält: Ein Hin und Her, ein Verschieben der Grenze zwischen den Bildern, ein Mehr und Weniger; das ist das Erzählen im elektronischen Bildraum des Monitors, das ist auch der Versuch, den Fluß der Bilder (und Töne) vor unseren Augen und durch unsere Köpfe anzuhalten und zu komprimieren im Kampf der Bilder um unsere Erinnerung.

Anmerkungen

[1] Jean-Luc Godard: *Schnitt, meine schöne Sorge* (1956), in: *Godard, Kritiker. Ausgewählte Kritiken und Aufsätze über Film (1950–1970)*. München 1971, S. 38–40.

[2] ebd. S. 39.

[3] Jean-Luc Godard: *Rede mit Unterbrechungen* [*Sauve qui peut (la vie)*, 1979], in ders.: *Liebe, Arbeit, Kino*. Berlin 1981, S. 43–44.

[4] Gilles Deleuze: *Veränderung, was ist das? Gilles Deleuze und „Six fois deux"*, in: *Filmkritik*, Nr. 242, Februar 1977 [*Cahiers du Cinéma*, No 271, Novembre 1976]

[5] Jean-Luc Godard: *Einführung in eine wahre Geschichte des Kinos*. Frankfurt/Main 1984, S. 305.

[6] Diese Gruppe wurde von Godard und Jean-Pierre Gorin im Anschluß an den Mai '68 in Paris gegründet. Es entstanden eine Reihe von politischen Filmen, darunter VENT D'EST (unter Beteiligung von Cohn-Bendit), LUTTES EN ITALIE (1969), PRAVDA (1970); nach TOUT VA BIEN (1972) haben sich Godard und Gorin getrennt, die Gruppe hat sich aufgelöst. (s. Godard über die „Groupe Dziga Vertov" in: *Sozialistische Zeitschrift für Kunst und Gesellschaft*, Nr. 7, 1971, S. 53–59.)

[7] Dziga Vertov: *Vom „Kinoglaz" zum „Radioglaz" (Aus den Anfangsgründen der Kinoki)*, in ders.: *Schriften zum Film*, München 1973, S. 78, 79.

[8] Vgl. Dominique Chateau: *L'effet zapping*, in: *Communications*, No 51, 1990 (Télévisions, mutations), S. 45–55.

[9] Jean-Luc Godard: *Einführung in eine wahre Geschichte des Kinos*. Frankfurt/Main 1984.

Über die Autoren

STEFAN ARNSTEN, Studium in Los Angeles, University of Southern California (USC): Theater- und Filmwissenschaft; Ferienjobs bei Paramount, danach Anstellung bei Paramount Studios in *post production* als Assistent und Ton- und Musik-Cutter.
Film editor in den Studios von Warner Bros., 20th Century Fox und Universal, in der Fernsehabteilung sowie bei Filmproduktionen.
Mitglied der Film Editors Guild local 776 I. A. und der Academy of Motion Picture Arts and Sciences.
Im Rahmen des Projekts „Abschreibungsfilme" nach Deutschland gekommen und seitdem in München, Zürich und Berlin arbeitend.

THOMAS BALKENHOL, geb. 1950, Absolvent der Hochschule für Fernsehen und Film (1973–77), seit 1980 vorwiegend als Cutter längerer Dokumentationen tätig: Zusammenarbeit mit Pierre Hoffmann, Peter Heller, Werner Herzog, Klaus Stanjek, Ingemo Engström, Rolf Silber, Yusuf Kurçenli, Hans A. Guttner, Johann Feindt, Panikos Chrysanthou, Wolfram Viertel, Christof Bökel, Hans Prockl, Sylvio Heufelder, H. P. Meier u. a.
Collagearbeiten mit Ausstellungen in der Türkei und der BRD; Regie bei TO AROMA TON PRAGMATON (1990).
Veröffentlichung: *Karikatürkei von 1946–81*, Hamburg 1981.
Gründungsmitglied von SinemaTürk e. V. und Griechisches Filmforum, lebt unter den vereinten Nationen von München (Griechen, Türken, Bayern, Kurden, Italienern...) und spricht sieben europäische Dialekte.

HANS BELLER, geb. 1947, Absolvent der Hochschule für Fernsehen und Film. Psychologie-Studium an der Ludwig-Maximilians-Universität München (Wahrnehmungspsychologische Diplomarbeit über Filmmontage, 1977).
Bis heute freier Mitarbeiter beim Fernsehen (Dokumentarfilme, filmhistorische Kompilationsfilme...). Professor für Filmgeschichte, Filmästhetik und Filmmontage an der Fachhochschule Rosenheim (Szenografie) und der Filmakademie Baden-Württemberg in Ludwigsburg (Film- und Medieninformation). Der vorliegende Band ist der Abschluß des an der Münchner Hochschule für Fernsehen und Film durchgeführten Forschungsprojektes „Filmmontage".

CHRISTINE N. BRINCKMANN, Dr. phil., geb. 1937 in China, Studium der Anglistik, Altphilologie, Kunstgeschichte etc. in Bonn, Berlin und Frankfurt a. M., Promotion über das Lesedrama der englischen Romantik (1975). Seit 1972 zunächst Assistentin, dann Wissenschaftliche Rätin für Amerikanistik und Filmwissenschaft an der Goethe-Universität Frankfurt. Seit 1989 Ordinaria für Filmwissenschaft an der Universität Zürich. Gleichzeitig Filmemacherin im Bereich Experimentalfilm. Schwerpunkt in Forschung und Lehre: Hollywoodästhetik und Erzählforschung, amerikanischer Dokumentarfilm, Experimentalfilm international.

OKSANA BULGAKOWA, Dr. phil., geb. 1954 in Moskau, absolvierte 1978 die Filmwissenschaftliche Fakultät des Allunionsinstituts für Kinematographie der UdSSR (WGIK) in Moskau. Lebt seit 1978 in Berlin. 1978/79 Teilnahme an einem Szenaristenlehrgang der

Über die Autoren   253

Hochschule für Film und Fernsehen der DDR, Babelsberg. 1979–1982 Aspirantur an der Theaterwissenschaftlichen Fakultät der Humboldt-Universität, Berlin. Promotion 1982 zum Dr. phil.; 1982–1984 Seminare an der Theaterwissenschaftlichen Fakultät der Humboldt-Universität und der Theaterhochschule „Hans Otto", Leipzig, zur Theateravantgarde in der Sowjetunion von 1917–29 und zur sowjetischen Dramatik 1917–29. Außerdem tätig als freischaffende Journalistin, Autorin, Übersetzerin und Herausgeberin in Berlin. 1985–90 Mitarbeit in der Forschungsgruppe Film des Instituts für Darstellende Kunst an der Akademie der Künste der DDR.

Jo HEIM, geb. 1958 in Stuttgart; 1977 Abitur in Stuttgart; 1977–83 Studium der Betriebswirtschaftslehre an der Ludwig-Maximilians-Universität München; 1983 Abschluß als Diplom-Kaufmann, Spezialgebiete: Marketing, Werbepsychologie; 1984–92 Studium an der Hochschule für Fernsehen und Film (HFF), Abteilung Spielfilm; bis 1990 Regie bei Kurzspielfilmen und TV-Shows.
Seit 1990 Lehraufträge an der Hochschule für Fernsehen und Film; Kameramann-Workshops mit Michael Ballhaus, Jürgen Jürges, Robby Müller, Wim Wenders, Haskell Wexler und Vilmos Zsigmond; Kameramann bei Spiel- und Dokumentarfilmen, Videoclips und Werbespots.

URSULA HÖF, nach Abitur und Berufsuche (Theaterwissenschaft), von der Studentenbewegung nach Berlin gelockt, seit 1970 Cutterassistentin, seit 1975 freie Cutterin im Spiel-, Dokumentar- und Kinderfilm. Lebt in Hamburg.
Zusammenarbeit mit Helke Sander, Jutta Brückner, Margit Czenki, Thomas Draeger, Helmut Käutner, Rolf Schübel, Franz Winzentsen, Detlef Gumm und Hans-Georg Ullrich. Seit 1982 auch diverse Lehrtätigkeiten im Filmschnitt.
Filme: DIE ALLSEITIG REDUZIERTE PERSÖNLICHKEIT, DER SUBJEKTIVE FAKTOR, EIN BLICK – UND DIE LIEBE BRICHT AUS, KOMPLIZINNEN, METIN, LISA UND DIE RIESEN, DAS HEIMWEH DES WALERJAN WRÓBEL, DER UNTERGANG DES GOLDENEN WEBSTUHLS, DER LEIBWÄCHTER, DIE PIEFKE-SAGA.

ANDREAS KÖBNER, geb. 1951, als Kind Musikunterricht (Konservatorium Heidelberg); 1970 Abitur in Heidelberg, Studium an der Filmhochschule München (HFF); 1974 Abschluß des Studiums, Arbeit als Kamera- und Tonmann, dadurch Finanzierung eines privaten Kompositions-Studiums ab 1976 bei zwei Professoren der Münchner Hochschule für Musik; ab 1977 erste Kompositionsaufträge, vor allem für TV und Kino.
Seither Komposition von Filmmusik zu zahlreichen (insgesamt über 100) Produktionen fürs Kino (z. B. DIE KATZE von Dominik Graf) und furs Fernsehen (z. B. zahlreiche TATORT-Folgen).

JOACHIM PAECH, Dr. phil., Professor für Medienwissenschaft an der Universität Konstanz. Arbeitsgebiete sind Theorie und Geschichte der Medien, besonders des Films, im Vergleich mit der Literatur und bildenden Kunst. Veröffentlichungen u. a. zu *Methoden der Filmanalyse, Literatur und Film, „Passion" von J.-L. Godard.*

J.M. PETERS, em. Prof. Dr., geb. 1920, Studium Germanistik, Gründer und erster Direktor der Filmhochschule in Amsterdam (1958), Privatdozent (1957) und später Professor für Filmtheorie an der Universität von Amsterdam, seit 1967 Ordinarius für

Kommunikationswissenschaft (Spezialität Filmtheorie und Theorie der audiovisuellen Kommunikation) an der Katholischen Universität Leuven. Wichtigste Bücher: *De taal van de film*, Den Haag 1950; *Education cinématographique*, Unesco 1961; *De montage bij film en televisie*, Haarlem 1969; *Theorie van de audiovisuele communicatie*, Groningen 1972; *Leggere l'immaggine*, Torino 1973; *Roman en film*, Groningen, 1974; *Pictorial signs and the language of film*, Amsterdam, 1981; *Het filmische denken*, Leuven/Amersfoort 1989.

RUDI REINBOLD, geb. 1954. Abitur Schule Schloß Salem. Magister der Philosophie und Linguistik, Universität Konstanz, 1978. Master of Fine Arts, California Institute of the Arts, Los Angeles 1983. 1973–1980 Kino-Betreiber in Konstanz. Seit 1984 freiberuflicher Schnittmeister mit eigenem Gerätepark in München und Berlin. Lehrbeauftragter an der Hochschule für Fernsehen und Film, München in den Bereichen Filmschnitt und optische Auflösung.
Preisgekrönte Eigenproduktionen: PSYCHIC SEASONS 1982, CITY OF DREAMS 1984, DAS CELLER LOCH 1989. Filmschnitt (Auswahl): UNTERNEHMEN OUTLAW, GESUCHT: MONIKA ERTL, DIE SCHÖNHEIT DES SCHIMPANSEN, BAVARIA BLUE, DER HAMMERMÖRDER, Fernsehserie DAS AUGE GOTTES, ROTLICHT.

GERHARD SCHUMM, Dr. phil., geb. 1950, Ausbildung zum Filmregisseur und Diplompsychologen, Promotion im Fach Kommunikationswissenschaft. Lebt in Berlin, arbeitet seit 1975 als Filmautor und Cutter, ist seit 1976 Lehrbeauftragter und Dozent an verschiedenen Universitäten, Kunst- und Fachhochschulen (FU-Berlin, HdK-Hamburg, FHSS-Berlin); Gastprofessor an der Humboldt-Universität zu Berlin. Zahlreiche Dokumentarfilme für verschiedene Fernsehanstalten. Filmwissenschaftliche Veröffentlichungen zu Fragen der Werkanalyse von Filmen, zum Verhältnis von Filmtechnologie und Ästhetik und zur sozialen Kulturarbeit mit Video. Buchveröffentlichung u. a.: *Der Film verliert sein Handwerk. Montagetechnik und Filmsprache auf dem Weg zur elektronischen Postproduction.* (1989, 2. Aufl. 1992, Münster: MAkS.)

HANS J. WULFF, Dr. phil., geb. 1951, Film- und Fernsehwissenschaftler. Als Wissenschaftlicher Rat am Institut für Semiotik und Kommunikationstheorie der FU Berlin. Ausbildung als Linguist, Pädagoge und Philosoph. Langjährige Tätigkeit in der kommunalen Kino- und Videoarbeit. Zahlreiche Publikationen zu semiotischen, filmtheoretischen und fernsehwissenschaftlichen Fragen, darunter zahlreiche bibliographische Arbeiten.
Mitherausgeber der *Montage/AV*. Bücher: *Zur Textsemiotik des Titels* (1978); *Die Erzählung der Gewalt* (1985); *Konzeptionen der psychischen Krankheit im Film* (1985).

Bibliographie

Geschichte, Technik und Ästhetik der Montage und des Filmschnitts

Achtenberg, Ben: *Helen van Dongen: An Interview.* In: *Film Quarterly,* Winter 1976/ 77, S. 46–57 (mit bio- und bibliographischen Hinweisen).

Albersmeier, Franz-Josef (Hg.): *Texte zur Theorie des Films.* Stuttgart 1979 (mit Texten von Eisenstein, Pudowkin, Bazin u. a.).

Allen, Dede: siehe David Prince, Peter Lehman and Ohio University students.

Amengual, Barthélemy: *Du montage au découpage.* In: *Image et Son.* März 1952, S. 6–8.

Arcalli, Kim: Marco Giusti, Enrico Ghezzi (Hg.): *Montare il cinema.* Venezia 1980. 172 S.

Arijon, Daniel: *Grammar of the Film Language.* London, New York 1976. 624 S., Abb.

Arnheim, Rudolf: *Film als Kunst.* München 1974 (1932). S. 35–43: *Wegfall der raumzeitlichen Kontinuität.* S. 110–124: *Künstlerische Ausnutzung des Wegfalls der raumzeitlichen Kontinuität.*

Ash, René, L.: *The Motion Picture Editor.* Metuchen, N. J. 1974. 174 S., Abb.

Assayas, Olivier; Toubiana, Serge: *Profession: monteuse. Entretien avec Thelma Schoonmaker.* In: *Cahiers du Cinéma,* Nr. 321, März 1981, S. III–V.

Aumont, Jacques: *Le concept de montage.* In: *Cahiers du Cinéma,* Nr. 211, April 1969, S. 46–51.

Aumont, Jacques: *L'Effet Kulechov existe-t-il?* In: *Iris, A Journal of Theory on Image and Sound. The Kuleshov Effect.* Vol. 4, Nr. 1, Sommaire 1986.

Aumont, Jacques: *Le Montage.* In: *L'Esthétique du film.* Chapitre 2. Paris 1983, S. 37–62.

Avakian, Aram: *On the Editor.* In: Fred Baker (Hg.): *Movie People.* London 1972, S. 123–145.

Baddeley, H. und Fischer, Egon: *Filmschnitt und Montage.* Düsseldorf 1963 (Original engl. *How to edit* 1951).

Balázs, Béla: *Schriften zum Film.* Hg. von Helmut H. Diederichs und Wolfgang Gersch. Band 2: *Der Geist des Films.* München 1984. S. 82–93: *Montage;* S. 93–109: *Montage ohne Schnitt.*

Balmuth, Bernard, A. C. E.: *Introduction to Film Editing.* Boston, London 1989.

Barraqué-Curie, Martine: siehe *Cicim.*

Bazin, André: *Cinéma et télévision.* In: *France-Observateur,* 23. 10. 1958 (Interview mit Jean Renoir und Roberto Rossellini vor allem über Fragen der Montage); engl.: *Cinema and television.* In: *Sight and Sound,* Winter 1958–59, S. 26–30.

Bazin, André: *L'évolution du langage cinématographique.* In: A. B.: *Qu'est-ce que le cinéma?* Bd. 1: *Ontologie et langage.* Paris 1958, S. 131–148; dt.: *Die Entwicklung der kinematografischen Sprache.* In: A. B.: *Was ist Kino?* Köln 1975, S. 28–44.

Bazin, André: *Montage interdit.* In: *Cahiers du Cinéma,* Nr. 65, Dezember 1956, S. 32–36; nachgedruckt in: A. B.: *Qu'est-ce que le cinéma?* Bd. 1, S. 117–129.

Bilowit, William: *A Montage of Feature Film Editors Discuss Their Craft.* In: *Millimeter,* September 1978, S. 58–64, 82.

Bitomski, Hartmut: *Montage. Geographie und Bühne, Symbole und Wirklichkeit.* In: *Filmkritik,* 1. April 4/1975.

Blumenberg, Hans C.: *Film positiv.* Düsseldorf 1968. S. 80–92: *Arbeit am Schneidetisch – Der Filmschnitt/Der Tonschnitt.*

Bobker, Lee R.: *Elements of Film.* New York u. a. 1969. S. 129–156: *Editing.* Third Edition 1979, S. 119–144.

Borger, Lenny; Morel, Catherine: *Chef monteuse de mère en fille.* In: *Cinématographe,* Nr. 104, November 1984, S. 61–66 (Yvonne Martin über ihre Mutter, Marguerite Beaugé, Cutterin von Abel Gance).

Booth, Margaret: Siehe Kahn Atkins, Irene.

Booth, Margaret: *The Cutter.* In: Stephen Watts (Hg.): *Behind the Screen. How Films are Made.* London 1938, S. 147–153.

Bordwell, David: *The Idea of Montage in Soviet Art and Film.* In: *Cinema Journal,* Frühjahr 1972, S. 9–17.

Bordwell, David; Staiger, Janet; Thompson, Kristin: *The Classical Hollywood Cinema. Film Style & Mode of Production to 1960.* New York 1985. 506 S., Abb.

Bordwell, David: *Narration in the Fiction Film.* London 1985. 370 S., Abb.

Bordwell, David; Thompson, Kristin: *Film Art. An Introduction/Second Edition.* USA 1986. S. 199–231; *Seventh/The Relation of Shot to Shot: Editing.* S. a. S. 359 ff. über sowjet. Montage.

Bottomore, Stephen: *Shots in the Dark. The Real Origins of Filmediting. Sight & Sound – International Film Quarterly.* British Filminstitute London, Summer 1988, Volume 57 No. 3.

Bowser, Eileen: *The Reconstitution of „A Corner in Wheat".* In: *Cinema Journal,* Frühjahr 1976 (über verschiedene Fassungen des Griffith-Films).

Breitel, Heidi; Waelchli, Elizabeth: *Praxis im Schneideraum.* (Mit Zeichnungen von Peter Lustig.) Berlin: Deutsche Film- und Fernsehakademie Berlin 1975. 51 S., Abb.

Brownlow, Kevin: *The Parade's Gone By...* London 1968. S. 279–287: *Editing: The Hidden Power.* S. 301–305: *Margaret Booth.* S. 307–311: *William Hornbeck.*

Burch, Noël: *Praxis du cinéma.* Paris 1969. S. 52–74: *Plastique du montage.*

Burder, John: *The Technique of Editing 16mm Films.* London, New York 1970. 152 S.

Burgoyne, R.: *The political Topology of Montage: The Conflict of Genres in the Films of Godard.* In: *Enclitic Vol. 7,* No 1, 1983.

Carroll, Noël: *Toward a Theory of Film Editing.* In: *Millenium,* Nr. 3, Winter–Frühjahr 1979, S. 79–99.

Casty, Alan: *The Dramatic Art of the Film.* New York, Evanston, London 1971. S. 80–102: *Editing.*

Chase, Donald (Hg.): *Filmmaking. The Collaborative Art.* Boston, Toronto 1975. S. 234–270: *The Editor.*

Chateau, Dominique: *L'Effet Koulechov et le cinéma comme art.* In: *Iris, A Journal of Theory on Image and Sound. The Kuleshov Effect.* Vol. 4, Nr. 1, Sommaire 1986.

Churchill, Hugh B.: *Film Editing Handbook: Technique of 16mm Film Cutting.* Belmont, Cal. 1972. 198 S., Abb.

Bibliographie   257

Cicim: Arbeiten mit François Truffaut. In: *Cicim Revue. Pour le cinéma Français.*
Nr. 19/20 Mai 1987. Editée par le Centre d'Information Cinématographique de l'Institut
Français de Munich. S. 88 ff.: *Yann Dedet, Cutter* und S. 100 ff.: *Martine Barraqué-
Curie, Cutterin.*

Clark, James: siehe Hudson, Roger.

Cole, Sydney: *Film Editing. A speech delivered at the BFI's summer school at Bangor,
August 1944.* London: British Film Institute 1944. 15 S.

Colpi, Henri: *Dégradation d'un art: le montage.* In: *Cahiers du Cinéma,* Nr. 65, Dezember 1956, S. 26–29, dt.: *Die Montage oder der Verfall einer Kunst.* In: Theodor Kotulla
(Hg.): *Der Film.* Band 2. München 1964, S. 148–152.

Crittenden, Roger: *The Thames and Hudson Manual of Film Editing.* London 1981.
160 S., Abb.

Cutter 92/93, Bundesverband Filmschnitt · Cutter e. V. München.

Cutterinnen. In: *Frauen und Film,* Nr. 9, Oktober 1979, S. 1–56.

Dadek, Walter: *Das Filmmedium. Zur Begründung einer Allgemeinen Filmtheorie.* München, Basel 1968. Insbes. 3. Kapitel: *Die Bilderreihe.*

Damico, James: *New Marches in Place: „Kane's" Newsreel as a Cutting Critique.* In:
Cinema Journal, Frühjahr 1977, S. 51–58.

Dart, Peter: *Pudovkin's Films and Film Theory.* New York 1974. 237 S., Abb.

Dedet, Yann: siehe *Cicim.*

Deleuze, Gilles: *Das Bewegungs-Bild. Kino I.* Frankfurt a. M. 1989 (1983) (Übers. von
Ulrich Christians und Ulrike Bokelmann). S. 49–83, Kapitel 3: *Montage.*

Dialogue on Film: Verna Fields. In: *American Film,* Juni 1976, S. 33–48 (Gespräch im
American Film Institute).

Di Franco, Philip: *Past, Present, Future in Cinema.* In: *Cinema Journal,* Herbst 1968.

Dmytryk, Edward: *On Film Editing. An Introduction to the Art of Film Construction.*
Boston, London 1984. 148 S.; auch enthalten in: Edward Dmytryk: *On Filmmaking.*
Boston, London 1986, S. 409–534.

Dossier: *Les monteurs.* In: *Cinématographe,* Nr. 108, März 1985, S. 1–48.

Du Montage. In: *Copie zéro* (Montreal), Nr. 14, 1982, S. 1–62.

Durgnat, Raymond: *Through the Looking Sign.* In: *Quarterly Review of Film Studies,*
Herbst 1983, S. 1–18.

Durgnat, Raymond: *Ebb and Flow.* In: *Films and Filming,* August 1968, S. 12–17 (zur
Geschichte der Filmmontage).

Durgnat, Raymond: *The Impossible Takes a Little Longer.* In: *Films and Filming,*
September 1968, S. 12–16 (über Montage in den 60er Jahren).

Ebert, Jürgen: *Montage Editing Schnitt.* In: *Filmkritik,* Dezember 1979, S. 547–558.

Eisenstein, Sergej M.: *Ausgewählte Aufsätze.* Berlin (DDR) 1960. 593 S., Abb.

Eisenstein, Sergej M.: *Schriften 1. Streik.* München 1974, 332 S., Abb. (mit Materialien
zur Montage).

Eisenstein, Sergej M.: *Schriften 2. Panzerkreuzer Potemkin.* München 1973, 268 S., Abb.
(mit Materialien zur Montage).

Eisenstein, Sergej M.: *Schriften 3. Oktober.* München 1975, 376 S., Abb. (mit Materialien
zur Montage).

Eisenstein, Sergej M.: *Schriften 4. Das Alte und das Neue (Die Generallinie)*. München 1984, 288 S., Abb. (mit Materialien zur Montage).

Eisenstein, Sergej M.: *Das dynamische Quadrat. Schriften zum Film*. Leipzig 1988, S. 79.

Eisenstein, Sergej: *Towards a Theory of Montage*. In: *S. M. Eisenstein: Vol. II*. Hrsg. von Richard Taylor und Michael Glenny. London 1991.

Everson, William K.: *Stock Shots*. In: *Films in Review*, Januar 1953, S. 15–20; nachgedruckt in: *Sight and Sound*, April–Juni 1953, S. 183–184. Ergänzt von W. K. E. in: *Films in Review*, April 1955, S. 171–180.

Farocki, Harun: *Die Aufgabe des Schnittmeisters: Ökonomie. Gespräch mit Peter Przygodda*. In: *Filmkritik*, Oktober 1979, S. 487–492.

Falkenberg, Paul: *The Editor's Role in Film Making*. In: *Cinema Journal*, Winter 1967/ 68, S. 22–28.

Farocki, Harun: *Was ein Schneideraum ist*. In: *Filmkritik*, Januar 1980, S. 2–4.

Fell, John L. (Hg.): *Film Before Griffith*. Berkeley u. a.: 1983. S. 225–373: *The Films* (mit umfangreicher Bibliographie S. 375–381).

Felonow, Lew: *Film als Montage*. In: *Information* (Potsdam), Nr. 3–4/1972, S. 1–162.

Fields, Verna: Siehe *Dialogue on Film;* Gow, Gordon; Padroff, Jay.

Fischer, Egon: siehe Baddeley, H.

Gaudreault, André: *Detours in Film Narrative: The Development of Cross-Cutting*. In: *Cinema Journal*, Herbst 1979, S. 39–59.

Gentner, Richard; Birdsall, Diane: *Sam Peckinpah: Cutter*. In: *Film Comment*, Januar–Februar 1981, S. 35–37 (über die Montage in Peckinpahs Filmen).

Gessner, Robert: *The Moving Image. A Guide to Cinematic Literacy*. New York 1968. S. 311–340: *The Faces of Time Edited* (und an anderen Stellen).

Godard, Jean-Luc; Lucas, Hans: *Défense et illustration du découpage classique*. In: *Cahiers du Cinéma*, Nr. 15, September 1952, S. 28–32; dt.: *Verteidigung und Darlegung der klassischen Einstellungsfolge*. In: *Godard/Kritiker*. München 1971, S. 21–28.

Godard, Jean-Luc: *Montage, mon beau souci*. In: *Cahiers du Cinéma*, Nr. 65, Dezember 1956, S. 30–31; dt.: *Schnitt, meine schönste Sorge*. In: *Godard/Kritiker*. München 1971, S. 38–40.

Goldberg, Herman G.: *The Role of Cutting in the Perception of the Motion Picture*. In: *Journal of Applied Psychology*, Februar 1971, S. 70–71.

Goldstein, Laurence; Kaufman, Jay: *Into Film*. New York 1976. S. 397–450: *Picture Editing;* S. 451–517: *Editing Sound*.

Gow, Gordon: *A Lesson in Psychiatry... and other events in the working life of a film editor: Verna Fields*. In: *Films and Filming*, Februar 1977, S. 10–13.

Gregor, Ulrich: *Zurück zu Eisenstein. Die Montage im Film und im Fernsehen fordert zum Mitdenken auf*. In: *Die Zeit*, 7. 5. 1965.

Guillemot, Agnès: siehe Reichart, Wilfried.

Harvey, Anthony: siehe Hudson, Roger.

Hill, Steven P.: *Kuleshov Prophet without honour?* In: *Filmculture*, Nr. 44, Spring 67.

Hirsch, Paul: siehe Verniere, James.

Hoffmann, Hilmar: *Marginalien zu einer Theorie der Filmmontage*. Bochum 1969. *Bochumer Texte zur Visuellen Kommunikation*, Bd. 1. 96 S., Abb. (dazu: Jörg-Peter

Feurich: *Ist die Montage die Syntax des Films? Anmerkungen zu einem Buch.* In: *epd Kirche und Film,* November 1970, S. 8–10.)

Hollyn, Norman: *The Film Editing Room Handbook.* New York 1984. 288 S., Abb.

Hornbeck, William: siehe Brownlow, Kevin; Thompson, Kristin.

Hudson, Roger: *Putting the Magic In It. Two editors, James Clark and Anthony Harvey, discuss their work.* In: *Sight and Sound,* Frühjahr 1966, S. 78–83 (über die Zusammenarbeit mit Kubrick und Ritt bzw. Schlesinger und Clayton).

Jacobs, Lewis: *The Rise of the American Film.* New York 1939. S. 35–51: *Edwin S. Porter and the Editing Principle.*

Jaffe, Patricia: *Editing ‚cinéma vérité'.* In: *Film Comment,* Vol. 3, No. 3 (Summer) 1965.

Jampolski, Michail: *„Totaler" Film und „Montage"-Film.* In: *Kunst und Literatur,* Vol. 31, September–Oktober. Heft 5, S. 661–627.

Jampolski, Michail: *Les expériences de Koulechov et la nouvelle anthropologie de l'acteur.* In: *Iris, A Journal of Theory on Image and Sound. The Kuleshov Effect.* Vol. 4, Nr. 1, Sommaire 1986.

Johnson, Lindon F.: *Film. Space, Time, Light and Sound.* New York 1974. 340 S., Abb.

Joly, Martine; Nicolas, Marc: *Koulechov: de l'expérience à l'effet.* In: *Iris, A Journal of Theory on Image and Sound. The Kuleshov Effect.* Vol. 4, Nr. 1, Sommaire 1986.

Jurgenson, Albert: *Pratique du montage.* Paris 1990.

Jutkevič, Sergej: *Montage 1960.* In: Theodor Kotulla (Hg.): *Der Film.* Band 2. München 1964, S. 363–373 (zuerst in: *Iskusstvo Kino,* Moskau, Nr. 4/1960).

Jutkevič, Sergej: *Cutting it to style.* In: *Films and Filming,* Vol. 8, No. 6.

Kahn Atkins, Irene: *Margaret Booth:* In: *Focus on Film,* Nr. 25, Sommer–Herbst 1976, S. 51–57.

Keller, David: *Cutting Remarks. How film editors feel about directors.* In: *Action* (Hollywood), September–Oktober 1978, S. 58–64, 82.

Kepley, Vance, Jr.: *The Kuleshov Workshop.* In: *Iris, A Journal of Theory on Image and Sound. The Kuleshov Effect.* Vol. 4, Nr. 1, Sommaire 1986.

Kersting, Rudolf: *Wie die Sinne auf Montage gehen. Zur ästhetischen Theorie des Kinos/ Films.* Basel 1988. Insbes. Kapitel III.

Kevles, Barbara L.: *Slavko Vorkapich on film as a visual language and as a form of art.* In: *Film Culture,* Nr. 38, Herbst 1965, S. 1–46; dt.: *Die Bildersprache des Films.* In: *Film,* Velber, Januar 1967, S. 45–56.

Knight, Arthur: *Editing: The Lost Art.* In: *Films and Filming,* Juni 1959, S. 12, 33.

Kötz, Michael: *Der Traum, die Sehnsucht und das Kino. Film und die Wirklichkeit des Imaginären.* Frankfurt a. M. 1986. S. 136–161.

Kreimeier, Klaus: *Film-Montage und Montagefilm.* In: *Spuren,* Nr. 3, 1980, S. 28–30.

Kuleschow, Lew. Potsdam Babelsberg: Hochschule für Film und Fernsehen der DDR (1977). *Filmwissenschaftliche Materialien.* 164 S.

Kuleschow, Lew: siehe auch Levaco, Ronald.

Kurowski, Ulrich: *Lexikon Film.* München 1972. S. 53–55: *Innere Montage;* S. 75–79: *Montage* (mit Literaturhinweisen).

Landau, Saul: *„The Truth lies on the Cutting Room Floor."* In: *Cine-Tracts,* Vol. 2, No. 1 (Fall), S. 24–41.

Lerner, Carl: siehe Lotz, Judy.

Levaco, Ronald: *Kuleshov on Film – Writings by Lew Kuleshov.* Berkeley, Los Angeles, London 1974.

Levin, Sid: *The Art of the Editor: „Nashville".* In: *Filmmakers Newsletter,* August 1975, S. 29–33.

Lindgren, Ernest: *The Art of the Film.* London 1948. S. 69–96: *Editing: D. W. Griffith and Eisenstein;* S. 47–67: *Editing: Basic Principles.*

Livingston, Don: *Film and the Director: A Handbook and Guide to Film Making.* New York 1953. S. 15–34: *The Cut.*

Lobrutto, Vincent: *Selected Takes. Film Editors on Editing.* Vorwort von Robert Wise. New York 1991. Gespräche mit Harold Kress, William Reynolds, Ralph Winters, Anne V. Coates, Tom Rolf, Lou Lombardo, Michael Kahn, Carol Littleton u. a.

Loevgren, Hakan: *„Cine-Montage in Development: Symbolist, Futurist, and Dadaist Influences in S. Eisenstein's Early Works."* Diss. Boston Univ. 1975.

Lotman, Jurij M.: *Probleme der Kinoästhetik. Einführung in die Semiotik des Films.* Frankfurt/M. 1977. S. 72–95: *Die Montage.*

Lotz, Judy: *Odyssey from Hollywood to New York. An Interview with Carl Lerner.* In: *Film Comment,* Herbst 1964, S. 2–11.

Louveau, Raymond: *Le montage de film.* Paris ²1964. 198 S., Abb.

Lucas, Hans (d. i. Jean-Luc Godard): *Défense et illustration du découpage classique.* In: *Cahiers du Cinéma,* Nr. 15, September 1952, S. 28–32; dt.: *Verteidigung und Darlegung der klassischen Einstellungsfolge.* In: *Godard/Kritiker.* München 1971, S. 21–28.

Lustig, Milton: *Music Editing for Motion Pictures.* New York 1980. 182 S., Abb.

Macgowan, Kenneth: *Behind the Screen. The History and Techniques of the Motion Picture.* New York 1965. S. 99–109: *The Magic of Méliès and of England's Editing;* S. 409–422: *The Cutter: Right Arm of the Director.*

Madsen, Roy Paul: *The Impact of Film.* New York, London 1973. S. 85–100: *The Syntax of Editing.*

Maetzig, Kurt: *Neuerweckung der Bildmontage.* In: *Film-Wissenschaftliche Mitteilungen* (DDR), Nr. 2/1963, S. 373–381.

Manoogian, Haig P.: *The Film-Maker's Art.* New York, London 1966. S. 211–245: *Editing the film.*

Mascelli, Joseph V.: *The Five C's of Cinematography.* Hollywood 1965. 252 S., Abb. (Camera Angles, Continuity, Cutting, Close-Ups, Composition).

McAllister: siehe Vaughan, Dai.

Milew, Nedeltscho: *Eisenstein, Bazin und der moderne Film.* In: *Filmwissenschaftliche Beiträge* (DDR), Nr. 1/1968, S. 141–167.

Millar, Gavin: siehe Reisz, Karel.

Mitry, Jean: *Montage et non-montage.* In: *Cinématographe 86* (Févr.) S. 70–73.

Möller, Karl-Dietmar: *Auszüge aus einer Geschichte der Parallelmontage.* In: *Aspekte einer wirkungsbezogenen Filmdramaturgie. Die Oberhausener Filmgespräche 1980–1982.* Hg. Thomas Kuchenbuch u. a. Oberhausen 1982.

Möller-Naß, Karl-Dietmar: *Filmsprache. Eine kritische Theoriegeschichte.* Münster 1986, Insbes. Kap. 2.5. über Filmsyntax.

Monaco, James: *Film verstehen. Kunst, Technik, Sprache – Geschichte und Theorie des*

Bibliographie

Films. Reinbek bei Hamburg 1980 (1977/80) (Übers. Hans-Michael Bock und Brigitte Westermeier). S. 202–211: *Die Montage.* S. a. S. 354 ff. und 362 ff. über Russen-Montage und mise en scène.

Musser, Charles: *The Early Cinema of Edwin Porter.* In: *Cinema Journal,* Herbst 1979, S. 1–38.

Narboni, Jean et al: *Montage.* In: *Cahiers du Cinéma,* No. 210, 1969.

Nekes, Werner: *Spreng-Sätze zwischen den Kadern.* In: *Hamburger Filmgespräche IV.* Hg. von der Hamburger Gesellschaft für Filmkunde 1972, S. 135–138; nachgedruckt in: *Filmkritik,* Juni 1972, S. 318–321.

Nicolas, Marc: siehe Joly, Martine.

Nilsen, Vladimir: *The Cinema a Graphic Art.* London 1936. S. 15–119: *The compositional construction of the shot.*

Nishni, Wladimir: *Regieunterricht bei S. M. Eisenstein.* In: *Film-Wissenschaftliche Mitteilungen* (Berlin, DDR), Sonderheft 1/1963, S. 1–169.

Oumano, Ellen: *Filmemacher bei der Arbeit.* Frankfurt/M. 1985, Kapitel 7. *Der Entstehungsprozeß – Schreiben, Drehen, Schnitt.* S. 199–237.

Padroff, Jay: *Working With Time: Verna Fields Prevails.* In: *Millimeter,* Dezember 1980, S. 151–157.

Paech, Joachim: *Literatur und Film.* Stuttgart 1988, Insbes. S. 8 bis S. 56.

Pegge, Denis C.: „*Caligari*": *Its Innovations in Editing.* In: *The Quarterly of Film, Radio and Television,* Winter 1956, S. 136–148.

Petric, Vlada: *Two Lincoln Assassinations by D. W. Griffith.* In: *Quarterly Review of Film Studies,* Sommer 1978, S. 345–369 (Vergleich der entsprechenden Sequenzen aus „The Birth of a Nation" and „Abraham Lincoln").

Pierre, Sylvie: *Montage.* In: *Cahiers du Cinéma,* Nr. 210, 1969.

Polan, Dana: *The ‚Kuleshov Effect'.* In: *Iris, A Journal of Theory on Image and Sound. The Kuleshov Effect.* Vol. 4, Nr. 1, Sommaire 1986.

Prime Cut. 75 editor's filmographies and supporting material. In: *Film Comment,* März–April 1977, S. 6–29.

Prince, David; Lehman, Peter and Ohio University students: *Film Editing: An Interview with Dede Allen.* In: *Wide Angle,* Vol. 2, Nr. 1, (Winter) 1978, S. 59–69.

Przygodda, Peter: siehe Farocki, Harun.

Pudowkin, W. I.: *Über die Filmtechnik.* Zürich 1961, 246 S.

Pudowkin, Wsewolod: *Über die Montage.* In: Karsten Witte (Hg.): *Theorie des Kinos.* Frankfurt/M. 1972, S. 113–127.

Pudowkin, Wsewolod: *Die Zeit in Großaufnahme. Aufsätze, Erinnerungen, Werkstattnotizen.* Berlin (DDR) 1983. 634 S., Abb.

Reichart, Wilfried: *Interview: Agnès Guillemot.* In: Peter W. Jansen, Wolfram Schütte (Hg.): *Jean-Luc Godard.* München 1979, S. 71–82.

Reisz, Karel und Millar, Gavin: *Geschichte und Technik der Filmmontage.* Aus dem Englischen von Helmut Wietz, mit einem Vorwort von Heinz Rathsack. Herausgegeben von der Stiftung Deutsche Kinemathek, München 1988, 258 S. mit 496 Abb. Eine Übersetzung des Buches *The Technique of Film Editing.* London, New York 1953 und mit einer Erweiterung von 1968.

Rivette, Jacques: *Montage.* In: *Cahiers du Cinéma,* Nr. 210, 1969.

Robertson, Joseph F.: *The Magic of Film Editing*. Blue Ridge Summit: TAB Books 1983. 277 S., Abb.

Romm, Michail: *Bemerkungen über die Filmmontage*. In: *Kunst und Literatur* (DDR), Oktober 1959, S. 1080–1094, und November 1959, S. 1211–1220.

Ropars-Wuilleumier, Marie-Clair: *Fonction du montage dans la constitution du récit au cinéma*. In: *Revue des Sciences Humaines*, Vol. 36, No. 141, S. 36, 37.

Rosenblum, Ralph; Karen, Robert: *When the Shooting Stops . . . the Cutting Begins. A Film Editor's Story*. New York 1979, 310 S., Abb.

Roth, Wilhelm: *Ist Eisenstein heute noch aktuell? Ein Gespräch mit Alexander Kluge*. In: *epd Kirche und Film*, Februar 1978, S. 1–4.

Rüttimann, Matthias: *Thema – Retrospektive Lew Kuleschow. Ein „Amerikaner" in Moskau*. In: *Zoom 42*. Jahrgang, 18./19. September 90.

Sadoul, Georges: *Dziga Vertov.* (*Le montage des enregistrements*, S. 14–46 und *Le montage des ‚ciné-objets'*, S. 47–69). Paris 1971.

Salt, Barry: *Film Style and Technology: History and Analysis*. London 1983. 408 S., Abb. (über *Editing* an vielen Stellen).

Salt, Barry: *Film Form 1900–06*. In: *Sight and Sound*, Sommer 1978, S. 148–153.

Schickel, Richard: *D. W. Griffith*. London 1984. 672 S., Abb. (mit umfangreicher Bibliographie).

Schlegel, Hans-Joachim: *Zum Streit um die Montage*. In: *Kürbiskern*, Nr. 2/(Juni) 1974, S. 82–85.

Schmige, Hartmann: *Eisenstein Bazin Kracauer. Zur Theorie der Filmmontage*. Hamburg 1977. 175 S., Abb.

Schoonmaker, Thelma: siehe Olivier Assayas und Serge Toubiana.

Schumm, Gerhard: *Der Film verliert sein Handwerk. Montagetechnik und Filmsprache auf dem Weg zur elektronischen Postproduction*. Münster [2]1992.

Schwalbe, Konrad: *Die medienspezifische Montage*. In: *Beiträge zur Theorie der Film- und Fernsehkunst*. Berlin (DDR) 1987, S. 86–105.

Scott, James F.: *Film. The Medium and the Maker*. New York u. a. 1975. S. 261–308: *Editing and Assembly*.

Sharff, Stefan: *The Elements of Cinema. Toward a Theory of Cinesthetic Impact*. New York 1982. 188 S., Abb.

Sherman, Eric: *Directing the Film. Film Directors on Their Art*. Boston, Toronto 1976. S. 231–268: *Film Editing* (mit vielen Zitaten).

Smith, Frederick Y. (Hg.): *American Cinema Editors. First Decade Anniversary Book*. Hollywood 1961. 224 S., Abb.

Smith, Frederick Y. (Hg.): *American Cinema Editors. Second Decade Anniversary Book*. Los Angeles 1971. 300 S., Abb.

Solomon, Stanley J.: *The Film Idea*. New York u. a. 1972. S. 295–316: *Editing Through Fragmentation*, S. 317–338: *Editing Through Accumulation*, S. 85–247: *Development of Film Form*.

Spears, Jack: *Edwin S. Porter. One of the Movie Greats Has Been Practically Forgotten*. In: *Films in Review*, June–July 1970, S. 327–354.

Spencer, Dorothy: *The Film Editing*. In: *American Cinematographer*, November 1974, S. 1316–1317, 1336–1337 (über den Schnitt von „Earthquake").

Bibliographie 263

Spottiswoode, Raymond: *A Grammar of the Film. An Analysis of Film Technique.* London 1935. S. 197–274: *Technique of the Film: Synthesis.*

Spottiswoode, Raymond: *Film and Its Techniques.* London 1951. S. 90–113: *The Cutting Room.*

Sudendorf, Werner: *Sergej M. Eisenstein. Materialien zu Leben und Werk.* München 1975 (mit umfangreicher Bibliographie).

Tarkowskij, Andrej: *Die versiegelte Zeit. Gedanken zur Kunst, zur Ästhetik und Poetik des Films.* Berlin, Frankfurt/M., Wien 1984, S. 131–143.

Thompson, Kristin; Bordwell, David: *From Sennett to Stevens: An interview with William Hornbeck.* In: *The Velvet Light Trap,* Nr. 20, Sommer 1983, S. 34–40.

Thompson, Kristin: siehe Bordwell, David.

Thompson, Roy: *Grammar of the edit.* London 1992.

Van der Keuken, Johan: *Schnitt in Raum und Zeit.* In: *EDI-Bulletin,* Nr. 7/8, European Documentary Institute. Mühlheim Ruhr, 1992, S. 50 ff.

Van Dongen, Helen: *Three Hundred and Fifty Cans of Film.* In: Roger Manvell (Hg.): *The Cinema 1951.* Harmondsworth, S. 57–78.

Van Dongen, Helen: siehe Achtenberg, Ben.

Vas, Robert: *Meditation at 24 F. P. S.* In: *Sight and Sound,* Sommer 1966, S. 119–124.

Vaughan, Dai: *Portrait of an Invisible Man. The Working Life of Stewart McAllister, Film Editor.* London: British Film Institute, 1983. 210 S.

Verniere, James: *The Art of Film Editing: An Interview with Paul Hirsch.* In: *Filmmakers Monthly,* September 1981, S. 31–34.

Vidor, King: *On Film Making.* New York 1972. S. 117–138: *Film Form and the Editing Process.*

Walter, Ernest: *The Technique of the Film Cutting Room.* London, New York 1969. 282 S., Abb.; überarbeitete Auflage 1973, 316 S.

Webb, Michael (Ed.): *Hollywood: Legend and Reality.* USA 1986. Kapitel 9, S. 139–147: *Editing.*

Weber, Alain: *Idéologies du montage ou l'art de la manipulation.* In: *CinémAction.* o. J.

Weiss, Paul: *Cinematics.* Carbondale and Edwardsville 1975. S. 73–86: *Montagists.*

Wertow, Dsiga: *Was ist „Kino-Auge"?* In: *Film und Fernsehen* (DDR), Februar 1974, S. 38–40 (Vortrag von 1929).

West, Orlton: *„Russian Cutting".* In: *Close-up,* Vol. 4, No. 6 (June), 1929.

Whitaker, Rod: *The Language of Film.* Englewood Cliffs, N. J. 1970. S. 113–138: *Editing and Montage.*

Williams, Elmo: *Genius in the Cutting Room. Merill G. White's Rugged Individualism Is Creative As Well As Legendary.* In: *Films in Review,* November 1957, S. 443–452.

Williams, Elmo: *The Editor's Skill.* In: *Films and Filming,* Juni 1965, S. 55.

Wyborny, Klaus: *Nicht geordnete Notizen zum konventionellen narrativen Film.* In: *Boa Vista* (Hamburg), Nr. 3 Frühjahr 1976, S. 117–143; etwas gekürzt nachgedruckt in: *Filmkritik,* Oktober 1979, S. 447–436.

Zurhake, Monika: *Die Montage als emotional-kognitives Gestaltungselement des Films.* In: *Literaturwissenschaft und Linguistik (LiLi),* Nr. 46, S. 33–45.

Register

A BOUT DE SOUFFLE 27, 242 f.
Abgeordnete 135
Achsensprung 16
Actionszenen 81, 119
Aichholzer, Wolfgang 172 ff.
ALEXANDER NEWSKI 53
ALL THAT JAZZ 25
DER ALTE REBELL UND SEIN GOLD 126 f.
AMERASIA 135, 139
AMERICAN GRAFFITI 104 f.
EINE AMERIKANISCHE TRAGÖDIE 52, 70
analytical editing 18
Anlegen
    d. Muster 84, 87 f.
    von Ton zu Bild 93 ff.
Anfangsklappe 87, 88 f., 94 f.
Anschlußfehler 168 ff.
APOCALYPSE NOW 24
Arbeitskopie 85
Arnheim, Rudolf 44
assemblage 34
assertion 183 ff.
Assoziationsmontage 164 f.
AT LAND 26
Atmos 87 f., 93
Attraktionsmontage 36, 53 ff.
Auflösung (s. breakdown)
Ausschnitte 89, 101

Baumberger, Andreas 165 ff.
Bazin, André 29, 45 f., 49, 53
Berkeley, Busby 204 ff.
Berufsbild (Cutter) 78 ff.
BESHINWIESE 53
Bewegungsillusion 9 f., 51, 64
Bildfrequenz 85, 86
Bild-Objekte 35
BIRTH OF A NATION 35 f., 40
Blaubandstart 94, 95
Blickexperimente 157 ff.
Blickregie 221 ff.
Blickzentren 226
breakdown 15, 19, 33
Buñuel, Luis 27 ff.
Bush, Kate 230

center line (s. Handlungsachse)
cheat-cut 17
DER CHEF 162
UN CHIEN ANDALOU 27 ff.
Christen, Ueli 167 f., 170 f.
CITIZEN KANE 29, 190 ff.
CLOUDBUSTING 230 ff.

UN CONDAMNÉ À MORT S'EST ECHAPPÉ 45
continuity 18 ff., 165 ff.
    (s. auch Kontinuität)
continuity-clerk 19
continuity-script 19
continuity-shot 27
continuity system 18 ff.
CONVOY 118 f.
Coppola, Francis Ford 24
Cordband (s. Perfoband)
A CORNER IN WHEAT 23 f.
cover-shot (s. master-shot)
cross-cutting 19, 23 ff., 80, 82
cue 183 ff.
cut-away 18, 23, 27
cut-back 16, 23
cut-in 16, 23
Cutterbericht 89
cutting 33, 84

découpage 33
deep-focus 29, 45 f.
DEIN LAND IST MEIN LAND 133
Demo-Band 144
DEWSBURY FIRE BRIGADE 13
Dialogszenen 80 f.
dialogue replacement
    (s. Nachsynchronisation)
diegetische Musik 219
    nicht-diegetische~ 214, 219
diffuse Filmbildfelder 226 f.
Dokumentarfilme 82, 123 ff.
Dokumentarfilm-Montage 123 ff.
    Endmontage 140 ff.
    „Inszenierungen" 131 ff.
    Kamera 129 ff.
    Musik 138 f.
    Regie 129 ff.
    Originalton und Bearbeitung 134 ff.
DOUBLE INDEMNITY 109
Doyle, Julian 230
Drehbuch,
    Auflösung (breakdown) 15, 19
Drehverhältnis 174
DREI ÄPFEL AM RANDE DES TRAUMES 25
Dziga Vertov 245

ECHOS AUS EINEM DÜSTEREN REICH 132
editing 33, 84
editor 79
Egger, Jürgen 170 f.
Einheiten (der Montage) 9 ff.

Register   265

Einstellung 10 f.
  mit Anfangsklappe 87, 88 f.
  mit Schlußklappe 87, 90
  ohne Klappe 87, 90 f.
  stumme ~ 87, 89 f.
Einstellungsverkettungen
  diffuse ~ 227, 232 f., 239
  zentrierte ~ 227 f., 233 f., 239
  korrespondente ~ 228 f., 234 ff., 239
  lineare ~ 229, 236 f., 239
  wilde ~ 229 f., 237 f., 239
Eisenstein, Sergej 9, 23 f., 47, 49 ff., 162, 244
Ellipsen 25 f.
EM KURD IN 139
DAS ENDE VON ST. PETERSBURG 39
„entfesselte" Kamera 36
establishing-shot 157
(s. auch *master-shot*)

Feinschnitt 80, 108 f., 221 ff.
FERN VOM KRIEG 132, 130, 141
Ferro, Christina 165 ff.
Filmeditor (USA)
  Arbeitsbereich 105 ff.
  Arbeitsabläufe 107 ff.
„Filmsprache" 51
Filmkomponist 144 ff.
Filmmusik 138 f., 144 ff.
  Anlegen 149
  Funktionen 145 ff.
  ~ im Bild 150 f.
  Musikeinsatz 147, 149
Filmzeit 10, 165 ff.
flash back 25, 127, 192
flash forward 128
Fragmentierung
  von Einzeleinstellungen 15 ff.
Funktionen der Montage 37 ff.

Gance, Abel 42
GEFAHR IN VERZUG 25
Gegenschnitt 159
Gegenschuß 17, 159
DIE GELIEBTE DES FRANZÖSISCHEN
  LEUTNANTS 26 f.
GENERALLINIE 52
GET REAL OR GET LOST 138
„Gotter-Sequenz" 61
Godard, Jean-Luc 46, 242 ff.
GOLD DIGGERS OF 1933 205 ff.
„Grammatik" (filmische) 183 ff.
THE GREAT TRAIN ROBBERY 38
Gregory, John Robert 183 ff.
Griffith, D. W. 15, 23 f.
Gröning, Philip 161 ff.
Grosse, Nina 168 ff.

Handlungsachse 15 f.
Handlungsachsenschema 15 ff.
(= 180-Grad-Prinzip)
Handlungskontinuität 15 ff.
Handlungsstruktur 179 ff.
Hauschild, Waldemar 159 f.
HIGH NOON 79, 104
HIROSHIMA MON AMOUR 45
Hollywood-Montagen 204 f.
HOTEL TERMINUS 136
Humbert, Nicolas 161 ff.

ICI ET AILLEURS 245 f.
Ideen-Montage 35
IM WESTEN NICHTS NEUES 81
„innerer Monolog" 52, 70 ff.
Insert 27
intellektuelle Attraktion 51 f., 58 f.
intellektuelle Montage 52, 58 ff., 162 ff., 244
  Experimente zur ~ 162 ff.
INTOLERANCE 24
Israel, Daniel 160 f.
Ivens, Joris 39
IWAN DER SCHRECKLICHE 53

JACK THE RIPPER – DAS UNGEHEUER VON
  LONDON 24
jump cut 27, 204, 223, 238, 242 f.

Kamerablick 35
Kamerablitzer 90
KARUSSELL 39
Kaufmann, Rainer 167 f.
Kimmerle, Nikolai 172 ff.
„Kinofizierung"
  (des Theaters) 54
Klappen 87, 88 ff.
Klappenbezeichnung 89
Klütsch, Friedrich 163 f.
Kombination v. Aufnahmen 34
Kombinationsregeln 182 f.
KOMPLIZINNEN 116 f.
Konflikt-Montage 63
Kontexttheorem 64 ff.
Kontext 178 ff.
Kontrastmontage 35
Kontinuität 64, 182 f., 204
(s. auch *continuity*)
Korrekturkopie 85
Kopierer 98
Kracauer, Siegfried 49, 61
Kuleschow, Lew 11, 20 ff., 53, 64, 157, 178
  ~-Effekt 22, 157 ff., 178 ff.
  Experimente 20 ff.
  Remakes 157 ff.
Kuzhippallil, Mathew 160 f.

La Roue 42
Der Letzte Mann 36
The Life of an American Fireman 19
„Löwen-Sequenz" 10, 51, 58
The Londale Operator 23
The Lonely Villa 23
Lotman, Jurij 11
log-sheet (s. Schnittliste)
„logische Lücken" 170 ff., 180

master-shot 16
match-cut 26 f.
Mayer, Wookie 164 f.
Méliès, George 13
Metapher (im Film) 51
metrische Montage 66 f.
Meyerhold, Wsewolod 54
„Micky-Mousing" 151
Milestone, Lewis 81
Minimalinformation 170 f.
Mischung 109
mise en cadre 242
mise en scène 29, 242
Montage
  Einheiten 9 ff.
  Evolution 12 ff.
  Funktionen 37 ff.
  Experimente 155 ff.
Montage-Geste 243, 250
Montagemuster 23 ff.
„Montagen" 118 f.
Mörderischer Vorsprung 120
The Mother and the Law 24
multiple-scene film 13, 16
multiple-shot scene 16
multiple-space scene 18
Murnau, Friedrich Wilhelm 36
music editing (s. Musikschnitt)
Musicals 205 f.
Musikschnitt 105
Muster 78, 79, 85, 107, 122
  Anlegen 84, 87 f.
  Beschriftung 88 ff.
Mustervorführung 79, 107
Musikszenen 81, 205 ff.
Die Mutter 36

Nachbild-Effekt 10
Nachsynchronisation 105
Nachtjäger 137, 141
Napoléon 42
Negativ-Fußnummern 85 f., 100
Negativschnitt 85
Negativschnittliste 101 ff.
Nichtkopierer 98
Nostalghia 30, 82

Nullkopie 85
Numerieren 86, 99
Numéro deux 243, 248
Nurtöne 87 f., 93

obertonale Montage 67
Oddsson, Hilmar 160 f.
OKL-Einstellung 90 f., 96 f.
Oktober 10, 23, 39, 52, 59, 60, 61, 162 f.
One plus One 245
one-reeler (= Einspuler) 14
opening shot 157
Originalnegativ 84
outs (s. Reste)
over-shoulder shot 16, 17, 194

Panteon militar 134 f.
Panzerkreuzer Potemkin 9 f., 51,
  52, 81
Parallelhandlungen 119 f.
Parallelmontage 23, 82
Paris, Texas 148
Pars-pro-toto-Effekt 57
Perfoband 85
Perforollen, Beschriftung 92 f.
Permutationstest 186
Phi-Phänomen 9 f., 62
Plansequenz 29 f., 45
Playback 144, 150
point of view-shot (POV) 16, 17, 41
Positivkopie 84
post production 105, 108 ff.
preview 105, 109
Primärton 105
Der Prozess 136
Psycho 56
Pudowkin, Wsewolod 34, 40 f., 69

Que viva Mexico 53
Queen Victoria's Diamond Jubilee 13

reaction shot 17, 157, 181
Realzeit 10, 165 ff.
re-establishing shot 18
Reisz, Karel 26, 33, 82
Repp, Thomas 165 ff.
Resnais, Claude 45
Reste 101
reverse cut 18
reverse shot 157
rhythmische Montage 67
Richter, Kathrin 167 f., 170 f.
Richtungsorganisation 182 ff.
Rohschnitt 79, 108, 125 ff., 221 f.
Rossbacher, Birgit 167 f.

Register

DER ROTE SCHLEIER 131
Roth, Christopher 167 f.
rushes (s. auch Muster) 34, 107

scene 11
Schlußklappe 87, 90, 96
DER SCHMERZ LÄSST DIE HÜHNER GAK-
    KERN UND DIE MENSCHEN DICHTEN 140
Schnitt
    harter ~ 13, 223, 229, 238
    weicher ~ 19, 116, 223, 228
    unsichtbarer ~ 115 f., 165 ff., 204,
    223, 228
    springender ~ *(s. jump cut)*
Schnitt/Gegenschnitt (s. auch Schuß/
    Gegenschuß) 117 f.
Schnittkopie (s. Arbeitskopie)
Schnittliste 89, 99 ff.
„Schnürsenkel" 85
Schön, Dorothee 168 ff.
„schöpferische Geographie" 21, 159 ff.
Schub, Esfir 53
Schuß/Gegenschuß-Prinzip 16, 17, 19,
    23, 204
script-girl 19
Selektionsregeln 182 f.
Sendekopie 85
Sequenz 11 f., 16, 191 ff.
shot 11
shot/reaction shot 17
shot/reverse shot (SRS), (s. Schuß/Gegen-
    schuß-Prinzip)
Sigl, Robert 160 f.
single-shot scene 12
Situationsplan 179 ff., 187 f.
SIX FOIS DEUX 243, 248
smooth cut (s. weicher Schnitt)
sound editing (s. Tonschnitt)
sound editor (s. Toncutter)
SPIEL MIR DAS LIED VOM TOD 145
SRS-Schema (s. Schuß/Gegenschuß-
    Prinzip)
ST-Einstellung 89 f., 96
Sterzinger, Rolf 157 ff.
STREIK 23, 51
Studio-Ton 105
Stopptrick 13
STRANGER THAN PARADISE 30
Substitutionstest 186 f.
DIE SUCHE NACH DEM GOLDENEN
    KIND 148

SUNSET BOULEVARD 109
Synchron-Take 87
Syntagma 11 f.
Szene 11

take 11, 15
Tanzszenen 81, 150, 205 ff.
Tarkowskij, André 30, 49, 82
Theaterkopie 85
Tiefenarrangement 53
TO AROMA TON PRAGMATON 135
tonale Montage 67
Ton-Bild-Vertikalmontage 69 f.
Toncutter 109, 121
Tonfilm 44 f.
„Tonmanifest" 44, 52, 69
Tonschnitt 105, 120 f.
TOTE TRAGEN KEINE KAROS 17
TRÄUME DER DRACHENKINDER 132, 138
trims (s. Ausschnitte)
triple écran 42
TV-editor 110 ff.

ÜBER DIE TRÄGHEIT DER WAHR-
    NEHMUNG 10
Überblendung 13, 190, 193, 197
    sukzessive/partielle ~ 190 f.
Überlagerung (= Superposition) 63
Unikatschnitt 85
DER UNSICHTBARE DRITTE 27

VARIÉTÉ 36
Videomontage 242 ff.
VIVA RIO, VIVA 127 ff., 138
voice over 44
Vorblende *(s. flash forward)*

Wahrnehmungsstandpunkt
    (d. Zuschauers) 40 f.
Welles, Orson 29, 190 ff.
Wiping 242 ff.

YE GODS! WHAT A CAST! 17

Zehnerstart 94, 95
Zeitsprung 200 f.
zentrierte Filmbildfelder 226 f.
Zöller, Ralph 172 ff.
ZUIDERZEE 39
2001 : SPACE ODYSSEY 26
ZWIELICHT 136 f.
Zwischenschnitt 27 ff.
Zwischentitel 36, 41 ff.